반성과 실행연구를 지향하는

이론가로서의 교사
연구자로서의 교사

저자 소개

노경주

서울대학교 사범대학 사회교육과(문학사)
서울대학교 대학원 사회교육과(교육학석사)
University of Illinois at Urbana—Champaign, Ph. D.

교육부 교육대학교사교육프로그램개발추진기획단 위원
춘천교육대학교 기획처장 · 산학협력단장 · 초등교육연구소장 · 다문화교육연구소장
현) 춘천교육대학교 사회과교육과 교수

저서: 『논쟁문제교육의 이론과 실제』(공저), 『지식과 사고』(공저), 『인간 · 환경 · 교육』(공저),
　　　『사회교육방법론』(공저), 『평생교육방법론』(공저), 『청소년 진로 및 학업지도』(공저),
　　　『청소년 학습이론 및 지도』(공저) 등
역서: 『질적 사례 연구』(공역), 『실행연구』(공역), 『교육과정통합』(역)

반성과 실행연구를 지향하는
이론가로서의 교사
연구자로서의 교사

발행일 초판 1쇄 2024년 5월 15일

지은이 노경주

펴낸이 박영호
기획팀 송인성, 김선명
편집팀 박우진, 김영주, 김정아, 최미라, 전혜련, 박미나
관리팀 임선희, 정철호, 김성언, 권주련
펴낸곳 (주)도서출판 하우

주소 서울시 중랑구 망우로68길 48
전화 (02)922-7090
팩스 (02)922-7092
홈페이지 http://www.hawoo.co.kr
e-mail hawoo@hawoo.co.kr
등록번호 제2016-000017호

값 22,000원
ISBN 979-11-6748-142-9 93370

반성과 실행연구를 지향하는

이론가로서의 교사
연구자로서의 교사

노경주

나의 앎과 믿음은 나의 이론이 되고
나의 이론은 나의 행위의 원천이 되고
나의 행위는 나의 반성을 낳고
나의 반성은 나의 새로운 앎과 믿음으로
이끈다.

도서
출판 夏雨

교육적, 학문적으로
많은 선생님들께 빚을 지며
오늘에 이르렀습니다.

스승의 날을 맞아 출간하며
우리의 모든 선생님들께
감사와 존경과 사랑을 전합니다.

저자 서문

나의 앎과 믿음은 나의 이론이 되고
나의 이론은 나의 행위의 원천이 되고
나의 행위는 나의 반성을 낳고
나의 반성은 나의 새로운 앎과 믿음으로 이끈다.

교사는 이론가이다. '이론가로서의 교사' 개념은 교사 사고에 대한 관심에서 시작된다. 교육학계가 교사를 주체적이고 능동적인 존재로 이해하기 시작한 결정적 계기는 Clark and Peterson(1986)이 교사 사고 과정에 대한 기존 연구물을 검토하고 연구의 방향을 체계화한 데 있다. 여기에서 Clark and Peterson은 교사 사고 과정을 사전 행위와 사후 행위로 나타나는 교사 계획(teacher planning), 행위 중에 나타나는 교사의 상호작용적 사고와 의사결정(teachers' interactive thoughts and decisions), 그리고 행위의 원천이 되는 교사의 이론과 신념(teachers' theories and beliefs)으로 범주화하였다.

교사의 이론과 신념의 범주는 먼저 Elbaz(1981)의 '교사의 실천적 지식(teachers' practical knowledge)'과 Clandinin(1985)의 '개인적 실제적 지식(personal practical knowledge)'의 개념화를 중심으로 많은 질적 사례 연구를 낳았다(Connelly, Clandinin, & He, 1997; Dunkin, Welch, Merritt, Phillips, & Craven, 1998; Gholami & Husu, 2010; Tartwijk, Brok, Veldman, & Wubbels, 2009; Wilderman, Koopman, & Beijaard, 2023). 국내 학계에서도 초등 수학 수업에서 교사의 실천적 지식을 연구한 김자영(2002)을 시작으로 꾸준히 질적 사례 연구가 수행되고 있다(서경혜, 2010; 소경희·김종훈, 2010; 양세희, 2022; 이슬기, 2022).

다른 한편에서는 '교사 신념(teachers' beliefs)'이 중시되었다(Pajares, 1992; Richardson, 1994). 교사가 문제를 정의하고 조직하는 데 있어서 신념이 지식보다 훨씬 더 영향력이 있고, 교사가 어떤 행동을 할 것인지 예측하는 데 있어서도 신념이 지식보다 강력한 변인이 되기 때문에, 교육 연구는 교사의 신념 탐구에 초점을 두어야 한다는 주장이 대두되었다. 그리고 교사 신념의 형성과 변화와 관계에 대한 많은 질적 사례 연구가 수행되었다(Bauml, 2009; Cheng, Chan, Tang, & Cheng, 2009;

Day, Webster, & Killen, 2022; Mansfield & Volet, 2010; Min, Akerson, Aydeniz, 2020; Ng, Nicholas, & Williams, 2010; Sanger & Osguthorpe, 2011; Tanase & Wang, 2010). 국내에서도 교사 신념과 교수 행위와의 관계에 대한 다수의 질적 사례 연구가 수행되어왔다(김윤경·권순희, 2017; 박기용·조자경, 2010; 이소연, 2012; 조인진, 2005; 최진영·이경진, 2007).

그리고 교사의 앎과 믿음 즉, 실천적 지식과 신념을 통합적으로 이해하는 또 다른 학자들은 Cornett(1990)의 '교사의 개인적 실제적 이론(teachers' personal practical theories)'이라는 개념을 중심으로 질적 사례 연구를 수행해왔다(Fickel, 2000; Kettle & Sellars, 1996; Maaranen & Stenberg, 2020; Pitkäniemi, 2010; Ross, Cornett, & McCutcheon, 2000). 국내 학계에서는 노경주의 교사의 개인적 실제적 이론에 대한 개념 정의와 함께 질적 사례 연구가 수행되어왔다(1998a, 2009a, 2011, 2012, 2018a).

교사는 다양한 삶의 경험과 세계관에 기초하여 교사의 개인적 실제적 이론을 형성한다. 즉, "교사 자신의 경험을 통해 형성되고 언어나 행위로 표현되며 교육행위의 원천으로 작용하는 교사의 개인적 실제적 앎과 믿음"을 지니고 있다. 그리고 긴 시간 동안 많은 연구에서 확인해 주고 있는 것처럼, 교사는 반성과 실행연구를 통해 자신의 이론을 확인하고 다듬으며 정련화해 간다. 교사는 이론가이다.

또한 교사는 연구자이다. '연구자로서의 교사' 개념은 교육 전문가에 대한 Stenhouse의 개념화에서 시작되었고, 실제 인식과 무관하게 널리 공유되고 있는 개념이다. 그는 전문가를 자신의 전문적인 활동을 자율적으로 개발시킬 수 있는 능력을 가진 자로 규정하며, 자기 개발은 교사 자신과 동료 교사의 교수에 대한 체계적인 연구와 교실에서의 적용과 검증을 통해서 성취된다고 주장한다. 전문가로서의 교사는 실천가이자 연구자이고, 실행과 연구가 통합되는 실행연구가 필요함을 의미한다. 행위자로서의 교사는 자신이 연구의 주체가 되어 자신의 행위를 개선하기 위해 체계적, 반성적으로 탐구하며 가르친다. 교사는 연구자이다.

그러나 교사들은 자신만의 이론을 가지고 있고 지속적인 반성과 연구를 통해 다듬어 가고 있으면서도 이를 이론이나 연구라는 개념으로 들여다보지 않는 경향이 있다. 이론 생성과 연구는 교수나 연구원의 전유물이라고 생각한다. 반면에 학자들은 교사의 이론이나 연구는 학술적 의미와 가치가 부족하다고 여기는 경향이 있다. 하지만 학자들의 이론과 연구는 전형적인 상황에서 탈맥락적이고 일반화된 지식을 생산할 뿐 실천과 괴리가 심하다는 비판을 받기도 한다. 교육 현장을 온전히 이해하고 변화와 개선을 추구한다면 교사의 참여는 필수적이다. 여기에 교사가 자신의 이론을 인식하고 중시하며 교사 주도의 체계적인 연구 방법으로서 실행연구를 시도할 필요성이 대두된다. 그러나 예비교사교육 과정에서는 연구 역량을 준비시키지 못하고 있다. 또한 현직교사들은 실행연구에 대한 지식과 자신감 부족이나 환경적 여건 때문에 쉽게 도전하지 못하고 있다. 교사와 연구자는 여전히 상호 무관심하거나 빈약한 상호작용 또는 연구와 교육의 이분법적 역할 분담에 머문다. 극복해야 할 과제이다.

연구자이자 교육자로 지내 온 수년 동안, 나는 이런 문제의식을 가지고 교사의 개인적 실제적 이론 탐구를 위해 노력해 왔다. 이론의 형성, 이론의 변화, 이론과 실제 수업의 관계 등 '이론가로서의 교사'에 관한 논문을 발표해 왔다. 그리고 이것을 탐구하기 위한 방법론적 측면에서 질적 연구 논문과 함께 '연구자로서의 교사'를 양성하는 데 기여할 번역서로 『질적 사례 연구』(Stake, 1995)와 『실행연구: 학교 개선과 교육자의 역량 강화』(Mertler, 2014)를 출간하였다.

「반성과 실행연구를 지향하는 이론가로서의 교사, 연구자로서의 교사」는 교사 자신이 자신을 알고, 더 나은 교사가 되기 위해 반성과 실행연구 역량을 갖추도록 돕는 데 목적을 두고 있다. 이런 의도를 갖게 된 데에는 30여 년의 연구와 교육 경험이 뒷받침하고 있을 것이다. 석사 과정 때 통계학과 3학년 과목까지 수강하며 양적 연구에 진심을 다하던 나는 박사 과정에서 만난 Dr. Robert Stake의 case study, program evaluation 강좌를 수강하면서 질적 연구에 매료되었다. 한 마디로 아!~~ 인간적이다! 평균 산출을 위한 하나의 자료가 아닌, 나의 목소리, 나의 삶이 귀히 존중되는 연구! 나의 존재가 인정받고 존중되는 존재론적, 인식론적, 가치론적 측면에서 완벽한 연구 방법이라는 감동과 함께 질적 연구의 길을 걷기 시작하였다. 그리고 귀국 후 춘천교육대학교에서 초등교사를 양성하는 과정에서는 반성적 저널쓰기를 강조하였고, 교육대학원에서 논문 지도를 하는 과정에서는 가능한 한 실행연구로 석사 학위를 취득하도록 지도하였다. 현장 교사인 대학원생들에게 가장 필요하고 의미 있는 것은 실행연구라고 판단하였기 때문이다. 나의 연구 차원에서 선택한 연구 방법이 질적 연구이고, 나의 교육 차원에서 선택한 연구 방법이 실행연구라고 해도 과언이 아니다. 교사인 대학원생에게 가장 값진 연구는 석사 논문을 통해서 자신을 알고, 자신이 겪고 있고 개선하고 싶은 문제를 해결해 보는 것이다. 그것이 다름 아닌 실행연구이다. 이런 맥락에서 이 책은 교사의 개인적 실제적 이론, 반성, 실행연구를 핵심 주제어로 설정하였다.

Ⅰ부는 '이론가로서의 교사: 교사의 개인적 실제적 이론과 반성'이라는 주제 하에 네 개의 장으로 구성된다. 제1장 '교사의 개인적 실제적 이론의 형성'은 예비교사의 개인적 실제적 이론의 내용과 형성 원천 및 이론에 대한 반성적 활동이 예비교사교육에 주는 시사점을 제시한다. 「노경주(2012). 예비교사의 개인적 실제적 이론에 관한 사례 연구: 반성적 저널쓰기를 통한 자기 이해와 반성의 제고. 한국교원교육연구, 29(4), 417-443.」을 옮겨 실었다.

제2장 '교사의 개인적 실제적 이론의 변화'는 대학 4학년 때의 이론과 교직 경력 5년 시점의 이론 간에 어떤 변화가 있으며, 변화의 요인과 의미는 무엇인지를 탐구함으로써 예비 및 현직 교사교육에 주는 시사점을 제시한다. 「노경주(2018a). 교사의 개인적 실제적 이론의 변화에 관한 질적 사례 연구: 예비교사에서 교직 경력 5년 교사로. 한국교원교육연구, 35(4), 283-312.」를 옮겨 실었다.

제3장 '교사의 개인적 실제적 이론과 고등사고능력의 함양'은 교사의 개인적 실제적 이론과 수업 및 고등사고능력의 함양과의 관계를 탐구하고, 고등사고능력의 함양을 위해 교사의 개인적 실제적 이론을 발전시키기 위한 과제를 제시한다. 「노경주(1998). 사회과교육과 고등 사고 능력(higher order thinking)의 함양—교사 개인의 실천적 이론(teacher personal practical theories)을 중심으로—. 사회과교육학연구, 2, 34-53.」을 가독성을 높이는 수준에서 다듬어 실었다.

제4장 '반성과 반성적 저널'은 교사의 개인적 실제적 이론의 형성과 정련화의 중심 역할을 하는 반성의 개념과 유형, 반성이 지향하는 교사상으로서의 반성적 실천가, 반성을 위한 대표적인 방법, 그리고 반성을 위해 실제적으로 활용할 수 있는 반성적 저널쓰기를 안내한다.

Ⅱ부는 '연구자로서의 교사: 실행연구'라는 주제 하에 네 개의 장으로 구성된다. 제5장 '질적 연구로의 초대'는 교육 연구의 패러다임에 대한 논의에 기초하여 양적

연구와 질적 연구의 차이와 양립 가능성을 소개하고 질적 연구의 주요 특징을 여섯 가지로 소개한다.

제6장 '질적 연구의 수행'은 실제 질적 연구를 수행하는 데 필요한 방법을 소개한다. 내용은 연구 설계, 연구 사례의 선정, 연구의 허가 획득과 래포 형성, 자료 생성, 자료 분석과 해석, 확실성 확보, 연구계획서 및 연구보고서 작성, 연구 윤리, 그리고 소연구 시도를 위한 안내에 이르기까지 가능한 한 실제적 도움이 되게 하였다. 특히, 이론적 정리에 앞서 저자의 경험을 글상자에 담아 소개함으로써 이해하기 용이하게 기술하였다.

제7장 '실행연구의 수행'은 실제 실행연구를 수행하는 데 필요한 방법을 소개한다. 내용은 실행연구의 의미, 실행연구 과정의 개관, 연구 문제 선정, 연구계획 수립, 실행계획 수립과 실행 및 반성 (자료 생성, 자료 분석 및 해석), 수정 실행계획 수립–실행–반성–재계획, 결과의 공유와 소통으로 제시하였다. 특히, 석사 학위 논문 작성 과정에서 수행하였던 실제 사례를 소개함으로써 이해에 도움이 되도록 하였다.

제8장 '실행연구의 모색: 교사교육과정의 개발과 실천 및 연구'는 교사교육과정의 개념과 개발 및 연구에 대한 비판적 논의에 기초하여, 교사교육과정의 문제점 개선 방안과 개발 방향을 제시하며 이를 위한 실행연구를 제안한다. 「노경주 (2023). 교사교육과정의 개념적 이해와 개발을 위한 비판적 성찰: 교육과정 분권화와 자율화 강화 모색. 시민교육연구, 55(4), 283–316.」을 옮겨 실었다.

끝으로 Ⅲ부 '교사 신념과 실행연구'에서는 이론가이자 연구자로서의 교사를 만난다. 여기에서는 '실행연구의 실제: 숙고하는 수업을 위한 실행연구'라는 주제 하에 한 초등교사의 좋은 사회과 수업에 관한 신념과 실제 수업과 학습의 역동적 상호작용을 보여주는 실행연구 사례를 소개한다. 「김지연(2015). 좋은 사회과 수업으로서 '숙의하는 수업'을 위한 실행연구: 교사 신념과 수업 실제의 정교화. 시민교육연구, 47(4), 1–36.」을 옮겨 실었다.

이 책의 독자는 교사교육, 교사 전문성, 교사 신념, 교사의 실천적 지식, 교사의 실천적 이론, 반성, 실행연구 등에 관심 있는 연구자나 교육자일 것이다. 또한 이 책은 대학(원) 강의나 교사의 개인적·협력적 탐구 혹은 학부나 대학원생의 개인적 관심사로 활용하게 될 것이다. 실제 연구를 수행한다면, 제6장(질적 연구의 수행)과 제7장(실행연구의 수행) 그리고 Ⅲ부의 실행연구 논문을 정독하면서 안내한 대로 수행해 보기를 권한다. 좀 더 폭넓고 깊이 있는 학습을 원한다면, Bogdan and Biklen(2007), Glesne(2006), Stake(1995), Mertler(2014)의 번역서를 통해 연구 실제적인 면에서 도움을 받기를 바란다. 그리고 보다 더 이론적으로 깊이 있는 학습을 원한다면, Lincoln and Guba(1985)를 통해 철학적 성찰을 더할 수 있기를 바란다. 큰 도움이 될 것임을 확신한다.

이 책이 나오기까지 나를 이끌어 주고 도움을 준 많은 분들이 있었다. 먼저 질적 연구의 길로 이끌어 준 University of Illinois at Urbana-Champaign의 Robert E. Stake, Alan Peshkin, Liora Bresler, Norman K. Denzin 교수님들께 감사한다. 춘천교육대학교 교육대학원 사회과교육과에서 질적 연구를 바탕으로 실행연구를 수행하고 나아가 나의 연구와 교육에 더 없는 에너지원이 되어준 박천영, 남은영, 김지연 선생님께도 깊은 감사를 드린다. 지금도 여전히 교육자이자 연구자로서의 삶에 진력하는 도전적 시도에 경의를 표한다. 또한 자신의 논문이 이 책을 통해 새로운 독자를 만나도록 허락해 준 김지연 선생님께는 특별히 더 감사를 드린다. 그리고 이름을 밝힐 수 없지만, 참여관찰이나 심층면담 그리고 반성적 저널을 요구하며 힘들게 했던, 그러나 교사의 개인적 실제적 이론에 대한 나의 탐구 열정을 기꺼이 공유하며 자기 성찰에 참여해 준 예비교사와 현직교사들에게도 고마움을 표한다. 끝으로 이미 학술지를 통해 발표된 논문을 이 책에 다시 실을 수 있도록 허락해 준 한국교원교육학회, 한국사회과교육학회, 한국사회과교육연구학회에도 감사를 드린다.

목차

II부 연구자로서의 교사: 실행연구

Ⅲ부 교사 신념과 실행연구

I 부

이론가로서의 교사: 교사의 개인적 실제적 이론과 반성

교사의 이해나 이론을 설명하기 위해서 어떤 용어를 사용하건 간에, 모든 교사들이 교사교육 프로그램과 학교에 그들의 교수 실제와 관련된 신념, 가정, 가치, 지식, 그리고 경험을 가지고 온다는 것은 분명하다. 또한 교사들이 자신의 행위 과정에서 또한 행위 중 반성 및 행위 후 반성에 참여할 때, 학생, 학습, 학교, 그리고 지역사회에 대한 가정과 신념으로서의 교사의 실제적 이론이 지속적으로 형성되고 재검토된다는 것도 분명하다. (Zeichner & Liston, 1996: 24)

제1장
교사의 개인적 실제적 이론의 형성

서언

　　인간은 자신의 의지대로 행할 수 있는 상황이라면, 일반적으로 자신의 앎이나 믿음에 근거하여 행위를 한다. 알고 있는 것의 맞고 틀림이나 믿고 있는 것의 옳고 그름에 대한 특별한 의심 없이, 또한 그 앎과 믿음을 의식하고 있느냐 의식하지 못하고 있느냐와 관계없이, 행위는 행위 주체가 행위의 순간에 지니고 있는 앎이나 믿음에 기초한다. 그것은 교사의 교육행위에 있어서도 마찬가지이다.

　　교육 연구자들은 1960년대 이래 특히 1980년대에 이후, 이러한 교육행위에 대한 교사의 주체성에 주목해왔다. 그들은 교사를 교육과정의 수동적 전달자가 아닌 능동적 개발자와 구성자로(Schwab, 1969), 학문적 탐구 결과의 단순한 전수자가 아닌 교수내용 변환 역량을 갖춘 전문가로(Shulman, 1986, 1987), 또한 교수(teaching)는 기계적인 과정이 아니라, 복잡한 문제로 얽혀 있으며 맥락에 따른 실제적 노력이 기울여지는 행위라고 인식해왔다(Jackson, 1968). 그리고 그 바탕에 '교사의 실천적 지식(teacher practical knowledge)'이나 '교사 신념(teacher beliefs)' 등 다양한 용어로 표현되는 '교사의 개인적 실제적 이론(teacher personal practical theories)'이 있음을 밝혀왔다.

다수의 외국 학자들은 '교사의 개인적 실제적 이론'이라는 개념을 사용하면서 이론적, 실제적 연구를 지속적으로 수행해왔다(Cornett, 1990; Kettle & Sellars, 1996; McCutcheon, 1995; Ross, Cornett, & McCutcheon, 1992; Sanders & McCutcheon, 1986; Zeichner & Liston, 1996). 국내 학계에서는 노경주(1998a, 2009a)를 제외하고는 '교사의 개인적 실제적 이론'보다 대체로 '교사의 실천적 지식'이라는 개념을 중심으로 연구가 이루어지고 있다. 예를 들면 초등 수학 수업에서 교사의 실천적 지식을 탐구한 김자영(2002)의 연구를 시작으로 이론적 탐구(권낙원·박승렬·추광재, 2006; 김민정, 2012; 김은주, 2010; 김자영·김정효, 2003; 홍미화, 2005), 연구 동향과 연구 관점(구원회, 2007; 이선경·오필석·김혜리·이경호·김찬종·김희백, 2009), 그리고 실천적 지식의 형성 과정에 대한 질적 사례 연구(서경혜, 2010; 소경희·김종훈, 2010) 등이 수행되어 왔다.

그러나 이론적 측면에서의 논의는 풍부해지고 있지만 교사의 개인적 실제적 이론의 실체에 대해서는 관심이 미약한 실정이다. 교사의 개인적 실제적 이론이 '실제적' 혹은 '실천적'임을 강조하면서도 이론적, 추상적 논의에 그치는 한계를 보이고 있다. 교사의 개인적 실제적 이론이 정련화되기 위해서는 교사들의 이론을 끄집어내고 드러내는 과정을 통해 스스로 인식하고 반성할 기회가 제공되어야 한다(Bullough, Jr., 1997; McCutcheon, 1992, 1995). 교사들이 구체적으로 어떤 이론을 구성하고 있는지, 그 구성 과정에서 어떤 영향을 받았는지, 또 어떻게 변화해 가는지, 나아가 이러한 점이 시사해주는 교사교육의 과제는 무엇인지에 대해 보다 많은 관심을 기울일 필요가 있다. 그것은 예비교사의 경우에도 마찬가지이다 (McCutcheon, 1995).

이 점에서 본 연구는 3년의 교사교육을 받고 1년 뒤면 현직교사가 될 것으로 가정되어 있는 4학년 학생들이 어떤 이론을 형성하고 있으며, 이 이론 형성과 관련하여 초등교사교육기관은 어떤 역할을 수행하고 있는지를 비판적으로 고찰하고자 한다. 이런 관점에서 본 연구는 다음과 같은 연구 문제를 설정했다.

첫째, 초등 예비교사들은 어떤 개인적 실제적 이론을 지니고 있는가?

둘째, 초등 예비교사교육은 예비교사의 개인적 실제적 이론 형성에 있어서 어떤 역할을 수행하고 있는가?

셋째, 초등 예비교사의 개인적 실제적 이론에 대한 반성적 활동(동료비평과 교육실습)은 이론의 정련화에 어떤 영향을 미치는가?

이 연구 문제를 탐구하기 위해 본 연구는 희망교육대학교 4학년을 위해 개설된 교수법 강좌의 수강생 16명을 대상으로, 반성적 저널쓰기 활동을 통해 자료를 생성하고 분석하였다. 그 결과에 기초하여 본 연구는 예비교사의 개인적 실제적 이론의 내용과 형성 원천 및 이론에 대한 반성적 활동이 예비교사교육에 주는 시사점을 구하는 데 목적을 둔다.

교사의 개인적 실제적 이론과 반성

▍교사의 개인적 실제적 이론

교사는 의식적이건 무의식적이건, 타당성에 대한 확신이 있건 없건, 이미 자신만의 어떤 이론을 가지고 교육에 임한다. 그리고 그 이론은 교육행위에 대한 교사의 감식(appreciation)과 의사결정을 뒷받침하고 안내하며, 해석을 위한 안목을 제공하는 원리나 명제로 작용한다(McCutcheon, 1995; Sanders & McCutcheon, 1986). Carr and Kemmis(1983)는 이것을 다음과 같이 주장한다.

> (모든) 실제적 행위는 어떤 이론에 의해서 안내된다……왜냐하면 교사들은 그들이 가르치고 있는 상황에 대한 지식 없이는 또한 무엇을 해야 할 필요가 있는지에 대한 아이디어 없이는 "실제(practice)"를 시작조차 할 수 없기 때문이다. 이 점에서 교육 "실제"에 참여하는 사람은 그가 누구든지 간에 그의 활동을 구조화하고 의사결정을 안내하는 어떤 교육 "이론"을 이미 지니고 있어야 한다(Carr & Kemmis, 1983: 110; Sanders & McCutcheon, 1986: 55에서 재인용).

이 교육 이론을 Handal and Lauvas(1987: 9)는 '교사의 실제적 이론'이라고 명명하고 "특정 시점에서의 교수행위와 관련된 사적이고 통합적이며 지속적으로 변화하는 개인의 지식과 경험 및 가치 체계"라고 정의한다. 그리고 교사의 개인적 실제적 이론은 "설명이나 이해 또는 예측이라는 과학적 목적을 추구하는 이론적, 논리적 '구성체'가 아니라 무엇보다 행위의 근거나 배경으로 기능"하는 개인적, 실제적 구성체라고 주장한다(Kettle & Sellars, 1996: 1–2에서 재인용). 한편 Cornett(1990)는 교사 신념과 교사의 개인적 실제적 이론을 동일시하며, 교사 신념은 교사의 개인적, 실제적 경험으로부터 생성되고 매우 체계적인 하나의 세트를 이루기 때문에 교사의 개인적 실제적 이론으로 명명될 수 있다고 주장한다.

이러한 교사의 개인적 실제적 이론은 명제적 지식(propositional knowledge)에서 발견되는 논리적이고 합리적인 형태와 달리 이미지, 메타포, 내러티브, 개념, 진술 등으로 표현되는 경향이 있다(Clandinin & Connelly, 1995; Connelly, Clandinin, & He, 1997; Dunkin, Welch, Merritt, Phillips, & Craven, 1998; Leavy, McSorley, & Boté, 2007; McCutcheon, 1995; Pinnegar, Mangelson, Reed, & Groves, 2011; Saban, 2010; Zeichner & Liston, 1996). 메타포는 교사들이 교사로서의 그들 자신에 대해 가지고 있는 이미지나 개념을 드러내며, 교사들이 그들의 교수에 대해 말할 때 표출되는 자연 언어(natural language)로 나타난다. 또한 교사의 개인적 실제적 이론은 명제적 지식 형태의 불완전한 문장과 진술을 통해 표현되기도 한다(Zeichner & Liston, 1996).

교사의 개인적 실제적 이론이 포괄하는 내용은 다양하게 범주화될 수 있다. 우선 Schwab(1971)가 제시한 교육과정 개발을 위한 네 가지 공통 요소(commonplaces)를 고려할 수 있다. 그는 교육과정의 개발 및 교수활동에 대한 기술적 합리성 관점을 비판하면서, 실제적 이론과 탐구를 위해 교사, 학습자, 교과, 교수·학습 환경에 대한 숙의(deliberation)를 강조했다. 교사의 개인적 실제적 이론을 실천적 지식으로 개념화한 Elbaz(1983)는 그 내용 영역을 교과에 대한 지식, 교육과정에 대한 지식, 교수에 대한 지식, 교사 자신에 대한 지식, 그리고 교육환경에 대한 지식으로 분류했다. 한편 Shulman(1987)이 제시한 내용 지식, 일반 교육학 지식, 교육과정 지식, 교수내용지식, 학습자와 학습자 특성에 대한 지식, 교육 상황에 대한 지식, 그리고 교육의 목적·가치 및 철학적·역사적 배경에 관한 지식도 교사의 개인적 실제적 이론의 내용 영역이 될 수 있을 것이다.

교사의 개인적 실제적 이론의 형성 원천은 교사 자신의 모든 삶의 경험이라고 할 수 있다. 이것을 Elbaz(1981)는 상황적 정향, 개인적 정향, 사회적 정향, 경험적 정향, 이론적 정향으로 구분한다. 상황적 정향은 교사가 자신이 처한 특정의 교수 상황을 이해하고 반응하는 과정에서 교사의 개인적 실제적 이론이 생성됨을 의미한다. 개인적 정향은 교사의 개인적 실제적 이론이 교사 자신에게 독특한 그리고 개인적으로 의미 있는 방식으로 형성됨을 의미한다. 사회적 정향은 개인적 실제적 이론이 사회적 조건과 구속의 영향을 받으며 교수 상황을 구조화하는 데 활용됨을 의미한다. 경험적 정향은 교사의 이론이 상황적, 개인적, 사회적 정향 등 교사 자신의 다양한 경험에 의해서 구조화됨을 의미한다. 끝으로 이론적 정향은 교사의 개인적 실제적 이론이 학문적 주장이나 연구 성과와 관련됨을 의미한다.

또한 Handal and Lauvas(1987)는 교사의 개인적 실제적 이론의 형성 원천으로 개인적 경험, 전수된 지식, 교사가 추구하는 가치를 제시한다(Zeichner & Liston, 1996). 첫째, 교사의 개인적 실제적 이론은 교사 자신이 초·중·고등학교에서 12년 동안 교육받은 경험과 수많은 일반적인 삶의 경험에 기초하여 형성된다. 그리고 이 과정에서 어떤 경험을 하느냐가 매우 중요한 의미를 지니게 된다. 둘째, 교사는 다양한 간접적 경험을 통해 지식을 전수받게 되는데 이것 역시 교사의 개인적 실제적 이론 형성의 원천으로 작용한다. 예비 및 현직 교사교육 경험이 이에 해당한다. 셋째, 교사의 개인적 실제적 이론은 교사가 추구하는 가치에 근원을 두고 있다. 어떤 삶을 추구하는지 그리고 어떤 교육을 지향하는지 등 교사 자신의 가치관의 영향을 받게 된다. 비슷한 맥락에서 McCutcheon(1995) 또한 교사의 개인적 실제적 이론 형성의 원천으로 교수 이전의 개인적 삶의 경험, 교수활동에 영향을 미치는 다양한 상황적 여건, 그리고 실제 교수 행위 경험을 제시한다.

이 같은 교사의 개인적 실제적 이론은 몇 가지 특징을 보여준다. 첫째, 교사의 개인적 실제적 이론은 교사의 사고와 행위 등 모든 교육활동의 근원이 된다. 둘째, 교사의 개인적 실제적 이론은 교사의 개인적 경험과 성향 및 경험에 대한 자신의 이해와 해석에 의해 형성된 지극히 개인적인 것이다. 셋째, 교사의 개인적 실제적 이론은 교사 자신이 추구하는 교육에 유용한 아이디어의 집합체로서, 매우 목적 지향적이고 실제적이며 실용적인 특징을 갖는다. 넷째, 교사의 개인적 실제적 이론은 교사 자신이 의식하지 못하거나 다듬어지지 않았거나 피상적이거나 또는 직관적인 것들로서 매우 암묵적이라는 특징을 보인다. 다섯째, 교사의 개인적 실제적 이론은 틀렸거나 옳지 못하다고 입증되지 않는 한 또한 교사 자신이 오류 가능성을 인정하지 않는 한 변화에 완강히 저항하는 특징을 보인다.

이러한 이론적 주장에 기초하여 예비 및 현직 교사의 개인적 실제적 이론의 내용과 변화 과정에 대한 사례 연구들이 수행되어왔다. Cornett(1990)는 질적 사례 연구를 통해 중학교 사회교사가 지니고 있는 무조건적인 긍정적 관심, 감정이입적 이해, 인간으로서의 교사, 재미있는 교수·학습, 조직적이고 체계적인 자료 제시와 같은 다섯 가지 이론을 밝혀냈다. 그리고 그 이론들 간의 긴장과 균형의 양상을 규명하고 교사의 이론과 교육과정과 교수행위 간의 상호작용을 분석했다. Kettle and Sellars(1996)의 경우는 반성적 저널쓰기와 면담을 통해 2명의 예비교사들의 실제적 이론이 발달해가는 과정을 연구하였다. 우선 면담을 통해 자신들의 이론을 드러내게 하고, 1학기 교육실습과 강의 참여 과정에서 자신들의 이론에 대한 반성적 저널쓰기와 범주화를 요구하고, 다시 2학기 교육실습과 강의를 거치면서 자신들의 이론을 정련화하도록 하였다. 그들은 이 연구를 통해 규칙적이고 비판적인 반성의 중요성을 강조하며, 특히 비판적 반성 기능의 교수, 동료 간의 반성적 상호작용, 그리고 평가를 의식할 수밖에 없는 교육실습보다 대학 공간에서의 실제적 이론에 대한 반성의 기회 제공 등을 제안하였다.

국내 학계에서는 노경주(1998a)가 중학교 사회수업에 대한 질적 사례 연구를 통해 연구 반응자 교사가 탐구 과정의 경험, 입시 준비, 보편적 지식의 교수, 중상층 학생 중심의 교수, 학생 참여의 고양, 감정 이입적 교실 분위기 형성이라는 여섯 가지의 개인적 실제적 이론을 가지고 있음을 밝혔다. 그리고 실제 수업은 이 이론들 간의 충돌과 절충에 따른 산물이라는 점을 읽어냈다. 나아가 사회과교육의 목적, 교사의 이론, 그리고 실제 수업 간의 관계와 그에 따른 시사점을 밝히는 데 주목하였다. 노경주(2009a)는 또한 초등 예비교사와 현직교사 5명과 함께 그들이 지니고 있는 교사상과 성공적인 수업에 대한 이론을 추출하고 그 형성 배경과 의미를 읽으면서 예비 및 현직 교사교육의 과제를 제시했다.

요약하면, 교사의 개인적 실제적 이론은 '교사 자신의 경험을 통해 형성되고 언어나 행위로 표현되며 교육행위의 원천으로 작용하는 교사의 개인적 실제적 앎과 믿음'을 의미한다. 그리고 교사의 개인적 실제적 이론은 교사, 학습자, 교육 내용, 교수·학습 실제 및 환경에 대한 교사의 앎과 믿음을 포함하며, 개인적·사회적, 이론적·실제적 측면의 다양한 경험과 반성을 통해 형성되고 변화된다. 그러나 개인적 실제적 이론은 여전히 오류 가능성과 개선의 필요성을 내포하고 있다. 여기에 반성의 중요성이 있다.

▌반성과 반성적 저널

Dewey(1933: 9)는 반성적 사고를 "어떤 신념이나 가정된 지식의 형식을 그것의 근거와 그것이 도달하려는 결론에 비추어 적극적이고 지속적이며 주의 깊게 고려하는 사고 작용"이라고 정의했다. 자신의 불완전한 앎과 믿음에 대한 반성을 강조한 것이다. 또한 그는 교사교육에서 직접 경험이 중요하지만, 모든 경험이 교육적인 것은 아니기 때문에 장기적으로 사려 깊고 주의력 있는 교사가 되도록 하기 위해서는 반성이 필요하다고 강조했다(1938). 교사교육 차원에서의 반성은 특히 Schön(1983)에 의해서 강조되었다. 그는 교육의 실패를 학문적 지식이나 적용 기술의 부족 때문이 아니라 전문가로서 교사가 지녀야 할 반성적 사고 능력의 부족 때문이라고 진단하면서 반성적 실천가(reflective practitioner)로서의 교사를 지향해야 한다고 주장했다. 나아가 그는 행위는 '행위 중 앎(knowing-in-action)'에 의해서 수행되는데, 그 행위가 예상하지 못한 결과를 낳았을 때, 이를 해결하기 위해 반성하고 새로운 잠정적 앎을 구성하여 즉석에서 시도해 보는 '행위 중 반성(reflection-in-action)'을 중시한다.

반성의 과정에서 무엇을 반성할 것인가에 대해서는 다양한 견해가 존재한다. Bain, Ballantyne, Packer, and Mills(1999)는 반성의 내용을 교수활동, 자기 자신, 전문적 이슈, 학생이나 교실로 범주화하고 있다(곽덕주·진석언·조덕주, 2007). 그리고 곽덕주·진석언·조덕주(2007)는 Bain et al.(1999)이 제안한 범주를 유지하면서 하위 요소를 우리 실정에 맞게 재구성한 바 있다. 반성의 내용 혹은 영역을 보다 포괄적으로 고려한다면, Schwab의 네 가지 공통 요소, Elbaz의 실천적 지식의 내용, 그리고 Schulman이 제시한 교사가 갖추어야 할 지식 등도 반성의 영역이 될 수 있을 것이다. 또한 Calderhead(1996)가 교사 신념에 관한 많은 연구 결과로부터 도출한 교과에 대한 신념, 교수에 대한 신념, 학습자와 학습에 대한 신념, 교수를 배우는 것에 대한 신념, 교사 자신과 교사 역할에 대한 신념도 반성의 내용이 될 수 있을 것이다(이소연, 2012).

반성을 위한 방법으로는 반성적 저널쓰기, 다양한 형태의 이야기쓰기, 동료와 대화 나누기, 마이크로티칭 분석 등이 제안된다(곽덕주·진석언·조덕주, 2007; 김병찬, 2009; 김자영·김정효, 2003; 노경주, 2009a; 조덕주·곽덕주·진석언, 2008; Francis, 1995; Harrington, Quinn-Leering with Hodson, 1996; Kettle & Sellars, 1996; Lundeberg, Emmett, Russo, Monsour, Lindquist, Moriarity, Uhren, & Secrist, 1997; McMahon, 1997). 특히 Stark(1991)는 반성적 저널쓰기를 "예비교사가 자신의 존재를 드러내고 현상의 존재론적 의미를 탐색하는" 대안적 방법으로 간주한다(Kettle & Sellars, 1996: 3). Francis(1995)의 경우는 반성적 저널쓰기의 효과를 보여주면서, 예비교사는 자발적, 능동적으로 반성에 참여하지는 않기 때문에 교사교육 과정에서 구조화되고 체계적인 반성적 저널쓰기가 필요하다고 강조한다. 또한 Harrington et al.(1996)은 예비교사에게 딜레마 사례를 제공하고 그에 대한 비판적 반성을 통해 저널을 작성하게 하였다. 그리고 예비교사들이 다른 관점의 타당성을 인식하고 인정하는 '열린 마음', 선택에 따른 도덕적·윤리적 결과를 고려하는 '책임감', 자신의 가정(assumptions)의 한계를 확인하고 명료화하는 '진실성' 측면에서 모두 비판적 반성의 향상을 보여주었다고 보고한다.

국내에서는 곽덕주·진석언·조덕주(2007)가 예비교사의 반성의 수준과 반성의 내용에 대한 연구를 통해, 수업에 초점을 둘수록 반성의 수준이 높고 자기 자신에 초점을 둘수록 반성의 수준이 낮다고 보고했다. 또한 조덕주·곽덕주·진석언(2008)은 예비교사들을 대상으로 수행한 연구를 통해 저널쓰기가 반성에 효과적이고 저널에 대한 피드백이 유의미함을 발견했다. 그리고 김병찬(2009)은 예비교사들이 저널쓰기를 통해 복습하기, 깊이 생각하기, 내 생각 만들기, 이론과 실제 연결하기, 교직 자아 성찰하기 등을 경험하며, 결과적으로 이론과 실제를 연계시키는 의미와 정의적 측면의 자극 및 개인 이론의 구축과 같은 긍정적 의미를 갖는다고 보고하였다.

연구 방법

교사의 개인적 실제적 이론(teacher personal practical theories: TPPT)과 반성에 대한 새로운 인식은 패러다임의 대전환으로부터 출발한다(Lincoln & Guba, 2000). 이 점에서 본 연구는 자연주의적, 구성주의적 패러다임에 근거한다. 그리고 TPPT에 대한 반성적 저널의 내용분석을 통해, 예비교사가 지니고 있는 개인적 실제적 이론의 내용, 이론 형성의 원천, 그리고 동료비평과 교육실습을 통해 이론이 정련화되어 가는 과정을 읽어내는 기술적 연구(descriptive research)로 수행되었다.

이 연구는 희망교육대학교에서 4학년 1학기에 개설된 '교수법의 이론과 실제'라는 강좌의 수강생 16명을 대상으로 하였다. 강의는 3학점 강좌로 주당 3시간씩 진행되었으며, 그 중 75분을 TPPT에 대한 반성의 시간으로 활용하였다.

자료 생성은 2011년 3월부터 6월 중순까지 3회에 걸쳐 제출된 수강생의 '나의 개인적 실제적 이론'을 중심으로 이루어졌다. 그것은 반성적 저널로서 4주째에 부과된 1차 저널은 순수하게 자신을 되돌아보고 개인적 실제적 이론을 드러내는 작업에 해당한다. 연구 반응자들은 강의 1주차에 소개한 Cornett(1990)와 노경주(1998a, 2009a)의 연구 결과 등 TPPT의 다양한 예를 참고하여, 자신의 이론을 메타포, 이미지, 개념, 진술 등으로 자유롭게 제시하였다. 2차 저널은 12주째 과제로 부과되었으며, 매주 2명씩 자신의 개인적 실제적 이론을 10분간 발표하고 25분간 동료비평을 청취하며, 8주에 걸친 동료비평을 공유한 후 제출하도록 요구되었다. 이론의 발표와 동료비평은 디지털 녹음기로 녹음되었고, 매주 동료비평 후 수강생들은 'TPPT에 대한 나의 반성'(1. 발표자의 이론이나 구성원의 코멘트 중에서 자신의 이론에 가장 큰 도움이나 확신을 준 것은 무엇이었는가? 2. 발표자의 이론이나 구성원의 코멘트 중에서 자신의 이론에 가장 큰 당혹감이나 혼란을 준 것은 무엇이었는가?)을 작성하고, 연구자는 이것을 해당 발표자에게 전달하여 반성에 활용하도록 했다. 물론 그것은 발표자뿐만 아니라 비평자 본인에게도 반성할 기회를 제공할 것으로 기대되었다. 동료비평 과정에서는 자발적이고 편안한 반성이 이루어질 수 있도록 하기 위해 수강생 간의 래포 형성에 유의했다. 동료 비평자는 공격적이거나 불쾌감을 주지 않도록 주의하고 반성의 촉진자 역할을 하도록 안내하였다. 그리고 발표자는 질문에 대한 답변을 제외하고는 경청하며 논쟁하지 않도록 요구하였다. 3차 저널은 대학 강의 종료와 함께 이루어진 교육실습에서 자신의 이론을 반성적으로 검토하고, 이를 반영하여 제출하도록 부과되었다.

자료 생성의 과정을 개략하면, 'TPPT 안내 ⇨ 1차 반성적 저널쓰기(TPPT Ⅰ) ⇨ 동료비평 ⇨ 2차 반성적 저널쓰기(TPPT Ⅱ) ⇨ 교육실습 ⇨ 3차 반성적 저널쓰기(TPPT Ⅲ)'이며, 세부 일정은 〈표 1〉과 같다.

〈표 1〉 자료 생성 과정

주차	내 용
1주	○ TPPT에 관한 문헌 연구 1편과 경험적 연구 논문 2편을 읽고 강의 및 토의 ○ TPPT의 다양한 예 소개
2주	○ 수업 개선을 위한 반성적 사고에 관한 2편의 논문을 읽고 강의 및 토의 ○ 저널 작성 과정에서 요구되는 반성의 중요성 강조
4주	○ '나의 개인적 실제적 이론 Ⅰ' 제출: 자신의 가장 대표적인 이론을 다음 순서에 따라 5~10 가지 내외로 제시하여 뉴런뉴런 과제방에 제출(동료비평을 위해 강의 3일 전까지 기한 엄수). A4 용지 5매 내외(한글 프로그램 기본 편집 양식)로 작성. 해당 주에 자신의 이론을 빔프로젝터를 활용하여 10분간 발표하고 25분간 동료의 비평을 방어 없이 청취 ○ 각 이론의 기술 내용(1주에 제시한 사례 참고) 　– 이론: 주장 　– 형성 배경: 시기 및 형성에 영향을 미친 구체적인 요인
5~11주	○ 매주 2명씩 자신의 이론을 발표하고, 동료의 비평을 방어 없이 청취 ○ 발표 10분과 동료비평 25분
12주	○ '나의 개인적 실제적 이론 Ⅱ' 제출: 동료비평에 대한 사려 깊은 고려를 통해 자신의 이론을 유지 또는 수정하여 다음 순서에 따라 뉴런뉴런 과제방에 제출. A4 용지 7매 내외(한글 프로그램 기본 편집 양식)로 작성. 유지, 강화, 망설임, 폐기, 추가가 가능하며 각각의 이유 제시 ○ 각 이론의 기술 내용 　– 이론: 주장의 유지 또는 수정 등 　– 형성 배경: 동료비평이 미친 영향
교육실습	○ 교육실습 과정에서 자신의 이론 적용과 반성 및 점검: 실천적 반성

교육실습 종료 일주일 후	○ '나의 개인적 실제적 이론 Ⅲ' 제출: 동료비평과 교육실습에 대한 사려 깊은 고려를 통해 자신의 이론을 유지 또는 수정하여 다음 순서에 따라 뉴런뉴런 과제방에 제출. A4 용지 10매 내외(한글 프로그램 기본 편집 양식)로 작성. 유지, 강화, 망설임, 폐기, 추가가 가능하며 각각의 이유 제시 ○ 각 이론의 기술 내용 　－ 이론: 주장의 유지 또는 수정 등 　－ 형성 배경: 교육실습이 미친 영향

　자료 분석은 16명의 반성적 저널 48개와 거기에 담긴 총 280개(TPPT Ⅰ 91개, TPPT Ⅱ 91개, TPPT Ⅲ 98개)의 이론, 그리고 총 256개의 'TPPT에 대한 나의 반성' (동료비평을 위해 작성되고 발표자 본인에게 전달된 240개와 동료비평에 대한 발표자의 반응을 정리한 16개)을 대상으로 이루어졌다. 녹음된 기록은 반성적 저널과 'TPPT에 대한 나의 반성'을 확인하고 보완하기 위해 활용되었다. 분석은 대상 자료를 반복적으로 읽고 메모하고 코딩하는 귀납적 과정을 통해 이루어졌다(Bogdan & Biklen, 1998; Stake, 1995b). 그리고 연구 반응자의 기밀성과 익명성을 보장하기 위해 가명 (영어 알파벳)을 사용하였다.

　분석은 첫째, '초등 예비교사들이 지니고 있는 개인적 실제적 이론'을 파악하기 위해 TPPT의 내용 영역에 초점을 두었다. 먼저 앞서 고찰한 Schwab(1971)의 교육과정 개발을 위한 네 가지 공통 요소, Elbaz(1983)의 실천적 지식의 내용, Shulman(1987)의 교사가 갖추어야 할 지식, Calderhead(1966)의 교사 신념의 내용, 그리고 곽덕주·진석언·조덕주(2007)가 제시한 반성의 내용을 참고하였다. 또한 교육은 교사가 목적을 성취하기 위해 학습자에게 학습해야 할 내용을 가르치는 행위라는 점에 주목하여 '교사', '교육 목적', '학습자와 학습', '교육 내용', '교수'의 범주를 고려하였다(Fenstermacher & Soltis, 1992). 그러나 본 연구에서 생성된 자료의 내용 영역과는 거리가 있었다. 따라서 이 연구는 TPPT Ⅲ에 담긴 98개의 이론을 공통적인 것끼리 묶어 소영역 및 중영역을 설정하고 다시 크게 묶어 '교사 자신', '교육 환경과의 관계', '학생과의 관계', '교수·학습(학업지도, 생활지도, 인성·정체성·진로 지도)'의 영역으로 범주화하였다.

　둘째, '초등 예비교사의 개인적 실제적 이론 형성에서 예비교사교육의 역할'을 파악하기 위해 TPPT의 형성 원천에 주목하였다. 우선 앞서 고찰한 Elbaz(1981)의 다섯 가지 정향 및 Handal and Lauvas(1987)와 McCutcheon(1995)이 각각 제시한 세 가지 원천을 분석의 렌즈로 활용하였다. 그러나 그 범주들은 연구 반응자들의 반성적 저널에 나타난 이론 형성의 원천을 포괄하는 데에는 한계가 있었다. 즉, 어느 범주에 포함시켜야 할지 분명하지 않거나 이 연구 목적에 부합하게 다소 세분할 필요가 있는 경우 등이 있었다. 따라서 이 연구에서는 98개의 이론 각각에서 나타난 이론 형성의 배경을 메모하고 재분류하는 과정을 통해 '개인적 삶의 경험', '초·중·고등학교에서 교육받은 경험', '예비교사교육기관에서 교육받은 경험', 그리고 '교육실행 경험으로서의 교육실습'을 TPPT의 형성 원천으로 설정하였다.

그리고 '예비교사의 개인적 실제적 이론에 대한 반성적 활동(동료비평과 교육실습)이 이론의 정련화에 미치는 영향'을 파악하기 위해, 반성에 따른 TPPT의 변화 양상을 '강화·세련화(유지, 수정)', '폐기', '추가'로 구분하였다.

연구 결과

교사의 개인적 실제적 이론의 내용 영역

교사의 개인적 실제적 이론의 내용 영역은 크게 보아 '교사 자신', '교육 환경과의 관계', '학생과의 관계', 그리고 '교수·학습'으로 범주화되었으며 이 범주에 포함되지 않는 경우는 없었다(《표 2》). 첫째, '교사 자신'의 영역은 인간으로서의 교사, 모델로서의 교사, 연구와 자기 계발을 포함한다. 둘째, 교사와 '교육 환경과의 관계'는 국가와 지역사회 및 학부모와의 관계를 포괄한다. 셋째, 교사와 '학생과의 관계'는 하위 영역으로 인격체로서의 학생 존중, 공정한 대우, 관심과 배려, 소통, 친밀성과 권위를 담아내고 있다. 그리고 '교수·학습' 영역은 학업지도, 생활지도, 인성·정체성·진로 지도를 포함하고 있다.

연구 반응자들이 지니고 있는 TPPT의 내용은 '교수·학습'(43.9%), '학생과의 관계'(28.6%), '교사 자신'(17.3%), '교육 환경과의 관계'(10.2%) 순으로 나타나고 있다. 연구에 참여한 예비교사들은 '교수·학습' 특히 '학업지도'(25.5%)와 '학생과의 관계'에 보다 강한 앎과 믿음을 지니고 있음을 보여주었다. 그리고 '교사 자신'의 영역에서는 '연구와 자기 계발', '교육 환경과의 관계'에서는 '학부모와의 관계', '학생과의 관계'에서는 '관심과 배려' 및 '친밀성과 권위', '학업지도'에서는 '언어적 상호작용', '생활지도'에서는 '칭찬과 벌', 그리고 '인성·정체성·진로 지도'에서는 '진로지도'에 보다 큰 관심을 가지고 있었다.

〈표 2〉 내용 영역별 TPPT의 예

단위: 개(%)

내용 영역		TPPT의 예	소계	총계
교사 자신	인간으로서의 교사	행복한 교사가 되어야 한다.	6	17(17.3)
	모델로서의 교사	좋은 모델로서 아이들에게 본보기가 되어야 한다.	2	
	연구와 자기 계발	끊임없이 반성하고 노력하는 교사	9	
교육 환경과의 관계	국가와의 관계	교육의 평등을 위해 노력하는 선생님	2	10(10.2)
	지역사회와의 관계	지역사회와 소통하는 교사	1	
	학부모와의 관계	학부모와 협력하는 선생님	7	
학생과의 관계	인격체로서의 학생 존중	Carefully: 학생인격 = '취급주의'	3	28(28.6)
	공정한 대우	편애하지 않는 공정한 선생님	5	
	관심과 배려	교사는 학생들에게 관심과 배려를 가져 줄 수 있어야 합니다.	10	
	소통	학생들과 소통하는 선생님	3	
	친밀성과 권위	교사는 아이들과 밀고 당기기를 잘 해야 한다.	7	

		수업모형	토의·토론 수업을 잘 활용하는 선생님	5		
교수·학습	학업지도	개인차 고려	학생에게 다양한 길을 안내해야 한다.	2	25 (25.5)	43 (43.9)
		가치지도	자신의 생각, 신념을 강요하는 교사가 아니라 아동 자신의 가치관이 잘못되었음을 깨닫고 좀 더 사회적으로 옳은 가치관을 선택할 수 있도록 유도할 수 있는 교사가 되자.	1		
		수업 준비	수업준비를 철저히 하는 교사(A lesson preparation): 교사 본연의 자세로!	5		
		언어적 상호작용	학생들이 자신의 의견을 자유롭게 표현할 수 있는 분위기를 조성하는 교사가 된다.	7		
		수업 분위기	교사는 밝고, 신나고 재미있는 수업을 준비해야 합니다.	3		
		평가	준거지향의 평가가 이루어져야 한다.	2		
	생활지도	따돌림	따돌림과 뒷담화 문화를 만들지 않는다.	2	13 (13.3)	
		기본생활습관	기본생활습관을 심어주는 선생님: 일관된 태도와 행동으로 습관화시키는 지도	1		
		칭찬과 벌	3월에 기선 제압	6		
		원칙과 약속	원칙을 지키는 선생님	4		
	인성·정체성·진로지도	인성	자신의 잘못과 타인에 대한 고마움을 있는 그대로 인정할 수 있다.	1	5 (5.1)	
		정체성	정체성 교육을 해줄 수 있는 선생님	1		
		진로지도	꿈에 대한 자극을 주는 교사	3		

연구 반응자 각 개인은 다양한 영역에 대해 대체로 고른 관심을 보이고 있다 (〈표3〉). 다만, 연구 반응자 C는 '학업지도', J는 '생활지도', 그리고 O는 '학생과의 관계'에 더 큰 관심을 나타내고 있다. 반면에 F는 '교수·학습'에 대해 전혀 관심을 나타내지 않고 있다. 한편 연구 반응자 전원이 '학생과의 관계'에 대해서는 적어도 하나의 이론을 지니고 있지만, '인성·정체성·진로 지도'에 대해서는 5명만이 관심을 가지고 있는 것으로 나타났다.

단위: 개(%)

내용 영역 / 연구 반응자	교사 자신	교육 환경과의 관계	학생과의 관계	교수 · 학습			계
				학업지도	생활지도	인성 · 정체성 · 진로 지도	
A	2	1	2	4	1	1	11
B	1	0	2	0	2	0	5
C	0	1	1	4	0	0	6
D	2	1	1	2	0	0	6
E	0	0	2	3	1	0	6
F	3	0	0	0	0	0	6
G	2	1	3	1	0	1	8
H	1	0	1	1	0	0	3
I	2	1	1	2	0	0	6
J	0	0	1	1	3	1	6
K	1	1	2	1	0	0	5
L	1	0	2	3	0	0	6
M	1	1	1	1	1	0	5
N	1	0	1	0	2	1	5
O	0	1	4	1	2	0	8
P	0	1	2	1	1	1	6
계	17(17.3)	10(10.2)	28(28.6)	25(25.5)	13(13.3)	5(5.1)	98(100)
				43(43.9)			

교사의 개인적 실제적 이론의 형성 원천

연구 반응자들의 이론 형성의 원천은 각 개인이 자신의 인생에서 기억하는 '극적 경험'을 의미한다. 이론 형성의 원천은 〈표 4〉에 나타나는 바와 같이 '개인적 삶의 경험', '초·중·고등학교에서 교육받은 경험', '예비교사교육기관에서 교육받은 경험', 그리고 '교육 실행으로서의 교육실습'으로 범주화되었으며 이 범주에서 벗어난 경우는 없었다.

첫째, '개인적 삶의 경험'은 부모의 양육 방식과 과외 지도 경험을 중심으로 자신의 인생관, 성장 과정에서의 어른들의 조언, 종교적 신념, 여행, 친구 관계 등에서 경험한 긍정적, 부정적 요인을 포함하고 있다. 둘째, '초·중·고등학교에서 교육받은 경험'은 대체로 담임이나 교과 담당 교사와 관련된다. 존경심과 감동을 자아내고 교사의 꿈을 키워준 경우가 있는 반면, 절대로 그런 교사가 되지 않아야겠다고 다짐하게 한 극적인 경우들을 포함하고 있다. 셋째, '예비교사교육기관에서 교육받은 경험'은 이론이나 강의의 영향을 받아 자신의 교육적 소신으로 발전시킨 경우를 의미한다. 끝으로 '교육 실행 경험으로서의 교육실습'은 2학년 때 일주일씩 두 번 경험한 참관실습과 3학년 때 부과된 4주간의 수업실습으로 이루어진다. 연구 반응자들은 자신의 수업 경험, 지도 교사의 경험담이나 조언 또는 관찰된 지도 사례, 학생과의 관계, 동료교생의 수업 참관 등으로부터 자신의 이론을 형성했다고 기술하고 있다. 연구 반응자들의 이론을 형성 원천별로 예를 들면 다음 〈표 4〉와 같다.

〈표 4〉 형성 원천별 TPPT의 예

형성 원천	TPPT의 예
개인적 삶의 경험	Thankful: 항상, 모든 것에 감사하며(종교적 신념)
	섣부른 판단을 하지 않는 선생님(동생의 학업성취 수준 향상의 배경)
	따돌림과 뒷담화 문화를 만들지 않는다.(따돌림 당한 경험)
초·중·고등학교에서 교육받은 경험	사적인 보상을 바라지 않아야 한다.(고등학교 때의 촌지와 관련된 경험)
	누구도 소외받지 않는 교실(초등학교 때의 담임으로부터 소외받은 경험)
	흥미와 필요중심의 수업이 장려되어야 한다.(초등학교 때의 기억에 남는 수업)
예비교사교육기관에서 교육받은 경험	실제적 지식을 실천하는 메타인지를 실현한다.(잠재적 교육과정의 중요성)
	낙인을 찍지 않는 교사(낙인이론)
	교사는 적게 말하고 많이 들어야 한다.: 기다려라 그들이 말할 때까지 (교수법)
교육 실행 경험으로서의 교육실습	자기계발을 하는 선생님(3학년 수업실습)
	아침에 아이들의 상태를 확인하는 교사(3학년 수업실습)
	3월에 기선 제압(3학년 수업실습)

연구 반응자들이 제시한 각 이론은 하나 이상의 형성 배경을 지니고 있었다. 따

라서 최종적으로 분석된 TPPT가 98개이지만 형성 원천은 124개로 분석되었다 (〈표 5〉). 동료의 발표로부터 아이디어를 얻어 TPPT Ⅱ에서 자신의 이론을 추가한 경우는 그것의 형성 원천을 '예비교사교육기관에서 교육받은 경험'으로 간주하였다. 그리고 TPPT Ⅲ에서 4학년 교육실습을 통해 새로운 이론을 추가한 경우는 그 형성 원천을 '교육 실행 경험으로서의 교육실습'으로 간주하였다. 그러나 이론의 '유지'나 '수정'에 기여한 4학년 교육실습은 이론의 형성 원천으로 간주하지 않았다.

〈표 5〉 TPPT의 개인별 형성 원천별 분포

단위: 개(%)

연구 반응자 ＼ 형성 원천	개인적 삶의 경험	초·중·고등 학교에서 교육받은 경험	예비교사교육 기관에서 교육받은 경험	교육 실행 경험으로서의 교육실습
A	8	1	5	5
B	2	0	1	4
C	1	5	0	1
D	3	0	2	3
E	1	3	1	3
F	2	3	1	1
G	0	4	3	5
H	1	2	1	1
I	2	3	0	0
J	2	1	0	3
K	2	0	2	2
L	0	3	1	2
M	1	2	0	3
N	0	2	0	4
O	2	2	0	6
P	1	1	1	3
계	28(22.6)	32(25.8)	18(14.5)	46(37.1)

연구 반응자들의 이론 형성에 가장 큰 영향을 미친 것은 '교육 실행 경험으로서의 교육실습'이었다(37.1%). 그리고 '초·중·고등학교에서 교육받은 경험'(25.8%), '개인적 삶의 경험'(22.6%), '예비교사교육기관에서 교육받은 경험'(14.5%)의 순으로 영향을 미쳤음을 보여주고 있다. 개인별로 보았을 때에는 대체로 네 가지의 형성 원천들이 고르게 영향을 미치고 있음을 알 수 있다. 다만, 연구 반응자 A의 경우에

는 '개인적 삶의 경험', C의 경우에는 '초·중·고등학교에서 교육받은 경험', 그리고 O의 경우에는 '교육 실행 경험으로서의 교육실습'이 유독 강하게 영향을 미치고 있는 특이점을 보여주고 있다.

▌교사의 개인적 실제적 이론의 내용 영역과 형성 원천 간의 관계

〈표 6〉은 TPPT가 담고 있는 내용과 형성 원천 간의 관계를 보여준다. '교육 환경과의 관계'는 네 가지 형성 원천으로부터 대체로 고르게 영향을 받고 있는 반면, '교사 자신'과 '생활지도'의 영역은 '교육 실행 경험으로서의 교육실습', '학생과의 관계'와 '학업지도'는 '초·중·고등학교에서 교육받은 경험'과 '교육 실행 경험으로서의 교육실습'이 강하게 영향을 미치고 있음을 보여주고 있다. 한편 '인성·정체성·진로 지도' 영역은 '개인적 삶의 경험'과 '초·중·고등학교에서 교육받은 경험'에 의해서 형성되고 있음을 보여주고 있다.

이론의 형성 원천을 중심으로 보면, '개인적 삶의 경험'은 다양한 내용 영역에 고르게 영향을 미치고 있고, '초·중·고등학교에서 교육받은 경험'과 '예비교사교육 기관에서 교육받은 경험'은 '학생과의 관계'와 '학업지도'에 강한 영향을 미치고 있다. 그리고 '교육 실행 경험으로서의 교육실습'은 '교육 환경과의 관계'와 '인성·정체성·진로 지도'를 제외한 영역에 대해서 다른 형성 원천보다 매우 강하게 영향을 미치고 있음을 보여주고 있다.

〈표 6〉 TPPT의 내용 영역별 형성 원천별 분포

단위: 개(%)

내용 영역	형성 원천	개인적 삶의 경험	초·중·고등학교에서 교육받은 경험	예비교사교육 기관에서 교육받은 경험	교육 실행 경험으로서의 교육실습
교사 자신		6	2	3	11
교육 환경과의 관계		4	3	1	3
학생과의 관계		5	13	6	12
교수·학습	학업지도	5	10	7	10
	생활지도	5	2	1	10
	인성·정체성·진로 지도	3	2	0	0
계		28(22.6)	32(25.8)	18(14.5)	46(37.1)

교사의 개인적 실제적 이론의 정련화 양상

TPPT Ⅰ에서 Ⅱ로의 변화 과정에서 94개, TPPT Ⅱ에서 Ⅲ으로의 변화 과정에서 98개, 총 192개의 이론을 대상으로 하여 분석이 이루어졌다. 반성에 따른 TPPT의 변화 양상은 '강화·세련화(유지, 수정)', '폐기', '추가'로 구분된다. '강화·세련화'는 '유지'와 '수정'으로 구성되며 원래의 앎과 믿음의 본질을 훼손함이 없는 경우를 의미한다. '유지'는 자신의 이론에 대한 방어 논리를 펼치며 수정 없이 저널의 기술 내용을 그대로 유지하는 경우나 아직 확신이 없어 유보 상태에 있는 경우를 의미한다. '수정'은 의미나 주장의 명료화, 추가 근거 제시, 구체적 방법 제시, 단언적 다짐, 부정적 측면이나 한계 또는 예외를 설정하는 등 긍정적 측면에서 변화가 일어난 경우를 의미한다. '폐기'는 이론이 탈락된 경우, '추가'는 이론이 새로 설정된 경우를 의미한다.

〈표 7〉은 동료비평과 교육실습을 거치면서 예비교사 각 개인의 이론에 어떤 변화가 있었는지에 대한 전반적인 양상을 보여주고 있다. 분석된 192개의 이론 중에서 178개가 '강화·세련화'(92.7%), 3개가 '폐기'(1.6%), 그리고 11개가 '추가'(5.7%)로 분류되었다. 그리고 '강화·세련화' 중 '유지'는 전체 192개 중 48개였고(25.0%) '수정'은 130개였다(67.7%). 전체적으로 보아 75%의 이론이 변화되었다.

〈표 7〉 TPPT의 개인별 반성 단계별 정련화 양상

단위: 개(%)

| 정련화
연구
반응자 | 강화 · 세련화 | | | | 폐기 | | 추가 | |
| | 유지 | | 수정 | | | | | |
	Ⅰ→Ⅱ	Ⅱ→Ⅲ	Ⅰ→Ⅱ	Ⅱ→Ⅲ	Ⅰ→Ⅱ	Ⅱ→Ⅲ	Ⅰ→Ⅱ	Ⅱ→Ⅲ
A	4	3	6	7	0	0	0	1
B	0	0	5	5	0	0	0	0
C	3	0	2	5	0	0	0	1
D	2	3	4	3	1	0	0	0
E	1	1	4	4	0	0	0	1
F	1	1	5	5	0	0	0	0
G	0	1	7	7	0	0	1	0
H	1	0	2	3	0	0	0	0
I	3	3	2	2	1	0	0	1
J	0	4	5	1	0	0	0	1

K	0	2	4	3	0	0	1	0
L	0	1	5	5	0	0	1	0
M	2	1	3	4	0	0	0	0
N	0	2		5	1	0	0	0
O	2	3	5	4	0	0	0	1
P	2	2	2	3	0	0	1	1
소계	21 (22.3)	27 (27.6)	66 (70.2)	64 (65.3)	3 (3.2)	0 (0.0)	4 (4.3)	7 (7.1)
	48(25.0)		130(67.7)					
총계	178(92.7)				3(1.6)		11(5.7)	

TPPT I에서 TPPT II로: 동료비평의 영향

TPPT I에서 TPPT II로의 변화 과정에서는 TPPT I의 발표와 그에 따른 토의 그리고 15명의 동료들이 작성해서 발표자에게 전달한 'TPPT에 대한 나의 반성'이 반영되었다. '유지'는 동료들의 비평에 대한 적극적 해명이나 자신의 주장과 신념을 강하게 표출하는 반박을 통해 이루어졌다. 대표적인 하나의 예를 들면 다음과 같다.

> 토의 과정에서, 흥미 위주의 수업은 이루어지기 힘들 것이며 오히려 내용 중심의 수업이 되어야 한다는 의견이 많았다. 하지만 나는 내용 위주의 수업은 좋지 않다고 생각한다. 내용은 흥미를 매개로 다가갔을 때 아동들에게 의미 있고 가치 있게 학습될 수 있다. 따라서 흥미와 필요 중심의 이론을 유지시켰다. (C의 '나의 개인적 실제적 이론 II': 4)

다음으로 '수정'은 TPPT I을 보다 심화하거나 확대 또는 축소를 통해 자신의 확신을 강화하는 방향으로의 변화를 보여주었다. 대표적인 하나의 예로서 G는 동료비평을 수용하고 대폭 수정을 통해 자신의 이론(아이들에게 다양한 경험을 제공해야 한다.)을 다듬었다.

> 초등학교에서는 특별한 재능을 드러내는 아이들도 있지만, 대부분은 무엇을 잘하는지 무엇에 관심이 있는지조차 잘 알지 못하는 경우가 많다. 처음에는 아이의 개성과 적성을 찾아 길러주어야 한다고 생각했는데, 오히려 아이의 가능성을 차단할 위험성이 있다는 지적을 받았다. 또한 초등학교 학생들이 두각을 드러내는 것 중에는 진정 자신의 적성에 맞는 분야를 찾은 경우도 있겠지만, 흥미나 호기심에 의한 행동일 수도 있다는 점을 간과할 수 없다고 생각했다. 그래서 아이의 적성과 개성을 찾아 길러주는 것보다 어린 학생임을 감안하여 진로에 대해 생각해볼 기회 즉, 다양한 경험을 제공하는 것이 더 중요

하다고 생각하게 됐다. (G의 '나의 개인적 실제적 이론 II': 6)

'폐기'는 연구 반응자 D, I, N의 경우에서 나타나고 있다(〈표 8〉). D는 동료비평에 따른 숙고 결과, 자신의 '이론 4. 모든 학생에게 책임 의식을 가지게 해 주는 교사(일일 반장제)'가 '이론 5. 학생과 함께 결정하는 교사'에 통합될 수 있다고 판단하여 이론 4를 폐기하였다. 또한 I는 이론으로서의 부적절성을 인식하여, N은 동료들의 비평을 수용하여 자신의 이론을 폐기한 경우이다.

〈표 8〉 TPPT I에서 TPPT II로의 변화 과정에서 '폐기'된 경우

연구 반응자	폐기된 이론	폐기의 배경
D	모든 학생에게 책임 의식을 가지게 해주는 교사(일일 반장제)	이 이론은 학우들의 코멘트를 곰곰이 생각해 본 결과, '이론 5. 함께 결정하는 교사'로 대치될 가능성이 있다고 판단되었다. 교사의 신념을 강요하며 일일 반장제의 부작용을 해소할 방안을 찾을 수도 없었기 때문이다. 따라서 이론 5의 하위 내용으로 통합하였다.
I	인간의 손길에 대한 거부감?	다시 읽어보니, 교사의 신념과는 상관없는 생각을 그냥 적어 놓은 것 같다. 뿐만 아니라 남들 앞에 내놓을 만한 자신이 아직 없기 때문이기도 하다.
N	즐겁게 수업하는 교사	아무리 자기가 즐거운 수업이었다고 판단했더라도 실습지도 선생님들께서 문제점을 지적했으면 고치도록 노력해야지, 단순히 자신만 즐거운 수업을 고집해서는 안 된다는 학우들의 의견에 동의하여 폐기하였다.

'추가'는 연구 반응자 G, K, L, P의 경우에서 나타나고 있다(〈표 9〉). 이들은 'TPPT에 대한 나의 반성' 중 "발표자의 이론이나 구성원의 코멘트 중에서 자신의 이론에 가장 큰 도움이나 확신을 준 것은 무엇이었는가?"에 답하면서, 여기에서 아이디어를 얻어 자신의 새로운 이론을 제시하였다.

〈표 9〉 TPPT Ⅰ에서 TPPT Ⅱ로의 변화 과정에서 '추가'된 경우

연구 반응자	추가된 이론	추가의 배경
G	행복한 교사가 되어야 한다.	○○○ 학우가 발표한 이론에서 감동을 받은 대목인데, "행복한 교사가 행복한 학생을 만들고, 더 나아가 행복한 사회를 만들 수 있다."는 말에 공감했다. 그러기 위해서는 우선 교사로서의 사명감을 가져야 한다고 생각한다. 교사를 돈을 버는 수단으로만 생각하는 것이 아니라, 그 속에서 보람을 얻고 행복을 찾을 수 있어야 하는 것이다.
K	학부모와 협력하는 선생님	학우들의 이론 중에서 학부모에게 진심을 어필하고 좋은 관계를 유지해야 아동의 학습 및 생활 지도가 효과적으로 이루어질 수 있다는 의견에 적극 공감하며 나도 이것을 나의 이론으로 채택하게 되었다.
L	신비로움을 가진 교사	항상 막연하게 학습자 중심의 수업, 또 위에서도 말한 배움 공동체 중심의 협동학습이 좋을 것이라는 생각은 했지만 수업을 이끌어 가는 방법에 대해서는 확실한 답을 가질 수 없었다. 그러다 동기 중 한 명의 발표에서 신비로움을 가진 교사를 듣고 '아! 이거구나!'라고 생각했다. 신비로움을 가진 교사란 항상 베일에 감춰져 있고 자신을 드러내지 않는 교사가 아닌, 수업을 이끌어 가는 것에 있어서 신비로움을 가진 교사를 말한다.
P	토의·토론 수업을 잘 활용하는 선생님	수업 중 다른 학우들의 발표와 토의를 통해 나에게 가장 많은 확신을 주었기에 새롭게 이론을 추가하였다

TPPT Ⅱ에서 TPPT Ⅲ으로: 교육실습(4학년 실무실습)의 영향

　　TPPT Ⅱ에서 TPPT Ⅲ으로의 변화 과정에서는 교육실습에서의 자신의 이론 적용과 그에 따른 결과, 담당 학급의 학생 지도, 실습 지도 교사의 조언이나 관찰된 지도 사례, 동료교생으로부터의 학습, 또는 학교 분위기 등이 반영되었다. '유지'는 교육실습 과정에서 특별히 자신의 이론에 대한 수정을 필요로 하는 점을 발견하지 못했음을 의미한다. 대표적인 예를 들면 다음과 같다.

　　이 이론(때리는 것은 절대 금지하지만 벌은 주되 꼭 필요한 경우에만 준다. 그리고 문제 아이가 있을 경우 빠른 조치를 취한다.)은 아직까지 명확히 정립되지 못했다. 이번 실습을 통해서 조금은 충격을 받은 것이 있다. 그것은 옆 반 선생님께서 사표를 쓰신 것이었다. 이유는 반에 욕을 엄청 심하게 하는 아이가 있기 때문이고 그 아이에게 어떤 욕을 들

으셨는지 몰라도 그 때문에 실습 중에 그만 그런 일이 일어났다. …(중략)… 이 경우를 통해서 '맞으면 고쳐진다.'라는 생각을 어느 정도 바꾸게 되었다. 하지만 벌이 꼭 필요하다는 생각은 별다른 계기가 없었기 때문에 변하지 않았다. (O의 '나의 개인적 실제적 이론 Ⅲ': 6)

'수정'은 자신의 이론을 적용하고 성공을 경험한 경우, 이론 적용의 실패에 따른 보완책 강구, 지도 교사의 경험담이나 조언 또는 관찰된 지도 사례 등에 의해서 TPPT Ⅱ보다 강한 신념으로 변화된 경우를 의미한다. 대표적인 하나의 예를 들면 다음과 같다.

이번 실무실습을 통해서 이 이론(편애하지 않는 공정한 선생님)에 대한 나의 생각이 강화되었다. 이번에 5학년을 맡게 되었는데 대부분의 아이들은 자신에 대한 교사의 말투와 행동과 기대 하나하나를 예의주시하고 있었으며 교사의 공정한 태도와 그렇지 않은 태도에 대해 굉장히 민감하게 반응함을 확인할 수 있었다. (P의 '나의 개인적 실제적 이론 Ⅲ': 3)

'폐기'는 나타나지 않았고, '추가'는 교육실습 과정에서 새롭게 느끼고 학습한 교사와 학생 간의 상호작용, 학부모 관계, 수업 준비, 생활지도, 학습 부진아 지도, 대학과 초등교육 간의 연계 강화 방안 등을 중심으로 새로운 이론이 생성된 경우에 해당한다(〈표 10〉).

〈표 10〉 TPPT Ⅱ에서 TPPT Ⅲ으로의 변화 과정에서 '추가'된 경우

연구 반응자	추가된 이론	추가의 배경
A	학생들이 자신의 의견을 자유롭게 표현할 수 있는 분위기를 조성하는 교사가 된다.	난 지금껏 단 한 번도 고학년을 맡아본 적이 없다. 실습 때마다 모두 4학년 이하를 맡았고, 이번에도 4학년을 맡았다. 그런데 들리는 말에 의하면 고학년들은 발표력이 낮다고 한다.
C	교사는 학부모와의 관계를 잘 형성해야 한다.	이번 실습 중에서 중요하게 깨달은 교훈 중의 하나는 '교사는 학부모와의 관계를 잘 형성해야 한다는 것'이다. 실제 교육현장에서는 교사와 학부모의 관계가 학생들과의 관계보다 더 어렵다는 것을 느끼게 되었다.

E	마음을 담아 칭찬하는 교사(Praise): 칭찬은 아이를 춤추게 한다.	이번 실습을 통해서 나는 칭찬의 중요성을 절실히 깨닫게 되었다. 나의 작은 칭찬 한 마디가 ○○이 수업에 적극적으로 참여하게 만들었다. 하지만 칭찬을 한다고 해서 다 좋은 것은 아니다. 내가 수업을 하면서 지적받은 것이기도 한데 …(중략)… 구체적으로 어떤 것을 잘하였는지, 그리고 교사의 감정을 담아 진심으로 칭찬하였을 때 더 잘하려는 강화를 받는다는 것이다.
I	교사 간 '교육사례'를 공유하자!	초임 시기에 굉장히 많은 시행착오를 겪는다고 한다. 그러한 시행착오는 개인적으로 낭비일 뿐만 아니라 사회적, 나아가 국가적으로 큰 낭비라고 생각한다. 나 또한 그러한 시행착오의 낭비성을 경험했기에 어떻게 이러한 것을 줄일 수 있을지 생각해 보았다. 무엇보다 구체적 사례가 공유되어야 한다고 생각한다.
J	기본생활습관을 심어주는 선생님: 일관된 태도와 행동으로 습관화시키는 지도	그 동안 실습을 하면서 많은 선생님들과 대화를 나누어 봤지만, 이번 실습에서만큼 현실적으로 다가온 적은 없었던 것 같다. 선생님께서 제일 중요하게 생각하시는 것은 아이들이 학교생활을 하면서 은연중에 기본적인 생활습관과 예절을 배우게 하는 것이었다.
O	수업을 위해 항상 노력하는 선생님	이번 실습을 통해 새롭게 생각한 것이 있었다. 바로 수업 준비를 열심히 하는 선생님이다. 올해는 준비한다고 했는데도 담임선생님께 많은 지적을 받았다. 항상 좋은 수업을 하기 위해 교사는 노력해야 한다. 그것이 아이들을 위해서나 자신이 좋은 교사로 떳떳하게 살기 위해서나 꼭 필요하다고 생각한다.
P	교육의 평등을 위해 노력하는 선생님	실습하는 한 달 동안 내가 맡은 모둠의 아이 중에는 가정형편이 많이 어려운 아이가 있었다. 그 아이도 부진아에 포함되어서 나름대로 그 아이를 잘 돌보려고 애썼는데 그 아이의 상황이 많이 안타까워서 마음이 안 좋았다. 초등학교에서만큼은 경제적인 요인과 관계없이 아이들이 원하는 공부를 마음껏 할 수 있도록 환경을 제공해 줄 수 있었으면 좋겠다.

논의

이 연구는 희망교육대학교 4학년을 위해 개설된 교수법 강좌의 수강생 16명을 대상으로 하여 예비교사의 개인적 실제적 이론의 내용과 형성 원천 및 이론에 대한 반성적 활동이 예비교사교육에 주는 시사점을 구하는 데 목적을 두고 수행되었다. 이를 위해 교사의 개인적 실제적 이론에 대한 안내와 1차 반성적 저널쓰기(TPPT Ⅰ), 동료비평 후 2차 반성적 저널쓰기(TPPT Ⅱ), 그리고 교육실습 후 3차 반성적 저널쓰기(TPPT Ⅲ)의 과정을 거쳐 자료가 생성되고 자연주의적 방법에 의해서 분석되었다.

예비교사의 개인적 실제적 이론은 연구 반응자인 16명의 예비교사들 자신이 초등교육에서 가장 중요하게 여기는 것들이며, 이론의 내용은 네 영역으로 범주화되었다. 양적인 면에서는 '교수·학습(학업지도, 생활지도, 인성·정체성·진로 지도)'(43.9%), '학생과의 관계'(28.6%), '교사 자신'(17.3%), '교육 환경과의 관계'(10.2%) 순으로 관심의 비중을 나타냈다. 그러나 예비교사 개인에 따라서는 특정 영역에 더 큰 관심을 보이는 경우도 있었다.

예비교사의 이론 형성의 원천은 각 개인이 자신의 인생에서 기억하는 '극적 경험'으로서, 네 가지 원천으로 분석되었다. 연구 반응자들의 이론 형성에 가장 큰 영향을 미친 것은 '교육 실행 경험으로서의 교육실습'이었다(37.1%). 그리고 '초·중·고등학교에서 교육받은 경험'(25.8%), '개인적 삶의 경험'(22.6%), '예비교사교육기관에서 교육받은 경험'(14.5%)의 순으로 영향을 미쳤음을 보여주었다. 개인별로 보았을 때에는 특정 형성 원천이 유독 강하게 영향을 미치는 경우도 있었다.

반성적 활동(동료비평과 교육실습)에 따른 이론의 변화는 '강화·세련화(유지, 수정)', '폐기', '추가'로 나타났다. 전반적인 양상으로는 '강화·세련화'가 92.7%로 주를 이루었는데, 하위 수준에서 살펴보면 '수정'이 67.7%, '유지'가 25.0%, '추가'가 5.7%, '폐기'가 1.6%를 차지하였다. 전체적으로 75%의 이론이 변화되었다. 그 양상은 동료비평이나 교육실습의 경우 모두 비슷했다.

본 연구 결과가 예비교사교육에 주는 시사점은 다음과 같다. 첫째, 예비교사들이 지니고 있는 개인적 실제적 이론의 내용에 대한 보다 지속적인 연구가 요구된다. 본 연구에서는 예비교사의 개인적 실제적 이론의 내용이 '교수·학습'(43.9%), '학생과의 관계'(28.6%), '교사 자신'(17.3%), '교육 환경과의 관계'(10.2%) 순으로 나타났다. 그러나 28명의 중등 예비교사를 대상으로 한 곽덕주·진석언·조덕주(2007)의 연구를, 본 연구에서 범주화한 내용 영역으로 재조정해서 살펴보면, '교사 자신'이 53.7%, '교수·학습'이 39.0%, '학생과의 관계'가 7.3%에 해당하는 것으로 읽을 수 있다. 즉, 본 연구는 곽덕주 등의 연구와 상이한 결과를 보여주고 있다. 연구 반응자의 수와 내용의 범주 및 초·중등의 차이를 고려하면서, 상이한 연구 결과의 의미를 후속 연구를 통해 밝혀낼 필요가 있을 것이다.

둘째, 본 연구는 초등 예비교사교육에서 교육의 핵심 요소로서 교육 내용의 중요성을 강조할 필요가 있음을 시사하고 있다. 연구 반응자인 예비교사들은 한 명이 아동의 실제적 삶과 연계된 주제를 다루어야 한다는 주장을 담긴 했지만 그 이외에는 교육 내용에 대해 전혀 관심을 보이지 않았다. 즉, Schwab, Elbaz, Shulman 등의 주장과 달리, 초등 예비교사들이 '학생과의 관계'(28.6%) 및 '교수·학습' 특히 '학업지도'(25.5%)에 치중하는 반면에 교육 내용의 중요성을 간과하고 있다는 점에 주목해야 할 것이다.

셋째, 예비교사들의 개인적 실제적 이론 형성에 대한 예비교사교육기관의 책무성을 제고해야 할 것이다. 이론 형성의 원천과 관련하여 예비교사교육기관은 다른 원천에 비해 가장 영향력이 미약한 것으로 나타났다. 그것은 노경주(2009a)의 연구 결과와도 일치하는데, 예비교사교육기관이 예비교사의 개인적 실제적 이론 형성과 관련하여 '극적 경험'을 제공하지 못하고 있음을 의미한다. 어떤 배경을 통해 현재의 이론이 형성되었느냐와 관계없이, 그리고 그 이론이 맞는 것이건 틀린 것이건 옳은 것이건 그른 것이건 간에, 예비교사가 현재 어떤 이론을 지니고 있느냐는 전적으로 초등 예비교사교육기관의 책임이다. 예비교사가 자신이 지니고 있는 이론을 어떤 반성 없이 단순히 유지하거나 강화하는 수준에 머문다면 예비교사교육기관은 존재의 의미를 찾기 힘들 것이다.

넷째, 그것은 예비교사교육 과정에서의 반성적 활동을 통해 극복될 수 있을 것이다. 본 연구는 동료비평과 교육실습을 통해 반박에 의한 유지, 명료화·심화·확대 및 축소 등에 의한 수정, 그리고 폐기 및 추가 등을 통해 이론의 정련화가 활발하게 일어남을 보여주었다. 그것은 반성적 저널쓰기의 효과성을 보여준 조덕주·곽덕주·진석언(2008)과 김병찬(2009), 그리고 교사공동체에서의 반성적 활동의 중요성을 보여준 서경혜(2010)의 연구 결과와 일치한다. 교사는 자신의 개인적 실제적 이론을 인식하기 쉽지 않으며, 자신의 이론의 자각과 개선에 어려움이 있고, 부적절하거나 비합리적인 이론을 지니고 있을 수도 있다는 점이 지적되기도 한다(김자영·김정효, 2003). 또한 현장에서 형성된 교사의 실천적 지식은 현실 안주적 경향, 돌발 상황의 예방을 위한 통제적 경향, 그리고 교사의 왜곡된 지식과 신념에서 비롯된 오류 가능성 등의 문제점 때문에 한계를 지니고 있다고 지적되기도 한다(김은주, 2010). 이런 점을 고려할 때 예비교사교육기관은 예비교사의 개인적 실제적 이론을 끄집어내고 드러내고, 개인적으로나 공동체 속에서의 반성을 통해 정련화할 수 있도록 보다 많은 노력을 기울여야 할 것이다.

제2장
교사의 개인적 실제적 이론의 변화

서언

> (모든) 실제적 행위는 어떤 이론에 의해서 안내된다......왜냐하면 교사들은 그들이 가르치고 있는 상황에 대한 지식 없이는 또한 무엇을 해야 할 필요가 있는지에 대한 아이디어 없이는 "실제(practice)"를 시작조차 할 수 없기 때문이다. 이 점에서 교육 "실제"에 참여하는 사람은 그가 누구든지 간에 그의 활동을 구조화하고 의사결정을 안내하는 어떤 교육 "이론"을 이미 지니고 있어야 한다. (Carr & Kemmis, 1983: 110; Sanders & McCutcheon, 1986: 55에서 재인용)

이렇게 형성된 교사의 개인적 실제적 이론(Teacher Personal Practical Theories: TPPT)은 쉽게 바뀌지 않는다고 알려져 있다(Allen, 2009). 교사의 개인적 실제적 이론은 장기간의 다양한 삶의 경험뿐 아니라 극적 경험을 통해서 형성되고 나아가 교사 자신의 세계관을 반영하기 때문에 변화에 저항적인 특성을 갖는다. 그리고 그러한 교사 개인의 이론은 교사 자신의 사고 나아가 행위의 원천으로 작용하며, 그 이론의 타당성과 가치에 따라 교육의 질이 좌우된다. 이것은 교육의 질을 제고하기 위해서는 국가 차원의 교육정책이나 교육과정에 대한 거시적 혁신뿐만 아니라 교사 차원에서의 실질적인 관심과 노력도 함께 수반되어야 함을 시사한다.

이런 맥락에서 국내외에서는 1980년대 이후 교사의 앎과 믿음으로서의 개인적 실제적 이론에 대한 많은 연구가 이루어져 왔다. 그러나 이론적 탐구가 주를 이룰 뿐, 정작 실제적이거나 실천적인 연구는 미흡한 편이다. 실제적 연구가 이루어진다 하더라도 대체로 현재 예비 혹은 현직 교사가 어떤 개인적 실제적 이론을 지니고 있는지, 어떻게 그 이론을 형성하고 다듬어 가는지, 그 이론과 교수 행위나 교사교육과의 관계는 어떠한지에 머무르고 있다. 변화와 관련해서는 고작해야 예비교사 교육 과정에서 지니고 있던 개인적 실제적 이론이 초임 교직 생활에 어떤 영향을 미치는지 정도에 국한된다(Chant, 2002).

특히 특정한 동일 교사의 개인적 실제적 이론의 장·단기 변화 과정에 대한 연구는 전무한 실정이다. 그가 예비교사 시절에 어떤 이론을 지니고 있었고, 교육 현장에서 어떤 영향을 받아 왜 무슨 이론을 지니게 되었으며, 이 점이 시사하는 예비 및 현직 교사교육의 과제는 무엇인지에 대한 탐구는 전혀 이루어지고 있지 않다. 교사의 개인적 실제적 이론의 메타포가 어떻게 변화해 가는지를 탐구한 Alger(2009)의 경우도 서로 다른 경력을 가진 교사 간의 차이를 분석하고, 그것을 교직 경력에 따른 변화로 간주하는 데 그쳤다. 여기에 특정 교사의 개인적 실제적 이론이 공간과 시간을 달리하며 어떻게 변화해 가는지에 대한 연구의 필요성이 제기된다.

또한 학문적 이론에 갇혀 있던 예비교사가 현직교사가 되어 시행착오를 겪고, 시간이 지남에 따라 현장 경험에 기반한 개인적 실제적 이론을 구축하면서, 학문적 이론과 실제적 이론 간에는 간극이 발생하게 된다. Allen(2009)은 이러한 이론과 실제 간의 괴리 극복을 위한 호주 교사교육기관의 개혁적 노력에도 불구하고, 초임교사들은 학교 현장 특히 경력교사들의 영향 하에 대학에서 학습한 이론을 간과하고 무용한 것으로 간주한다고 지적한다. 한편 Alger(2009)는 대부분의 교사는 교육 현장의 경험보다 대학에서 학습한 이론에 더 큰 가치를 두지만, 현실적으로는 교육 실제에 적용할 역량을 갖추지 못함으로 인해서 경력교사를 추종하는 데 그친다고 보고한다.

예비교사가 지니고 있던 개인적 실제적 이론은 현직교사가 되면서 왜 어떤 변화를 거치게 되는가? 변화가 일어나지 않았다면 그 이론이 현장 교육에서 매우 유의미한 것이었는가? 변화가 일어났다면 그 이론이 현장 교육에서 무의미한 것이었는가? 변화에 작용한 힘은 무엇이었는가? 자신의 경험에 기초한 반성적 사고의 작용인가? 교육 현장에의 적응이나 동조에 따른 것인가? 결국 예비교사교육은 어떤 노력을 기울여야 하고, 현직교사교육은 어떤 점에 보다 많은 관심을 기울여야 하는가? 이 점에서 본 연구는 '대학 4학년에서 교직 경력 5년 교사로 성장해 가는 과정에서 TPPT는 어떻게 변화하는가?'라는 연구 문제를 설정하였다. 그리고 다음과 같은 세 가지의 하위 질문을 통해 탐구를 수행하였다. 첫째, 대학 4학년 때 어떤 TPPT를 지니고 있었으며, 그 형성 원천은 무엇인가? 둘째, 교직 경력 5년 시점에서 대학 4학년 때 TPPT를 어떻게 평가하는가? 셋째, 교직 경력 5년 시점에 어떤 TPPT를 지니고 있으며, 그 형성 원천은 무엇인가?

이 연구 문제를 탐구하기 위해 본 연구는 희망교육대학교 4학년 때 '교수법의 이론과 실제' 강좌를 수강하고, 1급 정교사 자격 연수를 이수한 교직 경력 5년 교사 5명을 연구 반응자로 선정하였다. 그리고 그들이 수강 중에 작성한 3편의 반성적 저널과 교직 경력 5년 시점에 참여한 심층면담을 통해 자료를 생성하고 분석하였다. 그리고 그 결과에 기초하여 교사의 개인적 실제적 이론의 내용과 형성 원천 및 이론의 유지나 변화가 예비교사교육과 교육 현장 및 현직교사교육에 주는 시사점을 구하는 데 목적을 둔다.

교사의 개인적 실제적 이론

1980년대 이래 교사의 사고, 교사의 지식과 신념, 교사의 반성 등은 교사 전문성과 교사 교육 행위의 원천으로 인식되며, 그 중요성이 강조되어 왔다. 이런 맥락에서 Clark and Peterson(1986)은 교사의 사고 과정에 대한 연구 영역을 교사의 수업

계획, 교사의 상호작용적인 사고와 의사결정, 그리고 교사의 이론과 신념 등 세 범주로 구분한다. 이 중에서 가장 큰 관심 영역이 되어 온 교사의 이론과 신념의 범주는 교사의 개인적 실제적 이론이라는 개념을 통해 연구되어 왔다(Cornett, 1990; Pitkäniemi, 2010; Ross, Cornett, & McCutcheon, 1992; Sanders & McCutcheon, 1986; Zeichner & Liston, 1996). 먼저 교사의 '실제적' 이론은 Handal and Lauvas(1987)에 의해서 명쾌하게 정의된다.

> 특정 시점에서의 교수 행위와 관련된 사적이고 통합적이며 지속적으로 변하는 개인의 지식과 경험 및 가치 체계. 이것은 무엇보다도 '이론'이 (실제 경험, 읽기, 듣기, 다른 사람의 수행 관찰과 같은) 일련의 다양한 사건과 함께 지속적으로 정립된 개인적 구성체임을 의미한다. 그 과정에서 다양한 사건들은 개인의 가치와 이상에 따라 변화하는 관점과 혼합되고 통합된다…. 그것은 설명이나 이해 또는 예측이라는 과학적 목적을 추구하는 이론적, 논리적 '구성체'로서가 아니라 무엇보다 행위의 근거나 배경으로 기능하는 정말 실제적 이론이다. (1987: 9; Kettle & Sellars, 1996: 1–2에서 재인용)

이처럼 교사의 실제적 이론은 교사가 어떤 행위를 할 것인지에 대한 의사결정의 준거가 되고, 교사의 행위를 이해하고 해석하기 위한 안목을 제공해 주는 원리나 명제로 작용한다(McCutcheon, 1995; Sanders & McCutcheon, 1986). 이러한 실제적 성격에 더하여 Cornett(1990)는 교사가 지니는 이론의 '개인적' 성격을 강조하고, 그것은 결국 신념과 다를 바 없음을 전제하며 '교사의 개인적 실제적 이론'을 다음과 같이 개념화한다.

> 교사의 신념은 그녀의 (교실 밖에서의) 개인적 경험과 (교사 경험과 직접적으로 관련되는) 실제적 경험으로부터 생성되기 때문에 개인적 실제적 이론이라고 명명될 수 있다. 교사 신념은 그것이 하나의 매우 체계적인 신념의 세트를 이루기 때문에 이론이라고 불린다. (251)

교사의 개인적 실제적 이론의 내용은 다양하게 범주화될 수 있다. 우선 Schwab(1971)가 교육과정 개발 과정에서 고려해야 할 공통 요소(commonplaces)로 제시한 교사, 학습자, 교과, 교수·학습 환경이 하나의 범주 유형으로 고려될 수 있다. Elbaz(1981)가 교사의 실천적 지식의 내용으로 범주화한 교과, 교육과정, 교수, 교사 자신, 교육 환경에 대한 지식을 고려할 수도 있다. Shulman(1987)이 교사가 지녀야 할 지식의 범주로 제시한 내용 지식, 일반 교육학 지식, 교육과정 지식, 교수내용지식, 학습자와 학습자 특성에 대한 지식, 교육 상황에 대한 지식, 교육의 목적·가치 및 철학적·역사적 배경에 관한 지식을 고려해 볼 수도 있다. Bain, Ballantyne, Packer, and Mills(1999)가 교사의 반성 내용으로 범주화한 교수활동, 자기 자신, 전문적 이슈, 학생이나 교실의 아이디어를 고려할 수도 있다(곽덕주·진석언·조덕주, 2007; 추갑식, 2015). 또한 Calderhead(1996)가 교사 신념의 내용과 관련하여 범주화한 교과, 교수, 학습자와 학습, 교수에 대한 학습, 교사 자신과 교사 역할에 대한 신념도 고려할 수 있다(이소연, 2012). 그리고 교사의 개인적 실제적 이론의 내용을 교사 자신, 교육 환경과의 관계, 학생과의 관계, 교수·학습(학업지도, 생활지도, 인성·정체성·진로 지도)으로 범주화한 노경주(2012)를 참고할 수도 있을 것이다.

교사의 개인적 실제적 이론의 형성 원천 또한 다양하게 범주화될 수 있다. Handal and Lauvas(1987)는 개인적 경험, 전수된 지식, 교사가 추구하는 가치로 범주화한다(Zeichner & Liston, 1996). McCutcheon(1995)은 교수 행위 이전의 개인적 삶의 경험, 교수 행위에 영향을 주는 다양한 상황적 여건, 실제 교수 행위 경험으로 분류한다. 그리고 노경주(2012)는 예비교사의 개인적 실제적 이론의 형성 원천으로 개인적 삶의 경험, 초·중·고등학교에서 교육받은 경험, 예비교사교육기관에서 교육받은 경험, 교육 실행 경험으로서의 교육실습으로 범주화한다.

이러한 교사의 개인적 실제적 이론에 대한 외국의 경험적 연구는 예비 및 현직 교사가 지니고 있는 이론의 규명과 시사점(Cornett, 1990; Fickel, 2000), 예비교사가 자신의 이론을 개발해 가는 과정(Kettle & Sellars, 1996), 교사의 이론 형성에 영향을 미치는 요인 간의 상호작용(Cornett, Chase, Miller, Schrock, Bennett, Goins, & Hammond, 1992), 그리고 예비교사가 지니고 있는 이론이 교직 첫해의 교육활동에 미치는 영향(Chant, 2002) 등을 중심으로 이루어져 왔다. 예를 들면, Cornett(1990)는 자연주의적 사례 연구를 통해 중학교 사회 교사가 형성하고 있는 무조건적인 긍정적 관심, 감정 이입적 이해, 인간으로서의 교사, 재미있는 교수·학습, 조직화되고 체계적인 자료 제시 등 다섯 가지 이론을 밝혀낸다. 그리고 그 이론 간에 발생하는 긴장과 균형을 규명하고 교사의 이론이 교육과정과 교수 행위에 미치는 영향을 분석한다. Kettle and Sellars(1996)는 두 학기에 걸친 강의와 교육실습 과정에서 반성적 저널쓰기와 면담을 통해 2명의 예비교사가 어떻게 실제적 이론을 형성해 가는지를 탐구한다. 그리고 이에 기초하여 규칙적이고 비판적인 반성의 중요성을 강조하며 대학에서 실제적 이론에 대한 반성의 기회를 제공할 것을 제안한다. 또한 Chant(2002)는 질적 사례 연구를 통해 3명의 사회 교사가 예비교사교육 과정에서 형성한 개인적 실제적 이론을 파악하고, 그 이론이 교직 첫해의 교수활동에 어떤 영향을 미쳤으며, 교직 첫해의 경험에 의해 그들의 이론이 어떻게 변화했는지를 탐구한다. 이러한 탐구를 통해 그는 각 이론은 상호 연계되어 있고, 그 이론들은 새로운 교수 환경, 삶의 경험과 관련된 해석, 교직 첫해의 경험과 관련된 해석에 의해 영향을 받는다고 보고한다.

국내에서는 노경주(1998a)가 질적 사례 연구를 통해 중학교 사회 교사가 지니고 있는 탐구 과정의 경험, 입시 준비, 보편적 지식의 교수, 중상층 학생 중심의 교수, 학생 참여의 고양, 감정 이입적 교실 분위기 형성 등 다섯 가지의 이론을 밝혀낸다. 그리고 그 교사의 수업은 이 다섯 가지 이론 간의 충돌과 절충의 산물이라는 점을 읽어내고, 그의 이론과 수업이 사회과교육의 목적으로서 고등사고능력의 함양과 관련하여 어떤 의미를 가지는지를 분석한다. 그는 또한 5명의 초등 예비교사와 현직교사가 지니고 있는 교사상과 성공적인 수업에 대한 이론을 추출하고 이와 관련하여 예비 및 현직 교사교육의 과제를 제시한다(노경주, 2009a). 비교적 최근에는 16명의 초등 예비교사가 강의와 동료 비평 및 교육실습 과정에서 반성적 저널쓰기를 통해 어떻게 개인적 실제적 이론을 형성해 가는지를 탐구하고 예비교사교육의 과제를 제시한다(노경주, 2012). 한편 이성은·권리라·윤연희(2004)는 교사의 실천적 지식이나 이론이라는 용어를 사용하지는 않았지만, Cornett(1990), Fickel(2000), Chant(2002), 노경주(1998a, 2009a, 2012) 등의 연구와 유사한 결과를 보고한다. 그들은 교실 수업 참여관찰 연구를 통해 생활이나 타 교과 내용과 연계하여 의미 있게 통합하는 선생님(통합화), 동기를 유발하고 수업에 적극적으로 활동하도록 촉진하는 선생님(촉진화), 눈높이를 맞추어 조력하는 선생님(조력), 다정다감한 엄마 같은 선생님(격려 및 애정표현)이라는 초등교사의 전문성 구성 요인을 추출·제안한다.

본 연구는 '교사의 개인적 실제적 이론'을 "교사 자신의 경험을 통해 형성되고 언어나 행위로 표현되며 교육 행위의 원천으로 작용하는 교사의 개인적 실제적 앎과 믿음"(노경주, 2012: 422)이라고 정의한다. 그러한 교사의 개인적 실제적 이론은 내용으로서 교사, 학습자, 교육 내용, 교수·학습, 교육 환경에 대한 앎과 믿음을 포함하고, 개인적·사회적 측면뿐만 아니라 이론적·실제적 측면에서의 총체적 경험과 반성을 통해 형성된다. 그리고 교사의 개인적 실제적 이론은 확고하게 배타적으로 닫혀 있기보다는 오류 가능성과 함께 변화 및 개선 가능성에 열려 있다. 결국 교사의 개인적 실제적 이론은 드러냄과 반성의 반복적 과정을 통해 교사 자신의 교육 행위의 질 제고에 기여하게 될 것이다.

연구 방법

교사의 개인적 실제적 이론에 대한 관심과 중요성에 대한 인식은 교육에 관한 패러다임의 대전환으로부터 출발한다(Clark & Peterson, 1986). 이 점에서 본 연구는 자연주의적 패러다임에 기초하여 질적 사례 연구로 수행하며, 다중의 구성 실재, 모든 실체 간의 동시적 상호작용, 연구자와 연구 사례 간의 불가분의 관계, 가치부과적 탐구, 자연주의적 일반화(naturalistic generalization)(Stake & Trumbull, 1982)를 연구의 핵심 원리로 삼는다(Lincoln & Guba, 1985). 이와 함께 본 연구는 자료 생성과 분석 차원에서는 의미 이해와 자연주의적 일반화에 도움이 된다면 얼마든지 양적 자료의 활용이나 양적 분석이 가능하다는 관점을 취한다(Bogdan & Biklen, 2007; Guba & Lincoln, 2005; Merriam, 1988; Spindler & Spindler, 1992; Stake, 1995b). 그리고 질적 연구라면 거의 항상 그래야 하듯이, '나는 내가 무엇을 모르는지를 모른다.'는 자세로 시작하였기 때문에, 본 연구는 사전에 구체적·확정적으로 계획되기보다는 발현적 설계(emergent design)에 따라 수행되었다(Lincoln & Guba, 1985; Stake, 1995b).

본 연구는 대학 4학년에서 교직 경력 5년 교사로 성장해 가면서 TPPT가 공간과 시간의 변화에 따라 왜 어떻게 변화하는지를 탐구하였다. 연구의 출발점인 대학 4학년은 예비교사교육의 영향이 가장 극대화되는 시점이고, 이때에 형성된 교사의 개인적 실제적 이론은 초등 예비교사교육의 의미와 초임교사의 출발점을 읽어내는 매우 중요한 원천으로 작용할 것이다. 한편 교직 경력 5년은 어느 정도 안정적으로 교직에 적응하고 성장의 발판을 구축해 가는 시점의 의미를 지닐 것이다(김병찬, 2007; 박찬주·심춘자, 2002).

연구 반응자는 의도적 표집(purposive sampling)으로 선정된 5명의 초등 여교사들이다. 현직교사 선정에 있어서는 '교직 경력 5년'과 '1급 정교사 자격 연수 이수'를 우선적인 준거로 삼았고, 이를 통해 연구 반응자 간의 공통성을 확보하려고 하였다. 실제 선정 과정에서는 2009년에 희망교육대학교 4학년 과목으로 개설된 '교수법의 이론과 실제'라는 강좌를 수강한 25명 중 8명이 '교직 경력 5년'과 '1급 정교사 자격 연수'를 충족하였으며 그들은 모두 여교사였다. 다시 그 중에서 연구자가 자료 생성을 위해 이동하는 데 부담을 느끼지 않을 정도의 거리에 위치하고, 연구자와 교육 현장이나 자신에 대해 진솔한 이야기를 들려 줄 정도의 친밀한 관계를 유지해 온 교사로 한정하는 과정에서 5명으로 좁혀졌다. 그들은 모두 가명 처리된다.

자료 생성은 연구 반응자가 4학년 강의에서 3회에 걸쳐 작성한 반성적 저널과 교직 경력 5년 시점에 들려 준 면담을 중심으로 이루어졌다. 4주차 과제로 부과된 1차 반성적 저널은 '나의 개인적 실제적 이론 Ⅰ'로서 자신의 가장 대표적인 이론을 5~10가지로 추출하여 근거 및 형성 원천과 함께 A4 용지 5매 내외로 작성한 것이다. 그것은 초등교육과 관련하여 자신의 앎과 믿음을 이미지, 메타포 또는 진술 등으로 순수하게 드러내는 작업에 해당한다. 2차 반성적 저널('나의 개인적 실제적 이론 Ⅱ')은 매주 3명씩 자신의 이론을 10분간 발표하고 동료 비평을 25분간 청취한 후, 4~11주에 걸친 동료 비평을 참고하여 12주차에 제출하도록 요구되었다. 이론의 발표와 동료 비평은 2대의 디지털 녹음기로 녹음되었고, 수강생들은 매주 동료 비평 후에 'TPPT에 대한 나의 반성'(1. 발표자의 이론이나 구성원의 코멘트 중에서 자신의 이론에 가장 큰 도움이나 확신을 준 것은 무엇이었는가? 2. 발표자의 이론이나 구성원의 코멘트 중에서 자신의 이론에 가장 큰 당혹감이나 혼란을 준 것은 무엇이었는가?)을 작성하고, 해당 발표자 및 비평자가 이것을 반성의 자료로 활용하게 하였다. 동료 비평 과정에서는 방어하지 않는 열린 반성이 이루어지도록 하기 위해, 비평자에게는 공격적이거나 불쾌감을 주지 않도록 요구하고 발표자에게는 질문에 대한 답변 이외에는 경청만 하도록 안내하였다. 3차 반성적 저널('나의 개인적 실제적 이론 Ⅲ')은 강의 종료와 함께 실시된 교육실습을 통해 자신의 이론을 반성적으로 검토하고, 이를 반영하여 수정·보완하도록 요구하였다.

한편 변화를 탐구하기 위한 교직 경력 5년 시점에서의 자료 생성은 2015년 10월에서 11월까지 연구자의 연구실이나 연구 반응자의 교실에서 약 두 시간씩 두 차례에 걸친 심층면담을 통해 이루어졌다. '생각하고 있는 그대로' 이야기해 줄 것을 강조하였고, 그 이야기는 모두 2대의 디지털 녹음기에 녹음되었다. 1차 면담은 예비교사교육 및 교직 생활에 대한 회고 그리고 자신이 지니고 있는 TPPT와 형성 원천 및 의미 파악에 초점을 두었다. 면담이 끝난 후에는 4학년 때 작성했던 '나의 개인적 실제적 이론 Ⅲ'의 사본을 전달하였다. 2차 면담은 1차 면담 내용에 대한 확인 및 추가 질문 그리고 대학 4학년 때의 TPPT에 대한 평가를 중심으로 진행되었다. 이 면담 과정에서 연구 반응자들은 "(웃으면서) 너무 부정적으로 얘기했네.", "제가 너무 누설을 하는 것 같네요." 혹은 "어… 지금은 너무 (갑자기 웃음을 터뜨리며) 너무 반성만 하게 되네?"와 같이 얘기할 정도로 진솔하게 임해 주었다.

자료 분석 및 해석은 자료의 생성과 동시에 시작되었으며 연구 반응자의 관점과 의미 이해에 초점을 두었다. 개인당 3편의 반성적 저널(총 15편)과 전사한 2편의 면담 자료(총 10편)를 반복적으로 읽고 메모하고 연구자 코멘트를 추가하면서 범주(categories)를 설정하였다. 그리고 다시 선행 연구의 검토를 통해 재구성의 과정을 거친 후, 최종적으로 코딩하였다(Bogdan & Biklen, 2007; Stake, 1995b).

분석은 먼저 TPPT의 내용 영역에 초점을 두었다. 전사 자료에 메모한 범주와 함께, 앞서 고찰한 Schwab(1971), Elbaz(1981), Shulman(1987), Bain, et al.(1999), Calderhead(1996), 노경주(2012)의 아이디어를 참고하여 '교사 자신', '교육 환경과의 관계', '학생과의 관계', '학업지도', '생활지도', '인성교육'의 영역으로 범주화하였다. 이 범주를 벗어난 경우는 없었다. 그러나 서로 다른 영역에 걸쳐 있다고 판단되는 경우에는 반복적인 검토를 통해 연구 반응자의 핵심 의도에 부합하는 영역에 포함시켰다. 다만 명백히 두 영역에 해당된다고 판단된 하나의 TPPT에 대해서만 두 영역에 포함시켰다.

이론 형성의 원천 또한 전사 자료에 메모한 범주와 함께, 앞서 고찰한 Handal and Lauvas(1987), McCutcheon(1995), 노경주(2012)의 분류를 참고하여 '개인적 삶의 경험', '초·중·고등학교에서 교육받은 경험', '예비교사교육기관에서 교육받은 경험', '교육 실행 경험으로서의 교육실습', '현장 교사로서의 경험'으로 범주화하였다. 이론 형성의 원천도 이 범주를 벗어난 경우는 없었다. 그러나 복합적으로 작용했다고 이야기한 경우에는 해당하는 여러 영역을 형성 원천으로 포함시켰다.

그리고 범주화된 내용 영역과 형성 원천은 4학년 때 TPPT의 형성 과정과 내용 영역 및 형성 원천, 4학년 때 TPPT에 대한 평가, 교직 경력 5년 시점 TPPT의 내용 영역과 형성 원천, 그리고 4학년 때 TPPT와 교직 경력 5년 시점 TPPT 간에 일어난 변화와 변화의 요인 및 의미 등의 대영역으로 재구조화되었다. 또한 자료 분석과 해석의 확실성(trustworthiness)을 높이기 위해 구성원 검토(member checking)가 활용되었다. 연구 반응자들은 면담 진행 과정과 종료 후에 그들의 말과 행위에 대해 연구자가 요약하고 해석한 것을 확인해 주었다.

5명의 연구 반응자의 이야기는 개인적 삶의 경험과 전문가로서의 실제적 경험에 기초한 매우 사적이고 독특한 것이지만, 초등교육과 교직 경력 5년 시점 이야기라는 점에서 공통성을 갖는다. 따라서 본 연구는 글과 말로 표현된 그들의 개인적 실제적 이론에 대한 상세한 묘사(thick description)를 통해 독자에게 대리경험의 기회를 제공함으로써 자연주의적 일반화의 기회를 제공할 것이다.

교사의 개인적 실제적 이론의 변화 과정

연구 반응자들은 자신의 TPPT를 부분적으로 이미지나 메타포를 활용하며 명제 또는 진술로 표현하였다. 4학년 때 TPPT는 5~10개로 작성하도록 요청하였고, 교직 경력 5년 시점 TPPT는 가장 중시하는 이론을 제시해 달라고 요청하였기 때문에 양적 측면에서는 차이가 있다. 4학년 때 작성한 최종 TPPT는 총 35개였고, 교직 경력 5년 시점 TPPT는 총 12개였다. 연구 반응자들은 4학년 TPPT를 작성함에 있어서 진정성을 가지고 임했다고 단언적으로 말해 주었다.

먼저 각 연구 반응자별로 4학년 때 작성한 TPPT의 명제 또는 진술, 형성 과정, 내용 영역, 형성 원천, 교직 경력 5년 시점의 시각에서 바라 본 그에 대한 평가를 분석하였다. 앞서 밝힌 바와 같이 내용 영역은 '교사 자신', '교육 환경과의 관계', '학생과의 관계', '학업지도', '생활지도', '인성교육'의 영역으로 범주화하고, 형성 원천은 '개인적 삶의 경험', 초·중·고등학교에서 교육받은 경험', '예비교사교육기관에서 교육받은 경험', '교육 실행 경험으로서의 교육실습', '현장 교사로서의 경험' 영역으로 범주화하여 검토하였다. 4학년 TPPT에 대한 평가는 동의하는 정도를 1점 (매우 부정적)에서 10점(매우 긍정적)까지 1점 단위 척도로 표시하게 하였고, 해당 이론의 존립에 대해 어떤 판단을 내릴 것인지를 '유지·강화·약화·폐기'로 표시하도록 하였다. 다음으로 교직 경력 5년 시점 TPPT의 명제 또는 진술, 내용 영역, 형성 원천을 검토하고, 끝으로 대학 4학년에서 교직 경력 5년 사이에 무엇이 왜 어떻게 변화했는지를 분석하였다.

▌김 교사의 이야기

〈표 1〉은 김 교사의 TPPT에 대한 분석 결과를 요약적으로 보여주고 있다. 김 교사는 4학년 때 첫 반성적 저널인 '나의 개인적 실제적 이론 Ⅰ'에서 설정한 5개의 이론을 그대로 유지하며 수정·보완하여 최종 저널, '나의 개인적 실제적 이론 Ⅲ'을 도출하였다. 내용 영역은 '교사 자신'(2개)과 '학업지도'(3개)에 집중되었고, 형성 원천은 '교육 실행으로서의 교육실습'(4개)과 '예비교사교육기관에서 교육받은 경험'(3개)이 주를 이루었다. 대학 교육이 주된 형성 원천이 된 셈이다.

이 이론들에 대해서 김 교사는 괄호 속에 표시된 것과 같은 동의 정도와 함께 존립에 대한 판단을 내려 주었다. 5개 이론에 대해 평균 6.6점을 부여하였고, '유지' (2개), '약화'(2개), '강화'(1개)로 판단하였다. 4학년 때 TPPT에 대해 동의하는 정도도 낮을 뿐 아니라 그대로 유지하거나 강화할 의도도 약한 편이다. 4학년 때 TPPT에 대해서는 "너무 현실적이지 못했던, 그냥 너무… 이상적인 모습을 내가 그렸었구나."(김 교사-2, p. 12) 또는 "직접 부딪히고 해 보니까… 이렇게 당연하지는 않다. 너무 당연한 얘기더라구요. 당연, 당연, 당연. 어느 누가 들어도 '그래 맞어.' 이런 얘기." (김 교사-2, p. 8)라면서 비판적 자세를 취했다. 그렇지만 '2. 지식과 창의력, 문제해결력, 비판력'과 '4. 교육과정 전문가' 이론에 대해서는 현실성이 부족함에도 불구하고 당위적인 교사 책무로 인식하고 유지 또는 강화해야 한다는 의견을 피력하고 있다. 반드시 현실 상황이나 실천 가능성만을 가지고 평가하는 것은 아님을 알 수 있다. 비현실적일지라도 지향해야 할 방향이나 책무에 해당하는 것이면 당위적으로 노력해야 할 과제로 간주하고 있음을 알 수 있다.

4학년 TPPT 작성 과제에 대해서는 생생하게 기억하고 있었으며 많은 학습이 되었음을 시사했다.

> 네. 네. 그 저 이거 엄청 힘들게 썼던 거 저 기억나요. 기억나고 이게 세 번인가 수정하고 수정하고 수정했었잖아요. 그래서 더 기억이 나는 거 같아요. 그 제 딴에는 책도 찾아보고, 논문도 읽어 보고, 그 다음에 이것저것 생각도 해 보고, 친구들이랑 얘기도 해 보고, 이렇게 해서 썼던 게 기억이 나요. (김 교사-2, p. 6)

또한 5년여의 교직 생활을 통해서 많은 변화가 있었지만, 그 변화는 순수히 자신의 개인적 판단에 기초한다고 말했다. 즉, 교육 현장에서 직접 부딪히면서 문제를 느끼고 해결 과정에서 경험이 쌓이고 결국에는 자신의 반성적 사고가 작동된 결과라고 보았다.

교직 경력 5년 시점 TPPT는 3개이며, 내용면에서는 '교사 자신', '학생과의 관계', '생활지도'에 고르게 하나씩 설정하였고, 모두 '현장 교사로서의 경험'에서 도출해냈다. 대학 4학년 때 TPPT와 교직 경력 5년 시점 TPPT 간에는 거의 연계성이 없다. 교직 경력 5년 시점에, 김 교사는 관리자나 동료 교사 또는 학부모 등 주변을 의식하고 눈치 보며 살아가는 자신을 반성하며, '자신을 되돌아보고 성장할 수 있는 교사'라는 TPPT를 형성하고 자기 중심을 갖추어 휘둘리지 않는 삶을 영위하겠다고 다짐한다. 다음으로 1학년 담임을 하며 생활지도 측면에서 힘들었던 경험을 반영하여 '인내하는 교사'라는 TPPT를 형성하고, 학생들을 수양하는 마음으로 대하며 참고 기다리는 자세를 취한다. 그리고 원로교사의 조언과 학생 지도 모습을 되새기며, '신뢰를 주는 교사'를 자신의 TPPT로 설정하고 학생들을 진심으로 대하고 믿음을 주기 위해 노력하고 있다.

<표 1> 김 교사의 TPPT

TPPT	내용 영역	형성 원천	평가(동의 정도)
4학년 1. 매사 열정적이고 최선을 다하며 센스 있는 선생님	• 교사 자신: 전문성과 긍지와 열정적 참여	• 대학 강의 • 3번의 교육실습	• 모든 직업인에게 요구되는 일반적인 것으로서 교사 전문성으로는 미흡하지만, 현재 최선을 다 하고 있음. • 이 이론에 대체로 동의하며 유지(7).
2. 지식과 창의력, 문제해결력, 비판력	• 학업지도: 지식과 사고력 교육 지향	• 대학 강의 • 3번의 교육실습	• 진도 나가기에도 바쁜 학교 일정을 고려할 때 비현실적임. • 이 이론에 강력히 동의하며 유지(9).
3. 세심한 환경미화원, 든든한 동반자	• 학업지도: 교실 미화 • 교육 환경과의 관계: 협력적 동료 교사 관계	• 초·중·고에서 교육받은 경험 • 4학년 실습	• 비현실적이며, 실제는 낙인을 우려하여 침묵과 회피적 자세를 취함. • 이 이론에 대한 동의 여부를 판단하기 어려우며 약화(5).
4. 교육과정 전문가	• 교사 자신: 교육과정의 이론적 숙지	• 대학 강의	• 실천에는 한계가 있지만, 교사의 당연한 책무로서 강화해야 함. • 이 이론에 강력히 동의하며 강화(9).
5. (an) interest	• 학업지도: 동기 유발, 모둠학습, 눈높이 수업, 참여수업, 교과 연구	• 3학년 실습 • 4학년 실습	• 교육 실제에 대한 이해 부족으로 추상적임. • 이 이론에 거의 동의하지 않으며 약화(3).

	TPPT	내용 영역	형성 원천	묘사
교직 5년	1. 자신을 되돌아 보고 성장할 수 있는 교사	• 교사 자신: 남의 말에 휘둘리지 않는 삶	• 교사 경험: 주변 의식	• 관리자, 동료 교사, 학부모의 칭찬이나 질책에 휘둘리지 않고 자신의 중심을 갖춤.
	2. 인내하는 교사	• 학생과의 관계: 학생의 성격과 역량에 대한 배려	• 교사 경험: 초1 담임교사	• 학생의 성격적 특성과 발달 수준을 고려하여 기다려 줄 수 있어야 함.
	3. 신뢰를 주는 교사	• 생활지도: 솔선수범	• 교사 경험: 경력교사 조언	• 솔선수범하며 진심으로 다가간 선생님으로 기억되기를 바람.

▌이 교사의 이야기

이 교사는 〈표 2〉와 같이 대학 4학년 때는 5개, 교직 경력 5년 시점에는 3개의 이론을 정립하고 있었다. 이 교사의 4학년 때 TPPT는 형성 과정에서 하나가 폐기되고 하나가 기존 이론에서 분리되는 수정('4. 준비된 교사')을 거쳤다. 내용 영역은 '학생과의 관계'(3개)를 중심으로 '교사 자신'(1개)과 '학업지도'(1개)로 구성되었고, 형성 원천은 '교육 실행으로서의 교육실습'(5개), '개인적 삶의 경험'(3개), '초·중·고등학교에서 교육받은 경험'(3개)으로 이루어졌다. 학생과의 관계 형성에 관심이 컸고, 모든 이론에는 교육실습의 영향이 있었음을 알 수 있다.

이 교사는 이 이론들에 대해 평균 7.2점 수준에서 동의하였고, '강화'(4개)와 '약화'(1개)로 의미를 부여하였다. 그리고 4학년 때 TPPT에 대해 다음과 같이 식견의 부족을 지적하였다.

> 제가 너무…, 그런 생각도 드는데, 너무 얄팍한, (웃으면서) 그걸 뭐라 그래, 얄팍한 지식으로 얘기한 느낌? 많이 알지 못하면서 교대에서 어디서 이렇게 여기저기서 들은 얘기들 있잖아요. 수업중이나 그런 걸로 좁은 식견으로 얘기한 부분도 좀 있었던 것 같아요. (이 교사-2, p. 7)

그렇지만 4학년 때 TPPT를 읽고 보니, 대학이 거쳐 가는 곳만이 아닌 뭔가를 배우고 많은 생각을 했던 곳이고, 더구나 지금과 크게 다르지 않은 그런 생각을 했다는 자체가 놀랍다고 얘기해 주었다.

> 지금 내가 구현하고 싶은 교사상이랑은 어떤 결정적인 영향까지는 아니지만 그래도 교
> 대 다닐 때 내가 교대에서 4년 동안 그 뭘 배우긴 했구나! (웃으면서) 이런 생각은 들었어
> 요. 저는 내가 교대에서 뭘 배웠지? 이랬거든요. 근데 어쨌든 지난번에도 말씀드렸듯이
> 거쳐 가는 곳? 약간 이렇게 생각을 했는데, 이거 읽고 제가 어? 그 안에서 나도 모르게
> 교육에 대해서 내가 많은 생각을 했었구나? 이런 생각은 했어요. (이 교사-2, p. 7)

또한 이 교사는 대학 4학년 때의 TPPT에 대한 비판적 자세는 자신의 반성적 사
고에서 비롯된다고 말한다. 즉, 교육 현장에서 고민이 발생하고, 그러면 선배교사
나 인터넷 커뮤니티 등에서 조언을 구하고, 종국에는 자신의 반성적 사고를 통해
해결책을 도모하면서 자신의 신념 혹은 이론을 정립하게 된다고 얘기해 주었다.

교직 경력 5년 시점 TPPT는 내용면에서 '교사 자신', '학생과의 관계', '생활지도'
영역으로 고르게 분포하였고, '개인적 삶의 경험'(1개)과 '현장 교사로서의 경험'(2
개)에 근거하여 설정되었다. 이 교사 본인은 전혀 의식하지 못하고 있지만, 대학 4
학년 때 TPPT와 교직 경력 5년 시점 TPPT 간에는 꽤 강한 연계성을 가지고 있다.
내용면에서 볼 때, '1. 콩나물에 물 주듯'은 '1. 여유롭고 긍정적인 선생님', '2. 가면
을 써야 한다.'는 '3. 카리스마 있는 선생님', 그리고 '4. 준비된 교사'는 '2. 배우는 선
생님'으로 이어진다고 볼 수 있다. 그것은 '1. 콩나물에 물 주듯'과 '4. 준비된 교사'
에 대해 9점의 높은 동의 점수를 주고 있다는 점에서도 뒷받침된다. 다만, 면담 내
용에 비추어 볼 때, '2. 가면을 써야 한다.'에 대해서는 가식의 불필요성과 비효과
성을 강조하느라 낮은 동의 점수를 준 것으로 이해된다.

이 교사의 첫 번째 이론, '여유롭고 긍정적인 선생님'은 생활지도로 스트레스가
극심하던 어느 날 교사 인터넷 커뮤니티에 들렀다가 '여유'와 '긍정'이라는 두 글자
에 매료되어 설정한 것이다. 이 교사는 "늘 웃어주고 밝고 긍정적인 에너지가 넘치
는 그런 선생님"(이 교사-1, p. 15)으로 기억되고, "저랑 같이 있는 시간이 애들한테
행복했으면 좋겠다 그런 막연한 생각"(이 교사-1, p. 15)이 든다고 말했다. 두 번째
이론인 '배우는 선생님'은 교육적 활용을 위한 도구적 쓸모를 위해서가 아니라 그
냥 배우고 싶다는 이 교사의 성향에서 비롯된 것이었다. 세 번째 이론은 '카리스마
있는 선생님'으로, 여유와 긍정이 이상이라면 현실에 있어서는 학생들을 효율적으

로 관리하는 것이 무엇보다 긴요한 과제라는 점에서 채택된 이론이다. 이 교사는 그런 이상과 현실 속에서 자신만의 확고한 철학을 갖고 살아가기를 기대한다.

〈표 2〉 이 교사의 TPPT

	TPPT	내용 영역	형성 원천	평가(동의 정도)
4 학 년	1. 콩나물에 물 주 듯: 뚜렷한 신념 을 갖고, 아이들 을 기다릴 줄 아 는 선생님	• 학생과의 관 계: 아동에 대한 믿음 과 기다림	• 고3 담임교 사 • 남동생 양육 기억 • 4학년 실습	• 현재는 나의 교육철학으 로 강한 신념이 되었으며, 결과와 관계없이 노력하고 있음. • 이 이론에 강력히 동의하 며 강화(9).
	2. 가면을 써야 한 다.: 재미있고 밝 은, 힘찬 선생 님! + 엄할 땐 엄해야 한다.	• 학생과의 관 계: 재미와 엄격의 조 화	• 싸이의 노래 • 3학년 실습 • 4학년 실습	• 가식은 바람직하지 못할 뿐 아니라 에너지 소모가 큼. • 이 이론에 대한 동의 여부 를 판단하기 어려우며 약 화(5).
	3. 눈높이 선생님: 다양한 학생을 받아들일 수 있 는 자세, 학생과 공감할 수 있는 선생님	• 학생과의 관 계: 학생에 대한 관심 과 배려	• 고3 문학 교 사 • 과외 지도 경험 • 3학년 실습	• 학생을 대하는 자세는 상 대하는 학생 수에 따라 달 라져야 함. • 이 이론에 대체로 동의하 며 강화(7).
	4. 준비된 교사: 끊 임없는 연구와 자기반성을 위 해 노력하는 선 생님	• 교사 자신: 연구와 자 기 계발	• 고3 문학 교 사 • 4학년 실습	• 현재는 학생이 아닌 교사 로서 수용적 학습 자세가 아니라 다양한 경험을 통 해 배우는 자세를 취함. • 이 이론에 강력히 동의하 며 강화(9).
	5. 수업의 3대 美: 흥미, 재미, 의 미	• 학업지도: 사고를 촉 진하는 수 업	• 3학년 실습 • 4학년 실습	• 세 가지 모두를 실천하기 는 힘들다는 점에서 다소 비현실적임. • 이 이론에 다소 동의하며 강화(6).

	TPPT	내용 영역	형성 원천	묘사
교직 5년	1. 여유롭고 긍정적인 선생님	• 학생과의 관계: 현명한 생활지도	• 교사 경험: 인터넷 교사 커뮤니티	• 인간적인, 따뜻한, 긍정적인, 만나고 싶은 '사람'으로 기억되길 바람.
	2. 배우는 선생님	• 교사 자신: 연구와 자기 계발	• 본인 성향	• 도구적인 배움이 아니라 배움 그 자체를 당연한 삶의 자세로 간주함.
	3. 카리스마 있는 선생님	• 생활지도: 통솔력을 갖춘 교사	• 교사 경험: 경력교사 영향	• 현 시점에서 기대하는 교사상으로, 학생들이 모든 측면에서 나의 통솔에 일사불란하게 따라 주기를 기대함.

▌박 교사의 이야기

박 교사는 〈표 3〉에서와 같이, 대학 4학년 때는 8개의 이론을 형성했었고, 교직 경력 5년 시점에는 2개의 이론을 제시하였다. 박 교사는 대학 4학년 TPPT 형성 과정에서 하나의 이론을 폐기하고 4학년 교육실습을 통해 두 개의 이론('3. 아동이 인정하는 권위를 지닌 리더로서의 교사'와 '8. 교사는 항상 준비되어 있어야 한다.')을 추가하였다. 이렇게 생성된 8개의 이론은 내용면에서 '학생과의 관계'(4개)를 중심으로 '교사 자신'(2개)과 '학업지도'(2개)의 영역으로 구성되고, 형성 원천은 '교육 실행 경험으로서의 교육실습'(8개)이 주를 이루는 가운데 '예비교사교육기관에서 교육받은 경험'(3개)과 '개인적 삶의 경험'(1개)이 포함되었다. 대학 교육이 결정적 형성 원천으로 작용한 셈이다.

박 교사는 이 8개의 이론에 대해서 모두 8점 이상의 높은 동의를 표하며 평균 8.75점을 부여하였고, '유지'(3개)와 '강화'(5개)로 매우 긍정적인 평가를 하였다. 대학 교육이 TPPT 형성의 주요 원천이 되었던 것처럼, 대학 강의 및 교육실습 그리고 대학에서의 자신의 학습과 사고를 매우 긍정적으로 인식하고 있다고 볼 수 있다. 또한 4학년 때 TPPT와 관련해서도 작성했던 기억은 전혀 없지만, 자신의 교직 생활 및 이론 형성에 영향을 미친 것 같다고 말했다.

그 과제했던 거 자체가 (웃으면서) 전혀 기억이 안 났거든요. 전혀 생각나지 않았는데 받고 나서 보니까, 어! 그때 그렇게 정리를 해 둔 게 지금도 영향을 미쳤나? 하는 생각이 드는 거예요. 그래서 아! 내가 알게 모르게 그런 것들을 좀 내 나름대로 중요한 가치라고 생각을 하고 있었나 보다. 그래서 내가 그쪽으로 조금 더 신경 쓰고, 다른 것보다 계속 그…쪽으로 잘 하려고 애를 썼나 보다 그런 생각이 들어서. (박 교사-2, p. 7)

교직 경력 5년 시점에 가지고 있는 2개의 TPPT는 모두 '교사 자신'(2개)의 영역에서 형성하고, '개인적 삶의 경험'(1개)과 '현장 교사로서의 경험'(2개)을 형성 원천으로 삼았다. 박 교사는 '잘 가르치는 선생님'이라는 TPPT를 대학 4학년 때와 교직 경력 5년 시점에 공통적으로 설정하고 있다. 박 교사가 의식하고 있느냐 그렇지 않느냐와 관계없이 박 교사의 확고한 이론으로 자리 잡고 있는 셈이다. 오랫동안 자신의 모델로 삼아 온 학년부장의 모든 것을 닮고 싶어 하며, 특히 '잘 가르치는 선생님'을 TPPT로 설정하고 있다. 박 교사에게 있어서 수업을 잘 한다는 것은 수업 장악력을 통해 학생들이 주의 집중하게 하는 수업을 의미하며, 이런 수업으로 승부를 보겠다는 강한 의지를 보이며 노력하고 있다. 또한 '학교에 필요한 교사'는 특정 분야에서 자기만의 전문성을 갖춘 교사를 의미하며, 인정받는 선생님이 되고 싶어 하는 본인의 인정 욕구에 기인할 뿐 아니라 교육 현장에서의 경험을 통해 형성된 현장 이론에 해당한다.

〈표 3〉 박 교사의 TPPT

	TPPT	내용 영역	형성 원천	평가(동의 정도)
4학년	1. 아동이 먼저 다가올 수 있는 선생님	• 학생과의 관계: 아동에 대한 관심과 공정성	• 동생의 초1 담임교사 • 3학년 실습 • 4학년 실습	• 교육실습의 중요성을 실감하게 함. • 이 이론에 상당히 동의하며 유지(8).
	2. 잘 가르치는 선생님	• 교사 자신: 수업 전문성을 갖춘 교사	• 3학년 실습 • 4학년 실습	• 현재도 기대에 미치지 못한 수업을 한 경우에 강하게 스트레스를 받음. • 이 이론에 강력히 동의하며 강화(9).

	3. 아동이 인정하는 권위를 지닌 리더로서의 교사	• 학생과의 관계: 인정받는 권위자로서의 교사	• 4학년 실습	• 4학년 실습을 통해 추가한 이론이며, 현재도 추구하는 교사상임. • 이 이론에 상당히 동의하며 강화(8).
	4. 어떤 아이라도 절대 포기하거나 낮추어 보아선 안 된다.	• 학생과의 관계: 아동의 개성과 능력 존중	• 3학년 실습 • 4학년 실습	• 3학년 실습지도교사를 코스프레하며 노력중임. • 이 이론에 상당히 동의하며 강화(8).
4 학 년	5. 학생들이 생각해 볼 수 있는 과제를 제시해 그 과제에 관해 충분히 의사소통할 수 있도록 한다.	• 학업지도: 사고력 및 의사소통능력 함양	• 대학 강의 • 4학년 실습	• 교육실습의 영향이 큰 이론임. • 이 이론에 상당히 동의하며 강화(8).
	6. 아동을 이끄는 것은 사랑이다.	• 학생과의 관계: 학생에 대한 존중과 이해	• 대학 강의 • 3학년 실습	• 선배교사의 조언에 의해서 뒷받침되는, 현장에 부합하는 실제적 이론임. • 이 이론에 강력히 동의하며 강화(9).
	7. 아동의 수준에서 가르치고 아동의 적극적인 참여를 이끌어낼 수 있어야 한다.	• 학업지도: 학생의 학업 수준 고려와 참여 제고	• 대학 강의 • 4학년 실습	• 현장 경험에 비추어 볼 때에도 학생 수준에 적합한 자료, 교구, 교수법은 매우 중요함. • 이 이론에 완벽하게 동의하며 유지(10).
	8. 교사는 항상 준비되어 있어야 한다.	• 교사 자신: 연구와 자기계발	• 4학년 실습	• 4학년 실습에서 교생 및 지도교사의 영향을 받아 추가한 이론이며, 교사의 기본 소양으로 갖추고 있어야 함. • 이 이론에 완벽하게 동의하며 유지(10).

	TPPT	내용 영역	형성 원천	묘사
교직 5 년	1. 잘 가르치는 선생님	• 교사 자신: 수업 전문성을 갖춘 교사	• 교사 경험: 경력교사 영향	• 수업 장악력을 가지고 재미있게 끌고 나가는 선생님이 되기 위해 노력함.
	2. 학교에 필요한 교사	• 교사 자신: 전문가로서의 교사	• 본인의 인정 욕구 • 교사 경험: 전문가 인정과 존중	• 전문가로 인정받는 교사가 되기를 강하게 기대하고 노력중임.

▌ 최 교사의 이야기

최 교사는 〈표 4〉에 나타나는 바와 같이, 4학년 때 7개의 TPPT를 추출하였고, 교직 경력 5년 시점에는 단 하나의 TPPT만을 형성하였다. 최 교사는 4학년 TPPT를 형성하는 과정에서 크고 많은 변화를 경험하였다. 1차 저널에서 설정한 5개의 이론 중 하나를 폐기하고, 나머지 4개에 대해서는 언어적 표현(명제)을 다듬거나 내용을 전면 수정하거나 근거를 보완하는 등 많은 수정을 가했다. 그리고 2차 저널에서 2개의 이론을 새롭게 추가하고 3차 저널에서 또 다시 1개의 이론을 신설하는 등 매우 숙고적인 자세를 취했다. 4학년 TPPT의 내용 영역은 '학생과의 관계'(3개), '학업지도'(2개), '교육 환경과의 관계'(1개) 및 '인성교육'(1개)으로 범주화되고, 형성 원천은 '초·중·고등학교에서 교육받은 경험'(5개)과 '교육 실행 경험으로서의 교육실습'(5개)을 중심으로 '개인적 삶의 경험'(2개)과 '예비교사교육기관에서 교육받은 경험'(1개)의 영역으로 분류되었다. 학교 교육을 통해 교육받은 경험과 교육실습을 통해 참관하거나 가르쳐 본 경험이 주요 형성 원천이 된 셈이다.

최 교사는 7개의 이론에 대해 모두 9점 이상의 높은 동의를 표하며 평균 9.7점을 부여하였고, '유지'(4개), '강화'(2개), '약화'(1개)로 존립 가치를 평가하며 7개의 이론 중 6개의 이론을 유지 또는 강화로 판정하였다. 그리고 이런 판단을 하도록 누가 가르쳐 준 적도 없었고, 순전히 자신의 경험과 사고에 따른 것이라고 말하며, 대학 4학년 때나 교직 경력 5년 시점인 현재나 같은 생각을 하고 있는 것 같다고 말해 주었다.

> 그런데 대체적으론 지금이랑 생각이 똑 같애요. 그때 제가 생각하고 있었던 게 (웃으면서) 기억이 안 나는데…, 읽어 보니까…, 그때 어… 저랑 지금 제가 이렇게 생각을 하고 있는 게… 뭔가 현직에 나와서 생긴 게 아니라 원래부터 (웃으면서) 그렇게 생각을 했었나 봐요. 그래서 지금이랑 거의 생각이 똑 같은 거 같애요. (최 교사-2, p. 15)

그러나 대체로 지향해야 할 이상적이고 바람직한 방향성을 담고 있긴 하지만, 지나치게 학생의 입장만 고려하거나 교육 현장에 대한 이해가 부족한 측면도 있다고 지적하였다.

> (오늘 면담이 26분쯤 지나고 있는데, 지금까지와는 다르게 꽤 차분한 어투로) 이때는 이상적으로… 생각을 했던 것 같애요. 제가 학생의 입장에서, 주…욱 학생이었으니까, 학생의 입장에서 만나고 싶었던 선생님. 진짜 학부모라든가 뭐 여러 가지 학생들이라든가 사회적인 교직에 대한 분위기라든가 모두 배제하고 그냥 제가 정말 만나고 싶었던 선생님만 떠올려서 쓴 글이었던 것 같애요. (최 교사-2, p. 14)

또한 최 교사는 4학년 때 TPPT를 읽어 보니 대학 때 많은 생각을 했었는데, 막상 교직에서는 실천하지 못하고 있다고 아쉬움을 표했다. TPTP를 드러내고 다듬고 실천하는 과정의 의미를 되새기게 해 준다.

교직 경력 5년 시점 TPPT는 내용 영역은 '교사 자신'에 해당하고, 형성 원천은 '현장 교사로서의 경험'으로 분류된다. 대학 4학년 때 TPPT와 교직 경력 5년 시점 TPPT 간에는 꽤 강한 연계성이 있다. 4학년 때 TPPT 5가지 즉, '1. 모든 학생에게 공평한 관심을 기울이되, 명확한 기준을 가지고 학생을 대하는 교사', '2. 언행이 일치하는 교사', '3. 권위를 내세우지 않는 교사', '4. 사람됨을 최우선으로 여기는 교사', '5. 기꺼이 남을 돕고, 필요할 때 도움을 요청하는 것을 두려워하지 않는 교사'가 인성 또는 인품을 의미한다는 점에서, 교직 경력 5년 시점 TPPT 즉, '모범이 되는 어른을 보여 주자.'는 4학년 때 형성한 TPPT 5가지를 모두 포괄한다고 볼 수 있다. 최 교사는 이 이론에 따라 도덕적으로 성숙한 인격을 보여주기 위해 노력하고 있다. 그러한 결심은 생활지도 과정에서 접했던 관리자와 학부모의 어른답지 못한 행동에서 비롯되었다. 즉, 최 교사는 열악한 환경 속에서 성장하며 본받을 만한 어른의 모습을 접하지 못하고 있는 아이들에게 건전한 성인상을 보여 주고 싶어 한다. 그리고 닮고 싶은 어른의 모습을 자신에게서 찾기를 기대한다.

<表 4> 최 교사의 TPPT

	TPPT	내용 영역	형성 원천	평가(동의 정도)
4학년	1. 모든 학생에게 공평한 관심을 기울이되, 명확한 기준을 가지고 학생을 대하는 교사	• 학생과의 관계: 공평한 교사	• 고2 담임교사 • 3학년 실습	• 차별하는 교사는 없는데, 지나치게 학생 입장에서만 생각하는 오류를 범함. • 이 이론에 완벽하게 동의하며 유지(10).
	2. 언행이 일치하는 교사	• 학생과의 관계: 신뢰성 있는 교사	• 고교 영어교사	• 실천하기 쉽지 않지만 노력해야 할 과제임. • 이 이론에 완벽하게 동의하며 유지(10).
	3. 권위를 내세우지 않는 교사	• 학생과의 관계: 학생의 인격과 의견 존중	• 본인의 성격 • 고교 국어교사 • 대학에서의 봉사와 실습	• 권위는 필수적으로 필요하지만 부당한 권위는 금물임. • 이 이론에 완벽하게 동의하며 강화(10).
	4. 사람됨을 최우선으로 여기는 교사	• 인성교육: 학생의 정의적 발달	• 초·중·고에서 교육받은 경험	• 학업 능력과 함께 착한 심성이 균형을 유지하도록 지도해야 함. • 이 이론에 완벽하게 동의하며 강화(10).
	5. 기꺼이 남을 돕고, 필요할 때 도움을 요청하는 것을 두려워하지 않는 교사	• 교육 환경과의 관계: 협력적 동료 교사 관계	• 4학년 실습	• 교육 현장의 개인주의적 풍토를 고려할 때 매우 비현실적임. • 이 이론에 강력히 동의하지만 약화(9).
	6. 핵심을 전달하는 수업	• 학업지도: 자기주도적 지식 구성 수업의 한계 극복	• 대학 강의 • 3학년 실습	• 지향해야 할 이상이지만, 현실에서는 학부모의 요구를 수용하여 교과서 중심, 성취 기준 중심 수업으로 절충함. • 이 이론에 완벽하게 동의하며 유지(10).
	7. 학생 중심의 수업	• 학업지도: 학생 활동 중심 수업	• 개인적 성향 • 초·중·고에서 교육받은 경험 • 3학년 실습	• 현실적으로 쉽지 않고 생활지도가 선행되어야 함. • 이 이론에 강력히 동의하며 유지(9).

	TPPT	내용 영역	형성 원천	묘사
교직 5년	1. 모범이 되는 어른을 보여 주자.	• 교사 자신: 모델로서의 교사	• 교사 경험: 생활지도 경험	• 자질 없는 관리자와 교사의 자정 및 필터링이 필요함. • 예비교사교육 및 교육 현장에서 교사로서의 자부심과 긍지 및 책임감을 제고할 필요가 있음.

▌정 교사의 이야기

정 교사는 〈표 5〉에서 볼 수 있는 바와 같이, 대학 4학년 때에는 10개의 TPPT를 설정하였고, 교직 경력 5년 시점에는 3개의 TPPT를 형성하고 있다. 정 교사는 4학년 때 1차 저널에서 6개의 이론을 설정하고 수정 없이 또는 명제 및 근거를 보완하며 수정해 나갔다. 그리고 2차 저널에서 '7. 좋은 교사는 수업과 생활지도 전반에서 아이들의 개별성을 인정할 수 있어야 한다.'를 추가하였고, 3차 저널에서는 4학년 교육실습을 반영하여 '8. 좋은 교사는 아이들과 함께 공감하는 친구 같은 교사이다.', '9. 초등 교사는 사소한 것까지 챙겨볼 수 있는 엄마 같은 존재가 되어야 한다.', '10. 좋은 교사는 아이들을 믿고 맡기는 것과, 안내하고 이끄는 것 사이에서 융통성을 발휘하는 교사이다.'를 추가하였다. 내용 영역은 '학생과의 관계'(5개)와 '학업지도'(3개)를 중심으로 하여 '교사 자신'(1개)과 '인성교육'(1개)으로 분류된다. 형성 원천은 '교육 실행으로서의 교육실습'(6개)과 '초·중·고등학교에서 교육받은 경험'(5개), '개인적 삶의 경험'(2개) 등으로 이루어졌다. 교육실습을 통해 가르쳐 본 경험과 초·중·고등학교에서 교육받은 경험이 주된 형성 원천으로 작용한 셈이다.

이 이론들에 대해 정 교사는 평균 7.9점을 부여하였고, '유지'(2개), '강화'(5개), '약화'(3개)로 평가하였다. 대학 4학년 때의 TPPT에 대해서는 대체로 실행 가능성과 교육적 당위성에 비추어 평가하였다. 그리고 예비교사 자신의 생각을 정리하고 돌아 볼 기회를 주는 TPPT 작성과 같은 강의가 꼭 필요하다고 강조하였다. 그런 바탕 하에 오늘의 자신이 있고 현장에서의 선배교사들은 때로는 오히려 반면교사의 기회를 제공할 뿐이라며 무엇보다 자신의 흔들리지 않는 신념을 정립하는 것이 가장 긴요한 과제라고 말했다.

> 그걸 보면서 저는 '저렇게도 해야 되는 건가?'라는 생각은, 아직까지 좀 흔들리고 있다고 했잖아요, 막 시험 계속 보고. 흔들리는 중이긴 한데, 저도 고집이 있는 거죠. 나는 저렇게는 하기 싫다. 예. 그래서 오히려 그런 선생님들이 많음에도 불구하고 저는 그니까 방학마다 여행가고 이래서 그런지 모르지만 더 자유로워진 것 같아요. 그런 거의 영향력이 크진 않았던 것 같아요. 오히려 반대 예시로만 보이는 거죠. (힘을 주어) 저러면 안 되겠다. 예. (정 교사-2, pp. 24-25)

교직 경력 5년 시점에는 '학생과의 관계'(2개)와 '학업지도'(1개) 영역에서 3개의 TPPT를 설정하고, 형성 원천으로는 '개인적 삶의 경험'(2개), '초·중·고등학교에서 교육받은 경험'(3개), '예비교사교육기관에서 교육받은 경험'(1개), '교육 실행 경험으로서의 교육실습'(1개) 등을 제시하였다. '현장 교사로서의 경험'이 언급되지 않은 점이 특이하다. 대학 4학년 때의 여섯 번째 TPPT('6. 성공적인 수업이란, 아이들이 그들의 마음속에 오랫동안 남을 만한 무언가를 알게 된 수업이며, 그러기 위해서는 삶의 모습이 담긴 의미 있는 문제들을 다루어야 한다.')와 교직 경력 5년 시점 세 번째 TPPT('3. 작은 씨앗 하나 심어 줄 수 있는 선생님')는 달리 표현하고 있을 뿐 동일한 이론에 해당한다. 정 교사는 "제가 만점을 준, 정말 제가 늘!, 제가 씨앗을 (테이블을 두드리며) 여기다 썼더라구요. (웃으면서) 작은 씨앗 하나를 심어 주는 그런 게 제일 중요하다." (정 교사-2, p. 12)라고 말하며 환한 웃음을 지었다.

그리고 정 교사는 첫째, '잘 놀아 주고 소통하는 선생님'을 지향한다. 자신이 교육받으며 성장해 온 과정이나 교직에서 가르쳐 본 경험을 돌이켜 볼 때, 아이들에게 있어서 가장 행복한 순간은 선생님과 놀았던 순간이라고 본다. 지적과 감시보다 지지해 주고 소통해 주고 웃어 준다면 아이들 인생에서 행복한 순간으로 오래 기억될 것 같다고 말하였다. 두 번째 TPPT, '밝고 긍정적인 에너지를 가지고 있는 선생님'은 아이들은 따뜻한 눈길 하나 주는 어른이 있다는 것만으로도 큰 행복을 안겨 줄 수 있다는 점을 반영한다. 그래서 학급 슬로건도 '무한 긍정'으로 설정하고 항상 인내하며 밝은 표정을 지으려고 노력하고 있다. 세 번째 TPPT인 '작은 씨앗 하나 심어 줄 수 있는 선생님'은 자신의 초등학교 기억을 되새기며, 교사 말 한 마디나 수업 하나가 아이의 인생에 지대한 영향을 미칠 수 있다면서 자신의 수업이 아이들의 성장의 씨앗이 되기를 기대한다.

〈표 5〉 정 교사의 TPPT

	TPPT	내용 영역	형성 원천	평가(동의 정도)
4 학 년	1. 아이들은 자연 속에서 자라는 것이 좋다.	• 인성교육: 자연친화적 환경 조성	• 유년 시절 시골에서의 성장 경험	• 교사가 할 일이 아니고 부모가 할 일임. • 이 이론에 대한 동의 여부를 판단하기 어려우며 약화(5).
	2. 좋은 교사는 자신의 말과 행동의 힘을 알고 실천함으로써, 아동의 단점을 장점으로 바꿀 수 있는 교사이다.	• 교사 자신: 모델로서의 교사	• 중3 수학 교사	• 실천에 어려움이 있지만 노력해야 할 과제임. • 이 이론에 상당히 동의하며 강화(8).
	3. 좋은 교사는 자신의 모든 것이 '본'이 됨을 알며 올바른 본이 됨으로써 아이들로부터 정당한 권위를 인정받는다.	• 학생과의 관계: 인정받는 권위자로서의 교사	• 고교 기숙사 사감 • 4학년 실습	• 말보다 행동을 통해 구현해야 할 과제임. • 이 이론에 상당히 동의하며 강화(8).
	4. 교사는 학생 자신이 수업의 주체임을 알 수 있도록 안내하며, 함께 배워가는 존재이다.	• 학업지도: 학습자 중심 수업	• 중학 한문 교사 • 3학년 실습 • 4학년 실습	• 실행하기 어려운 비현실적 주장에 불과함. • 이 이론에 대체로 동의하지만 약화(7).
	5. 교사는 끊임없이 발전하는 자세로 늘 깨어 있어야 하며, 아이들의 입장에서 효과적인 수업을 고민해야 한다.	• 학업지도: 학생의 눈높이 수업	• 3학년 실습 • 4학년 실습	• 감정 노동자로서 겪는 교사 소진 때문에 실행하기 어려움. • 이 이론에 상당히 동의하지만 약화(8).

	6. 성공적인 수업이란, 아이들이 그들의 마음속에 오랫동안 남을 만한 무언가를 알게 된 수업이며, 그러기 위해서는 삶의 모습이 담긴 의미 있는 문제들을 다루어야 한다.	• 학업지도: 삶과 연계된 수업	• 학부모 일일 교사	• 교직 경력 5년 시점 이론에서 강조하는 '씨앗'을 심어 주는 수업을 의미함. • 이 이론에 완벽하게 동의하며 강화(10).
	7. 좋은 교사는 수업과 생활지도 전반에서 아이들의 개별성을 인정할 수 있어야 한다.	• 학생과의 관계: 학생의 개별성과 다양성 존중	• 자기 성찰	• 인내심을 가지고 실천해야 할 과제임. • 이 이론에 완벽하게 동의하며 강화(10).
4 학 년	8. 좋은 교사는 아이들과 함께 공감하는 친구 같은 교사이다.	• 학생과의 관계: 학생에 대한 관심과 배려	• 초6 담임교사 • 4학년 실습	• 4학년 실습에서 지도교사의 영향을 받아 추가한 이론으로, 실천하기 쉽지 않지만 노력해야 할 과제임. • 이 이론에 상당히 동의하며 강화(8).
	9. 초등 교사는 사소한 것까지 챙겨볼 수 있는 엄마 같은 존재가 되어야 한다.	• 학생과의 관계: 엄마 같은 자상한 교사	• 4학년 실습	• 4학년 실습에서 지도교사의 영향을 받아 추가한 이론으로, 실행하기 힘든 과제일 뿐 아니라 관리, 관여, 간섭은 엄마로 충분함. • 이 이론에 대체로 동의하며 유지(7).
	10. 좋은 교사는 아이들을 믿고 맡기는 것과, 안내하고 이끄는 것 사이에서 융통성을 발휘하는 교사이다.	• 학생과의 관계: 자율과 통제의 조화	• 4학년 실습	• 4학년 실습에서 지도교사의 영향을 받아 추가한 이론으로, 학생 자신의 '시행착오'를 통한 배움이 더 유의미할 수 있다는 점에서 한계가 있음. • 이 이론에 상당히 동의하며 유지(8).

	TPPT	내용 영역	형성 원천	묘사
교직 5년	1. 잘 놀아 주고 소통하는 선생님	• 학생과의 관계: 소통	• 초·중·고에서 교육받은 경험 • 대학 강의 • 교육실습	• 교육받은 경험이나 교육을 실행한 경험에 비추어 볼 때 가장 '행복'했던 순간은 선생님과 놀았던 순간임.
	2. 밝고 긍정적인 에너지를 가지고 있는 선생님	• 학생과의 관계: 밝고 긍정적인 관계	• 본인의 성격 • 가정교육 • 초6 담임교사	• 다가가기 쉽고 따뜻한 교사로 기억되기를 바람.
	3. 작은 씨앗 하나 심어 줄 수 있는 선생님	• 학업지도: 삶과 연계된 수업	• 학부모 일일 교사	• 학생들의 마음속에 오랫동안 남아 성장의 씨앗이 될 무언가를 던져주는 수업을 해야 함.

4학년 TPPT와 교직 경력 5년 시점 TPPT에 대한 분석 결과를 종합하면 〈표 6〉과 같다. 소수의 연구 반응자와 양적으로 제한적인 TPPT이지만, 대략적인 경향성을 파악하는 데에는 도움이 된다. 내용 영역에서는 '학생과의 관계'에 대해 공통적으로 관심이 높다. 하지만, 4학년 때 큰 관심을 기울인 '학업지도'가 교직 경력 5년 시점에는 상대적으로 별다른 관심 사항이 되지 못하고 있다. 반면에 교직 경력 5년 시점에는 '교사 자신'에 대해 가장 큰 관심을 보이는 특징을 보인다. 형성 원천에서는 두말할 나위 없이 4학년 때는 '교육실습', 교직 경력 5년 시점에는 '현장 교사로서의 경험'이 가장 큰 비중을 차지한다. 그러나 두 시기 모두 '예비교사교육기관에서 교육받은 경험'은 큰 의미를 가지지 못하고 있다. 4학년 TPPT에 대한 동의 정도는 9점 이상은 48.6%, 7점 이상은 85.7%에 이른다. 또한 존립 판단 측면에서는 '유지 및 강화'가 80%에 이른다. 4학년 TPPT에 대해 빈약한 지식과 교육 현장에 대한 경험 부족, 그리고 비현실적이고 이상적인 시각을 미흡한 점으로 지적했지만, 4학년 TPPT에 대해 꽤 긍정적으로 평가하고 있음을 알 수 있다. 5년여의 교직 경험을 통해 많은 점이 달라졌음에도 불구하고, 대학에서의 사고와 학습이 의식적 무의식적으로 이어지고 있음을 시사한다. 그런 점에서 연구 반응자들은 4학년 때 수행했던 TPPT 과제에 대해 꽤 긍정적 의미를 부여하고 있다. 또한 교직 경력 5년 시

점 연구 반응자의 TPPT는 다른 무엇보다도 자신의 교육 현장 경험과 반성적 사고로부터 형성되며, 그들 자신의 삶과 교육 행위의 원천이 되고 있음을 공통적으로 주장한다.

〈표 6〉 4학년과 교직 경력 5년 시점 TPPT 분석 종합

	4학년 TPPT								교직 경력 5년 시점 TPPT
내용 영역	• 학생과의 관계(15)(42.8%) • 학업지도(11)(31.4%) • 교사 자신(6)(17.1%) • 인성교육(2)(5.7%) • 교육 환경과의 관계(1)(2.9%)								• 교사 자신(5)(41.7%) • 학생과의 관계(4)(33.3%) • 생활지도(2)(16.7%) • 학업지도(1)(8.3%) • 교육 환경과의 관계(0)(0.0%)
형성 원천	• 교육 실행 경험으로서의 교육실습(28)(49.1%) • 초·중·고에서 교육받은 경험(14)(24.6%) • 개인적 삶의 경험(8)(14.0%) • 대학에서 교육받은 경험(7)(12.3%) • 현장 교사로서의 경험(0)(0.0%)								• 현장 교사로서의 경험(7)(43.8%) • 개인적 삶의 경험(4)(25.0%) • 초·중·고에서 교육받은 경험(3)(18.8%) • 교육 실행 경험으로서의 교육실습(1)(6.3%) • 대학에서 교육받은 경험(0)(0.0%)
동의 정도	10	9	8	7	6	5	4	3	• 해당 사항 없음.
	9 (25.7%)	8 (22.9%)	9 (25.7%)	4 (11.4%)	1 (2.9%)	3 (8.6%)	0 (0.0%)	1 (2.9%)	
존립 판단	• 강화(17)(48.6%) • 유지(11)(31.4%) • 약화(7)(20.0%) • 폐기(0)(0.0%)								• 해당 사항 없음.

논의

이 연구는 대학 4학년 때 TPPT와 교직 경력 5년 시점 TPPT 간에 어떤 변화가 있으며, 변화의 요인과 의미는 무엇인지를 탐구함으로써 예비 및 현직 교사교육에 주는 시사점을 얻는 데 목적을 두었다. 이를 위해서 본 연구는 희망교육대학교 4학

년 때 '교수법의 이론과 실제' 강좌를 수강하고, 1급 정교사 자격 연수를 이수한 교직 경력 5년 교사 5명을 연구 반응자로 선정하고, 그들이 수강 중에 작성한 3편의 반성적 저널과 교직 경력 5년 시점에 참여한 심층면담을 통해 질적 연구 방법으로 자료를 생성하고 분석하였다.

5명의 연구 반응자에게서 나타난 전반적인 경향은 다음과 같다. 4학년 TPPT는 총 35개가 형성되었고, 내용 영역에서는 '학생과의 관계'(42.8%), '학업지도'(31.4%), '교사 자신'(17.1%) 순으로 분포하였다. 형성 원천으로는 '교육 실행 경험으로서의 교육실습'(49.1%)과 '초·중·고등학교에서 교육받은 경험'(24.6%)이 주를 이루었다. 4학년 TPPT에 대해서는 꽤 긍정적으로 평가하였다. 동의 정도에서 평균 8.1점을 부여하고, 존립 판단에서 '유지 및 강화'를 80%로 평정하였다. 교직 경력 5년 시점 TPPT는 총 12개가 제시되었고, 내용 영역은 '교사 자신'(41.7%), '학생과의 관계'(33.3%), '생활지도'(16.7%) 순으로 형성되었다. 형성 원천으로는 '현장 교사로서의 경험'(43.8%)과 '개인적 삶의 경험'(25.0%)이 중심이 되었다.

4학년 TPPT와 교직 경력 5년 시점 TPPT를 비교해 볼 때, 내용 영역에서는 '학생과의 관계'에 대해 공통적으로 관심이 높았다. 반면에 4학년 때에는 '학업지도'에 큰 관심을 기울였지만, 교직 경력 5년 시점에는 별다른 관심을 보이지 않고, 대신에 '교사 자신'에 가장 큰 관심을 보였다. 예비교사 시절에는 학업지도가 가장 큰 과제로 다가오지만, 교직 경력 5년 시점에는 전문가로서의 역량과 자기 계발에 더 큰 관심을 기울인다는 것을 의미한다. '교육 환경과의 관계', '생활지도', 그리고 '인성교육'에 대한 관심의 정도는 개인에 따라 차이가 있다. 그러나 '생활지도'나 '인성교육'의 영역으로 분류되지 않은 경우에는 대체로 그 내용이 '학생과의 관계' 영역에서 포괄하고 있다.

형성 원천에서는 4학년 때는 '교육실습', 교직 경력 5년 시점에는 '현장 교사로서의 경험'이 가장 큰 비중을 차지하였다. 그러나 '예비교사교육기관에서 교육받은 경험'은 두 시기 모두에서 영향력이 미약한 편이었다. 특히 '초·중·고등학교에서 교육받은 경험'이나 '개인적 삶의 경험'보다도 이론 형성에 영향을 미치지 못하고 있다. 예비교사교육 자체가 실제로 문제이거나, 학생들이 예비교사교육에서의 학습에 큰 의미를 부여하지 않고 있음을 뜻한다. 그렇지만 4학년 TPPT와 TPPT를 작성하는 과제에 대해서는 교직 경력 5년 시점에서 꽤 긍정적으로 평가하고 있다. 그들은 4학년 때 작성했던 TPPT를 접하면서, 대학에서의 사고와 학습이 의식적이건 무의식적이건 자신들의 앎과 믿음에 스며들었고, 긍정적 의미를 담아 이어지고 있음을 시사한다. 그리고 교직 경력 5년 시점에서의 연구 반응자의 TPPT와 교육적 판단은 교직 현장에 무기력하게 적응하거나 동조한 결과가 아니라 자신의 교육 현장 경험과 반성적 사고로부터 형성된 것이라고 주장한다.

전체적인 경향성은 그렇지만 연구 반응자 개인에 따라서는 다른 특징을 보이기도 한다. 주요한 경우는 다음 두 가지로 집약된다. 첫째, 연구 반응자들은 대체로 4학년 TPPT에 대해 단편적인 지식과 교육 실제에 대한 이해 부족 및 이상에 치우치는 문제가 있으며, 그 점에 예비교사교육의 한계가 있다고 보았다. 그렇지만 박 교사의 경우에는 그러한 문제를 너무나 당연한 걸로 받아들이고, 예비교사교육은 교육자로서의 소양과 학문 탐구에 진력해야 한다고 강조한다. 둘째, 4학년 TPPT에 대해 높은 동의를 표한 박 교사와 최 교사는 예비교사교육을 긍정적으로 평가하는 반면, 상대적으로 낮은 동의를 표한 김 교사, 이 교사, 정 교사는 예비교사교육에 대해 실제적이지 못하다거나 대학교육답지 못하다고 강하게 비판하는 경향이 있다. 심각한 정도는 아니지만 예비교사교육에 대한 부정적 인식이 자신의 사고에 대한 부정적 평가로 이어지는 것으로 이해된다. 그렇지만 자신의 TPPT를 구현하기 위해서는 무엇보다 자기 자신의 강한 신념이나 철학을 갖추는 것이 급선무라고 공통적으로 말한다. 그리고 그런 흔들리지 않는 줏대 있는 교사가 되기 위해서는 나아가 교사로서의 긍지와 책임감을 갖춘 교사가 되기 위해서는, 예비교사교육에서 자기 자신에 대해 생각할 성찰의 시간을 제공해 줄 필요가 있다고 강조한다.

이러한 연구 결과가 예비 및 현직 교사교육에 주는 시사점은 다음과 같다. 첫째, 예비교사들의 TPPT 형성에 대한 예비교사교육기관의 책무성이 강화되어야 할 것이다. 교사의 사고와 교육 행위의 원천이 되는 TPPT 형성에서 예비교사교육기관의 영향력은 매우 미약한 것으로 나타났다. 예비교사교육기관이 예비교사의 TPPT 형성에 영향을 미칠 만한 중요하고도 반성을 자극하는 '극적 경험'을 제공하지 못하고 있음을 의미한다. 어떤 형태로건 예비교사는 맞고 틀림이나 옳고 그름과 관계없이 자신만의 미완성의 TPPT를 만들어간다. 이 과정에 예비교사교육기관이 영향을 미치지 못하고 있다면, 예를 들어 '개인적 삶의 경험'이나 '초·중·고등학교에서 교육받은 경험'보다도 의미를 부여해 주지 못한다면, 그것은 분명 문제가 있다고 보아야 할 것이다. 예비교사교육기관이 존재의 이유를 찾기 위해서는 문제의 원인을 규명해야 할 것이고, 이에 기초하여 예비교사의 TPPT 형성에 보다 많은 관심과 노력을 기울여야 할 것이다.

둘째, 예비교사교육에서는 TPPT 형성을 위한 직접 경험의 기회를 제공해야 할 것이다. 예비교사들이 자신의 이론을 끄집어내고 반성하고 다듬어가는 과정을 경험함으로써, 검증되지 않은 막연함을 넘어, 정교하고 확신에 이르는 TPPT를 형성할 기회의 장을 마련해 주어야 한다. 연구 반응자들은 대학 4학년 강좌에서 3번에 걸친 반성적 저널을 작성하였고, 작성한 저널은 발표와 동료 비평, 초임교사 초청 특강, 교육실습 등을 경험하며 다듬어져 나갔다. 그리고 그 앎과 믿음에 대해서는 5년이 지난 시점에도 꽤 긍정적인 의미를 부여하였고, 어떤 TPPT는 교직 경력 5년 시점에도 그대로 유지되기도 하였다. 더구나 대학 4학년 때의 TPPT 작성 과제는 후배들에게도 지속되어야 한다고 강조하기도 하였다. 반성적 저널의 가치와 중요성은 이미 많은 연구에서 강조되어 왔을 뿐 아니라(김병찬, 2009; 노경주, 2012; 조덕주·곽덕주·진석언, 2008), 본 연구에서도 확인된 셈이다. 특정 강좌를 통해서만이 아닌 예비교사교육 전 과정에서 지속적으로 이루어지는 포트폴리오 형태로 운영할 수도 있을 것이다. 그리고 그것은 현직교사가 되어서는 교사일지 또는 교단일지로 이어져 가며 교육의 질 제고를 위한 반성의 기회를 제공할 수 있을 것이다.

셋째, 초임교사가 대학에서의 학문과 이론 중심 교육의 한계를 지적하고 실제를 중시한다는 것이 경력교사를 추종하는 것으로 간주되어서는 안 될 것이다. Allen(2009)과 Alger(2009)의 경우 초임교사는 경력교사의 영향을 받아 대학에서 학습한 학문과 이론을 경시하게 된다고 보고하고 있지만, 적어도 이 연구에 참여한 5명의 초임교사로부터는 그런 모습을 발견할 수 없었다. 초임교사로서의 연구 반응자들은 자신의 교육 경험과 반성적 사고에 기초하여 자신의 개인적 실제적 이론을 정립하고 그에 따른 교육을 수행한다. 초임교사가 되면서 학문과 이론 지향적인 대학교육과 단절된다는 주장을 일반화하는 데에는 무리가 있음을 알 수 있다. 그것은 대학 4학년 때 TPPT를 보고 나서, 대학에서의 학습이 자신들의 이론에 스며들어 있고, 나아가 교직 경력 5년 시점 TPPT나 자신의 사고에 이어지고 있다고 술회한 점에서도 알 수 있다. 예비교사는 학문적 이론의 지배, 현직교사는 실제적 이론의 지배와 같은 이분법적 사고는 지양해야 할 것이다.

넷째, 현직교사의 안정적이고도 스트레스가 완화되는 교직 생활을 위해 TPPT 형성 및 정교화를 위한 다양한 기회를 제공해야 할 것이다. 교직 경력 5년 시점 TPPT에서는 '교사 자신'이 가장 우선적인 관심사가 되고 있다. 그리고 앞서 언급한 바와 같이 연구 반응자들은 모두 다 한결같이 하루 빨리 자기 자신의 확고한 신념과 철학을 갖춰서 관리자나 동료 교사 및 학부모 등에게 휘둘리지 않고 스트레스 받지 않으며 줏대 있게 생활하기를 갈망한다. 연구 반응자들은 모두 다 면담 과정에서 '스트레스'를 반복적으로, 그것도 가장 많이 언급하였다. '교사 소진'을 경험하고 있는 셈이다. 그리고 그것을 극복하기 위한 방편으로 신념 정립과 스트레스 해소책 마련을 강조하였다. TPPT의 형성과 정교화가 바로 그 신념의 정립이고 스트레스를 받지 않게 해주는 본질적인 처방일 것이다. 교사 고립의 문화(a culture of teacher isolation)를 탈피하여 탐구의 공동체를 형성하고 TPPT에 중점을 둔 논의의 장을 활성화하는 노력이 기울여질 필요가 있을 것이다.

끝으로, TPPT에 대한 보다 직접적이고 실제적인 연구가 이루어져야 할 것이다. 개인적이자 실제적인 지식, 신념 또는 이론을 다루면서 이론적 논의에 그쳐서는 안 될 것이다. 교사의 신념, 관점, 철학 차원에서 다루어야 할 과제를 지식 차원의 앎으로 축소해서도 안 될 것이다. 예비교사 및 현직교사가 지니고 있는 그러나 의식하지 못하고 있는 또는 아직 검증되지 않은 그래서 자기반성이 이루어지지 않은 믿음에 불과한 그런 이론을 들추어내고, 그 형성 원천과 형성 과정을 파악하고, 이에 기초하여 교사교육의 문제점과 과제를 도출하는 더 많은 연구가 이루어져야 할 것이다.

제3장
교사의 개인적 실제적 이론과 고등사고능력의 함양

서언

　　최근 한국 사회과교육에서는 고등사고능력 혹은 고급사고력(higher order thinking)이 주요 논의 주제 중의 하나가 되고 있다(구정화, 1995; 김경모, 1996; 노경주, 1994; 이광성, 1996, 1997; 이해주, 1994; 차경수 1993, 1996). 대체로 그 논의들은 현대 사회에 있어서의 지식과 정보의 폭발적인 증가와 사고력 향상을 위한 교육의 부재로부터 고등사고능력 함양의 필요성을 찾고 있다. Newmann(1990)의 고등사고능력에 대한 개념적 틀과 Bloom(1956)의 지적 행동의 위계성이 한국 사회과교육에서 논의의 개념적 기초를 이루고 있으며, 인지심리학의 가정과 연구 결과가 교수·학습 방법의 개선을 위한 처방의 원전이 되는 경향이 있다. 이 점에서 본 연구는 미국 학계의 연구물에 대한 비판적 논의의 부족과 한국 사회과 교실 현장에 대한 연구의 부족을 문제점으로 인식하며 고등사고능력에 대한 새로운 개념적 이해와 한국 사회과 교실에서의 살아 있는 목소리를 통하여 고등사고능력의 함양을 위한 시사점을 구하고자 하였다.

이 연구에서 고등사고능력은 첫째, 사고 교육에 대한 다양한 접근들—의사결정력, 문제해결력, 비판적 사고력, 창의적 사고력, 메타인지—에 대한 부가적 개념이 아니라 하나의 통합된 개념으로 이해될 것이다. 둘째, 사고의 수준은 사고자가 직면하고 있는 "근접 구성 영역(zone of proximal construction)"을 알 때에만 평가될 수 있기 때문에 고등사고능력은 절대적 혹은 상대적이라기보다는 관련적이라고 볼 것이다. 여기에서 근접 구성 영역은 사고자가 하나의 과제를 일상적, 독립적으로 수행할 수 있는 사고 수준과 힘들게 혹은 다른 사람의 안내나 협력을 받아 성취할 수 있는 사고 수준과의 사이에 있는 영역을 의미한다. 셋째, 고등사고능력은 합리성과 보살핌, 객관성과 주관성, 그리고 보편성과 상황성 간의 조화를 시도하는 것으로 파악할 것이다.

이 관점으로부터 고등사고능력은 "준거와 상황에 근거하여 온당한 판단을 돕는 역동적, 도전적 정신 과정"이라고 정의된다. "준거"란 추론된 탐구와 관련된다. 고등사고는 자기 자신의 경험, 사회 문화적 가치, 그리고 규범적 표준으로부터 나오는 적절한 근거와 함께 진행된다. "상황"은 사고가 일어나는 구체적 환경과 조건을 의미한다. 고등사고능력은 사고가 일어나는 구체적 사정과 사회 문화적 맥락에서 이해되어야 한다. "온당한 판단"과 관련하여 고등사고능력은 문제해결, 의사결정, 개념화의 과정에서 정의와 보살핌, 합리성과 애정, 이성과 감정을 조화시키는 것을 의미한다. 이성적 판단과 감정적 판단 중 하나의 극한을 택하기보다는 고등사고능력은 그들 사이의 어딘가에서 온당한 판단을 내릴 것을 시도하도록 한다. "역동적"이라 함은 상호 대화를 통한 참여와 감정 이입적 이해와 관련된다. 고등사고는 인지적, 감정적, 사회적 상호작용에 있어서 논리와 직관의 계속적인 상호 영향으로부터 일어난다. "도전적"이라 함은 고등사고능력이 근접 구성 영역과 심층적 탐구와 관련됨을 뜻한다. 고등사고는 힘들게 혹은 다른 사람의 안내나 협력이 있어야 성취할 수 있는 도전적 상황에서 일어난다. 고등사고능력은 또한 사고자가 탐구심에 의해 비판적 논쟁점을 제기하고 그 자신의 신념, 지식의 기원, 그리고 사회적 갈등과 모순에 대해 질문함으로써 "닫힌 문제"—사회에서 의식적 무의식적으로 논의가 이루어지고 있지 않는 문제—를 찾도록 한다.

본 연구는 고등사고능력에 대한 위와 같은 연구자의 잠정적 가설과 함께 "교사의 개인적 실제적 이론(teacher personal practical theories)"에 관심을 두었다. 교사들의 신념과 이론은 그들이 무엇을 어떻게 가르치는가에 의미 있는 영향을 미친다고 알려져 왔다(Clark & Peterson, 1986; Cornett, 1990; Johnston, 1990; McCutcheon, 1995; Parker, 1987; Prawat, 1992; Ross, Cornett, & McCutcheon, 1992, Sanders & McCutcheon, 1986; Thornton, 1991). 즉, 한 교사에 의해서 계획된 교실 활동은 그의 인생 경험으로부터 세워진 개인적 신념 체계와 그의 교육 및 교직 경험으로부터 세워진 실천적 신념 체계에 의해서 영향을 받는다고 밝혀져 왔다. 그리고 이 신념 체계들은 그 교사의 교수 이론으로 작용한다. Carr & Kemmis(1986)는 전문가의 이론과 실천 사이의 관계를 다음과 같이 설명하고 있다.

> 이론들은 실천 없이 생성될 수 없으며 교수는 어떤 이론적 반성 없이 로봇처럼 기계적으로 움직이는 행위가 아니다. 이론과 교수는 둘 다 실천적인 것들이며 그것들을 안내하는 이론(guiding theory)은 각 전문가들의 반성적 의식으로 이루어진다. (p. 113)

따라서 "실제적 교수 이론(practical theories of teaching)"은 다음과 같이 정의될 수 있다.

> 실제적 교수 이론은 교사들에게 그들의 행위에 대한 그리고 그들이 효과적으로 가르치기 위해서 선택하는 교수 활동과 자료 선정에 대한 이유를 제공하는 개념적 구조이고 청사진이다. 그 이론들은 교사들의 평가, 의사결정, 그리고 행위를 뒷받침해 주고 안내하는 원리들 혹은 주장들이다. (Sanders & McCutcheon, 1986: 54-55)

결국 개인적 체계와 실천적 체계는 "개인의 실제적 이론(personal practical theories)"(Cornett, 1990)으로 개념화될 수 있다.

> 교사의 신념은 그녀의 (교실 밖에서의) 개인적 경험과 (교사 경험과 직접적으로 관련되는) 실천적 경험으로부터 생성되기 때문에 개인의 실제적 이론이라고 명명될 수 있다. 교사 신념은 그것이 하나의 매우 체계적인 신념의 세트를 이루기 때문에 이론이라고 불려진다. (p. 251)

본 연구는 사례 연구에 의해 파악된 한 중학교 사회 교사의 실제적 이론을 통해서 고등사고능력의 함양을 위한 시사점을 구하고자 하였다. 각 사례는 많은 점에서 독특할 뿐만 아니라 많은 점에서 다른 사례들과 비슷하기도 하다(Stake, 1995a). 이 점에서 이 연구는 하나의 사례를 다루지만 그 사례의 독특성과 공통성에 기초하여 사회과교육에 대한 이해를 도울 것으로 기대된다. 이 연구는 고등사고능력의 함양을 위한 인과관계적 설명이나 구체적 처방을 제공하려 하지는 않는다. 대신에 이 연구는 한 사회 교사의 실제적 이론을 통해서 사회과교육에 대한 이해를 돕고 고등사고능력의 함양을 위해 유용한 정보를 제공하는 데 목적을 두었다.

연구 방법

이 연구는 자연주의적 사례 연구(naturalistic case study)로서 서울 송파구에 소재한 장미중학교(가명)의 3학년 5반 사회 수업 시간에 이루어졌다. 나는 1994년 여름 약 8주 동안 장미중학교에 머무르며, 장 교사, 3학년 5반 학생들, 일곱 명의 선택된 학생들과 그들의 어머니들, 장미중학교 교장과 사회 교사들, 그리고 동료 검증자로서의 세 명의 타 중학교 사회 교사들과 함께 이 연구를 수행하였다. 자료 생성은 녹음기가 활용된 3학년 5반 사회 수업의 참여관찰, 심층적 면담, 그리고 질문지, 자극에 의한 기억(stimulated recall), 토론, 각종 학교 문서 등을 통해서 이루어졌다. 생성된 거의 모든 자료는 개인용 컴퓨터의 문서 작성 프로그램에 입력되었다. 본 연구는 그 방대한 자료 중에서 장 교사의 실제적 이론과 관련된 것들을 자연주의적 방법에 의해서 분석하고 해석하였다. 본 연구를 위한 주요 분석 자료는 장 교사와 각 30분 내지 80분씩 13회에 걸쳐 행해진 면담의 전사본(transcripts)이다. 기타 자료들은 본 연구에 대한 총체적 이해와 분석 및 해석에 도움을 주었다.

본 연구의 자료 분석과 해석의 확실성(trustworthiness)을 높이기 위해서 삼각검증(triangulation), 구성원 검토(member checking), 그리고 동료 확인(peer debriefing) 등이 활용되었다. 삼각검증을 위해서 나는 관찰, 면담, 그리고 기록과 문서 수집과 같은 다른 방법을 사용하였으며, 또한 여러 사람들과 면담하고 반복적으로 관찰하고 면담하는 등 다양한 자료 생성을 시도하였다. 구성원 검토를 위해서 나는 주요 연구 반응자들인 장 교사와 일곱 명의 선정된 학생들에게 그들의 말과 활동에 대해 내가 요약하고 해석한 것을 검토하도록 의뢰하였다. 현장에서의 자료 생성이 끝나 갈 무렵 나의 대학 동기이자 10년 동안 중학교 3학년 사회 교과를 가르쳐 왔던 두 명의 남 교사와 대학 후배이자 5년 동안 중학교 사회 교과를 가르쳐 왔던 한 명의 여 교사와 함께 동료 확인의 과정을 거쳤다. 유능한 교사라고 평판된 그 교사들은 다양한 원 자료(raw data)를 검토하면서 나의 이해와 해석 및 판단에 대해 적극적인 도움을 주었다.

교사의 개인적 실제적 이론

▌장 교사와 그의 배경

장 교사의 배경은 그의 개인적 배경과 교육 및 교직 경험에 의해서 이해될 수 있을 것이다. 그는 장미대학교(가명) 사범대학 사회교육과 졸업생으로 중류 가정에서 명문 대학 출신인 형과 누나들 사이에서 성장한 31세의 기혼 남자이다. 그의 친구들과 동료 교사들은 그는 유능하고 유머 감각이 뛰어나며 해박한 상식을 가지고 있다고 평하였다.

장 교사는 중산층 거주 지역에 소재한 두 중학교에서 7년 동안 주로 3학년 사회 교과를 담당해 왔다. 그는 대학 졸업 후 회사에 취직하였다. 그러나 몇 달 후 미국 유학을 결심하였고, 유학 준비를 위해 교직이 시간적 여유가 많으리라고 판단하여 이직을 하게 되었다. 하지만 아버지의 갑작스런 병환으로 유학의 꿈은 좌절되었다. 그렇다고 교직 생활을 크게 불만스러워하진 않았다. 불만이라면 교사의 낮은 사회 경제적 지위와 그가 판단하기에 교사로서의 자질이 부족한 사람들과 함께 근무해야 한다는 것이었다. 장 교사는 장미중학교의 교무 기획과 사회과 주임으로 그리고 교육구청의 사회과 연구회 운영위원으로 매우 적극적으로 활동하고 있다.

장 교사는 사범대학 교육과정으로부터 교과 내용 지식, 사회과 지도법, 그리고 탐구의 중요성을 배웠다고 생각한다. 무엇이 그의 교수에 가장 중요한 영향을 미쳤다고 생각하느냐는 질문에 그는 다음과 같이 말하였다.

첫째, 그 저희가 대학에서 배웠던, 저희가 80년대 학교 다닐 때 주된 교육과정이라는 게 뭐 주로 이제 탐구를 강조하는 그런 거였고. 또 옛날에 그런 거 얘기했을 거예요, 제가. 탐구 수업 안 한 녀석들이 탐구 수업 한 녀석보다 성적은 더 좋을 수도. 그런 단순 지식 평가의 어떤 그… 그런 거에서 좀 떠나는 그런 것들이 이제 저희 대학교 때 많이 제기되었던 것들 아니에요? 또 그리고 실지로 그러한 지식들이 의미하는 것이 무엇인가?… 그냥 자기가 그냥 암기해서 얻어진 지식이 갖는 의미는 뭔가? (장 교사는 사범대학 교사교육을 탐구 수업과 같은 교육 영역과 내용학에 해당하는 전공 영역으로 구분하여 설명하며) 이런 거… 대학교에서 주로 그런 거, 교육에 있어서 배운 거. 전공에서 배운 거는 물론 도움이 되죠. 전공에서 예를 들어서, 무역이라고 그러면은 비교 우위라든지 상대 우위라든지 이런 것도 배웠으니까. 그런 전공이 아닌 교육과정에서 배운 거는 뭐 도움이 됐다기보다는 저희가 배운 게 그거고, 그런 걸 자꾸 이제 (어…) 우리가 그렇지 않은데 고고 뭔가 적용시켜 볼라고 그럴 때 제일 먼저 떠오르는 게 또 그거고 그러니까 도움이 됐다기보다는 (음…) 글쎄 뭐 도움? (쉽게 인정하고 싶어하지 않는 눈치다.) 그런 게 그런 게 아무 것도 아닌 거 같은데 그게 지금 제가 교육 현장에 나와서 물론 그냥 강의식으로 가르치면서도 (음…) '이게 아닌데' 하고 딱 생각이 날 때 항상 머리 속에 주된 테마로 흐르는 게 그런 거고 보면은 영향이 없다고 볼 수는 없는 거 같아요. (교사 면담-13, p. 9)

한편 장 교사는 사범대학 교육과정이 단지 강의식만을 다루었고 아무런 실제 훈련도 제공하지 않았다고 비판하였다.

대학교에서도 사실 탐구 과정에 대해서 말은 많이 해 줬지만은 어떻게 하는 건지 한 번도 안 해 봤잖아요. 대학교에서 한 번도 안 해 보고. 교육과정에 그런 게 없었던 거 같애요, 응. 그러니까 이런 거 할 때 저도 답답하니까 이것 저것 논문도 보고, (음…) 그 그런 그 원시적인, 남들이 보면 '뭐 이거 무슨 자료 학습이 이렇게 하는 거냐?' 싶지만, 원시적이나마 만들어 볼라고, 이제 만들어 볼라고 만들어 보는 게 그런 거니까. 누군가가 그걸 갖다가 다 이렇게 좀 해 주고, 대학교 때도 하는 방법, 이런 그 자료를 만들어서 할 수 있는, 이걸 가지고 실지로 한 번 가르쳐 보는, 지도안을 한 번 짜 보고. 그… 장미고(가명), 내가 장미고에 가서 교생 실습했는데, 한결같이 강의식이잖아요. 거기서 하는 건 전부 강의식, 100% 강의식이라고. 그러지 말고 그런 데도 자기가 직접 가서, 요즘에 뭐 교사도 1년 인턴 교사 둔다고 그런 말도 나오잖아요. 뭐 1년, 뭐 1년 해 봤자 뭐. 한 달 가서 하든 자기가 이런 수업 저런 수업도 해 봐야 되고, 하다못해 오버헤드 그… 이런 거 작동도 처음 해 볼 게 아니라 대학교 때 한 번 만져 봐야 되고, 다 그런 거 아니에요? (교사 면담-13, p. 13)

사범대학에서 직접 가르쳐 보지는 않았더라도, 학습 지도안 작성 정도는 연습

했을 것임에도 불구하고, 장 교사는 그것을 기억하지도 가치롭게 여기지도 않았다. 그가 기억하는 것은 사회과학적 지식을 배웠고, 그의 실제 수업에서 유용하지 않은 탐구의 중요성에 대한 신념이 생겼다는 것이었다.

더구나 장미중학교 사회과 교사들 간에는 아무런 상호작용이나 도움도 없다. 장 교사는 교재 연구와 수업 준비를 소홀히 할 정도로 과중한 행정 업무에 시달린다. 또한 현직 연수, 교과서, 교사용 지도서, 기타 자료 등은 그가 원하는 수업을 하도록 돕기에는 너무 부실하며, 그 스스로 교수 전략과 자료를 개발해 보고자 해도 시간과 돈이 없는 실정이다. 그리고 입시를 준비시켜 주어야 하고 교과서에 전적으로 의존해야 하는 현실은 그가 품고 있는 교수 전략을 무용화하고 있다.

▌장 교사의 실제적 이론

위와 같은 개인적 배경과 교육 및 교직 경험으로부터 장 교사는 수업 활동을 구조화하는 그의 개인적 실제적 이론을 구성한다. 또한 장 교사는 그가 무엇을 어떻게 말하고 행하는가 그리고 그것을 어떻게 정당화하는가에 의해서 그의 이론을 드러낸다. 그 이론들은 장 교사의 수업 계획과 활동의 기초로 그리고 그의 수업을 반성 혹은 평가하는 준거로 작용한다. 면담과 수업 관찰의 분석을 통해서 확인된 여섯 가지 이론이 〈표 1〉에 제시된다.

〈표 1〉 장 교사의 개인적 실제적 이론

이론 1: 탐구 과정의 경험
　　　　학생들이 지식 형성의 과정을 알도록 돕는다.

이론 2: 입시 준비
　　　　학생들이 고등학교 입학 시험에서 좋은 성적을 얻도록 돕는다.

이론 3: 보편적 지식의 교수
　　　　논쟁의 여지가 있는 지식보다는 보편적 지식을 다룬다.

이론 4: 중상층 학생 중심의 교수
　　　　교수의 수준을 중상층 학업 성취자들에게 맞춘다.

이론 5: 학생 참여의 고양
　　　　학생들의 학습에 대한 동기, 집중력, 노력의 질을 높인다.

이론 6: 감정 이입적 교실 분위기 형성
　　　　감정 이입적 학습 환경을 조성하고 유지한다.

"이론 1: 탐구 과정의 경험." 학생들이 그들의 학습을 현실 세계에 전이할 수 있도록 하기 위해, 수업은 학생이 지식 형성의 과정을 알도록 도와야 한다고 장 교사는 주장한다. 장 교사 자신의 가장 중요한 교수 목표를 반영하는 이 이론은 대학에서의 교사양성 교육과정과 그의 7년 교직 생활 경험으로부터 생성된다. 탐구 과정의 중요성을 강조할 때 그는 대학 시절 썼던 학기말 보고서를 상기하면서 Bruner와 학문중심 교육과정을 자주 언급하였다. "애들의 능력 수준이 아무리 유치하더라도 사회과 교사들은 사회과학자들이 지식을 만들기 위해서 사용한 탐구의 과정을 따르면서 사회과학자들이 했던 것처럼 행하도록 도와 줘야죠"(교사 면담-8, p. 12).

나아가 장 교사의 탐구의 중요성에 대한 신념은 그의 교직 경험에 의해서 강화되었다. 1992년에 시범 수업을 준비하면서 우연히 알게 된 자료 학습은 탐구 수업의 실행 가능성과 교육적 효과에 대한 그의 확신을 제고시켰다. 그에 따르면 자료학습은 실세계와 관련되고 탐구의 절차에 따라 체계적으로 조직된 자료를 통해서 학생들이 탐구의 과정을 경험하는 것을 뜻한다.

장 교사는 탐구 교수가 모든 수업 상황에서 최선의 교수법이 될 수 있다고 보지는 않았다. 많은 양의 지식 전달을 위해서는 교사 중심의 지식 전달이 적절하고 효과적인 경우가 자주 있다고 보았다. 그렇지만 지식 폭발에 대응하기에 적절치 못한 지식 전달 위주의 교수법이 너무 지나치게 사용되어 왔다고 믿었다. 이 점에서 장 교사는 학생들이 탐구의 과정을 학습한다면 그들이 대학 교육을 받지 못한다 할지라도 성인 생활에서 새로운 지식을 충분히 이해하고 획득할 수 있을 것이라고 주장하였다.

장 교사는 학생 참여는 학생들이 문제 해결을 위해 사고하도록 격려될 때 즉, 탐구할 때 증진된다고 믿었다. 그는 자료 학습에 의해서 학생들이 탐구 과정을 경험하도록 하는 것은 활력적인 학생 참여의 이점을 갖는다고 강조하였다.

장 교사는 탐구는 체계적 절차에 따라 고도로 구조화된 과정에 의해서 이루어진다고 생각하였다. 그러므로 그에게 있어서 수업이 체계적인 형태로 진행되는 것은 매우 중요하다. 체계적이고 조직화된 수업을 통해서 학생들이 지식의 실체를 학습하고 합리적 사고를 발달시키도록 도울 것을 그는 강조하였다.

"이론 2: 입시 준비." 장 교사는 입시 준비를 중학교 3학년 담당 교사들이 수행해야만 하는 긴요하고도 피할 수 없는 과제라고 보았다. 그러나 그는 탐구와의 갈등을 인정하였다.

> 제가 지금까지 (탐구 수업에 대한) 많은 말을 했지만은 저는 기본적으로 생각은 그렇게 가지고 있지만, 수업은 여전히 교과의 그 시험 중요도에 따라서 수업을 운영하는~은 것이 솔직하~안 얘기이기 때문에… 뭐 마으~음적으로 그런 심적으로 그런 여유가 저한테 없다고 하는 것이 정확하겠죠. (교사 면담-11, p. 7)

이론 2는 무엇보다도 교과서를 빠짐없이 다루는 것으로 드러난다.

> 인제 교과서가 물론 원전이라는 개념들은 많은 교사들이 사실 가지고 있지 않을 거예요, 요즘에는. 물론 시험에 나오니까 가르치지만은. 다 가르쳐요. 안 가르치는 건 없어요. 그건 사소한 원망을 듣기가 싫기 때문에 다… 가르치지. (교사 면담-13, p. 14)

"이론 3: 보편적 지식의 교수." 장 교사의 수업은 그의 해석에 기초하긴 하지만 거의 전적으로 표준화된 사회 교과서에 의존한다. "교과서에 있는 내용, 물론 저는 교과서에 없는 내용은 잘 안 다루죠. 교과서에 있는 내용 중에서 제가 수업을 하면서 저의 평소 생각들을 얘기하죠, 그냥"(교사 면담-11, p. 7). "평소 생각들"은 그 자신의 해석이고 그 해석의 가장 중요한 준거는 보편성이다.

> 교과, 교과 구성에 대해서 뭐 교사가 그것에 너무 얽매이는 것은 오히려 바람직한 일이 아니지 않느냐 그런 생각이 들어요. 왜냐하면 자기들이 늘 얘기할 때에는 교과의 어떤 자유나 이런 걸 주장하는데, 시험에 나온다면 간단히 전달만 해 버리면 되고, 자기가 재해석해 줄 수도 있잖아요… 굳이 뭐 교과서에 있다고 교과서 걸 그대로 애들한테 주입시켜서 가르친다 이런 것은 전 그런 생각을 해 본 적이 없어요. (교사 면담-5, p. 7)

장 교사의 해석의 가장 중요한 준거로서 보편성에 대한 개념은 내가 '빈부 격차'와 '노사 분규'와 같은 주제들을 그가 어떻게 가르치는지 물었을 때 분명해졌다. 그는 그런 주제들은 교과서 설명과 관계없이 보편적으로 받아들여진 사고에 따라 가르쳐질 수 있다고 했다.

> 근데 이제 노사 분규같은 것도 그렇고. 이제 그러니까 솔직하게 써 줘야 되는데, 우리나라 경제 성장이 이렇고, 그 다음 우리나라의 그 기업의 수익성이 어땠는데, 근로자들이 분배받은 게 얼마고 해서 이런 문제가 많이 발생하고. (어…) 뭐 이런 거를 솔직하게 써

줘야 되는데. 이미 사회에서 보편화되었기 때문에 안 쓸 수 없으니까 쓰긴 쓰지만은 (어…) 굉장히 두루뭉술하게 써 버리고 넘어가는 그러한 측면은 교과서에 분명히 있죠. 그건 이제 지난번에 제가 말씀 드린대로 교사가 그렇게 해석해서 큰 무리가 없는 거는 그냥 자기가 알고 있는 보편적인 지식으로 가르쳐도 큰 무리가 없을 것이다 이거죠. (교사 면담-13, p. 15)

달리 말하자면, 장 교사는 단지 보편적으로 받아들여진 사고만을 가르침으로써 논쟁적인 주제들을 피하는 것이다. "제가 생각할 때 제가 내린 결론이 심하게 그… 논란의 여지가 있다라고 하는 건 사실 가르치면 안 되죠"(교사 면담-12, p. 4). 장 교사는 그것을 '노사 분규'의 예를 들면서 다음과 같이 설명하였다.

예를 들어서, 노사 분규같은 것도 어느 쪽이 옳다 그르다 뭐 이런 걸 떠나서 그냥 보편화되어 있는 이미 알려져 있는 수준에서 그냥 가르치면 되고, 그 다음에… 교사 중에서도 사회를 너무 갈등론적으로만 파악하는 선생님들도 있고, 제가 겪어 봤을 때. 그러니까 그러~~언 쪽에서는 얘기하면 좀 곤란하겠죠. 대부분의 사람이 안 그런데 자기만 자기 얘길 쭉, 소수의 사람들이 가지고 있는 걸 일반화시켜서 애들한테 얘기하면 좀 곤란하겠죠. 보편적으로 교과서에는 그렇게 써 있지 않아도 보편적으로다 그렇게 인식하고 있는 거는 교사가 그냥 가르쳐도 큰 논란이 있을 수 없을 거 같아요. (교사 면담-12, pp. 4-5)

"이론 4: 중상층 학생 중심의 교수." 현실적으로 중학교는 한 학급에 학습 능력이 다른 약 55명의 학생들을 수용해야 하기 때문에 장 교사는 중상 수준의 학생들에 맞춰서 수업한다. "저는 수업 내용에서 애들이 한 반이 쉰 대여섯 명되는데, 흥미도 면에서 한 사십 명만 흥미가 있고, 그 다음에 한 이십오 명 내외만 충분히 이해했어도 그런대로 수업이 성공한 거 아닌가 이렇게 생각해요."라고 장 교사는 말했다(교사 면담-5, p. 4). 왜 그렇게 생각하는지 물었을 때 그는 대답했다.

보통 중학교에서는 타겟을 중상 정도 애들을 타겟으로 해 가지고 항상 가르치니까…. 그런데 사회는 애들이 그렇다고 따로 배우지 않으니까 항상 중상으로 해서 끌고 나가도 앞에 애들은 다 쫓아오니까 그대로 나가고. (어…) 그 다음에 고 고 밑에 좀 처지는 애들… 그냥 사실 선생님이 뭣하고 가끔 말 안 들으면 때리고 그러니까 무서워서 잠 안 자는 척할라 그러고 (웃으면서) 이렇게 있어서 그렇지 아마 아무런 제재도 가하지 않고 그런다면은 수업할 때 한 반에 한 열 명 정도는 딴짓하지 않을까 싶네요. 왜 학교에 와야 되는지도 모르는데 왜 수업을 들어야 되냐는 건 더더욱이 어려운 얘기고. 그래서 이해도 정도는 대개 (어…) 중상 정도 거기서 앞뒤로 이해하니까 절반 정도가 반에서 이해한다고 보면은 뭐 그만하면 만족하고. 또 저 스스로도 그만하면 되지 않았나. 나머지 애들은 완전히 이해는 못해도 그냥… 설명해 주는 부분은 좀 다르겠죠. 왜냐하면 우리 나라 경제 현실 설명한다면 그런 거 애들이 좀 아니까. 그런데 이론적인 분야로 들어가면은 그런 경향이 더 강하고 그렇다는 얘기죠…. (한참 동안 허공을 쳐다보며 말이 없다가) 그래서 그 사십 명이랑 이십오 명을 구제하는 방법 중에 하나가 자료 학습이 될 수 있다는 거죠. (교사 면담-12, pp. 1-2)

장 교사는 교수 내용이 학업 성취에 있어서 중상 수준 이상의 학생들에게 적합해야 하지만, 교사들이 학생들의 지식 수준을 과소 평가해서는 안 된다고 주장한다.

제가 지난 번에도 그런 말씀을 했지만 너무 애들 수준을 낮게 평가해도 안 돼요. 뭐 물론 애들에 따라서 수준 차이가 굉장히 많지만 "이것들은 이건 모를 거야." 이런 응? "얘네들은 이 내용을 전혀 모를 거야." 이러~~언 생각하면 사실은 좀 힘들구요. 애들도 알 애들은 다 알아요. 한 반에서 사회에 관심이 많은 애들, 뭐 이런 애들이 꽤 있기 때문에 선생님이 생각하는 것보다 더 깊게, 어떤 분야에 대해서는 자기 관심 분야에 따라서는 깊게 알 수도 있고. 또 뭐 모른다고 전제하기보다는 좀 어느 정도 알고 있다고 전제하는 게, 조금이라도 알고 있다고 전제하는 것이 가르치는 데 올바른 거 아닌가…. (교사 면담-12, p. 5)

중상층 수준의 학생들에 초점을 두어 가르치긴 하지만, 그렇다고 장 교사가 낮은 수준의 학업 성취자들을 방치하기를 원하지는 않는다. 소규모 집단의 교수를 통해서 낮은 수준의 학생들이 더 능력 있는 학생들로부터 배울 기회를 갖는다고 믿기 때문에 장 교사는 소규모 집단의 교수를 선호한다.

"이론 5: 학생 참여의 고양." 학생 참여가 학습에 본질적이고 참여는 학생들이 중요하고 값어치 있고 재미있다고 생각하는 것으로부터 일어난다고 가정하면서, 장 교사는 사회 교과는 학생들이 정말로 알고 행하기를 원하는 것, 실제 세계에서 그들에게 관련되는 것, 그리고 그들에게 재미있는 것을 다루어야 한다고 주장한다.

학생 관심에 대한 고려를 강조하면서 장 교사는 Dewey와 학생중심 혹은 경험중심 교육을 언급하였다. 그리고 학생들은 학습 자료가 얼마나 재미있는가 그리고 그들의 관심사가 다루어지는가 다루어지지 않는가에 따라 학습에의 노력 투자 여부를 결정한다고 보았다. 이 점에서 장 교사는 사회 수업은 학생들의 사전 지식, 현실 세계 경험, 발달의 역동성을 고려해야 한다고 강조하였다. 그렇지만 "솔직히 요즘 애들을 개인적으로 선생님들이 다 알지 못하고, 일주일에 두 시간 들어가면서 그거를 500명을 파악한다는 것은 저로서는 불가능하죠."라고 장 교사는 말했다(교사 면담-10, p. 12).

학문과 현실 세계는 서로 분리될 수 없다고 생각하기 때문에 장 교사가 그의 교수를 실제 세계와 연결시키는 데에는 아무런 문제도 없다. 그는 사회과학은 현실 세계에 그 뿌리를 갖는다고 믿는다.

> 제가 생각할 때에는 애들이 주변에 있는 문제 가지고 얼마든지 거기서 바로 사회과학이니까 다 거기서 만들어진 거니까, 그런 점에서 관심을 끌면서 이제 애들이 그런 지식이 형성되는 걸 같이 해 보면서, 적용해 나가고 관심을 갖고 그러면 그걸로 뭐 합리적인 생활인도 될 수 있는 거고, 그런 데서. (교사 면담-12, p. 11)

장 교사는 또한 "현실 생활과 유리된 것은 별로 그 애들의 기억 속에 오래 가지도 못한다."고 말하였다(교사 면담-12, p. 10). 그는 현실 세계와 관련된 자료는 적극적인 참여, 근거 있는 지식의 획득, 그리고 탐구 능력의 발달을 돕는다고 믿었다. 그러므로 교사는 학생들이 교과서를 넘어서서 교실에서, 학교 주변에서, 지역 사회에서, 그리고 더 큰 사회 환경에서 조사 연구하도록 해야 한다고 강조하였다.

장 교사는 교실에서의 지루함을 줄이고 학생들의 흥미를 제고하는 데 본질적인 "재미"와 "유머"는 교과서 내용이 너무 이론적이기 때문에 대체로 교사의 교수법과 개성에 의존한다고 보았다.

> 재미있다는 게 교사의 행동이 재미있을 수도 있고, 사실 수업 내용이 재미있을 수도 있고, 교사의 행동이 재미있을 수도 있고. 그런데 (어…) 수업 내용이 재미있다는 건 뒤집어서 얘기하면 수업 방법이죠. 내용은 거의 모든 교과가 굉장히 좀 학문적으로 써 있기 때문에. 전달하는 사람의 그 입… 선생님이 재미있다…는 것은 선생님의 개성이기 때문에 그거는 뭐 어떻게 말할 수가 없구요, 제가. 그러니까 애들이 좋아하는 선생님의 수업은 좋아해요. 그건 확실해요. 그러니까 '저 선생은 왠지 싫어' 그런 감정의 대립을 갖는 선생님이 있어요…. 선생님이 좀 웃기고, 자기들의 대화를 좀 많이 해 줄라고 하고, 자기들의 수준에 맞는 이런 선생님은 좀 좋아하지. (교사 면담-12, pp. 3-4)

"이론 6: 감정 이입적 교실 분위기 형성." 교사-학생 관계, 교실 의사 소통, 그리고 학급 관리와 관련하는 이 이론을 드러냄에 있어서 장 교사는 그의 학생들을 감정 이입과 이해로써 대하려는 태도를 보여 주었다. 그는 오늘날의 학생들은 교사의 지시에 무조건적으로 복종하려고 하지는 않는다고 파악하기 때문에 무조건적인 권위, 힘, 그리고 엄격함을 거부한다.

> 지금 이제 나이 든 선생님들이 가장 착각하는 게 애들 변화를 너무나 무시하는 거 같아요. 애들 변화를. (점점 말에 힘을 주고 언성을 높여 가면서) 애들이 수업을 옛날처럼 말 한 마디에 위엄을 가지고 애들을 제압을 해서 수업을 한다는 건 이제는 안 돼요. 이제는 그런 거 가지고 수업하는 시대는 지났다고. 그러니까 나이 든 선생님들이 항상 하는 얘기가 뭐냐면, 조금 분위기 산만하게 수업하면 "그 속에서 어떻게 수업하느냐?" 이렇게 얘기하는데, 요즘 애들은 꽉 잡아 놓으면은 멍처~~엉하게 있을 수는 있어요. 근데 나도, 가르치는 사람도 굉장히 스트레스고 이게 뭐 호흡이 딱딱 맞아야 되죠. (교사 면담-7, p. 12)

고등사고능력의 함양을 위한 논의

▌장 교사의 이론과 실제 수업

수업 분석을 통해서 장 교사의 사회 수업은 "교과서에 의거된 수업," "주제의 현실 세계 경험으로의 연계," "교사 주도의 교실 대화," 그리고 "감정 이입적 교실 분위기" 등으로 특징지어진다. 장 교사는 교과서 순서와 내용을 철저히 파악하고 있으며 자유스러운 분위기 속에서 그의 해박한 지식과 실세계의 예들에 기초된 교사 주도의 강의를 통해서 학생들에게 방대한 양의 지식을 전달한다.

장 교사는 학생들에게 지식 형성의 과정을 가르치기를 원한다. 그는 학생들에게 사회를 이해할 수 있도록 해주기를 원한다. 무엇보다도 장 교사는 학생들이 민주 시민과 합리적 인간이 되기를 원한다. 그렇지만 그는 입시 준비를 도외시할 수 없다. 결국 그는 교사 주도의 강의를 통해서 교과서를 빠짐없이 훑으며 시험에 나올 것 같은 부분에 많은 시간과 설명을 할애한다. 학생들에게 실세계의 자료들을 가지고 탐구 과정을 경험하도록 하는 소위 자료 학습을 하나의 대안으로 판단하고 있음에도 불구하고, 장 교사는 그런 자료들을 수집하거나 조직할 시간적 여유가 없다. 이 연구가 수행되는 동안 그는 한 번도 자료 수집을 계획하지 않았다.

하나의 타협으로서 장 교사는 강의 중에 현실 세계의 예를 들고 학생들의 관심사를 반영하곤 하였다. 그는 장미중학교의 어느 사회 교사들보다도 학생 관심사를 반영하고, 교과서 밖의 많은 예를 들고, 그리고 감정 이입적 수업 분위기를 조성함으로써 수업을 재미있게 만들기 위한 노력을 하고 있다고 자부하였다. 장 교사는 그가 제시하는 예들이 이유와 근거로 사용되는 것을 보여줌으로써 학생들의 비판적 사고력과 성향이 함양될 것이라고 믿고 싶어 하였다. 그럼에도 불구하고 장 교사는 기본적으로 그의 수업은 학생들의 탐구력 향상과 무관하며 그것을 기대해서도 안 된다고 보았다. 더구나 그는 탐구를 가르치고 있지 않기 때문에 혹시 탐구력이 뛰어난 학생이 그의 학급에 있다 할지라도 그것은 그의 수업과는 전혀 관계가 없다고 보았다.

결국 장 교사의 수업 분석을 통해서 볼 때 그의 이론은 이상과 현실 사이에서 타협을 추구하고 있다. 탐구 과정의 경험(이론 1)과 입시 준비(이론 2) 사이에서의 갈등은 학생 참여의 고양(이론 5)과 감정 이입적 교실 분위기 형성(이론 6)에 대한 적극적 관심으로 표출되며, 장 교사는 거기에서 다소나마 그의 수업에 대한 심적 위안을 삼고 있다. 어느 의미에서 장 교사는 그가 할 수 있는 최선의 것을 하고 있는 것인지도 모른다. 그러나 학생들에 대한 그의 바람과 수업에 거는 그의 희망은 그 같은 타협에 의해서 충족되지 않을 뿐만 아니라 정당화되지도 않는다. 심한 갈등과 번민의 산물임에도 불구하고, 타협은 그의 사회 수업에서의 사고력 증진에 대한 장벽을 극복해 내지 못하고 있다. 결국 장 교사의 입시 준비와 탐구력 향상 사이에서의 타협은 그가 장차 따르게 될지도 모를 하나의 길을 암시하고 있을 뿐이다.

▌장 교사의 이론과 고등사고능력

장 교사가 "탐구 과정의 경험(이론 1)," "학생 참여의 고양(이론 5)," 그리고 "감정 이입적 교실 분위기 형성(이론 6)"과 같은 이론을 통해서 사회과교육은 학생들이 민주 시민과 합리적 인간이 될 수 있도록 탐구력의 증진에 우선적인 노력을 기울여야 한다고 강조하는 점은 긍정적으로 평가되어야 할 것이다. 내가 이해하는 고등사고능력은 힘들게 혹은 다른 사람의 안내나 협력에 의해서 성취할 수 있는 도전적 상황에서 향상될 수 있다. 고등사고능력은 또한 참여자가 질문할 기회를 갖고 탐구의 산물에 영향을 미칠 수 있는 탐구의 공동체(a community of inquiry)에서 증진될 것이다. 그리고 탐구의 공동체는 참여자로 하여금 상호 이해와 참여에 의한 대화를 통해서 온당한 판단에 도달하도록 격려한다. 이 같은 점에서 장 교사는 최소한 그의 실제적 이론 면에 있어서는 고등사고능력의 함양을 위한 중요한 신념을 갖추고 있다고 보아야 할 것이다.

"중상층 학생 중심의 교수(이론 4)"는 과밀 학급과 심각한 개인차의 현 상황을 고려할 때 어쩔 수 없는 선택인지도 모른다. 그러나 그것은 결코 정당화될 수 없다. 교육은 모든 학생들에게 공평한 기회와 적절한 교수를 제공해야 하며, 고등사고능력에 대한 교육도 예외가 될 수는 없다. 다행히도 장 교사는 소규모 집단 학습을 통해서 그와 같은 문제를 해결하고자 한다는 점에서 이론적 수준에서는 적절하다고 볼 수 있다.

그러나 "입시 준비(이론 2)"의 교육은 고등사고능력의 함양에 정면으로 배치된다고 할 것이다. 장 교사는 교과서는 고등학교 입학시험 준비를 위해 구석구석 빠짐없이 다루어져야 한다고 믿고 있다. 그렇지만 소위 통합 교육과정이라는 이름만 내세운 채, 교과서의 주제들은 서로 연계되지 않고, 이론적이고, 피상적이며, 학생들에게 쓸모없고 재미없는 내용들로 구성되어 있다고 비판한다. 게다가 그 주제들은 너무 딱딱하게 기술되어 있을 뿐만 아니라 일 년 동안에 다루기에는 너무 많다고 주장한다. 결국 고등사고능력은 가르치도록 되어 있는 모든 것을 포괄하는 피상적이고 단편적인 주제들보다는 실질적이고 중요한 논쟁점과 문제들을 다룸으로써 증진된다는 점이 심각하게 고려되어야 할 것이다.

"보편적 지식의 교수(이론 3)"는 논쟁의 여지가 있는 지식을 회피함으로써 고등사고능력의 함양에는 적절치 못하다고 할 것이다. 고등사고능력은 문제를 해결하고 의사를 결정하고 새로운 지식을 학습하는 목적적 정신 작용이다. 이 정신 과정은 닫힌 문제, 중요한 논쟁점, 새로운 지식, 그리고 개인 자신이나 개인 간의 갈등에 의해서 자극된다. 이 점에서 사회과교육은 개별 학생들이 그들 자신의 문제이자 실생활 경험에서 도전적인 과제로 인지되는 살아 있는 지식(lived knowledge)을 다루어야 할 것이다. 또한 사회과교육은 학생들이 그들의 신념과 감정을 정직하게 반성하도록 격려하는 가치문제를 다루어야 할 것이다. 결국 내가 이해하는 고등사고능력의 개념에 비추어 볼 때, 보편적 지식만의 교수를 주장하는 장 교사는 고등 사고능력의 함양과 배치되는 관점을 취하고 있다고 보아야 할 것이다.

▍고등사고능력의 함양을 위한 시사점

이상의 논의에서 밝혀진 바와 같이 장 교사의 실제 수업은 그의 이론에 의해 안내되고 있음을 알 수 있다. 또한 그의 이론은 이 연구에서 개념화된 고등사고능력의 함양에 한편에서는 긍정적으로 다른 한편에서는 부정적으로 작용하고 있음을 알 수 있다. 이 점에서 장 교사의 개인적 실제적 이론은 실제 사회 수업에서 고등사고능력 함양에 본질적 중요성을 가지고 있다고 하겠다. 더구나, 학생과의 상호작용 속에서 이루어지기는 하지만 실제 수업 활동의 실질적 최종 의사결정자이자 행위자는 교사라는 점을 고려할 때, 새로운 이론, 교육개혁, 교육과정 정책, 교수법의 혁신 방안 등도 결국 장 교사의 개인적 실제적 이론과의 조화 속에서 가능할 것이다.

그런데 나의 동료 확인자들(peer debriefers)에 의하면, 이러한 장 교사의 개인적 실제적 이론과 그 이론이 지니고 있는 의미와 과제는 장 교사에게만 해당하는 것은 아니다. 그들은 장 교사의 이론과 실제 수업이 우리나라 중학교 사회과 교사들에게서 볼 수 있는 전형적인 특징이라고 확인해 준다. 즉, 동료 확인자들은 우리나라 학교교육의 현실을 고려할 때, 장 교사가 해박한 상식을 바탕으로 실세계의 풍부한 예를 제공하고 재치 있는 유모어를 활용함으로써 재미있고 이해하기 쉬운 그리고 학생 참여를 유도하는 수업을 전개하는 점에서 높이 평가받을 수 있으나, 그럼에도 불구하고 우리나라 중학교 사회 수업의 전형적인 모습을 벗어나지는 못하고 있다고 평하였다.

이 점에서 고등사고능력의 함양을 위한 교사의 개인적 실제적 이론은 장 교사 개인만이 아닌 적어도 중학교 사회 교사 차원의 공동체에서 함께 고민하며 정립해 가야 할 과제라고 할 수 있다. 중학교 사회 교사들이 숙고와 토의를 통해 고등사고능력의 함양을 위한 교사마다의 실제적 이론을 만들고 정련화하는 장으로서 "탐구의 공동체(a community of inquiry)"를 형성할 것이 요구된다. 그리고 그 탐구의 공동체에서, 교사의 개인적 실제적 이론 구성의 배경이자 이론 실천의 장애 요인이 되고 있는 예비 및 현직 교사교육, 교사 고립의 문화, 관련 교육기관의 빈약한 지원 등이 재고될 수 있을 것이다.

먼저 예비 및 현직 교사교육을 통해서 교사의 개인적 실제적 이론을 탐구하는 노력이 제고되어야 할 것이다. 교사의 개인적 실제적 이론은 실제 수업 활동을 통해서 구성되는 만큼 예비 및 현직 교사교육이 탁상공론에 치우친 이론 중심적이기보다는 실습을 통한 경험 중심적이어야 할 것이다. 중등의 경우 교육실습 기회를 확대하는 것이 고려될 수 있을 것이다. 또한 대학 강의실에서 실제 수업을 연출하거나 현직 교사가 수업하는 장면을 녹화한 비디오테이프를 보면서 토의하고 자신의 생각을 글로 써 봄으로써 반성할 기회를 갖는 것도 하나의 좋은 방법일 것이다. 그 과정에서 예비 및 현직 교사들은 의식하지 못하고 있던 자신의 신념을 의식의 상태로 이끌어 내며 실제적 이론을 구성할 것이고 다른 교사들의 이론이 자신의 것과 어떻게 다른지도 알게 될 것이다. 이처럼 자신의 교육에 대한 신념과 가치관을 알게 된다면 교육과정 및 교수 활동에 대해 보다 분명한 자기 입장을 가지고 임할 것이며 동시에 자신의 이론을 재구성하는 데 개방적 태도를 가지게 될 것이다.

나아가 탐구의 공동체로서 고등사고능력이 발현되는 교실을 만들기 위한 열 가지의 지표들이 교사 교육과정에서 활용될 수 있을 것이다. 첫째, 교사는 학생들이 그들 자신의 신념, 지식의 기원, 사회적 갈등과 모순 등에 대해 질문하도록 격려한다(호기심). 둘째, 교사는 학생들의 경험과 사고 수준에 민감하게 대처한다(민감성). 셋째, 교사는 학생들이 그들의 의견을 허심탄회하게 표현하고 교실 상호작용에 적극적으로 참여하도록 격려한다(참여). 넷째, 교사는 학생들이 그들의 생각과 판단을 감정 이입적 대화를 통해서 전개하도록 격려한다(간주관성). 다섯째, 교사와 학생들은 도전적인 질문을 한다(도전성). 여섯째, 교사는 학생들이 생각할 적절한 시간을 갖도록 격려한다(숙의). 일곱째, 교사는 학생들이 그들의 의견에 대해 설명과 근거를 제시하도록 격려한다(합리성). 여덟째, 교사는 학생들이 창의적이고 혁신적인 생각을 하도록 격려한다(창의성). 아홉째, 교사는 학생들이 가능한 해결책을 탐색함에 있어서 인내하도록 격려한다(관용성). 끝으로 교사는 학생들에게 위와 같은 특성들에 대해 모범을 보인다(모범).

학교 현장이 교사 고립의 문화로부터 탈피하여 교사의 개인적 실제적 이론에 관한 탐구의 공동체로서의 학습 환경을 조성하는 것 또한 중요할 것이다. 장 교사와 장미중학교 사회과 교사들이 지적하고 있는 것처럼 교사들은 자기 자신을 다른 교사들로부터 스스로 소외시키는 경향이 있다. 동료 교사의 수업을 참관하는 것도 자신의 수업을 공개하는 것도 꺼려한다. 참관할 때조차도 그 수업에 대해 토의하거나 비평할 기회를 거의 갖지 않는다. 동료 교사들이 활용하는 교수 자료나 전략을 알려 하지도 자신의 것을 공유하려 하지도 않는다. 학교 사회는 교사들의 집단 탐구를 통하여 각자의 실제적 이론을 드러내고 갈등을 해결해 가면서 이론을 재구성해 가는 노력이 있어야 할 것이다. 그 과정에서 교육과정 문제를 확인하고, 실현 가능한 해결책을 고려하고, 각 해결책에 따른 결과를 예측해 보고, 그리고 최선의 대안을 선택하는 학습의 장이 되어야 할 것이다. 교사 사회가 학습하는 탐구의 공동체가 될 때 학생들의 고등사고능력의 함양도 가능할 것이다.

끝으로 교사의 개인적 실제적 이론에 관한 탐구의 공동체를 형성하기 위해서는 교육관련 기관들의 실제적이고도 적극적인 지원이 제공되어야 할 것이다. 장 교사와 동료 교사들이 불평하고 있는 것처럼 교육부, 시·군 교육청, 한국교육개발원 등에서 제공되어 온 교수 자료나 방법들은 학생들의 관심이나 흥미를 전혀 고려하지 않고 있으며 교수 과정에 대한 상세한 설명이 결여되어 있어서 도움을 주지 못하고 있다. 뿐만 아니라 제공되는 자료도 많지 않으며 실제 교실에서의 효과성이 검증되지 않은 자료들이다. 교사들은 그 같은 자료들을 도외시하고 있다. 달리 말하자면 교사들은 제공된 자료를 가지고 자신의 이론을 강화, 반성, 수정할 기회를 거의 갖고 있지 않다. 교사들이 자신의 이론에 관한 탐구 과정을 거쳐 교과 내용, 학생, 상황에 가장 적절한 교수 전략과 자료를 생성해 냄으로써 고등사고능력의 함양을 도울 수 있도록 교육기관 차원의 수준 높은 지원이 강화되어야 할 것이다.

제4장
반성과 반성적 저널

반성은 그저 사고(思考)로 끝나는 것이 아니다. 돌이켜 살피는 사고과정을 통해 실천 기저의 앎을 표면화하고 비판하고 재구성하여 재구성한 앎을 실천에 옮겨 검증하는 과정을 포함한다. 새로운 앎을 실천에 옮김으로써 새로운 앎은 실천을 변화시키고, 실천을 통해 검증된 앎은 기존의 앎을 변화시키고 새로운 실천적 지식을 형성하게 된다. 반성이 사고만을 강조할 때 이러한 앎과 실천의 역동적인 상호작용은 사라지고 실천 없는 사고의 수동성만 남을 뿐이다. (서경혜, 2005: 310)

반성의 개념

반성은 국내 학계에서도 교사교육, 교사전문성 혹은 수업 개선 차원에서 꾸준히 강조되어왔다(곽덕주·진석언·조덕주, 2007; 김병찬, 2009; 김순희, 2009; 노경주, 2012, 2018a; 서경혜, 2005; 유솔아, 2005; 이진향, 2002; 조덕주, 2006, 2009; 조덕주·곽덕주·진석언, 2008; 조성민, 2009; 추갑식, 2015). 이러한 관심 속에 반성은 Dewey의 반성적 사고, Schön의 전문가 자질로서의 반성적 실천, 그리고 비판이론 전통에서의 해방적 반성의 흐름 속에서 조명되었다. 여기에서는 Dewey의 반성적 사고와 Schön의 반성적 실천을 소개하고, 비판이론의 해방적 반성은 다음 절에서 살펴보기로 한다.

▌Dewey의 반성적 사고

Dewey는 반성(reflection) 혹은 반성적 사고(reflective thinking)를 "어떤 신념이나 가정된 지식의 형식을 그것의 근거와 그것이 도달하려는 결론에 비추어 적극적이고 지속적이며 주의 깊게 고려하는 사고 작용"이라고 정의한다(Dewey, 1910: 6). 반성적 사고는 환상이나 백일몽과 달리, 자신의 불완전한 앎과 믿음 그리고 거기에서 나타나는 불확정 상황을 극복하기 위하여 체계적이고 경험적이고 능동적인 탐구가 일어나야 함을 강조하는 개념이다. Dewey는 교사교육에서도 이러한 반성적 사고가 강조되어야 한다고 주장한다. 교사교육에서는 무엇보다 실제로서의 직접적 경험이 중요하지만, 모든 경험이 교육적인 것은 아니기 때문에 경험에 대한 반성이 필요하다고 본다. 보다 사려 깊고 유능한 전문가로서의 교사를 길러내기 위해서는 반성을 통해 자신의 앎과 믿음과 행위를 검토하고 개선하도록 해주어야 한다는 것이다(Dewey, 1938).

그는 이러한 반성적 사고의 과정을 다섯 단계로 설명한다(Dewey, 1910: 68-78). 첫째, 제안(suggestion) 단계로서 의심·혼란·갈등의 불확정적 상황이 전개되면 그에 대한 해결방안이 막연하게나마 자동적으로 마음에 떠오르는 과정을 경험하게 된다. 그러나 그 해결방안은 대체로 과거의 유사한 경험이나 습관의 영향을 받아 제안되고 그것들이 상충하는 경우에는 긴장 상태를 유발하며 탐구가 시작된다. 둘째, 지성화(intellectualization) 단계로서 문제의 사실적 상황과 조건 및 원인 등을 파악하며 문제를 명료화하는 단계이다. 제안 단계에서 경험한 의심과 혼란의 정서적 반응이 지성화되는 것을 의미한다. 셋째, 가설(hypothesis) 설정 단계로서 문제가 명료화됨에 따라, 제안 단계에서 막연하게 떠오른 해결방안이 보다 적절하고 확실한 아이디어로 발전한다. 그것은 타당성을 검토해 보아야 하는 잠정적 가설(working hypothesis)로서 조건명제(if-then)의 형태를 취하게 된다. 넷째, 추론(reasoning) 단계로서 지식이나 경험의 체계 속에서 가설을 검토하며 합리적 근거를 마련한다. 가능성으로 제안된 아이디어에 대하여 객관적 조작이나 합리적 논의의 과정을 거치게 된다. 다섯째, 가설 검증(testing) 단계로서 가설로 설정된 아이디어가 실제로 일어나는지를 확인하는 단계이다. 예측한 결과가 일어난다면 가설은 채택되고 일반화된 타당한 지식 또는 해결방안이 된다. 일어나지 않는다면 가설은 기각되고 무엇이 잘못되었는지 그리고 무엇을 수정해야 하는지를 배우는 기회가 된다.

▌Schön의 반성적 실천

Schön은 Dewey의 반성적 사고 개념에 기초하여 교사교육 차원에서 반성의 중요성을 강조한 대표적인 학자이다(Schön, 1987). 그는 교육 실패의 원인은 교사의 학문적 지식이나 적용 기술의 부족 때문이 아니라 전문가로서 갖추어야 할 반성적 사고 능력의 부족 때문이라고 진단하면서 반성적 실천가(reflective practitioner)로서의 교사를 길러내야 한다고 주장한다.

그는 전통적 교사교육은 기술적 합리성(technical rationality)에 기반하고 있으며 그것이 교육 실패의 근본 원인이 되었다고 본다(Schön, 1987). 기술적 합리성 관점은 목적의 타당성을 의심하지 않는다. 목적은 이미 정해져 있고 단지 달성해야 할 과제로 주어진다고 본다. 따라서 주어진 목적을 얼마나 효율적으로 잘 달성하느냐에 초점을 맞춘다. 이 점에서 기술적 합리성 관점에서 전문가의 역할은 과학적 지식을 엄격히 적용하여 실제의 문제를 해결하는 데 있다. 교육 전문성 또는 교사 전문성에서도 마찬가지이다. 전문가로서의 교사의 역할은 가르치도록 되어 있는 과학적 지식을 학습자들에게 잘 전달하는 데 있다. 그러나 교육 실천의 장은 과학적 지식이 그대로 적용될 만큼 단순하거나 안정적이지 않다. 교육 현장은 불확실하고 불안정하며 특수하고 가치갈등이 첨예한 공간이다. 교육 전문가이자 실천가로서의 교사는 과학적 지식이라고 믿어온 자신의 앎이 그대로 적용되지 않는 현실에서 전문성의 위기를 느끼게 된다.

Schön은 이와 같은 교육 실패와 전문성의 위기를 초래하는 기술적 합리성 관점을 배격한다. 그리고 기술적 합리성의 대안으로 반성을 강조하면서, 전문가가 갖추어야 할 중요한 역량 중의 하나는 반성 역량이고 교사는 그러한 전문가에 속한다고 본다. 교사는 외부로부터 주어진 지식을 수동적으로 받아들이고 기계적으로 가르치기만 하면 되는 그런 존재가 아니라 복잡하고 특수한 교육 실천의 장에서 지속적으로 반성하고 판단해야 하는 능동적·실천적 주체라는 것이다. Schön이 강조하는 반성은 '행위 중 앎(knowing-in-action)', '행위 중 반성(reflection-in-action)', 그리고 '행위 후 반성(reflection-on-action)'이라는 개념을 통해서 이해할 수 있다(Schön, 1987; Zeichner & Liston, 1996). 간단히 말하면, 인간은 '행위 중 앎'에 기초해서 행위를 하는데, 그 행위가 예상하지 못한 결과를 낳았을 때 이를 해결하기 위해 반성하고 새로운 잠정적 앎을 구성하여 즉석에서 시도해 보는 '행위 중 반성'과 모든 행위가 끝난 후에 이어지는 '행위 후 반성'을 통하여 문제를 해결한다는 것이다.

Schön은 전문가로서의 행위자인 실천가의 반성을 다음과 같이 설명한다. 실천가는 무의식적으로 일상적 행위를 한다. 아무런 문제가 발생하지 않으면 굳이 자신의 무의식에 있는 앎과 믿음을 의식하거나 의심할 필요가 없다. 그러나 일어나야 할 일이 일어나지 않으면 즉, 자연스럽게 해결되지 않으면 놀라움(surprise)을 경험하게 된다. 자신의 일상적 행위 속에 담겨있는 앎과 믿음에 제동이 걸리게 된다는 것이다. Schön은 이처럼 행위의 기저에 있는 암묵적 앎을 '행위 중 앎'이라고 명명한다.

> 일상적인 행위들을 무의식적으로 행하는 모습은 사람들이 자신만의 방법으로 개별화된 지식을 갖고 있음을 보여준다. 그러나 종종 이러한 것들은 말로 설명하기 어렵다. 설명을 하려하면 오히려 너무 당황하거나 적절하지 않은 설명을 늘어놓게 된다. 우리의 앎(knowing)은 우리의 행동과 감정 속에 암묵적으로 녹아있는데, '행위 중 앎'은 바로 이런 것이다. (Schön, 1983: 49; 조성민, 2009: 205에서 재인용)

실천가의 행위는 머릿속에 있지만 의식하지 못하는 그리고 정확하게 말로 표현하기도 힘든 그런 암묵적 앎의 영향을 받는다.

그러나 일상화된 행위가 매끄럽지 않은, 예상하지 못한 결과를 가져올 때 행위자는 그 결과에 놀라게 되고 이 놀람은 반성을 이끌어낸다. 의심·혼란·갈등의 불확정적 상황에서 반성적 사고가 시작된다고 말한 Dewey의 주장처럼, '행위 중 앎'의 적용을 방해하는 무언가가 있을 때 의식적인 반성이 일어난다. Schön은 그것을 '행위 중 반성'이라고 명명한다.

'행위 중 반성'은 놀람의 경험에 달려 있다. 직관적이고 연속적인 행위에 따라 예상했던 결과가 나타나면 우리는 그것에 대해서 더 이상 생각해보지 않는다. 그러나 직관적인 행위가 놀라움, 즐거움 혹은 원하지 않았던 결과를 가져오면 우리는 '행위 중 반성'이라는 형식으로 답을 하게 된다. (Schön, 1983: 56; 조성민, 2009: 206에서 재인용)

'행위 중 반성'은 무엇보다 먼저 실천가의 '행위 중 앎'에 대해 문제를 제기하게 한다. 즉, 놀람의 경험은 행위의 기저에 있는 암묵적 앎을 의식 상태로 가져와서 문제가 무엇인지를 규명하게 한다. 문제를 예외적인 것으로 간주하거나 자신의 전문성을 의심받을까 봐 문제를 덮어버리는 기술자로서의 실천가(technical practitioner)와 달리, 전문가로서의 실천가(professional practitioner)는 문제를 제기하며 반성을 시작한다. 그리고 문제에 대한 체계적·경험적·능동적 탐구를 통하여 자신의 앎을 새롭게 재구성한다. 그러나 그 앎은 아직 잠정적인 것이다. 그 과정에서 무엇보다 중요한 것은 즉석 실험(on-the-spot-experiment)이다. 실천가는 새롭게 재구성한 잠정적 앎을 바로 현장에서 실천을 통해 검증한다. 이 실천적 행위가 예상한 결과를 가져오면 새로운 잠정적 앎은 실천가의 '행위 중 앎'이 된다. 그러나 이 실천적 행위가 기대하지 않은 결과를 가져오면 실천가는 '행위 중 반성'의 시작 단계로 되돌아가게 된다. 실천가는 마치 전문 연구자들처럼 자신의 '행위 중 앎'을 비판적으로 검토하고 가설로서의 새로운 잠정적 앎을 설정하고 그리고 이에 대한 경험적 탐구로서의 실천적 행위를 통하여 이를 검증함으로써 새로운 '행위 중 앎'을 구성하게 된다.

때로는 '행위 중 앎'이 도전받았지만 대수롭지 않게 넘어가거나 '행위 중 반성'을 통하여 해결하지 못한 경우에는 '행위 후 반성'이 일어나기도 한다. 그러나 '행위 후 반성'은 행위의 즉각적인 변화를 가져오지는 못한다. 이미 한 학년이나 프로그램이 마무리되어 상황이 종료된 시점이기 때문이다. 새로운 잠정적 앎을 구성하였다 하더라도 그것은 검증되어야 할 가설로 남아 있게 될 것이다. 바로 여기에 '행위 중 반성'의 중요성이 있다.

반성의 유형

앞에서는 반성을 단순히 기술적 합리성과 대비시켜 살펴보았는데, Van Manen(1977)은 Habermas(1971)의 비판이론에 기초하여 반성을 보다 체계적으로 구분한다. 기술적(technical), 실천적(practical), 비판적(critical) 반성이 그것이다.

먼저 Habermas의 비판이론을 살펴보면 그는 지식 구성의 배경이 되는 관심을 세 가지로 구분하고, 기술적 관심(technical interest)은 인과관계 설명, 실천적 관심(practical interest)은 이해, 그리고 해방적 관심(emancipatory interest)은 반성을 지향한다고 주장한다(Carr & Kemmis, 1986; Van Manen, 1977). 첫째, 기술적 관심은 지식이 자연 물체에 대한 통제를 용이하게 해주어야 한다고 본다. 이 지식은 과학적 설명과 기술적 적용에 관심을 두는 전형적인 도구적 지식이자 경험적, 분석적 혹은 자연과학적 지식이다. 산업과 생산 과정에 필요한 지식이고 물질적 보상을 기대할 때에만 유용한 지식이다. Habermas는 이 지식만을 유일한 합법적 지식으로 간주하는 관점을 거부하며, 이 같은 과학적 지식만으로는 상징적으로 구조화된 소통행위 영역을 설명할 수 없다고 주장한다.

이 점에서 둘째, 실천적 관심에서 지식이 구성된다고 본다. 다른 사람들을 이해하기 위해서는 사회적 실재를 구성하고 있는 사회적 의미를 파악해야 하는데, 이해의 방법이 그러한 의미 있는 소통과 대화를 가능하게 해준다고 주장한다. 따라서 실천적 관심에서는 해석적 이해의 형태를 취하는 지식이 생성된다고 본다. 그러나 이것은 소통에서 나타나는 주관적 의미가 사회적 조건에 의해서 제약받고 있음을 인식하지 못하는 한계가 있다고 주장한다.

따라서 셋째, 해방적 관심에서 지식을 구성하게 된다고 본다. Habermas는 실천적·해석적 접근은 지배적인 사회적, 문화적 또는 정치적 조건에 의해서 체계적으로 소외시키고 왜곡하는 소통을 인식하지 못한다고 주장한다. 따라서 해방적 관심은 주관적 의미에 대한 좁은 관심을 넘어서서 소통과 사회적 행위의 틀이 되는 객관적 체계에 대한 비판적 지식을 요구한다고 주장한다.

Habermas는 이러한 관심들 중에서 해방적 관심만이 반성에 해당한다고 주장한다. 그러나 이 같은 Habermas의 이론을 재해석한 Van Manen은 반성 그 자체가 기술적 반성, 실천적 혹은 해석적 반성, 비판적 반성으로 구분될 수 있다고 본다 (Van Manen, 1977).

기술적 반성은 특정 목표를 얼마나 잘 달성하였는지 혹은 표준화된 준거에 얼마나 잘 부응하였는지에 초점을 둔다. 목표나 준거 자체의 타당성이나 적절성에 대해서는 관심을 두지 않으며 오로지 그것을 달성하기 위한 방법이나 수단의 효과성과 효율성에 초점을 맞춘다. 따라서 기술적 반성은 변화나 개선을 추구하지는 않는다.

실천적 혹은 해석적 반성은 나타난 현상의 의미 이해와 해석에 초점을 맞춘다. 무슨 일이 일어나고 있고 왜 그러한 일이 일어났으며 어떻게 해결해야 할 것인지에 대하여 개인적으로 탐구하고 관련 당사자들과 소통한다. 그리고 있는 그대로를 이해하고 해석하는 데 중점을 두어 반성한다. 기술적 반성과 달리 목표나 준거의 타당성과 수행의 효과성에 대하여 반성하지만, 사회구조적 모순이나 문제의 해결을 위한 실천적 행위에는 상대적으로 큰 관심을 기울이지 않는다.

비판적 반성은 현상이나 문제에 대하여 사회구조적 측면에서 반성하고 변혁을 위한 실천적 행위를 수반한다. 나타난 현상과 관련된 목표와 행위를 정치적·경제적·사회적·문화적 맥락에서 비판적으로 성찰하고 정의·자유·평등과 같은 가치를 준거로 하여 평가하며 억압으로부터의 해방을 위한 실천적 행위를 도모한다.

반성적 실천가

교사는 교육과정의 수동적 전달자가 아닌 능동적 개발자이자 구성자이고 학문적 탐구 결과의 단순한 전수자가 아닌 교수내용 변환 역량을 갖춘 전문가이다(노경주, 2012). 또한 가르치는 행위는 기계적인 과정이 아니라 복잡한 문제로 얽혀 있으며 맥락에 따른 실제적 노력이 기울여지는 행위이다. 실제 교육 현장에서는 교사가 주체가 되어 상호주관적인 상호작용을 통하여 그들의 상황에 적절한 실천적 교육과정을 개발하고, 교사 자신이 주체가 되어 자신의 수업을 반성적으로 검토하고 개선해 나간다. 그 과정의 핵심에 반성이 있다.

반성적 실천가는 그러한 반성을 통하여 실천적 지식(practical knowledge)을 구성하고 실천을 개선하며 전문성을 향상시켜 나가는 사람이다. 즉, 반성적 실천가는 과학적 지식의 적용자, 교과내용지식의 전달자 혹은 교육학적 지식의 실행자가 아니라, 끊임없이 문제를 제기하고 탐구하는 반성가이자 자신의 실천을 지속적으로 개선하는 실천가이며 이를 통하여 자신의 전문성에 책임지는 전문가이다 (Brookfield, 1995; Schön, 1987).

따라서 반성적 실천가는 다음과 같은 반성적 활동을 수행한다(Zeichner & Liston, 1996: 6). 첫째, 교실 딜레마를 해결하기 위해서 문제 상황을 규명하고 해결 계획을 세우고 실천으로 옮긴다. 둘째, 자신의 가정과 신념을 의식하고 의문을 제기한다. 셋째, 자신이 가르치고 있는 제도적·문화적 맥락에 주의를 기울인다. 넷째, 교육과정 개발과 학교 변화에 참여한다. 다섯째, 자신의 전문성 개발에 대하여 책임을 진다.

또한 반성적 실천가는 이러한 반성적 행위를 위하여 공통적이자 가장 핵심적인 특성으로 탐구 정신을 지니고 있다. 달리 말하면 그들은 숙고적이고 개방적이며 책임감과 진정성이 있다(Cruickshank, Bainer, & Metcalf, 1995: 300-301). 첫째, 반성적 실천가는 자신의 교육행위에 대하여 일상적으로 그리고 목적적으로 숙고하거나 반성한다. 반성은 가르치고 배우는 것에 대한 합리적 의사결정을 돕고 그 결과에 대해서 책임을 지도록 해준다. 둘째, 반성적 실천가는 개방적이다. 그들은 자신의 교육행위에 대한 자신의 관점과 반응에 대해 기꺼이 의문을 품는다. 방어하기보다는 다시 한 번 생각해 본다. 교수·학습 상황을 다양한 관점에서 바라보고 대안적인 설명을 찾고 근거에 기초해서 자신의 관점과 결정을 지지하거나 비판한다. 셋째, 반성적 실천가는 책임을 진다. 그들은 자신이 내린 결정이나 변화의 결과를 예측하고 또한 그 결과를 수용한다. 넷째, 반성적 실천가는 자신의 교육행위에 대해서 진정성을 가지고 탐구하고 심각하게 반성한다. 그들의 반성은 두서없는 공상이 아니라 교육자로서 자신의 효과성을 증진시키는 데 목적을 둔다. 또한 잘 해냈다는 데에 만족하지 않고 왜 잘 해낼 수 있었는지를 궁금해 한다. 이러한 자세는 당연한 것으로 받아들여지는 교육적 신념과 가치 및 행위에 대해 의구심을 품으며 호기심이나 두려움 속에서 가르치도록 해준다.

이상에서 살펴본 네 가지 특징은 한 마디로 탐구의 정신이라고 할 수 있다. 반성적 실천가는 가르침의 예술과 과학의 교차점에서 진지하게 고민한다. 그들은 교수·학습과 관련된 이론과 실제를 모두 알고 싶어 한다. 또한 반성적 실천가는 가르치는 방법을 이론적으로 공부하면서 배우고 다른 교사를 관찰하면서 배운다. 그리고 그들은 실제로 가르치면서 배우고 자신의 가르치는 기능을 분석하면서 배운다. 반성적 실천은 달리 말하면 탐구지향적 교수 행위이고, 반성의 과정은 교사가 교수 행위에 대한 학습자가 되게 한다. 결국 구체적인 교수 기법에 숙달하는 것보다도 자신의 교수 행위에 대해 고민하는 것이 더 중요하다. 그리고 그 결과에 기초하여 교수 행위에 변화를 시도하는 것이 중요하다.

반성의 방법

반성적 실천가의 반성적 활동이나 탐구 정신은 반성을 위한 좋은 길잡이가 되어준다. 그러나 Zeichner and Liston(1996)은 반성이라고 모든 반성이 환영할 만한 것은 아니라며, 교사의 발전 가능성을 저해하는, 따라서 피해야 할 네 가지 반성을 지적한다.

- 교사 자신의 실천에 내재된 이론과 전문성을 도외시한 채, 다른 사람이 수행한 연구 결과를 잘 복제하도록 반성을 촉구하는 것
- 교육의 가치와 목적을 도외시한 채, 교수 기법과 교실 내부 문제로 제한하는 기술적 합리성에 기초하여 반성을 촉구하는 것
- 교육의 사회적, 제도적 맥락을 도외시한 채, 교사 자신의 개인적, 내면적 반성을 촉구하는 것
- 교사 공동체의 협력적, 사회적 실천으로서의 반성을 도외시한 채, 교사의 개별적 반성을 촉구하는 것 (pp. 74-77)

혹시라도 반성과 반성적 실천가를 기치로 내세우며 이러한 허위의 해악적인 반성에 매몰되어서는 안 될 것이다. 이 같은 점에 유의하면서 시도해 볼 만한 대표적인 반성의 방법으로는 반성적 저널, 반성적 교수, 탐구의 공동체, 그리고 실행연구를 고려할 수 있다.

▌반성적 저널

> 평소 아이들이 사회를 보기에 턱없이 부족할 것이라고 생각했지만 생각 외로 광장히 잘 하는 모습을 볼 수 있었다. 어쩌면 연구자보다도 사회를 더 잘 본 것 같은 느낌이 든다. 교사가 아이들의 능력을 믿고 맡겨 보는 것도 중요한 교사의 능력 중 하나라는 생각이 든다. …(중략)… 수업 시간에 교사의 역할은 없었다. 오히려 이러한 행동이 더 활기찬 수업이 될 수 있는 여지를 제공했는지도 모른다. …(중략)… 이러한 것만 보더라도 교사의 안내자 역할이 중요함을 알 수 있다. …(중략)…
>
> 이번 수업을 통해 교사는 아이들이 많은 능력을 가지고 있다는 것을 알 수 있었다. 아이들을 믿고 맡긴다면 스스로 알아서 할 수 있다는 능력… 따라서 교사는 아이들의 능력을 인정해주고, 또한 아이들이 스스로 할 수 있도록 도와주어야 한다는 것을 새삼 깨달았다. (7월 17일. 연구자 반성)
>
> — 박천영, 2004: 124.

반성적 저널(reflective journal)은 교육행위 당사자가 자신의 경험과 사고를 자신의 언어로 자신에게 이야기하면서 글로 남기는 기록물이다. 교육행위와 관련하여 무슨 일이 일어났고 무슨 생각이 들었으며 어떤 의문이 생기고 어떻게 해보고 싶은 생각이 들었는지 내용의 제한을 받지 않고 사실과 반성을 기술하며 허심탄회하게 자신과 대화하는 글이다.

이러한 반성적 저널은 다음과 같은 특징을 지닌다(서경혜, 2005). 첫째, 반성적 저널은 일화의 기록이다. 개인적으로 경험한 일화를 통하여 교사 자신의 사고와 감정 및 실천을 드러냄으로써 자신을 알게 해준다. 또한 기록으로 남김으로써 이미 지나간 경험을 언제든 재검토하고 재해석하고 재평가할 수 있게 해준다. 둘째, 반성적 저널은 해석된 이야기이다. 반성적 저널은 무언가 일어나거나 생각날 때 있는 그대로를 기술하고 그에 대한 자신의 반성적 사고를 담는다. 즉, 사실과 반성을 자신의 논리와 감정에 따라 기록하면서 현상을 이해하고 해석할 수 있게 해준다. 셋째, 반성적 저널은 자신의 실천을 개선하기 위한 이야기이다. 가르치기에도 바쁜 일상 속에서 잠시 시간을 내어 모든 것을 정지하고 자신과 자신의 행위를 떠올리며 문제를 제기하고 보다 나은 실천 방안을 생각해보게 해준다. 끝으로, 반성적 저널은 자신의 전문성 개발을 위한 이야기이다. 자신의 실천적 행위에서 무엇이 문제이고 왜 문제이며 어떻게 해결할 것인지를 반성하고 숙고하는 것은 전문성 개발의 출발점이 되어준다.

이러한 반성적 저널은 교사 자신에게 자신의 존재를 드러내고 현상의 존재론적 의미를 탐색하는 기회를 제공하며 반성적 자세를 강화시켜준다(Stark, 1991: 308; Kettle & Sellars, 1996: 3에서 재인용). 즉, 반성적 저널쓰기는 교사가 자신의 관점과 다른 다양한 관점을 인식하고 인정하는 '열린 마음', 자신의 앎과 믿음의 한계를 확인하고 반성하며 변화를 추구하는 '진실성' 그리고 자신의 선택에 따른 결과를 예측하고 부담을 지는 '책임감'을 향상시켜준다(Harrington et al., 1996). 그럼에도 불구하고 반성적 저널은 오히려 교사 자신이 가지고 있는 지식, 가정, 신념, 편견 혹은 고정관념을 정당화하고 합리화하는 수단이 될 수도 있다는 비판을 받기도 한다(서경혜, 2005). 반성적 저널은 반성적 실천가가 되기 위한 매우 의미 있는 방법이자 자신만의 세계에 갇힐 수 있는 독약이 될 수 있다는 점에 유의해야 할 것이다.

▌반성적 교수

반성적 교수는 대체로 다음과 같은 과정을 통해 실행된다.
① 전체 집단을 4∼6명의 학습자로 구성된 소집단으로 나눈다.
② 각 소집단 구성원 중 한 명을 그 소집단의 교사로 지정한다.
③ 지정된 교사들은 자신이 선택한 교수 방법을 사용하면서, 동일한 교수 목표를 달성하기 위해 가르친다.
④ 지정된 교사들은 교실 공간을 분할하거나 가까운 다른 교실에서 동일한 시간에 동일한 시간 동안(15∼20분) 가르친다.
⑤ 지정된 교사들은 학습자의 학업성취와 만족도에 초점을 맞춘다.
⑥ 학습자들은 초·중등 학생처럼 행동할 필요는 없다. 예비교사로서 참여한다.
⑦ 학습자들은 학업성취에 대한 평가를 받고 만족도 조사에 임한다.
⑧ 학습자들은 상호 토의한다.
⑨ 반성적 교수에 참여할 다음 교사를 지정하고 동일한 과정을 반복한다.
– Moore, 2005: 436-437.

반성적 교수(reflective teaching)는 마이크로티칭을 개선한 것으로, 실제 교실 상황이 아닌 대학 캠퍼스에서 예비교사인 동료들과 함께 소집단을 구성하여 교수활동을 경험하는 것이다(Cruickshank, Bainer, & Metcalf, 1995: 433). 이 과정에서 예비교사들은 교수활동의 계획, 수행, 평가, 반성을 경험하며, 상호 간에 즉각적이고 비위협적이며 효과적인 피드백을 제공한다.

　　이러한 반성적 교수는 교수 행위에 대한 반성, 반성 역량의 제고, 강의실 학습 환경의 개선, 자기 점검, 그리고 개인적·전문가적 성장을 돕는다(Cruickshank, Bainer, & Metcalf, 1995: 301-303). 첫째, 가르치는 일에 대한 학습을 돕는다. 반성은 자신이 이미 알고 있고 믿고 있는 것을 재검토하게 하고 쟁점을 명료화하며 교수 개선을 위한 새로운 방식과 문제 해결 방안을 탐색하도록 돕는다. 둘째, 교수 행위를 분석하고 이해하는 능력을 길러준다. 예비교사들은 이성이나 논리보다 기분이나 감정 또는 지엽적이고 기술적인 부분에 초점을 맞추어 교수 행위를 평가할 가능성이 높은데, 반성적 교수는 그에 머무르지 않고 학습자와 교수 행위에 대한 가정과 신념 및 의미를 체계적·논리적으로 검토하는 능력을 길러준다. 셋째, 강의실을 초대받고 예측할 수 있고 사려 깊은 학습 환경이 되도록 해준다. 반성적 교수는 상호호혜적인 소통과 도움을 통하여 예비교사들이 안심하고 존중받으며 자유롭게 탐구할 수 있는 환경을 만들어 준다. 넷째, 자기 점검의 기회를 갖게 해준다. 반성적 교수는 자기 자신이 누구인지 자기 자신이 세상과 어떤 관계를 맺고 있는지 그리고 전문가로서 살아가기 위해 어떻게 해야 할 것인지에 대해 개인적 의미를 정립하도록 해준다. 다섯째, 판에 박힌 일상·전통·권위의 지배를 벗어나 자기 성찰적 교사가 되도록 해준다. 반성적 교수는 경험을 재해석하고, 신념과 가치를 단순히 수용하기보다는 재검토하고, 새로운 수정된 신념을 통해 더 나은 교수를 가능하게 해준다. 나아가 교육에서의 윤리적·도덕적 쟁점과 정의(justice)를 재검토함으로써 그들의 세계를 새롭게 설계하고 재구성하도록 해준다.

▌탐구의 공동체

> 각 학년의 교사들이 동학년 전문적 학습 공동체가 되어 해당 학년의 교육과정에서 한 단원을 선택, 이를 학생들에게 적절하게 재구성하여 단원계획서와 차시별 수업계획, 수업자료, 평가계획 등을 공동 개발한다. 그리고 이를 각자의 교실에서 실천에 옮기고 그 과정과 결과에 대해 함께 성찰한다. 이를 토대로 단원 및 수업 지도안을 수정 보완하고 최종안을 마련한다. 학년 말에 전체 교사들이 모여 학년별로 진행된 공동수업과 그 과정에서 배운 점 등을 서로 나눈다. 그리고 공동수업의 결과물을 매해 간행물로 발간하여 전 교사들이 공유하고 B학교의 교육과정으로 축적해 나아간다. 요컨대 B학교 교사들의 공동수업은 다음과 같은 다섯 단계의 순환적 과정으로 특징지을 수 있다: 문제 진단, 공동계획, 협업적 실천, 비판적 성찰, 지속적 수정 보완.
>
> — 서경혜, 2019: 421.

반성은 일반적으로 개인이 혼자 하는 것이라고 생각하는 경향이 있다. 그러한 개인주의적 접근은 Schön이 제안한 '반성적 실천'에서 비롯되었다고 볼 수 있는데, 개인적 수준에서 자신의 앎과 실천에 대하여 자기 자신과 대화하는 것으로 국한하여 이해하는 경우이다. 그러나 앞서 반성적 교수에서 본 것처럼, 반성은 공동체적 접근에 기초한 동료와의 대화나 비평을 통해서도 일어난다. 최근에는 그러한 공동체에서의 반성이 더 강조된다(김순희, 2009; 서경혜, 2005, 2019; 유솔아, 2005; Cochran-Smith & Lytle, 1993; OECD, 2014, 2016; Stenhouse, 1975).

어떤 학자는 개인적 반성을 '닫힌(closed) 반성', 공동체에서의 반성을 '열린(open) 반성'이라고 칭하고, 개인적 반성은 자아 밖으로 나오기 어렵고 교직사회의 고립과 불간섭의 문화를 더욱 심화시킬 우려가 있는 데 반해, 공동체에서의 반성은 다양한 경험과 생각을 공유함으로써 개인의 지식과 실천을 폭넓고 풍부하게 해준다면서 단위학교나 연구모임 중심의 교사공동연구를 강조한다. 이러한 공동체를 탐구의 공동체라고 부를 수 있을 것이다(Cochran-Smith & Lytle, 1993; Dewey, 1916, 1938; Lipman, 1991).

탐구의 공동체(a community of inquiry)는 "앎과 신념과 행위에 대한 판단을 돕기 위해 반성적이고 체계적인 사고가 일어나는 사회"라고 정의할 수 있다(노경주, 2009b: 46-47). 이 같은 탐구의 공동체는 호기심과 숙고와 협력을 통해 온당한 판단을 추구하는 특징을 보인다. 탐구의 공동체에서는 개방적이고 허용적인 분위기에서 상호 도전적인 질문을 제기하고 반응하며 호기심을 격려한다. 탐구의 공동체에서는 근거 있는 사고와 창의적 발상을 추구하며 개인적 차원의 숙고를 통해 학습한다. 또한 탐구의 공동체에서는 구성원 간의 감정이입적 대화를 통해 상호주관성을 경험하고 서로를 존중하며 협력을 통해 학습한다. 그리고 탐구의 공동체에서는 다양성을 경험하고 막연성을 인내하면서, 옳고 그름 혹은 좋고 나쁨 간의 엄격한 구분을 만들지 않으며 이성과 감정의 조화를 꾀하는 온당성을 지향한다.

지역이나 관심 영역에 따라 동료 교사들과 함께 모임을 결성하거나 교내에서 동료장학이나 공동수업을 추진하면서 지속적·협력적으로 반성을 일상화할 필요가 있다(노경주, 2009a: 352-354). 강대현(2002)은 좋은 수업의 일반적 특징으로 '동료 교사와의 협의 속에 이루어지는 수업'을 꼽는다. 즉, 좋은 수업을 하는 교사들은 어떤 형태로든 자신의 수업을 공개하고, 동료 교사와의 협의나 논의를 통해서 자신의 수업을 개선하는 모습을 보인다는 것이다. 학교라는 장소를 서로 배우고 성장하며 연대하는 공공적인 공간이자 반성적 실천가로서의 전문가들이 탐구하는 기관이 되도록 해야 할 것이다. 다음 면담 자료는 이 같은 탐구의 공동체를 추구하는 한 교사의 열의를 잘 보여 준다.

> 그래서 그게… 제가 뭐 잘 하는 게 굉장히 많아서라기보다는 정보를 주고 길을 연결해 주는 역할을 한다고 해야 되나요? 어디가면 이런 모임이 있어, 어디에 가면 이런 걸 하는 사람들이 있어, 그리고 나는 무엇을 위해서 무슨 모임을 하고 있어, 와볼래? 해볼래? 라고 권유를 한다든가… 내가 이 단원을 이렇게 한 번 해 보려고 하는데 어떻게 생각해? 하면서 선생님들하고 같이 의논해서 아이디어 고치고 빼고 하면서…. 사실 동료 교사들끼리 어떻게 가르칠까에 대해서 얘기할 수 있는 분위기가 된다는 것이 굉장히 중요하거든요. 나 혼자 교실에서 뭘 준비하고 그런 것보다는 여럿이 머리를 모으면 훨씬 더 풍요로운 자료가 만들어지잖아요. 그리고 내가 한 시간 걸려 준비할 수 있는 것도 선생님들 머리 맞대고 하면 삼십분이면 준비할 수 있다거나. (노경주, 2009a: 353; 10년 경력교사 면담 1-19에서)

▌실행연구

> 본 연구는 "학생들이 왜 사회과를 그토록 싫어할까!", "학생들이 사회과에 흥미를 가지고 스스로 즐겁게 공부할 수 있는 방법은 무엇일까?" 하는 교사로서의 고민을 해결하기 위해 시작되었다. 궁극적으로 연구자 자신의 수업을 개선하고, 교육 현장의 교사들이 현실의 어려움에도 불구하고 보다 바람직한 방향으로 수업을 이끌어 갈 수 있게 도움을 주며, 정책을 입안하는 행정가들과 학교의 관리자들이 현장교사들의 어려움을 이해하고 그들의 교육활동에 도움을 줄 수 있도록 하는 것에 목적을 두었다.
>
> 본 연구는 연구의 목적을 달성하기 위하여 실행연구 방법을 적용하였다. 우선 학교, 학급, 학생의 실태를 분석하였다. 다음으로 학생, 동료 교사, 연구자 자신의 다양한 반응을 통해 사회과의 문제점과 수업에 영향을 주는 다양한 요인들을 분석하고, 이를 바탕으로 1차 개선안을 개발하여 연구자 담당 학급에 적용해보았다. 또한 1차 개선안의 적용 결과를 위와 같은 방법으로 분석하고 개선하여 프로그램을 개발하고 연구자 담당 학급에 적용해보았다. 마지막으로 개발한 프로그램을 적용하면서 생긴 문제점과 결과들을 모아 종합·분석하여 본 논문을 완성하였다.
>
> — 박천영(2004) '서론' 중에서

실행연구는 행위자로서의 교육자 자신이 연구의 주체가 되어 자신의 행위를 개선하기 위해 체계적·반성적으로 탐구하는 연구이다(Mertler, 2014: 11-12). 실행연구는 교사 자신의 교육 행위에서 나타나는 긴장, 갈등, 모순에 대한 문제 인식에서 출발하여 개선을 위한 아이디어를 구하고 이를 실행한 후 해결 여부를 확인한다. 그리고 문제가 해결될 때까지 이 과정을 반복한다. 예를 들면, 수많은 실행연구자들은 실행연구의 과정을 다음과 같은 모형으로 제시하며 '반성'을 강조한다(Mertler, 2014: 44-50; Mills, 2003: 15-20).

- Carr and Kemmis(1990): 계획-행위-관찰-'반성'의 순환
- Stringer(1996): 관찰-'사고(숙고)'-실행의 나선형적 상호작용
- Bachman(2001): 계획-실행과 관찰-'반성'의 나선형적 순환
- Kemmis and McTaggart(2001): 변화 계획-실행과 관찰-'반성'-재계획-실행과 관찰-'반성'의 순환
- Mills(2003): 초점 영역 확정-자료 수집-자료 분석과 해석('반성')-실행 계획의 변증법적 나선형
- Piggot-Irvine(2006): 현재 상황 분석-개선된 체계 개발-개선책 수행-변화 검토-개선을 위한 지속적 실행의 각 과정에서 계획-실행-'반성'의 나선형적 순환
- Riel(2007): 연구와 계획-실행-증거 수집 및 분석-'반성'의 순환
- Mertler(2014): 계획-계획 수행-발전(실행 계획 수립)-'반성'의 순환

　　이들의 공통점에 기초하여 정리하면, 실행연구는 연구 문제의 선정, 연구문제 해결을 위한 연구계획 수립, 실행계획 수립과 수행 및 반성의 반복적 순환, 그리고 결과의 공유와 소통이라는 과정을 통해 수행된다. 실행연구의 의미와 보다 상세한 과정은 제7장에서 살펴보겠다.

반성적 저널쓰기의 실제

　　앞서 살펴본 바와 같이, 반성적 저널쓰기는 현실에 안주하기보다는 반성적 성찰을 통해 끊임없는 변화와 개선을 추구하는 출발점이 되어 준다. 또한 반성적 성찰에 기초한 교사전문성 제고를 통해 반성적 실천가를 길러내는 데 기여한다. 이 점에서 반성적 저널쓰기는 반성적 교사교육이나 실행연구에서 반성을 위한 방법으로 가장 유용하게 사용되어 왔다(곽덕주·진석언·조덕주, 2007; 김병찬, 2009; 노경주, 2012; 서경혜, 2005; 조덕주·곽덕주·진석언, 2008; Francis, 1995; Harrington, Quinn-Leering, with Hodson, 1996; Kettle and Sellars, 1996). 여기에서는 반성적 저널쓰기의 연구 결과에 기초하여 반성적 저널쓰기의 효과성과 실제적 고려 사항을 살펴보겠다.

반성적 저널쓰기의 효과성 연구

반성적 저널 관련 연구 결과

해외에서는 Francis(1995)가 반성적 저널쓰기의 효과를 보여주면서, 예비교사는 스스로 나서서 적극적으로 반성에 참여하지는 않기 때문에 교사교육에서 구조화되고 체계적인 반성적 저널쓰기를 활용할 필요가 있다고 강조한다. Harrington et al.(1996)은 예비교사에게 딜레마 사례를 제공하고 이에 대해 비판적 관점에서 반성적 저널을 작성하게 한다. 그리고 분석 결과, 예비교사들이 다른 관점에 대한 '열린 마음', 선택에 따른 '책임감', 자신의 한계를 인정하는 '진실성' 측면에서 모두 비판적 반성의 향상을 가져왔다고 보고한다. 또한 Kettle and Sellars(1996)는 두 학기에 걸친 강의와 교육실습에서 반성적 저널쓰기와 면담을 통해 두 명의 예비교사가 실제적 이론을 형성해 가는 과정을 탐구한다. 그리고 연구 결과로, 규칙적인 비판적 반성의 중요성을 강조하며 교사교육에서 실제적 이론에 대한 반성의 기회를 제공해 줄 것을 제안한다.

국내에서는 곽덕주·진석언·조덕주(2007)가 예비교사의 반성의 내용과 수준에 대한 연구를 수행하고, 수업에 초점을 둘수록 반성의 수준이 높고 자기 자신에 초점을 둘수록 반성의 수준이 낮다고 보고한다. 또한 조덕주·곽덕주·진석언(2008)은 예비교사 대상 연구에서, 저널쓰기가 반성을 위한 효과적인 방법이고, 저널에 대해 피드백을 제공하면 저널쓰기의 유의미성이 더욱 높아진다고 보고한다. 그리고 김병찬(2009)은 예비교사들이 저널쓰기를 통해 복습하기, 깊이 생각하기, 내 생각 만들기, 이론과 실제 연결하기, 교직 자아 성찰하기 등을 경험하며, 정의적 측면의 자극이나 개인적 이론의 구축과 같은 긍정적 효과를 갖는다고 보고한다. 또한 노경주(2011, 2012, 2018a)는 초등 예비교사나 현직교사가 반성적 저널쓰기를 통해 어떻게 개인적 실제적 이론을 형성하고 변화해 가는지를 탐구하고 예비교사교육의 과제를 제시한다. 대체적으로 반성적 저널쓰기는 반성적 사고 촉진(Brandt, 1991), 교사의 개인화된 이론 구축(Roe & Stallman, 1993), 비판적 사고 형성(Newman, 1988), 공유된 의사소통 및 사회적 지식의 구성(Perl, 1994) 등의 효과가 있는 것으로 보고되고 있다(김병찬, 2009).

반성적 저널쓰기에 관한 예비교사의 인식

반성적 저널쓰기에 관해 중등 예비교사들은 대체로 긍정적인 반응을 보인다(조덕주·곽덕주·진석언, 2008). 그들은 저널쓰기가 그리 어려운 일이 아닐 뿐만 아니라 반복적인 저널쓰기를 통해 쓰기가 쉬워지고 저널의 질도 향상되었다고 평가한다. 특히 저널쓰기가 깊이 있게 사고할 수 있게 해주고, 교사상과 교직관 정립에 영향을 주었다고 생각한다. 또한 반복적인 저널쓰기 과정이 실습교사로서의 자신의 실제 교육활동에 영향을 미쳤으며 교육실습에 매우 필요한 활동이라고 인식하고 있었다.

또한 김병찬(2009: 295-305)은 앞에서 소개한 바와 같이, 교직과목 수업에서 저널쓰기를 실행한 결과, 예비교사들이 복습하기, 깊이 있게 생각하기, 내 생각 만들기, 이론과 실제 연결하기, 교직 자아 성찰하기 등의 긍정적 경험을 한다고 보고한다. 대표적인 예를 소개하면 다음과 같다.

복습하기 배운 것을 다시 되새기고 음미하며 익히게 해준다.

> 매주 저널을 한 장씩 썼는데, 처음에는 부담도 많이 되고 어떻게 써야 할지 몰라 어렵기도 했습니다. 그런데 한 주 한 주 써 나가면서 무엇보다도 배운 내용을 다시 익히고 생각해 볼 수 있었다는 점에서는 참 좋았던 것 같습니다…. (화학, 원주연)

> 단순히 강의만 듣고 끝났다면 머릿속에 남지 않고 쉽게 날아가 버렸을지도 모릅니다. 그런데 매 시간 복습을 해야 했고, 수업을 듣고 나서 저널을 쓰면서 수업시간에 배웠던 내용을 내 것으로 소화시킬 수 있었습니다. 그런데 이 과정이 결코 쉽지는 않았으며, '역시 수업은 힘들어야 하는구나'라는 것을 느꼈습니다. (경제, 안정진)

깊이 있게 생각하기 많은 생각을 하고 다양한 시각을 가져 보고 많이 고민하게 해준다.

> 저에게 가장 힘든 것은 외운 것을 쓰기, 수학문제 풀기 이런 것이 아닙니다. '내 생각을 쓰는 것' 이것만큼 힘든 일은 없는 것 같습니다. 내 생각을 쓰기 위해서는 깊이 생각을 해 봐야 합니다. 그런데 습관이 안 되어 있었습니다. 그런데 이 수업을 들으면서 훈련이 되었습니다. 저널을 매 시간 써야 한다니…, 수업을 안 들을 수도 없고 공부를 안 할 수

도 없는 상황이었습니다. 무엇보다도 깊이 있게 생각을 안 하면 저널을 쓸 수 없었습니다 …. (컴퓨터, 이주영)

전에 내가 썼던 저널을 보면서 왜 내가 그 때는 이렇게 생각하지 않고 이렇게 미진하게 썼을까 하는 부끄러운 부분도 있었고, 아, 내가 이런 생각도 했었구나 하면서 나 스스로 대견하게 생각한 적도 있었습니다. 그런데 어쨌든 이 성찰보고서가 더 많이 고민하고 더 많이 생각하게 했던 것만큼은 사실인 것 같습니다…. (일본어, 하효은)

내 생각 만들기 내 의견을 만들고 나만의 관점을 정립하고 주체적 사고 습관을 갖게 해준다.

교육행정에 관해, 더 정확하게는 교육에 관해 뚜렷한 관점이 없었는데, 저널을 써 가면서 나만의 관점을 정리할 수 있어서 좋았습니다. …(중략)… 대체로 다른 수업에서는 수박 겉핥기식으로 듣기만 하고 나의 생각을 가지지 않았었는데, 이번 수업을 통해 저널을 쓰면서 나만의 생각과 관점을 가지게 되었고, 내가 교사가 되면 어떻게 할까 등을 포함해 나 자신에 대한 생각을 많이 했습니다…. (체육, 김윤수)

나름대로의 관점이 생기고 주체적인 사고를 할 수 있는 습관을 기를 수 있었습니다…. 여러 가지 교육문제에 대해 알고 있기는 하지만, 결국에 모든 것이 다 언론에서, 책에서, 다른 사람의 생각이나 의견에서 들은 것들을 내 의견인 것처럼, 내 생각인 것처럼 착각하고 얘기한 것이 대부분이었습니다…. 저널을 작성하면서, 주체적으로 나의 관점과 생각을 정리해 봄으로써 교육에 대한 나 자신만의 관점을 확립할 수 있었습니다…. (수학, 박성인)

이론과 실제 연결하기 수업시간에 배운 내용을 교육현실 문제에 연결하고 적용하고 해석해 보게 해준다.

저널을 쓰면서 내용은 수업시간에 배운 내용인데, 자연스럽게 교육현실 문제에 관심이 가고 생각이 되었습니다. 그리고 내가 교사가 되었을 때의 마인드를 고민해 볼 수 있는 기회였습니다. 저 내용이 학교 현장에서는 어떻게 적용이 될까, 내가 교사가 된다면 저것을 어떻게 적용할까 하는 생각이 가끔 떠오르곤 했습니다…. (수학, 김균태)

저널을 쓰면서 정말 생각해 보지 않았던 문제들을 생각해 보게 되었습니다. 현실에 널려 있는 문제들이 어느 정도 교육이론을 가지고 설명을 해야 하고, 할 수 있구나 하는 생각

을 하게 되었습니다. (컴퓨터, 이주영)

교직 자아 성찰하기 교직과 연계하여 자신을 되돌아보고 자신의 입장과 상황을 정리해 보고 자신의 부족함을 발견하게 해준다.

저널을 쓰면서 나를 다시 한 번 되돌아보는 계기가 되었고, 예비교사로서의 이러한 마음가짐과 생각을 좀 더 일찍 가졌더라면 좀 더 준비된 교사가 될 수 있었을 텐데…. 라는 아쉬움도 남습니다…. 교직이 안정적이라서 방학도 있고, 복지가 잘 되어 있어서 요즘 인기 있는 직업이 되고 있습니다. 제가 교사의 길로 가고자 하는 것도 그 이유가 사실 적지 않습니다. 하지만 수업을 듣고, 자꾸 저널을 쓰고 생각을 하면서, 결코 교직이 단순한 직업이 아니라는 것, 사명감을 가지고 끊임없이 희생해야 한다는 내 생각을 가다듬는 계기가 되었습니다…. (중국어, 정경진)

저널을 쓰면서 개인의 입장을 정리하기도 하였습니다. 본인이 얼마나 보수적이며, 교사에 대한 열정이 없었는지, 얼마나 학생에 대한 편견을 가지고 있었는지 등이 생각이 되었습니다. 성찰보고서는 나를 새로운 각도에서 바라보게 해 주었습니다. 저널을 쓰면서, 한 학기 동안, 정말 내가 좋은 교사가 될 수 있을까? 그리고 교사라는 직업이 과연 내가 진정 원하는 것일까? 라는 고민을 계속 하지 않을 수 없었습니다…. (수학, 박성인)

▌반성적 저널에서 무엇을 반성할 것인가?

반성적 저널에서 무엇을 반성할 것인가에 대해서는 다양한 견해가 존재한다(노경주, 2012, 2018a). 우선 Schwab(1971)가 교육과정 개발 과정에서 고려해야 할 공통 요소(commonplaces)로 제시한 교사, 학습자, 교과, 교수·학습 환경이 하나의 범주 유형으로 고려될 수 있다. Elbaz(1981)가 교사의 실천적 지식의 내용으로 범주화한 교과, 교육과정, 교수, 교사 자신, 교육 환경에 대한 지식을 고려할 수도 있다. Shulman(1987)이 교사가 지녀야 할 지식의 범주로 제시한 내용 지식, 일반 교육학 지식, 교육과정 지식, 교수내용지식, 학습자와 학습자 특성에 대한 지식, 교육 상황에 대한 지식, 교육의 목적·가치 및 철학적·역사적 배경에 관한 지식을 고려해 볼 수도 있다. Bain, Ballantyne, Packer, and Mills(1999)가 교사의 반성 내용으로 범주화한 교수활동, 자기 자신, 전문적 이슈, 학생이나 교실의 아이디어를 고려할 수도 있다(곽덕주·진석언·조덕주, 2007; 추갑식, 2015). 또한 Calderhead(1996)가 교사 신념의 내용과 관련하여 범주화한 교과, 교수, 학습자와 학습, 교수에 대한 학습, 교사 자신과 교사 역할에 대한 신념도 고려할 수 있다(이소연, 2012). 그리고 교사의 개인적 실제적 이론의 내용을 교사 자신, 교육 환경과의 관계, 학생과의 관계, 교수·학습(학업지도, 생활지도, 인성·정체성·진로 지도)으로 범주화한 노경주(2012)를 참고할 수도 있을 것이다.

이외에도 외부로부터 주어진 이론이나 수업 모형의 적용, 교사 자신의 신념·지식·행동 등과 관련된 문제 해결 과정, 교사 자신의 앎과 실천의 상호작용 등 반성의 내용에 대해서는 무수한 유형화가 가능할 것이다. 다만, 보다 의미 있고 효과적인 반성을 위해서는 교사 자신에게 '심각한 갈등을 일으키는 문제나 관심사'에 집중할 필요가 있다. 이런 점에서 Mills(2003)가 실행연구의 대상으로 소개한 '교수·학습 문제', '자신의 통제 범위 내의 문제', '열정을 느끼는 문제', '변화와 개선을 추구하는 문제'를 반성의 내용 선정 기준으로 채택해 볼 수도 있을 것이다.

결국 간단히 말하면, 교사가 경험하는 모든 교육적 행위가 반성의 내용이 될 수 있다고 해야 할 것이다. 다음은 노경주(2012)의 연구에서 범주화한 반성의 내용을 그 근거가 되는 반성적 저널과 함께 소개한다.

교사 자신에 대하여 이 범주는 인간으로서의 교사, 모델로서의 교사, 연구와 자기계발을 포함한다.

> 나는 공부를 못하는 것은 아니었지만 형제들에 비해서는 상대적으로 많이 뒤떨어졌다. …(중략)… 아무리 열심히 노력해도 타고난 사람들을 이길 가능성은 희박하다는 나의 신념은 이러한 유년시절의 경험으로부터 비롯하였으며 이러한 신념은 성격형성에도 영향을 미쳤다. …(중략)…
> 원래 꿈은 사회부 기자가 되는 것이었지만 가정형편이 어려워 꿈을 이루지 못하고 주변의 권유로 교육대학교에 진학하였다. 쭉 내 스스로가 무척 부족하고 미흡하다고 생각해왔기 때문에 내가 다른 사람을 가르친다는 행위에 큰 부담을 느꼈고, 초·중·고등학교를 거치면서 늘 보수적이고 권위적이었던 교사들에게 반감을 가져왔기 때문에 교육대학교에 진학한 것을 처음에는 많이 후회했다. 하지만 네 차례의 실습과 교육봉사를 경험하면서 …(중략)… 지금은 훌륭한 교사가 되기를 간절히 소망하고 있다.
> 내 교육관에 가장 많은 영향을 끼친 것은 초·중·고등학교를 다녔던 경험이었고, 이러한 경험을 교육적으로 세련되게 한 것은 4년 동안 교대에서 배운 지식들이었다. 교대에

서 배운 지식 중에서도 특히 교사의 바람직한 태도와 마음가짐에 대한 내용들이 교육관을 형성하는 데 가장 주요하게 작용하였다. 네 차례에 거친 실습은 나의 이러한 교육관을 더욱 공고히 하는 데 기여하였다. (최교사, '나의 개인적 실제적 이론 Ⅲ', pp. 1-2: 노경주(2018a)의 수집 자료)

교육환경과의 관계에 대하여 이 범주는 국가와 지역사회 및 학부모와의 관계를 포함한다.

학생이나 학부모가 교사를 때렸다는 뉴스가 여기저기에서 심심치 않게 들려온다. 심지어 학원강사를 담임교사보다 더 신뢰하는 부모들도 적지 않다. 대체 무엇이 교실을 무너트렸을까?

많은 교사들은 학생과 학부모에게서 그 원인을 찾으려고 하지만 나는 교사에게 교실붕괴의 근본적인 책임이 있다고 생각한다. 우선 많은 교사들이 자기 쇄신의 노력을 게을리 하여 교사가 무능력하고 게으르다는 잘못된 인식이 사회에 만연하게 된 것이 교실붕괴의 일차적인 원인이다. 또한 교육 현장에서 정의적 측면의 교육이 제대로 이루어지지 않고 있다는 것이 교실붕괴의 주요한 원인이다.

현재 우리나라 초등학교 교육목표는 전인교육을 지향하고 있다. 하지만 실제로 학교 현장에서는 전인교육이 거의 이루어지지 않고 있다. …(중략)… 나는 진정한 의미의 전인교육이 이루어지기 위해서는 현재 인지적 측면에 비해 지나치게 저평가된 정의적 측면의 가치를 끌어올려야 할 필요가 있다고 생각한다. …(중략)… 교사의 생각과 행동은 아이들에게 그대로 전해진다. 교사가 성적만을 중요시하는 모습을 보인다면 당연히 아이들도 그렇게 될 생각하고 행동할 수밖에 없다. 교사가 먼저 정의적 측면의 가치를 높게 평가하는 모습을 보여줘야 아이들 또한 그 가치를 알게 될 것이다. (최교사, '나의 개인적 실제적 이론 Ⅲ', pp. 8-9: 노경주(2018a)의 수집 자료)

학생과의 관계에 대하여 이 범주는 인격체로서의 학생 존중, 공정한 대우, 관심과 배려, 소통, 친밀성과 권위를 포함한다.

'모든 학생에게 공평한 사랑과 관심을 기울이는 교사'! 과연 이것이 실현 가능한 것인가? …(중략)… 교사는 자신이 어떤 행위를 하기에 앞서 이것이 과연 합리적인 근거를 갖고 있는가 생각할 필요가 있다. 또한 이 근거는 반드시 학생에게 지지받을 수 있는 것이어야 한다. …(중략)… 모든 학생을 대상으로 공평한 관심을 기울이는 것을 전제로 명확하고 합리적인 기준을 바탕으로 학생의 개개인에 맞는 처치를 할 수 있는 교사가 가장 바람직하다.

3학년 실습을 나갔을 때 담임선생님께서는 몇몇 우등생과 몇몇 문제 학생을 각각 파란 펜과 빨간 펜으로 표시하여 나누어 주시고는 한참 그 아이들에 대해 이것저것 설명하셨다. 그리고 나머지 애들에 대해 묻는 내게 선생님께서는 이렇게 대답하셨다. "그 아이들은 어차피 있어도 없어도 그만인 애들이니까 신경 안 쓰셔도 돼요."

말씀만 그렇게 하시는 것이 아니었다. 그 선생님께서는 ○○이는 말이 통하지 않기 때문에 혼내도 소용없다고 하시며 마치 없는 사람 취급을 하며 수업을 진행하셨다. 아무런 폭력도 폭언도 없었지만 내가 본 가장 가슴 아픈 차별의 현장이었다. (최교사, '나의 개인적 실제적 이론 Ⅲ', pp. 4-5: 노경주(2018a)의 수집 자료)

교수·학습에 대하여 이 범주는 학업지도, 생활지도, 인성·정체성·진로 지도를 포함한다.

교사는 대부분 '말 잘 듣는 모범생' 신분으로 평탄한 학창시절을 보냈을 것이다. 나만 해도 그렇고 주변 친구들이나 선후배를 보아도 그렇다. 하지만 이렇게 평탄하게, 학교체제에 순응하고 또 그래서 선생님에게 인정받는 모범생으로만 지내온 사람일수록 자신이 옳다고 믿는 기준에 의해서만 아이들을 판단하고 나누어버릴 위험성도 그만큼 크다고 생각한다. …(중략)…

'나는 선생님한테 말대꾸 한 번 한 적 없는데 아이들은 도대체 왜 이러지?' '내가 초등학교 때 이런 건 상상도 못했는데….' '어떻게 이런 생각을 하고, 이런 생각들을 할 수 있지?'라는 생각에 사로잡히면 교사도 힘들뿐더러 그 피해는 아이들에게까지 고스란히 돌아가게 될 것이다.

따라서 아이들의 개별성을 인정하는 첫 단계는 과감하게 내가 지내온 모범생 인생과 결별하는 것이라고 생각한다. 그래야 아이들 한 명 한 명, '철수는 이럴 수도 있고, 영희는 저럴 수도 있구나!'라는 생각이 들고 그 생각에서부터 아이들의 개별성은 존중될 것이며, 교사에게는 각기 다른 환경과 가능성 그리고 한계를 볼 수 있는 안목이 생길 것이다. (정교사, '나의 개인적 실제적 이론 Ⅲ', pp. 8-9: 노경주(2018a)의 수집 자료)

▌반성적 저널에서 어떻게 반성할 것인가?

반성적 저널에서 어떻게 반성할 것인가는 반성의 유형이나 단계 혹은 수준 등으로 개념화된다. 그러나 반성을 위계화하여 높고 낮음의 단계나 수준으로 이해하기보다는 유형이나 형태로 이해하는 것이 바람직할 것이다. 이 점에서 앞에서 살펴본 바와 같이, Van Manen(1977)이 유형화한 기술적 반성, 실천적 반성, 비판적 반성을 고려해 볼 수 있다. 이를 테면, 계획한 목표를 잘 달성하였는지에 초점을 둘 것인지, 나타난 현상의 의미 이해와 해석에 초점을 맞출 것인지 혹은 현상이나 문제에 대하여 사회구조적 측면에서 반성하고 변혁을 위한 실천적 행위를 도모할 것인지에 대해 고민해 볼 수 있을 것이다. 어떤 관점에서 반성할 것인가는 교사 자신의 인생관이나 교육관 또는 반성의 대상이 되고 있는 과업에 따라 달라질 수 있다. 그러나 어떤 상황이건 반성적 저널쓰기를 통해 변화와 개선을 지향하고 궁극적으로 반성적 실천가로 성장해나가야 한다는 데 유념해야 할 것이다.

▌반성적 저널을 어떻게 쓸 것인가?

언제 어디에서 반성하고자 하는 교육적 행위에 대해 자신이 기억할 수 있는 시간 내에, 반성적 저널 작성에 전념할 수 있는 조용하고 방해받지 않는 장소에서, 목적이 달성될 때까지 규칙적, 지속적으로 작성하는 것이 바람직하다. 그러나 아무 때나 혹은 매일 반성적 저널을 쓰는 것은 결코 쉽지 않은 일이기 때문에, 일주일에 한 번 혹은 한 달에 한 번 정기적으로 작성해 보는 것이 나을 것이다. 즉, 일주일 동안 가장 이슈가 되었던 현상이나 문제에 대해 혹은 한 달 동안 가장 이슈가 되었던 현상이나 문제에 대해 집중적으로 성찰할 것을 제안해 본다.

어떤 자세로 반성적 저널을 쓸 때 어떤 자세로 임할 것인가? 반성하고자 하는 교육적 행위에 대해 심사숙고하고, 그 교육적 행위가 학생들에게 미치는 영향에 대해 강한 책임감을 가지며, 자신의 반성에 대해 진정성을 가지고, 개선을 지향하는 탐구 정신으로 임해야 한다(Dewey, 1933).

어떤 글쓰기로 반성적 저널의 글쓰기 측면에서는 반성하고자 하는 현상이나 문제에 대해 보고 듣고 행위한 것을 사실적으로 상세히 기술하고 그에 대한 자신의 선입견, 느낌, 딜레마와 갈등, 그리고 반성을 솔직하게 작성하여야 하며, 필요에 따라 녹음이나 녹화 또는 학생 저널 및 교수나 동료 교사 등의 자문을 참고하여 작성하는 것도 고려할 필요가 있다.

▌반성적 저널을 어떻게 활용할 것인가?

교육실습의 질적 제고 교육실습에서는 실습일지를 통해 반성적 성찰을 수행해

왔다. 많은 연구에서 밝히고 있는 것처럼, 교육실습에서의 저널쓰기는 예비교사들의 깊이 있는 생각을 발전시키며 교육실습에도 긍정적인 영향을 미친다. 그리고 예비교사의 저널에 대한 실습 지도교사의 피드백이 예비교사들로 하여금 자신의 문제를 더 잘 이해하게 하고, 깊이 있는 생각과 의문을 촉진하였으며, 정서적 안정감을 주는 것으로 나타난다. 또한 피드백의 유무와 상관없이 저널쓰기의 반복을 통해 예비교사들의 반성적 사고의 수준이 높아지는 것으로 보고된다. 다음은 반성적 저널쓰기를 통해 교육실습에 대한 자세가 달라지는 경우를 보여주고 있다.

> 3학년 수업 실습 때 OO초등학교 1학년 4반 아이들을 대상으로 약 스무 번의 수업을 했었다. 서른 명이 넘는 아이들을 대상으로 수업을 하는 것은 생각보다 무척이나 힘들고 어려운 일이었다. …(중략)…
>
> 　그런데 시간이 점점 지나가다 보니 피로도 누적되고 실습하는 생활에 익숙해지면서 수업 준비에 조금씩 소홀해지게 되었다. 점점 교생 선생님들의 교구의 수가 줄어들고 부족함이 많아 보이는 수업이 점점 늘어날 때 즈음, 협의회 시간에 담임 선생님께서 나를 비롯한 교생 선생님들에게 이런 말씀을 하셨다. "교생 선생님들이 하는 수업은 아이들에게 단 한 번 뿐인 기회예요. 선생님들이 수업 시간에 가르치려고 하는 그 내용을 아이들은 평생 딱 한 번 선생님들을 통해서 배우게 되는 것이라는 생각을 잊어버리시지 마세요." 나는 그 말을 듣는 순간 아이들이 제대로 해결하지 못했던 활동지들과 학습 목표를 제대로 이루지 못했던 수업들이 머릿속에 스쳐 지나가면서 뒤통수를 한 대 맞는 듯한 기분이었다. '아, 나에게 엄청난 책임이 주어졌구나.'라는 생각을 하게 되었다. 어쩌면 당연한 사실을 인지하지 못하고 있었던 것이다.
>
> 　이렇게 교사가 하는 수업은 아이들에게 단 한 번뿐인 아주 소중한 기회다. 그러므로 교사는 매일의 일상을 반복하고 있다는 생각에서 벗어나 수업이라는 아이들의 기회를 소중히 여기고 매 수업에 최선을 다해야 한다. (강교사, '나의 개인적 실제적 이론 Ⅲ' pp. 7-8: 노경주(2018a)의 수집 자료)

강의에 대한 학습 효과 제고 반성적 저널쓰기는 아직까지는 대체로 교육실습 영역에 치중되어 있다. 반성적 저널쓰기를 강의 영역으로 확장할 필요가 있다. 대학 강의는 지식 전달에 그쳤고 실제적으로 아동들에게 어떻게 가르쳐야 할 것인지에 대해서는 가르쳐주지 않았다고 지적받곤 한다. 한 마디로 강의에 대한 반성적 성찰이 수반되지 않았다고 할 수 있다. 이 점에서, 김병찬(2009)의 연구처럼 교사교육 과정의 한 영역인 강의에 저널쓰기 방법을 적용해 보고 그 특징과 의미를 탐색할 필요도 있다. 그리고 그의 연구에서 시사하는 교육적 효과를 고려할 때, 교사교육을 위한 다양한 강의에서 반성적 저널쓰기를 도입하고, 자발적 저널쓰기 방법과 개인차를 고려한 저널쓰기 방법을 개발할 필요도 있다. 그것은 결국 강의에 대한 복습과 심층 학습을 통해 교사교육의 질을 제고하는 데 기여할 것이다. 다음은 반성적 저널쓰기를 통해 강의를 되새기며 학습 효과를 제고하는 경우를 보여주고 있다.

> 2학년 때 『사회과교육의 이해』를 읽으면서 사회과교육을 어떻게 볼 것인가에 대해서 고민했던 흔적들을 보았다. 그때의 나는 반성적 탐구로서의 사회과교육을 찬성하는 입장이었다. 반성적 탐구로서의 사회과에서는 합리적 의사결정을 할 수 있는 시민성을 기르는 것을 목표로 했고, 시민성 전달로서의 사회과교육과 사회과학으로서의 사회과교육과는 달리 학생이 탐구의 주체가 되는 것을 강조하였다. 또한 핵심 교수방법으로 토론을 예로 들었던 것이 생각난다.
> 내가 성공적인 수업이라고 생각하는 것도 바로 이러한 사항을 포함한 것이다. 초등학교 저학년 수업에서처럼 자신의 의견을 자신 있게 손을 들고 이야기하고, 남들 앞에서 자신의 의사를 당당하게 전달하는 아이들의 모습. 한 시간 수업을 진행하는 동안 아이들이 자신의 의견을 이야기하고 서로의 이야기를 들어볼 수 있는 시간을 갖는 것. 그래서 시끄러워 질 수 밖에 없는 수업. 난 그런 수업을 성공적인 수업이라고 생각한다. (김교사, '나의 개인적 실제적 이론 Ⅲ' p. 12: 노경주(2018a)의 수집 자료)

교사의 개인적 실제적 이론의 형성과 정교화 교사의 개인적 실제적 이론은 "교사 자신의 경험을 통해 형성되고 언어나 행위로 표현되며 교육 행위의 원천으로 작용하는 교사의 개인적 실제적 앎과 믿음"(노경주, 2012: 422)이라고 정의할 수 있다. 그러한 교사의 개인적 실제적 이론은 교사 자신의 세계관과 장기간에 걸친 다양하고 총체적인 경험과 반성을 통해서 형성되기 때문에 변화에 저항적인 특성을 지닌다(노경주, 2018a: 284). 그리고 그 완강한 이론의 타당성과 가치에 따라 교육의 질이 좌우될 것임은 미루어 짐작할 수 있다. 따라서 교육의 질을 제고하기 위해서는 국가 차원의 거시적 혁신뿐만 아니라 교사가 지니고 있는 앎과 믿음에 대한 관심이 수반되어야 할 것이다.

이 점에서 반성적 저널쓰기를 통해 교사들이 자신이 지니고 있는 실제적 이론을 파악하고 드러내고 비평받으며 이론을 정교화하는 작업은 현장교육의 질 제고를 위해 매우 중요한 과제이다(노경주, 2018a: 288). 교사의 개인적 실제적 이론 파악과 재구성 및 정교화를 위해 반성적 저널쓰기를 활용할 필요가 있다. 다음은 교사의 개인적 실제적 이론의 형성과 정교화 사례에 해당하는 부분을 발췌한 것이다.

사실 과제를 시작하기에 앞서서 내가 생각해보아야 할 것은 '나의 개인적 실제적 이론'을 왜 생각해보아야 하는지에 대한 내 나름의 동기부여였다. 그렇지 않고서는 나는 이 과제를 할 자신이 없었기 때문이다. 일단 기숙사 책상에 앉아서 가만히 생각해보았다. 막막한 마음을 붙잡고 선생님과 함께 수업시간에 읽어보았던 선생님의 논문을 우선 읽었다 (당시에 연구자이자 강의자인 나는 '교수'보다 '선생님'으로 불러주기를 원했다.). 그러고 나서 나는 공책을 펼치고 '나의 성격', '과거의 나', '교생실습', '동아리와 경험' 이렇게 네 개의 동그라미를 그려놓고 생각나는 단어를 하나하나 써보았다. 그렇게 하나하나 짚어보고 생각하면서 2006년 ○○교육대학교에 입학하기 전과 그 후로 지금까지 나의 소중했던 경험들과 기억들을 새록새록 떠올려 보았다.

그리고 나서 차츰차츰 '나의 개인적 실제적 이론' 이라는 글자를 하나하나 마음에 새겨보았다. 결국 '나의 개인적 실제적 이론'은 장황한 말도 어려운 용어도 아니었다. 어려운 이론과 법칙이 필요한 것도 아니다. 누군가를 가르칠 사람이 자신의 사고를 정리하고 그것을 정리해서 나름의 신념을 갖게 되는 것. 누군가를 가르쳐야 하는 사람의 입장에서 가장 먼저 생각해야 할 것인데, 나는 그것을 막연하게 열정적인 교사, 노력하는 교사, 이런 식으로 단순히 교사에 대한 얕은 이미지만 갖고 있었던 것이다. 그나마 학기 중에 간간히 실제 초등학교에서 겪었던 여러 직접적인 경험들과 책을 통해 접한 간접적인 경험들이 내가 갖고 있던 추상적인 교사의 이미지를 차츰차츰 구체화하는 데 도움을 주었다. 그리고 이 과제를 통해 나는 그것을 좀 더 구체적이고 체계적으로 정리해야겠다고 생각했다. 드디어 '나의 개인적 실제적 이론'을 생각하는 데에 동기부여가 된 것이다^ ^ (김교사, '나의 개인적 실제적 이론 Ⅲ' p. 2: 노경주(2018a)의 수집 자료)

Ⅱ부

연구자로서의 교사:
실행연구

협상된 교육과정에서, 교사는 학생들이 어떤 주제에 대해 이미 알고 있는 것을 되돌아보고, 그 주제에 대해 더 알고 싶은 것을 결정하고, 알고 싶은 것을 알아낼 방법을 생각하고, 동료나 선생님들과 협상한 후에 더 많은 것을 알아낼 수 있는 계획을 실행하고, 학습한 것을 초기 목적과 계획에 비추어 반성해 봄으로써 그들의 탐구 활동의 성공 여부를 평가하게 한다. (교육과정 협상 과정에서의 이러한 단계는 실행연구에서의 나선형적 자기반성과 매우 유사하다.) (Carr & Kemmis, 1986: 171)

제5장
질적 연구로의 초대

새로운 패러다임을 받아들이는 과학자는 해석자라기보다는 거꾸로 보이는 렌즈를 낀 사람과 비슷하다. 이전과 똑같은 무수한 대상들을 마주하면서 그리고 그렇게 변함없는 대상들을 보고 있다는 것을 알면서도, 그는 그 대상들이 하나부터 열까지 속속들이 변형되었음을 발견하게 된다. (Kuhn, 1970: 122)

교육 연구의 패러다임

지난 수십 년 동안 교육에 대한 연구는 '실증적', '객관적', '양적' 연구에 의해서 주도되어 왔다. 이러한 연구에서는 결코 교사가 교육의 핵심 주체로 인식되지 않았으며 교사가 교실에서 실제로 무엇을 하고 있는가도 주요 관심사가 되지 못하였다. 그러한 교육 연구는 학습자의 목소리도 결코 반영하지 못하였으며, 왜 어떤 교수·학습이 전개되고 있는가에 대한 맥락적 이해도 돕지 못하였다. 또한 이러한 연구에 기초하여 국가 수준에서 제시한 일반적 처방으로서의 교육 정책이나 교육과정 및 교수법도 교실 상황에서 실제적 의미를 갖지 못하는 상황이 거듭되어 왔다.

실제 교수·학습 과정은 예측하기 어려운 대단히 복잡한 상황에서 전개된다 (Good & Brophy, 1991; Jackson, 1990). 교수·학습은 특정 교사와 다양한 학생들 간의 상호작용을 통해 이루어지며, 교실을 둘러싸고 있는 학교와 사회문화적 맥락에 의해서 영향을 받는다. 학교교육의 질은 학습의 질로 평가되며, 학습의 질은 특정 교사가 특정 교실 현장에서 왜 어떤 교육과정을 어떤 교수 방법을 활용해서 가르치고 있으며, 학생들은 이 과정에서 무엇을 하고 무엇을 성취하느냐에 의존한다. 따라서 교사와 학생은 주어진 교육과정의 단순한 전달자나 수용자가 아니라 능동적인 공동 구성자로 인식되어야 할 것이다. 교실 또한 투입된 처방에 따라 기계적으로 움직이는 정적 공간이 아니라 변화를 추구하는 활력적이고 동적인 공간으로 이해되어야 할 것이다.

그것은 교육의 질, 교사와 학생, 교육과정, 교수·학습 활동, 교실 현장 등 교육 현상을 바라보는 인식론적 틀 즉, 패러다임의 대전환을 요구한다(Kuhn, 1970). 여기에서는 패러다임 대전환의 의미를 보다 명료화하기 위하여, 실증주의 패러다임 (positivist paradigm)과 자연주의 패러다임(naturalistic paradigm)을 대비시키며 〈표 1〉과 같이 요약적으로 소개한다(Lincoln & Guba, 1985: 36-38). 전통적인 실증주의 패러다임은 인간 밖에 존재하는 유일하고 검증 가능한 객관적 실재(reality)를 가정하고, 인과 관계의 설명과 가치중립적으로 일반화될 수 있는 지식의 탐구에 주안점을 두며, 현상에 대한 정확한 예측과 통제를 목적으로 한다. 이에 반해 자연주의 패러다임은 각 개인의 주관적 의미에 대한 이해와 현상에 대한 총체적 탐구를 통해서만 이해될 수 있는 다중의 구성 실재가 존재한다고 믿으며, 모든 실체들 (entities) 간의 동시적 상호작용을 가정하고 시간과 맥락 및 가치 의존적 탐구를 수행하며, 구체적 상황과 관련하여 현상의 본질적 의미를 이해하고 구성하는 데 목적을 둔다.

<표 1> 실증주의 패러다임과 자연주의 패러다임

구 분	실증주의 패러다임	자연주의 패러다임
실재의 성격	인간 밖에 존재하는 유일하고 검증 가능한 객관적 실재	총체적이고 다중적인 구성 실재
연구자와 연구 사례의 관계	분리 가능한 독립적, 이원론적 관계	분리 불가능한 상호작용적 관계
인과 관계 가능성	시간적 선후가 분명하거나 동시적인 원인과 결과에 의한 실체 형성	원인과 결과의 구별이 불가능한 동시적 상호작용에 의한 실체 형성
일반화 가능성	시간과 맥락으로부터 자유로운 보편 법칙적 진술	시간과 맥락 의존적인 개별 사례적 진술
가치의 역할	가치가 배제된 탐구	가치가 개입된 탐구
목적	설명, 예측, 통제	이해, 해석, 구성
지적 전통	구조기능론, 행동주의, 모더니즘 등	현상학, 해석학, 상징적 상호작용론, 민속방법론, 포스트모더니즘, 페미니즘 등

그러나 '패러다임 전쟁'이라고 불릴 만큼 갈등과 대립을 거듭해 온 연구 방법론 논쟁은 1980~90년대에 이르러 서서히 화해의 분위기를 만들어 왔다(Eisner & Peshkin, 1990). 그런 변화 속에 공존하고 있는 패러다임을 Guba and Lincoln(2005)은 실증주의, 후기실증주의, 비판이론, 구성주의, 참여주의 패러다임으로 유형화한다. 그들은 그 유형화와 함께 "패러다임이 논쟁 중에 있다고 주장하기보다는 패러다임이 어디에서 어떻게 합류하고 있고, 어디에서 어떻게 다르며 논쟁을 불러일으키고 모순되는지를 밝히는 것이 더 유용하다."(p. 192)고 강조하였다. 그것은 질적 연구 분야 내에서의 패러다임 논쟁과 관련하여 "장르의 모호함(blurring of genre)"을 예언했던 Geertz(1993)의 주장과 맥을 같이 하며, 이러한 서로 다른 패러다임 간의 양립 가능성을 인정하는 화해의 분위기는 대세를 이루어 왔다(Creswell & Clark, 2011; Teddie & Tashakkori, 2009).

패러다임은 인간 세상을 바라보는 존재론적, 인식론적, 방법론적 관점으로서, 선택의 대상이지 맞고 틀림이나 옳고 그름의 대상은 아니다. 패러다임은 공리(axioms)에 의해서 지지된다. 공리는 증명되지 않은 그리고 증명할 수도 없는 기본 신념(basic beliefs)으로서, 관습에 의해 받아들여지거나 실천에 의해 확립된 개념적 또는 이론적 구조나 체계의 구성 요소라고 할 수 있다(Lincoln & Guba, 1985: 33). 즉, 공리는 가정된 것이며 자명한 진실도 아니고 그렇게 보일 필요도 없는 그러나 진실이라고 받아들여질 진술을 의미한다. 또한 서로 다른 공리 체계는 적용되는 현상에 따라 서로 다른 효용을 가지며, 어느 공리 체계를 선택할 것인가는 체계와 사례 간의 적합성을 준거로 하여 결정하는 것이 가장 바람직하다(Lincoln & Guba, 1985: 36). 따라서 교육 현상을 바라보는 다양한 패러다임은 모두 존중되어야 한다.

그러나 교육 현상을 탐구하는 연구자는 자기 자신이 믿고 지지하고 길잡이로 삼을 패러다임을 선택하고 정당화할 수 있어야 한다. 인간과 세상과 교육 현상에 대한 탐구를 이끌어줄 관점과 틀에 대한 신념도 없이 연구를 수행하는 것은 불가능할 뿐 아니라 무의미할 것이기 때문이다. 이 점에서 여기에서는 패러다임의 가장 핵심 요소가 되는 실재의 성격, 연구자와 연구 사례의 관계, 인과 관계, 그리고 일반화에 대하여 살펴보며, 자연주의 패러다임에 대한 이해를 도울 것이다.

▌ 실재의 성격

진실은 무엇일까? 존재할까? 존재한다면, 어디에 어떻게 존재할까? 하나일까, 여럿일까? 라쇼몽(羅生門, Rashomon)은 이런 질문에 대해 생각해 보게 하는 영화로 인간과 세상과 진실에 관한 깊은 성찰을 보여준다. 그래서 질적 연구 방법론 강의 첫 시간에 등장하는 영화이기도 하다. 이 영화는 1951년 베니스영화제 황금사자상과 1952년 아카데미 외국어영화상을 수상하였고, 1982년 베니스영화제 50주년 기념 회고전에서 역대 황금사자상 수상작 중 최고작인 '사자 중의 사자'로 뽑힌 일본의 대표적 명작이다.

영화는 8세기 무렵 전쟁과 기근에 시달리던 헤이안 시대를 배경으로 하며, 폭우가 쏟아지자 승려와 나무꾼과 걸인이 쇠락한 절터의 라쇼몽 아래로 모여들면서 시작된다. 승려와 나무꾼은 침통한 표정을 지으며 탄식하고 있고, 걸인은 이들을 졸라 그들이 목격한 사건에 대해 이야기하게 한다. 나무꾼은 숲속에 나무하러 갔다가 처음에는 나무에 걸려 있는 여인의 모자, 다음에는 땅에 떨어져 있는 남자의 모자와 밧줄, 그리고 마지막에는 무사의 시체를 마주하게 되었고 이 사실을 관청에

신고했다고 이야기한다. 한편 승려는 베일이 달린 모자를 쓴 여인이 말을 타고 무사와 함께 가는 모습을 보았다고 말한다.

법정에서는 살인 용의자로 지목된 도적을 잡아 심문한다. 그는 어느 정도의 합의하에 무사의 아내를 범했고 그 여인의 요청에 따라 결투 끝에 무사를 죽였다고 말한다. 그러나 무사의 아내는 어쩔 수 없이 몸을 허락하게 되었고, 그 후 남편의 경멸과 증오의 눈초리를 이기지 못해 함께 죽을 마음으로 단도로 남편을 죽이고 이어서 자신도 자살을 시도했지만 실패했다고 말한다. 뒤이어 무당의 입을 통해 진술하는 무사의 혼령은 정조 관념 없는 아내의 가증스러움에 세상이 싫어져서 무사 정신으로 명예롭게 자결했다고 주장한다. 그런데 우연히 그 사건을 목격했다는 나무꾼은 도적과 무사가 서로 겁에 질린 채 결투하다 도적이 무사를 죽인 것이라고 진술한다. 하지만 나무꾼이 단도를 훔쳤다는 것이 들통나면서 그의 말은 믿기 힘들어지게 된다.

이 영화에서 의도하는 것은 '범인이 누구인가'가 아니라 '진실이 무엇인가'이다. 그런데 확실한 것은 도적과 무사의 아내가 육체적 관계를 가졌다는 것과 무사가 죽었다는 것밖에 없고, 이와 관련하여 네 명의 등장인물은 서로 다른 주장을 하며 자기주장만이 진실인 것처럼 이야기한다. 심문이 이루어지고 있는 현장에서 재판관의 모습은 보이지 않는다. 판단은 전적으로 관객의 몫이다. 누구의 말이 진실일까? 네 진술 중에 유일한 진실이 있을까? 네 진술이 모두 진실일까? 네 진술이 모두 거짓일까? 아니면 네 진술 모두 부분적으로만 진실일까? 직접 영화를 시청해 보는 것도 좋을 것이다. 그리고 다음 논의들을 음미하며 각자의 판단을 내려 보기를 권한다.

자연주의적 탐구(naturalistic inquiry)를 주창한 Lincoln and Guba(1985: 70-91)는 철학자들이 주장하는 실재의 유형을 〈표 2〉와 같이 객관적 실재(objective reality), 지각된 실재(perceived reality), 구성된 실재(constructed reality), 창조된 실재(created reality)로 구분한다.

<표 2> 실재에 대한 철학적 관점

실재의 유형	내용
객관적 실재	우리가 알고 있는 것과는 별개로 존재하며 궁극적으로 알 수 있는 실재
지각된 실재	어느 특정 관점에서 인식된 그러나 결코 완벽하게 알 수 없는 실재
구성된 실재	각 개인의 마음속에서 만들어지는 다중의 구성 실재
창조된 실재	우리가 인식하기 전까지는 실재로서의 잠재력을 가진 실재가 있을 뿐이고, 그 실재를 인식하는 순간 의미가 창조되며 인식의 순간마다 그 의미가 달라질 수 있는 실재

객관적 실재는 소박실재론(naive realism) 혹은 가설적 실재론(hypothetical realism)의 입장에 기초한다. 일상적인 감각의 대상 그대로의 실체가 우리가 지각하느냐 지각하지 않느냐와 관계없이 독립적으로 존재한다는 것이다. 달리 말하면, 진실은 인간의 인식이나 앎과 무관하게 인간 밖의 어딘가에 독립적으로 존재하며 탐구를 통해 밝혀낼 수 있다고 본다. 또한 전체는 부분의 합이기 때문에, 개별 탐구가 단지 근사치를 찾아내는 데 그친다 할지라도 보다 많은 탐구를 통해 종국에는 객관적 실재로서의 완전한 진실을 발견해 낼 수 있다고 믿는다.

지각된 실재는 인간 밖의 어딘가에 있는 그러나 우리가 그것을 온전히 알 수는 없는 실재를 의미한다. 장님 코끼리 만지기처럼, 우리는 어떤 실체의 특정 측면만 지각할 수 있다는 주장이다. 따라서 지각은 제한된 부분만을 인식할 수 있기 때문에, 우리는 지각을 통해 진실을 부분적으로 불완전하게 알 수밖에 없고, 다른 관점에서 보면 다른 해석이 가능하게 된다. 지각된 실재는 인간의 인식과 무관하게 진실이 존재한다고 믿는 점에서 객관적 실재와 공통적이지만, 그 실재에 대해 부분적으로 알 수 있을 뿐 어느 누구도 모든 것을 다 알 수 있는 건 아니라는 점에서 객관적 실재와 차이가 있다.

구성된 실재는 실재가 개인의 마음속에서 만들어진다는 것을 의미한다. 이 관점을 지지하는 자들은 하나의 실재가 존재한다는 것에 대해 반신반의하며, 존재한다고 해도 우리는 그것을 결코 알 수 없다고 주장한다. 즉, 객관적 실재와 지각된 실재를 부정한다. 대신에 각 개개인은 동일한 실체에 대해 서로 다른 의미를 부여하며, 무한히 많은 구성물로서의 다중의 실재를 만들어 낸다고 본다. 이를테면, 사람, 사건, 물건과 같은 유형적 실체들을 이해하거나 또는 이것들과 관련하여 하나의 신념 체계를 재조직하기 위해서, 우리는 이러한 유형적 실체로부터 파생되거나 기인하는 의미와 총체성(wholeness)을 추구하게 된다. 이때 개개인은 유형적 실체와 일치하는 구성된 실재를 만들어 내게 되고 집단적으로는 다중의 구성 실재가 존재하게 된다. 따라서 다중의 구성 실재 중 어떤 실재를 대표적인 것으로 선택할 것인가는 구성원의 합의에 의존할 수밖에 없고, 결국 집단의 동의가 진실을 결정하게 된다고 본다.

창조된 실재는 실재가 존재하지 않는다는 관점에서 출발한다. 이러한 실재론과 관련하여 이론 물리학자 Wolf는 다음과 같은 'Schrödinger의 고양이'를 예로 든다 (Lincoln and Guba, 1985: 85-86).

(1) 폐쇄형 강철 상자에 반감기가 한 시간인 하나의 방사성 원자가 들어있다.
(2) 또한 그 상자에는 광전지가 들어있는데, 이것은 원자가 붕괴하면 치명적인 가스를 방출한다.
(3) 살아있는 고양이가 우리 안으로 들어오는 순간, 정확하게 하나의 방사성 원자가 그 안에서 방출된다.
질문: 한 시간 후에, 우리가 상자를 열면 무엇을 발견할 수 있을까요. 살아있는 고양이인가요. 죽은 고양이인가요?

Wolf는 상자를 여는 사람이 고양이의 운명을 통제하며, 실재는 상자를 여는 사람의 손에 달려있다고 말한다. 한 시간 후에 상자를 닫힌 채로 놔둔다면, 고양이가 살아있는지 죽었는지 알 수 없으며 두 가지의 가능성은 영원히 계속될 것인데, 상자를 여는 순간 하나의 실재를 창조하게 된다는 것이다. 지나치게 과도한 설정이긴 하지만, 창조된 실재의 의미를 이해하는 데에는 무리가 없을 듯하다.

객관적 실재와 지각된 실재는 인간의 인식과 무관하게 진실이 존재한다고 믿는 점에서 공통적이고, 그 실재를 완전하게 알 수 있다고 보느냐 부분적으로 알 수 있다고 보느냐에 차이가 있다. 한편 구성된 실재와 창조된 실재는 객관적 실재나 지각된 실재와 달리, 누군가에 의해서 실재가 구성되거나 창조되기 전까지는 실재가 존재하지 않는다고 보는 점에서 공통적이고, 어느 시점에 실재가 존재하게 되느냐에 있어서 차이가 있다. 이러한 네 가지의 실재와 관련하여, Lincoln and Guba(1985: 87)는 구성된 실재가 그 자체로 꽤 정교하게 개념화되어 있고 합리적이라고 평가한다. 또한 구성된 실재는 사회적 실재를 탐구 가능하고 용이하게 해준다는 점에서 연구자가 가정할 수 있는 가장 적합한 실재라고 주장한다.

질적 사례 연구의 대표적 학자인 Stake(1995b: 153-156)는 지식 구성의 측면에서 실재를 유형화하고 사례 연구자가 어떤 역할을 수행해야 할 것인지를 안내해 준다. 그는 우리들이 실재라고 알고 있는 것은 단지 우리가 믿게 된 것이지 우리의 경험 밖에서 검증된 것은 아니라고 본다. 인간은 외부의 자극으로부터 지식을 구성하기 시작하지만, 그 지식은 순전히 외부적인 것만으로 만들어지지는 않으며 인간의 내적 숙고와 이전의 인식과 혼합되는 과정을 거쳐 구성된다는 것이다.

이런 맥락에서 Stake(1995b)는 실재를 〈표 3〉과 같이 유형화하고, 우리의 인식세계에는 이 세 가지의 실재가 모두 존재하며 경험적 실재(experiential reality)와 합리적 실재(rational reality)는 서로 섞여 있다는 입장을 취한다. 나아가 그는 "연구의 목적은 외적 실재(external reality)를 발견하는 것이 아니라—왜냐하면 외적 실재를 발견한다는 것은 불가능하기 때문에—보다 선명한 경험적 실재와 더욱 정교한 합리적 실재를 구성하는 데 있다."(p. 155)고 주장한다. 그리고 지식 생성의 과정에서 각 개인이 구성한 실재는 어느 정도 독특성을 지니는데, 우리는 이에 머무르지 않고 공통적으로 지지되는 집단적 구성 실재를 추구한다고 본다. 한 마디로 Stake(1995b)는 세상을 이해하고 지식을 구성함에 있어서 경험적 실재에 대응하는 개인적 구성주의와 합리적 실재에 대응하는 사회적 구성주의의 혼합을 지향한다.

<표 3> 지식의 구성과 실재

실재의 유형	내용
외적 실재	단순한 방식으로 우리를 자극할 수 있지만 그 자극들에 대한 우리의 해석들 외에는 우리가 아무것도 모르는 실재
경험적 실재	단순 자극에 대한 그 해석들로부터 형성되는 실재로서, 외적 실재를 너무 설득력 있게 대표하고 있어서 우리는 이를 입증할 수 없다는 것을 거의 깨닫지 못하는 실재
합리적 실재	통합된 해석들의 모집단

Guba and Lincoln(2005)은 패러다임 논쟁에 기초하여, 실재를 실증주의(positivism), 후기실증주의(postpositivism), 비판이론(critical theory), 구성주의(constructivism), 참여주의(participatory) 패러다임으로 구분하여 소개한다. 실재에 대한 관점의 변화를 살펴보면, 그들은 『자연주의적 탐구』(Lincoln & Guba, 1985)에서는 실증주의와 자연주의, 『질적 연구 핸드북』 제1판(Guba and Lincoln, 1994)에서는 실증주의, 후기실증주의, 비판이론, 구성주의로 유형화했다. 그 후 제2판(Lincoln and Guba, 2000)에서는 Heron and Reason(1997)이 제안한 참여/협동(participatory/cooperative) 패러다임을 수용하여 제3판(Guba & Lincoln, 2005: 195)과 같은 다섯 가지의 유형화를 채택하였다. 그들은 이 같은 다섯 가지 패러다임에 기초하여 실재의 성격을 존재론적 측면에서 〈표 4〉와 같이 소개한다.

〈표 4〉 패러다임의 존재론적 신념

구분	실증주의	후기 실증주의	비판이론	구성주의	참여주의
존재론	소박실재론: '실제로 존재하며' 온전히 파악할 수 있는 실재	비판적 실재론: '실제로 존재하며' 불완전하게 확률적으로 파악할 수 있는 실재	역사적 실재론: 사회적 가치의 영향을 받아 형성되며 시간이 지나면서 확고해지는 가상의 실재	상대주의: 특정의 구체적 상황에서 협력적으로 구성된 실재	참여 실재: 마음과 일정한 질서 속에서 협력적으로 창조된 주관적-객관적 실재

실증주의 패러다임은 소박실재론에 기초하여, 실재가 인간의 지각이나 사고와 관계없이 독립적으로 존재하며 우리는 그것을 과학적 탐구를 통해 충분히 파악해 낼 수 있다고 믿는 세계관이다. 따라서 연구자는 실험이나 조작과 같은 양적 방법을 통해 연구자의 영향을 받지 않고 객관적인 완전한 진실로서의 실재를 발견할 수 있다고 본다.

후기실증주의 패러다임은 비판적 실재론(critical realism)에 기초하여, 실재가 인간 밖의 세상 어딘가에 실제로 존재하며 우리는 그것을 완전하지는 않지만 확률적으로 파악해 낼 수 있다고 믿는 세계관이다. 따라서 연구자는 수정된 실험법이나 조작 및 질적 연구 방법의 활용을 통해 객관적인 확률적 진실로서의 실재를 발견할 수 있다고 본다.

비판이론 패러다임은 역사적 실재론(historical realism)에 기초하여, 실재가 사회적, 정치적, 문화적, 경제적, 인종적, 성적 가치를 반영하여 형성되고 시간이 지나면서 견고해진다고 믿는 세계관이다. 따라서 연구자는 주관이 교환되는 변증법적 혹은 대화적 방법을 통해 가치가 중재된 진실로서의 실재를 발견할 수 있다고 본다.

구성주의 패러다임은 상대주의(relativism)에 기초하여, 실재는 보편화될 수 있는 절대적 진실로 존재하는 것이 아니라 특정의 상황에서 특정의 의미를 구성하며 상대적 진실로 존재한다고 믿는 세계관이다. 따라서 연구자는 주관이 교환되는 해석적 혹은 변증법적 방법을 통해 협력적으로 만들어진 진실로서의 실재를 발견할 수 있다고 본다.

참여주의 패러다임은 참여 실재(participatory reality) 개념에 기초하여, 실재는 마음(mind)과 사회의 체계적 질서의 영향을 받으며 비판적 주관주의(critical subjectivity)에 입각한 참여 교환 즉, 주관과 객관의 상호작용을 통해 협력적으로 창조된다고 믿는 세계관이다. 따라서 연구자는 공유된 경험에 기초한 언어를 사용하며 실천과 정치적 참여를 강조하는 협력적 실행 탐구(collaborative action inquiry)를 통해 창조된 진실로서의 실재를 발견할 수 있다고 본다.

Lincoln and Guba(1985), Stake(1995b), 그리고 Guba and Lincoln(2005)이 제안한 실재의 유형은 내포하고 있는 성격에 비추어 볼 때 〈표 5〉와 같이 재구성될 수 있다. 현 시점에서 우리가 생각할 수 있는 실재는 크게 외적 실재와 구성 실재로 구분할 수 있다. 외적 실재는 진실이 인간의 인식과 무관하게 인간 밖의 세상 어딘가에 객관적으로 존재한다는 믿음과 관련되고, 구성 실재는 진실이 사회 자체의 역동에 의해 또는 인간 개개인에 의해 또는 다수의 참여에 의해 만들어진다는 믿음과 관련된다. 보다 세분화하면, 외적 실재는 과학적 탐구를 통해 완벽하게 파악해낼 수 있다는 객관적 실재와 제한적인 지각을 통해 확률적으로만 파악해 낼 수 있다는 지각적 실재로 구분할 수 있다. 다음으로 구성 실재는 인류 역사 속에서 강력한 사회적 체계에 의해 가상의 세계에 만들어지는 사회·역사적 실재, 각 개인마다 특정의 의미를 부여하며 만들어 낸 개인적 구성 실재, 그리고 서로 다른 개인적 구성 실재가 참여와 협력을 통해 만들어 낸 합리적이고 창조적인 사회적 구성 실재로 구분할 수 있다.

〈표 5〉 패러다임과 실재의 성격

패러다임 / 주장자	실증주의	후기 실증주의	비판이론	구성주의	참여주의
Lincoln & Guba (1985)	객관적 실재	지각된 실재		구성된 실재 /창조된 실재	
Stake (1995b)	외적 실재			경험적 실재	합리적 실재
Guba & Lincoln (2005)	객관적인 완전한 실재 (소박실재론)	객관적인 확률적 실재 (비판적 실재론)	현실 사회적 실재 (역사적 실재론)	주관적 구성 실재 (상대주의)	상호주관적 창조 실재 (참여주의)
노경주	외적 실재		구성 실재		
	객관적 실재	지각적 실재	사회·역사적 실재	개인적 구성 실재	사회적 구성 실재

이처럼 다섯 가지 유형의 실재가 존재할 수 있다고 가정할 때, 어느 것이 가장 그럴듯한가? 맞고 틀림이나 옳고 그름은 없다. 다섯 가지가 완벽하게 구분되는 것도 아니다. 우리는 단지 가정하고 믿음을 정교화하며 선택할 수 있을 뿐이다. 이 점에서 앞서 살펴본 Stake(1995b)는 매우 명쾌한 아이디어를 제공한다. 그의 관점에 따르면, 다섯 가지의 실재는 우리의 의식 속에 모두 존재한다. 그러나 외적 실재에 대한 탐구는 진실에 대한 우리의 궁금증을 해소해 주지 못한다. 우리는 있는지 없는지도 모르는, 알 수 없는 진실을 갈구하며 주체성이 결여된 탐구자로 남을 뿐이다. 구성 실재에 대한 탐구 역시 진실에 대한 우리의 궁금증을 항상 완벽하게 해소해 주는 것은 아니다. 그러나 적어도 관련된 사람의 생생한 목소리와 행위를 통해 진실을 이해하게 해준다. 인간의 삶에 담긴 진실은 인간이 만든 것이고, 인간이 만든 진실은 인간을 통해 인간에 의해 알 수 있을 것이다. 이 점에서 존재 여부도, 발견 가능성 여부도, 의미의 확실성 여부도 모르는 가상의 외적 실재를 추구하기보다는 우리가 만든 삶의 현상에 대해 우리 스스로 의미를 부여하고 이해하고 해석하고 구성하는 데 관심을 두는 구성 실재를 추구하는 것이 더 바람직할 것

이다(Bogdan & Biklen, 2007; Carr & Kemmis, 1986; Denzin, 1989a, 1989b; Geertz, 1973; Glesne & Peshkin, 1992; Guba & Lincoln, 2005; House, 1992; Lincoln & Guba, 1985, 2000; Schwandt, 2000; Stake, 1978, 1995b, 2005).

그렇다면 앞에서 살펴본 라쇼몽의 진실에 대해 우리는 어떤 입장을 취할 수 있을 것인가? 여전히 명쾌한 정답이 있지는 않다. 다만, 실재에 대한 진실과 지식과 믿음은 유일한 객관적 실체로 존재한다기보다는 개인적 이해로 구성되며 사회적 해석으로 구성된다는 가정에 기초할 때, 가장 설득력 있는 답변을 만들어 낼 수 있을 것이다.

▌연구자와 연구 사례의 관계

연구 사례는 연구가 이루어질 하나의 프로그램, 사람, 기관, 장소, 사건, 서류 묶음 등 '한계가 있는 하나의 체계(a bounded system)'를 의미한다(Merriam, 1988; Stake, 1995b: 22-23). 이 같은 연구 사례와 연구자의 관계에 대해 실증주의 패러다임은 분리 가능한 독립적 관계로 파악하고, 자연주의 패러다임은 분리 불가능한 상호작용적인 관계로 파악한다(Lincoln & Guba, 1985).

실증주의 패러다임은 절대주의적 관점을 취하며 진리는 객관적이어야 하고 객관성을 확보하기 위해서는 연구자와 연구 사례 간에 거리를 두어야 한다고 본다. 실증주의 패러다임은 연구자의 눈을 믿지 않으며 연구자 효과(researcher effect)를 배제하기 위해 자료 생성 과정을 최대한 객관화하고 연구자의 개입을 최소화한다. 연구자는 주관성을 가진 연구의 주체로서의 인간이 아닌 객관적인 연구 기계가 되어야 하고, 연구 사례는 관찰되고 응답하기 위한 연구의 객체로서의 연구 대상(research subject)으로 다루어져야 한다. 결국 연구자와 연구 사례는 주체와 객체의 이중성에 기초하여 분리되며 둘 다 연구로부터 소외된다(조용환, 1999).

반면에 자연주의 패러다임은 객관적 진리를 추구하는 대신에 주관적인 눈이 만들어가는 진리를 향한 합의 과정과 그 의미를 이해하는 데 초점을 둔다(Peshkin, 1982, 1988). 그것은 곧 주관적 탐구를 의미하고, 그 주관성은 사회문화적 맥락 속에서 형성된다는 점에서 단순히 주관적이라기보다는 상호주관적(intersubjective)이다. 누가 보아도 그렇게 볼 수밖에 없다거나, 세상과 무관한 진공 상태에서 나만의 방식으로 보는 것은 가능하지 않다는 의미이다. 따라서 자연주의 패러다임에서는 연구자와 연구 사례가 서로에게 역동적으로 상호작용하며 영향을 주고, 연구자는 연구 사례에 대해 그 연구 사례가 처해 있는 특정 상황에 적합한 특정의 의미를 구성해 낸다(Blumer, 1969; Woods, 1992). 결국 연구자와 연구 사례는 대체 불가의 고유한 주체적 존재로서, 연구자는 연구 사례를 이해하기 위해 상호작용을 최대화해야 하고, 이러한 상호작용에 역동적으로 민감하게 대응해 내기 위해서는 인간만이 주된 연구 도구가 될 수 있다.

우리가 자연주의 패러다임에 기초한 구성 실재를 추구한다면, 그래서 질적 연구를 채택한다면, 연구자와 연구 사례 간의 상호주관적이고 감정이입적인 이해 없이는 연구 수행이 불가능하다. 연구는 가치 개입적인 것이며 연구자가 어떤 현상에 대해 중립적으로 접근해 간다는 것은 불가능하다. 또한 연구자는 연구하고 있는 실체뿐만 아니라 연구자 자신의 감정과 편견으로부터도 완벽하게 분리될 수 없다(Denzin, 1989a, 1989b; Jansen & Peshkin, 1992; Lincoln & Guba, 1985; Peshkin, 1982, 1988). "어떤 일도 편견과 선입관으로부터 자유롭지 못하다"(Gadamer, 1975; Denzin, 1989a: 53에서 재인용). 그러므로 연구 수행에 있어서 연구자의 편견과 선입관을 드러내는 것은 매우 의미 있는 일이다(Denzin, 1989a; LeCompte, 1987; Peshkin, 1982, 1988).

나아가 자연주의 패러다임은 이 같은 연구 도구로서의 인간의 한계를 극복하기 위해 즉, 연구자의 편견과 선입관을 극복하며 연구의 확실성(trustworthiness)을 확보하기 위해 몇 가지 방안을 제시한다. 참고할 만한 대표적인 예로, Lincoln and Guba(1985: 108-109)는 구성원 검토(member checks: 자료 제공자에게 자료와 해석을 확인받는 기법), 동료 확인(peer debriefing: 연구와 관련되지 않은 동료 전문가와 연구 경험, 결과, 결정에 대해 체계적으로 심층 대화를 나누는 기법), 삼각검증(triangulation: 다양한 자료 원천, 다양한 자료 수집 기법, 다른 연구자 등을 활용하여 자료와 해석을 교차 확인하는 기법), 장기적인 참여와 지속적 관찰(prolonged engagement and persistent observation: 두드러진 특징에 대하여 장기간 심층 접촉을 유지하는 기법), 반성적 저널(reflective journals: 연구에 대한 연구자의 정신 작용, 철학적 입장, 결정의 근거를 드러내는 자기 반성적 일지), 그리고 독립적인 외부 검토(independent audit: 회계 감사와 유사한 과정으로서, 외부 전문가가 연구 과정과 결과의 타당성을 검토하는 기법)의 활용을 제안한다.

▌인과 관계

실증주의 패러다임은 원인과 결과 간에 실제적이고 분명한 관계가 존재한다는 입장을 취하며, 모든 행위는 시간적으로 선행하거나 적어도 동시에 일어나는 원인에 대한 결과로 설명될 수 있다고 본다(Lincoln & Guba, 1985). 이 같은 인과 관계적 설명에 대한 욕구는 인간의 유전적, 정신적 기질에 깊이 뿌리박혀 있다고 간주된다. 사회과학적 인식론 역시 결정론적 우주관에 기초하여 인과성을 지향하며, 예측과 통제를 과학의 목적으로 간주해 왔다. 이처럼 과학이 결정론적인 한에 있어서는 선형적인 원인과 결과를 밝히는 것이 연구와 문제 해결을 위한 핵심 과제가 된다.

반면에 자연주의 패러다임은 모든 실체는 동시적 상호작용의 산물(mutual simultaneous shaping)이기 때문에 원인과 결과를 분리시켜 파악한다는 것은 불가능하다는 입장을 취한다(Lincoln & Guba, 1985). 모든 실체는 다중의 요소들이 복잡하게 얽혀있고, 대체로 특정 시간, 특정 공간에서 서로에게 영향을 미치며, 원인으로부터 결과를 식별할 수 없을 정도의 동시적 상호작용을 통해 형성된다. 이처럼 동시적으로 상호작용한다는 것은 어떤 결과와 원인 간에 단선적이고 결정적인 관계가 존재하지 않음을 의미한다. 또한 상호작용은 어떤 방향성도 가지고 있지 않고 특정의 결과를 산출할 필요성도 가지고 있지 않다. 단지 상호작용에 따른 어떤 실체가 형성될 뿐이다.

이처럼 사회 현상이나 교육 현상은 원인과 결과의 구분을 무의미하게 만드는 방식으로 진화하고 변화하며, 서로 상호작용하는 원인들이 복합적으로 영향을 미치며 예측할 수 없는 결과를 낳는다. 그렇지만 실증주의 패러다임에 익숙한 우리는 일반적으로 문제의 원인이라고 규정된 것들에 대한 해결을 위해 대중적 처방을 투입한다. 그러나 해결이 보장되지는 않는다. 자연 현상도 아닌 사회 현상에서는 또 다른 개입이 동시적으로 작동하기 때문이다. 어떤 상황에 작용하는 모든 요소는 상호 간에 지속적인 상호작용을 한다. 그러나 그 상황을 특징짓는 독특한 네트워크나 패턴이 항상 똑같은 방식으로 나타나는 것은 아니다. 즉, 예측이나 통제를 허용하지 않을 수 있다. 결국 인과적 설명은 기껏해야 지금—여기에 해당하는 찰나적 기술에 지나지 않는다.

이 점에서 자연주의 패러다임은 명백한 인과 관계에 따른 설명이나 예측과 통제보다는 인간 경험에 대한 총체적 이해를 추구한다. 따라서 자연주의 패러다임에 기초한 질적 연구는 현상에 대한 총체적 이해를 위해 사례의 독특성과 맥락에 주목하며 인과 관계보다는 유형(patterns)을 찾아내는 데 관심을 둔다. 또한 선형적 인과 관계를 대체하는 동시적 상호작용에 대한 믿음은 자연주의 패러다임의 구성 실재, 연구자와 연구 사례 간의 상호의존성, 제한적 일반화 가능성, 그리고 탐구의 가치 관련성에 대한 믿음과 일관성을 보여준다.

▌ 일반화 가능성

실증주의 패러다임은 일반화 가능성(generalizability)과 관련하여 시간과 맥락 및 가치로부터 자유로운 보편 법칙적 진술이 가능하다고 이해한다(Lincoln & Guba, 1985). 일반화는 각각의 모든 것(each and all)에 관련되거나 영향을 미치거나 적용할 수 있는 것을 의미한다. 즉, 일반화는 시간과 공간에 제한받지 않으며 진실로 보편적이어야 하고, 적절한 조건이 충족되는 경우에는 언제 어디에서나 그래야만 하는 것이다(Kaplan, 1964: 91; Lincoln & Guba, 1985: 110에서 재인용). 또한 일반화는 상황에 구애받지 않는 지속적인 가치의 주장으로서 얼마나 예측과 통제에 도움이 되느냐에 의해서 그것의 가치가 평가된다. 따라서 실증주의 패러다임 지지자들은 '단지 특이함을 아는 것이 무슨 가치가 있다는 말인가?'라고 의문을 제기한다.

반면에 자연주의 패러다임은 시간과 맥락 및 가치 의존적인 개별 사례적 진술이 가능할 뿐이라고 이해한다(Lincoln & Guba, 1985). Newton을 비롯한 실증주의자들은 이 세상을 큰 기계(Great Machine)에 비유하며 결정론적 입장을 취하지만, 자연주의자들은 세상이 불확정적으로 움직인다는 입장을 취하며 일반화 가능성은 기껏해야 확률적인 데 그친다고 주장한다. 그것은 곧 절대적인 진리도 절대적인 법칙도 없으며 무수히 많은 일반화가 가능한 상대적 진리가 있을 뿐임을 의미한다. 또한 일반화는 지나친 단순화의 산물이기 때문에 모든 현상을 일관성 있게 설명해 주지 못하며, 개별 사례의 세세한 것에는 적용되지 못하는 한계를 지니고 있다고 본다.

자연주의자들의 관점에서 보면, 어느 하나의 관점이 전체를 모두 얘기해줄 수도 없고, 그렇다고 모든 관점을 종합한 것이 반드시 전체를 합친 것이라고 할 수도 없다. 항상 다중의 관점이 존재하며 개별 사례적 진술이 존재할 수 있을 뿐이다.

사람들은 단일 사례로부터 보다 일반적인 많은 것을 배운다. 각 사례는 많은 점에서 독특할 뿐만 아니라 많은 점에서 다른 사례들과 비슷하기 때문이다(Stake, 1995b). 사람들은 그러한 학습 과정에서 다른 사람들이 제공하는 명제적 지식으로서의 일반화를 통해서 학습하기도 하고, 그들 자신의 경험에서 생성된 암묵적 지식으로서의 일반화를 통해서 학습하기도 한다. Stake는 전자로부터 형성된 일반화를 '해설된 일반화(explicated generalizations)', 후자로부터 형성된 일반화를 '자연주의적 일반화(naturalistic generalizations)'라고 명명하였다(Stake, 1978; Stake & Trumbull, 1982). "자연주의적 일반화는 일상사에의 개인적 관여 또는 사람들이 마치 자기 자신에게 일어난 것처럼 느끼도록 잘 구성된 대리경험을 통해서 이르게 되는 결론들이다"(Stake, 1995b: 133). 자연주의 패러다임에서는 설명된 일반화보다 스스로 구성하는 자연주의적 일반화를 지향한다고 할 수 있다.

Stake의 자연주의적 일반화와 함께 생각해 볼 수 있는 개념은 Cronbach의 잠정적 가설(working hypothesis)과 Schwartz and Ogilvy의 홀로그래픽 일반화(holographic generalization)이다(Lincoln & Guba, 1985). Cronbach에 따르면, 가장 일반적인 것(보편 법칙)과 가장 특수한 것(개별 사례) 사이에는, 적절한 조건이 제공된다는 전제하에, 일반화 또는 결론에 이르지 못한 그러나 한 상황에서 다른 상황으로의 전이 가능성(transferability)이 있는 잠정적 가설이 존재한다. 여기에서 중요한 것은 연구자는 잠정적 가설에 해당하는 연구 결과에 대하여 독자가 전이 가능성을 판단할 수 있도록 연구와 관련된 충분한 정보를 제공해야 한다는 것이다. Geertz(1973)는 이것을 상세한 묘사(thick description)라고 명명한다. 또한 Schwartz and Ogilvy는 홀로그램의 어떤 조각이건 전체에서 발견되는 모든 정보를 포함하고 있다는 홀로그래피의 원리에 기초하여 개별 사례에 대한 탐구를 통해서 전체를 이해할 수 있다는 주장을 펼친다. 이처럼 자연주의 패러다임 지지자들은 자연주의적 일반화, 잠정적 가설 혹은 홀로그래픽 일반화 개념을 사용하며 개별 사례적 진술로서의 일반화를 중시한다.

양적 연구와 질적 연구

실증주의 패러다임은 양적 연구의 배경 철학으로 작용한다. 양은 측정과 비교를 통해 인식되는 관계적 속성으로서, 양적 연구는 기술 연구(조사 연구, 발달 연구), 인과 비교 연구, 상관관계 연구, 실험 연구 등을 대표하는 용어로 사용된다(Gall, Gall, & Borg, 2003). 한편 자연주의 패러다임은 질적 연구의 배경 철학으로 작용한다. 질은 개별 사물이 지니고 있는 고유한 속성으로서, 질적 연구는 자연주의적 연구, 현상학적 연구, 상징적 상호작용론적 연구, 문화기술지적 연구, 기술적 연구, 현장 연구, 질적 사례 연구, 역사 연구, 실행연구, 평가 연구 등을 포괄한다(Bogdan & Biklen, 2007; Jacob, 1987).

▌ 양적 연구와 질적 연구의 차이

양적 연구와 질적 연구는 배경 철학으로 작용하는 서로 다른 패러다임에서 비롯된 다양한 차이가 있다. Stake(1995b)는 두 연구 방법의 차이를 연구 목적, 연구자의 역할, 연구 결과의 세 측면에서 "① 연구 목적으로서 설명과 이해, ② 연구자의 개인적 역할과 비개인적 역할, 그리고 ③ 발견된 지식과 구성된 지식"(pp. 66–67)으로 간결하게 소개한다. 보다 폭넓게 살펴보기 위해서는 Bogdan and Biklen(2007), Glesne and Peshkin(1992), 그리고 Goetz and LeCompte(1984)를 참고해 볼 수 있다. 그들이 소개하고 있는 차이점을 종합하여 연구 목적, 연구 설계, 자료 생성, 자료 분석과 해석, 연구계획서와 연구보고서 작성, 연구자의 역할 측면에서 정리하면 〈표 6〉과 같다.

〈표 6〉 양적 연구와 질적 연구의 차이

구분	양적 연구	질적 연구
연구 목적	일반화, 설명과 예측, 이론 검증	맥락화, 이해와 해석, 이론 생성
연구 설계	사전 확정적 설계, 연역적, 가설과 이론으로 시작, 대표적 표집, 조작과 통제, 외부자(etic) 관점	발현적 설계, 귀납적, 가설과 이론으로 종결, 의도적 표집, 유연성과 점진성, 내부자(emic) 관점

자료 생성	양적 자료, 측정, 실험, 조사, 구조화된 관찰이나 면담, 수량화	질적 자료, 참여관찰, 심층면담, 기록과 문서, 묘사
자료 분석과 해석	자료 수집 완료 후 시작, 자료의 수량화, 구성 요소 분석, 합의 추구	자료 생성과 동시에 시작, 자료의 구성화, 유형 추구, 다원주의 추구
연구계획서	자료 수집 전 작성, 철저한 문헌 연구에 기초, 세부 절차 확정	어느 정도의 자료 수집 후 작성, 간략한 문헌 연구에 기초, 개략적 절차 설정
연구보고서	추상적 언어 사용	기술적 언어 사용
연구자의 역할	연구 사례와의 분리 및 공정성, 객관적 묘사	개인적 관여와 공감적 이해, 연구 도구

양적 연구는 일반화 도출이나 이론 검증을 통해 설명하고 예측하고 통제하는 데 목적을 둔다. 이 목적을 위해 사전에 확정된 연구 설계에 따라 연구계획서를 작성하고 실험과 조사 등에 기초하여 양적 자료를 수집하고 분석하며 객관적 자세로 연역적 연구를 수행한다. 한편 질적 연구는 맥락적 구성이나 현장 이론(grounded theory) 생성을 통해 이해와 해석을 도모하는 데 목적을 둔다. 그리고 이 목적을 위해 발현적 연구 설계(emergent design)에 따라 개략적인 연구계획서를 작성하고 참여관찰, 심층면담, 기록과 문서를 통해 질적 자료를 생성하고 분석하며 상호주관적 자세로 귀납적 연구를 수행한다. 이것이 양적 연구와 질적 연구의 전형적인 차이점이라고 할 수 있다.

▍양적 연구와 질적 연구의 양립 가능성

이러한 대조적 차이 때문에 양적 연구와 질적 연구는 오랫동안 상호 대립적인 자세를 견지하며 주도권 싸움을 벌여 왔다(Eisner & Peshkin, 1990). 전통적인 양적 연구 지지자들은 질적 연구가 연구 계획이 분명하지 않아 무엇을 어떻게 연구하겠다는 건지 알 수 없고, 대표성도 없는 소수의 표본으로 편의적 연구를 수행하며, 연구자의 주관과 편견을 벗어나지 못하고, 전이력 있는 일반화를 도출해내지도 못하며 결국 소설을 쓰는 데 그치는, 연구라고 할 수도 없는 부질없는 일이라고 혹평한다. 이에 반해 질적 연구 지지자들은 양적 연구가 외부자의 잣대로 현상을 진단하고 문제화하며, 있는 그대로가 아닌 조작된 비현실적 상황을 만들어 탈맥락화하고, 모든 현상을 수량화·평균화하여 진정한 의미를 읽어내지 못하며, 결국 연구 현장에 있는 당사자나 구체적 실체에 부합하는 의미와 해법을 제시하지 못하는 한계를 지닌다고 비판한다.

이 같은 두 연구 방법의 양립 가능성과 관련해서는 네 가지 관점을 생각해 볼 수 있다. 첫째, 패러다임 차원에서 두 연구 방법의 양립 가능성을 부정하며 서로를 배격하는 관점이 있다(Smith & Heshusius, 1986). 이 같은 극단적 관점은 양적 연구와 질적 연구의 배경이 되는 패러다임의 차이를 중시한다. 세상에 대한 존재론적, 인식론적 관점이 다르기 때문에 두 연구 방법은 결코 양립할 수 없고, 더군다나 혼합하여 사용한다는 것은 있을 수 없는 일이 된다.

둘째, 패러다임 차원에서는 두 연구 방법의 양립 가능성을 부정하지만, 연구 기법 차원에서는 혼합적으로 사용될 수 있다는 관점이 있다(조용환, 1999; Lincoln & Guba, 1985; Patton, 1980). 두 연구 방법이 존재론적, 인식론적 측면에서는 결코 공존할 수 없지만, 둘 다 진실을 밝히기 위한 탐구라는 관점에서, 자료 생성과 분석 과정에서는 두 연구 방법이 상호보완적으로 활용될 수 있다고 본다. 예를 들면, 양적 자료를 통해 질적 자료가 놓치는 전체적인 경향 파악과 일반화를 돕고, 질적 자료를 통해 양적 자료가 놓치는 구체적인 의미 이해와 특수화(particularization)를 도울 수 있다는 것이다.

셋째, 두 연구 방법이 패러다임 차원에서는 양립 가능하지만 혼합적으로 활용될 수는 없다는 관점이 있다(조용환, 1999). 서로 다른 세계관을 인정하고 존중하며 두 연구 방법이 공존할 수 있지만, 각자의 방식대로 공존할 뿐 두 연구 방법이 통합될 수는 없다는 관점이다. 이 관점에 의하면, 하나의 연구에서 서로 다른 방법으로 연구를 수행하고 독립적으로 보고하거나 가능한 범위 내에서 공동의 의미 구성과 해석을 제공할 수 있을 것이다.

넷째, 패러다임과 무관하게 두 연구 방법이 양립 가능하다는 관점이 있다(Bryman, 1988; Glesne & Peshkin, 1992; Howe, 1988, 1992; Howe & Eisenhart, 1990; LeCompte & Goetz, 1982; Salomon, 1991). 연구 방법은 연구 문제가 무엇이고 연구 문제 해결을 위해 어떤 방법이 더 적합하냐에 의해서 결정되는 것이지 존재론적, 인식론적 관점에 따라 달라질 문제는 아니라고 본다. 또한 패러다임의 경계가 그리

분명한 것도 아니고 패러다임에 얽매이다 보면 연구가 제한적일 수밖에 없다고 지적한다. 따라서 연구 방법을 결정함에 있어서 패러다임은 따질 필요가 없으며, 연구 문제에 적합한 최선의 연구 방법을 선택하면 된다는 것이다. 이 관점은 최근에 이르러 실용주의에 기초한 통합 연구 모형을 제안하기에 이르렀다(Creswell & Clark, 2011; Teddie & Tashakkori, 2009).

어느 입장이 가장 설득력 있는가? 두 번째 입장이 가장 설득력 있는 주장이지 않을까 싶다. 그리고 서로를 인정하며 합리적 접근을 취하는 세 번째 입장도 충분히 설득력을 갖추고 있다고 보인다. 어느 관점을 채택할 것인지는 전적으로 연구자의 몫이다. 그런데 연구 방법을 선택함에 있어서 패러다임도 연구 문제의 성격도 간과할 수는 없다. 어떤 눈으로 문제 상황을 들여다보느냐에 따라 문제와 해결책이 달라질 뿐 아니라 어떤 연구 기법을 동원하느냐에 따라서도 문제와 해결책이 달라질 것이기 때문이다. 중요한 것은 알고 싶고 바꾸고 싶은 현상을 제대로 이해하고 변화시킬 수 있는 최선의 연구를 수행하는 것이다. 따라서 연구자 자신의 인식론적 관점을 중심축으로 하여 세상을 바라보되 최선의 연구 수행을 위한 기법 차원에서 두 연구 방법을 따로 또는 통합적으로 활용하는 것이 바람직할 것이다.

양적 연구와 질적 연구 간에 벌어진 지난한 논쟁은 인간의 삶과 지식과 현상에 대한 이해와 판단을 위한 새로운 탐구 가능성을 개척해 왔다(이혁규, 2005; Eisner & Peshkin, 1990; Goetz & LeCompte, 1991). 이 점에서 "질적 연구와 양적 연구의 섣부른 절충을 시도하기보다는 양자가 긴장 관계를 유지하면서 세상의 다른 측면을 다른 방법으로 밝히면서 공존하도록 하는 것이 바람직하다."(조용환, 1995: 16)고 할 수 있을 것이다.

아주 간단한 예로, 질적 연구에서 양적 자료를 사용할 수 있느냐가 문제로 제기되곤 하는데, 답은 '예'이다. 다음 글상자는 2018년 말 논문 심사 과정에서 오고 간 심사위원의 의견과 투고자인 노경주의 반응으로, 두 연구 방법의 양립 가능성을 생각해 볼 수 있는 논의를 보여준다. 특히 비교적 최근임에도 이런 논의가 있었다는 점에 유의할 필요가 있을 것이다.

〈질적 연구와 양적 자료〉

수정 요구 사항

5명 교사에 대한 TPPT 분석 결과, 교원 양성 과정 중에는 몇 개, 교직 경력 5년 차에는 몇 개라는 방식으로 분석 결과를 제시하고 있음. 질적 연구에서 숫자와 %의 변화로 제시하는 것이 적절한 것인지에 관한 점검이 필요함. 오히려 질적 연구에서 제시하는 결과 제시 방법을 충실하게 따른다면, 독자로서 연구 결과에 대한 이해와 동의가 가능할 것이라고 사료됨. 이 부분에 대한 전면적인 수정 및 보강을 제안함.

투고자의 답변

아시다시피 질적 연구가 실증주의 패러다임 혹은 객관주의적 실재관을 극복하고자 하는 데에 초점이 있는 것이지, 양적 자료 자체를 부정하는 데에 초점이 있는 것은 아니라고 이해합니다. 기본적으로 참여관찰, 심층면담, 기록과 문서 등의 질적 자료에 근거하고 이를 질적으로 분석하지만, 의미 이해에 도움을 주는 양적 자료, 가장 쉽게는 빈도수와 같은 양적 자료까지도 배제하는 것은 아닙니다. 또한 일반화에 관심이 있는 질적 연구의 경우, 가설 설정뿐만 아니라 질적 자료 수집과 분석에 기초하여 설문을 실시하고 이를 통계적으로 분석하기도 합니다.

더구나 …(중략)… 서로 다른 패러다임 간의 양립 가능성을 인정하는 화해의 분위기는 이미 대세를 이루고 있다고 이해하고 있습니다.

또한 개념적으로 대별하여 양적, 질적, 혼합 연구로 구분하고 있으나, 질적 연구 내에서도 다양한 관점과 주장이 있으며, 그중에는 가설 설정이나 양적 자료의 수집 및 분석을 채택하는 경우도 있습니다(김윤옥 외, 1996, 128, 133–136, 138–146; 이성은·권리라·윤연희, 2004; Bogdan & Biklen, 2007, 154–157; Merriam, 1988, 147–162; Spindler & Spindler, 1992, 69; Stake, 1995b, 71–90). 예를 들어, Miles & Huberman(1984: 215)은 "질적 연구자들은 양적이라는 이유로 빈도수 세기를 자주 무시한다. 그러나 현상에 대한 하나의 속성을 밝히거나 자료에 대한 하나의 일반화를 도출할 때, 연구자는 거의 무의식적으로 어떤 것들이 보다 자주 나타나고, 다른 것들보다 문제가 되며, 서로 조화되는가를 확인한다. 빈도를 세고 비교하고 중량화할 것이 요구된다는 의미이다."(Merriam, 1988, 148-149에서 재인용)라고 주장합니다. 문화인류학자인 Spindler & Spindler(1992: 69)조차도 "필요할 때 그리고 많은 문화기술지적 연구자들이 그것이 본질적인 것에 해당한다고 판단할 때 수량화하는 것은 전혀 문제가 되지 않는다. …(중략)… 우리는 거의 항상 꽤 실질적인 수량화와 논파라메틱 통계적 추론 방법(inferential nonparametric statics)을 활용하여 연구 결과를 보고한다."고 주장합니다.

질적 연구의 출발점에서도 양적 자료의 수집과 분석이 부정되지 않았을 뿐만 아니라, 패러다임의 화해의 시대라 할 수 있는 현시점에서는 양적, 질적 연구에 대한 이분법적 시각은 상당히 완화되고 있다고 봅니다. 또한 양적, 질적 연구 구분의 핵심은 '실재(reality)의 성격'을 어떻게 규정하느냐에 있지 양적 자료의 부정에 있는 것은 아니라고 봅니다. 이 점에서 본 연구는 기본적으로 자연주의적 패러다임을 지지하나, 자료의 수집과 분석의 차원에서는 의미 이해에 도움을 준다면 얼마든지 양적 자료의 활용이 가능하다는 입장을 취합니다. …(하략)

질적 연구의 특징

앞서 살펴본 바와 같이, 교육 연구는 존재론적, 인식론적, 방법론적 신념으로서의 패러다임을 배경으로 하여 크게 양적 연구와 질적 연구로 구분된다. 이 두 연구 방법은 오랫동안 대조적인 차이를 보이며 갈등과 대립 속에 경쟁해 왔고, 근래에 들어서는 두 연구 방법에 더하여 통합 연구 방법이 자리를 잡아가는 양상이 전개되고 있다. 지금까지는, 충분하지는 않지만, 전통적 연구 방법인 양적 연구에 도전한 질적 연구의 배경을 살펴본 셈이다. 이제 '질적 연구로의 초대'의 의미를 담아 질적 연구의 특징을 소개한다. 질적 연구 분야에서 선도적 역할을 해 온 학자들의 견해에 비추어 볼 때 〈표 7〉과 같이 질적 연구는 양적 연구와 대비되는 다양한 특징을 지니고 있다(Bogdan & Biklen, 1992; Eisner, 1991; Lincoln & Guba, 1985; Stake, 1995b).

<표 7> 질적 연구의 특징

학자	질적 연구의 특징
Lincoln & Guba (1985)	자연적 상황; 주된 자료 수집 도구로서의 인간; 암묵적 지식의 활용; 질적 방법; 의도적 표집; 귀납적 자료 분석; 현장 이론; 발현적 설계; 협상의 산물; 사례 연구 보고 형식; 개별 사례의 해석; 잠정적 적용; 분명한 초점과 맥락적 고려; 확실성을 위한 특별한 준거
Eisner (1991)	현장에 초점; 연구 도구로서의 연구자; 해석; 표현적 언어와 생생한 목소리; 특별한 것에 대한 관심; 설득
Bogdan & Biklen (1992)	자연적 상황(주된 연구 도구로서의 연구자); 기술적 자료; 과정에 대한 관심; 귀납적 분석; 의미에 대한 관심
Stake (1995b)	경험적 이해; 방법으로서 해석; 총체적 관점; 사례의 독특성; 장기간의 직접적 참여; 유형의 발견

Lincoln and Guba(1985: 187-220)는 [그림 1]과 같은 질적 연구의 흐름을 제시하며 질적 연구의 특징을 14가지로 소개한다. 자연주의적 탐구는 있는 그대로의 자연적 상황에서 수행되고, 그런 불확정적 상황에서의 탐구를 위해 인간이 연구 도구가 된다. 연구자는 암묵적 지식과 질적 탐구 방법을 활용하며 더 이상 새로운 현상이 나타나지 않을 때까지 의도적 표집, 귀납적 분석, 현장 이론 개발, 발현적 설계를 반복한다. 자료와 해석은 연구 반응자들과의 협상을 통해 개별 사례에 대한 해석과 함께 유사 상황에 잠정적으로 적용될 수 있는 사례 보고서로 작성된다. 이 사례 연구는 탐구되고 있는 연구 문제, 평가 대상 혹은 정책 대안에 초점을 둔다. 그리고 연구의 확실성은 전통적 연구에서의 내적 타당도, 외적 타당도, 신뢰도, 객관도 각각에 해당하는 신빙성(credibility), 전이성(transferability), 맥락성(dependability), 확증성(conformability)에 의해서 점검된다.

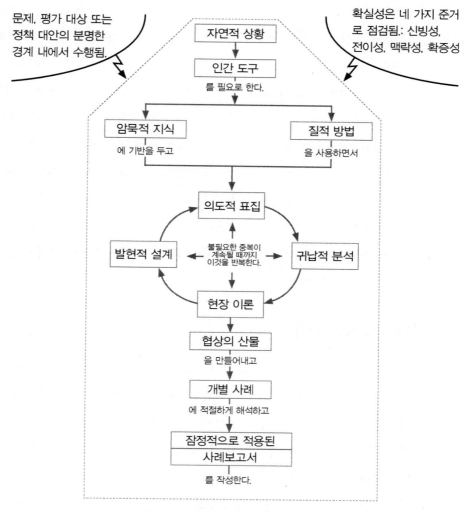

문제, 평가 대상 또는 정책 대안의 분명한 경계 내에서 수행됨.

확실성은 네 가지 준거로 점검됨.: 신빙성, 전이성, 맥락성, 확증성

자연적 상황

인간 도구

를 필요로 한다.

암묵적 지식

에 기반을 두고

질적 방법

을 사용하면서

의도적 표집

발현적 설계

불필요한 중복이 계속될 때까지 이것을 반복한다.

귀납적 분석

현장 이론

협상의 산물

을 만들어내고

개별 사례

에 적절하게 해석하고

잠정적으로 적용된 사례보고서

를 작성한다.

[그림 1] 자연주의적 탐구의 흐름

　　Eisner(1991: 27-42)는 질적 연구의 특징을 '있는 그대로의 자연스런 장면과 변화를 포착하기 위한 현장에의 초점, 감수성과 통찰력이 요구되는 연구 도구로서의 연구자, 의미 이해를 위한 해석, 공감을 위한 표현적 언어와 생생한 목소리, 사례의 독특성을 드러내 주는 특별한 것에 대한 관심, 다양한 형식의 증거와 이유에 근거한 설득'으로 제시하며, 이 특징의 제시가 두 연구 방법 중 어느 한 편에 서야 함을 주장하는 것은 아니라고 첨언한다.

　　Bogdan and Biklen(1992: 3-8)은 질적 연구의 핵심 특징으로 '자연적 상황과 주

된 연구 도구로서의 연구자, 양적 자료보다 기술적 자료, 결과나 산물보다 과정 중시, 귀납적 분석을 통한 현장 이론 생성, 참여자의 관점에 기초한 정확한 의미 포착'을 제시한다.

그리고 Stake(1995b: 63-81)는 질적 연구의 특성을 '설명과 통제가 아닌 경험적 이해, 가치 부재의 해석이 아닌 구성주의적 해석, 축소와 요소에 얽매이지 않는 총체적 관점, 사례의 일반성뿐만 아니라 독특성에 대한 이해, 외부자가 아닌 내부자로서 장기간의 직접적 참여, 단선적 인과 관계가 아닌 유형의 발견'으로 제시한다.

이 같은 가장 영향력 있는 질적 연구자들의 주장에 기초할 때, 질적 연구의 가장 대표적이자 공통적인 특징은 '있는 그대로의 상황', '연구자가 주된 연구 도구', '과정에 대한 관심', '기술적 자료', '귀납적 분석', '의미의 추구'로 설정할 수 있다(노경주·이면우·권덕원, 2005).

▌있는 그대로의 상황

질적 연구는 조작적이지 않은 '있는 그대로의 상황'을 지향한다. 실재는 맥락과 고립된 상태에서 이해될 수 없다. 모든 현상은 특정 맥락 속에서 다른 현상과 관계를 맺으며 존재한다. 그러나 그 관계 맺음이 너무 복잡하기 때문에 있는 그대로 파악하기는 쉽지 않다. 따라서 양적 연구는 복잡한 세상을 조작적으로 단순화하여 탈맥락화, 계량화, 객관화한다. 이처럼 연구 현장에 의도적으로 어떤 처리를 하거나 통제를 가하게 되면, 연구 현장이 원래 지니고 있던 특이성은 변형되고 사라지게 된다. 따라서 질적 연구는 단순화를 최소화하고 최대한 조작이 가해지지 않은 있는 그대로의 자연적 상황에서 맥락적 이해를 추구한다.

있는 그대로의 현장을 중시하는 질적 연구는 발현적 연구 설계를 지향한다. 연구 현장에서 일어나고 있는 현상들은 그 현상을 둘러싸고 있는 다양한 맥락의 영향을 받으며, 바로 그 현장에서 일어나고 있는 다양한 부분 현상들 간의 동시적 상호작용의 결과로 나타난다. 대단히 불확정적이다. 이러한 환경에서 연구 설계가 사전에 확정될 수는 없다. 연구 설계는 예정되기보다는 상황에 따라 구상되고 다듬어져야 한다. 그러나 연구 설계가 항상 빈손으로 시작되는 것은 아니다. 암묵적 지식이 큰 역할을 한다(Lincoln & Guba, 1985). 연구자의 암묵적 지식에 기초하여 계속적으로 자료를 생성하고 분석하면서 연구 설계가 완성되어 간다.

이러한 발현적 연구 설계는 장기적인 참여와 지속적인 관찰을 수반한다. 질적 연구는 연구 현장에서 무슨 일이 일어나고 있는지에 대한 궁금증을 가지고 특정 상황이나 장소에 간다. 어떤 연구자들은 녹화와 녹음 장비를 가지고 또 어떤 연구자들은 단순히 공책과 연필만 들고 연구 현장에 들어간다. 그리고 오랫동안 머물며 끊임없이, 있는 그대로의 장면을 관찰하고 면담하고 기록하고 분석하고 해석하고 평가하며 의미를 읽어내고 변화를 도모한다.

▌연구자가 주된 연구 도구

질적 연구에서는 검사지나 실험 도구가 아닌 '연구자가 주된 연구 도구'이다. 양적 연구에서는 연구의 타당성과 신뢰성을 갖추기 위하여 연구 도구의 타당도와 신뢰도에 유의한다. 그러나 질적 연구에서는 주된 연구 도구인 연구자가 지니는 인간으로서의 특성, 즉, 느낌, 감정, 상상, 믿음, 이념, 주관성, 가치관, 편견과 선입관 등이 개입함으로써 연구의 엄밀성과 객관성을 저해할 수 있다. 연구는 연구자의 자의적 판단과 편의에 따라 수행되어서는 안 된다. 최대한 합리적이고 과학적으로 이루어져야 한다. 그런데 아이러니컬하게도 주관성이 개입된 복잡 미묘한 연구 현상을 최대한 객관적이고 과학적으로 접근할 수 있는 연구 도구는 주관성을 갖고 있는 인간뿐이다(Bogdan & Biklen, 2007: 37).

이처럼 인간만이 연구 현장에서 직면하는 다중의 구성 실재에 역동적으로 대응할 수 있다(Lincoln & Guba, 1985: 192-195). 연구 도구로서의 연구자는 연구 현장에 참여하여 다양한 환경에 적응하고 현상의 맥락에 민감하게 반응하며 상황에 즉각적으로 신속하게 대처한다. 또한 현상 간의 동시적 상호작용의 의미를 탐색하며 모든 상황을 총체적으로 파악할 뿐 아니라 특이성을 포착한다. 그리고 감수성과 직관을 통해 현상에 담긴 미묘한 의미와 차이를 감지해 내고, 연구자의 감정이입적 이해와 증거와 이유에 근거한 통찰을 통해 해석과 판단을 내린다.

▌과정에 대한 관심

질적 연구는 결과나 산물보다 '과정에 대한 관심'이 높다. 양적 연구는 객관적 실재를 가정하며 어떤 현상이 일어난 원인을 밝히고 그에 적절한 예측과 통제를 가하며 결과에 영향을 미치는 데 초점을 둔다. 또한 양적 연구는 현상에 대한 명쾌한 설명을 위해 표준화되고 전이력 높은 일반화를 도출하는 데 관심을 기울인다. 이에 반해 질적 연구는 실재가 인간 밖에 객관적으로 존재하는 것이 아니라 다중적으로 구성되기 때문에 구성의 과정을 알 때 현상의 의미를 보다 잘 이해할 수 있다고 믿는다.

질적 연구는 현장에서 무엇이 일어나고 있으며 그것이 어떻게 일어나고 있는지, 현상 그 자체와 현상이 일어나는 과정에 관심을 기울인다. 질적 연구는 사회 현상은 단선적인 인과 관계에 의해서 설명하기 쉽지 않기 때문에 현상이 일어나는 맥락 속에서 그 과정을 파악할 때 현상에 대한 참 의미를 읽어낼 수 있고 믿는다. 또한 질적 연구는 명제적 지식으로서의 해설된 일반화가 아니라 암묵적 지식으로서의 자연주의적 일반화를 추구하며, 이를 위해 독자가 대리경험할 수 있도록 현상이 나타나는 과정을 상세하게 묘사하는 데 주의를 기울인다.

▌기술적 자료

질적 연구는 양적 자료보다 '기술적 자료(descriptive data)'를 중시한다. 양적 자료는 대체로 인공 언어(artificial language)에 의존한다. 인공 언어는 맥락 의존도가 낮고 표준화가 가능하기 때문에 양적 자료의 객관성과 신뢰성의 근거가 되어준다(윤택림, 2004). 그러나 질적 연구는 외부자의 잣대로 특정 시점에서 부분적으로 측정된 양적 자료와 인공 언어만으로는 실재를 충분히 이해할 수 없다고 믿는다. 모든 현상은 내부자로서의 연구 반응자(research respondents)가 보여주는 맥락적이고 미시적인 과정과 그 과정에서 포착되는 미묘한 특징과 변화를 있는 그대로 나타내주는 자연 언어(natural language)을 통해 이해되어야 한다고 본다.

이를 위해 질적 연구에서의 자료 생성은 주로 참여관찰, 심층면담, 기록과 문서 고찰 등에 의해서 이루어진다. 자료는 수집되기 위해 기다리고 있는 것이 아니라 연구자가 의미를 부여할 때 자료로 생성된다. 따라서 질적 연구는 연구 현장의 물리적 환경으로부터 말과 행동, 그리고 그 이면에 숨어 있는 가정 또는 의미 등에 이르기까지 철저히 주의를 기울인다. 그리고 가능한 한 보고, 듣고, 느끼는 모든 것을 말과 그림 및 사진 등을 통해 구체적으로 상세하게 묘사한다. 현상에 대한 상세한 묘사는 고도로 추상화된 숫자와 통계의 한계를 넘어서 현상의 다차원적 복잡성을 이해 가능하게 해준다. 결국 이러한 상세한 묘사는 대리경험을 통해 자연주의적 일반화를 가능하게 한다.

그렇다고 질적 연구가 양적 자료를 사용하지 않는 건 아니다. 질적 연구는 기본적으로 질적 자료에 근거하고 이를 질적으로 분석하지만, 의미 이해에 도움을 주는 양적 자료까지도 배제하는 것은 아니다. 또한 일반화에 관심이 있는 질적 연구의 경우, 가설 설정뿐 아니라 질적 자료 생성과 분석에 기초하여 설문을 실시하고 이를 통계적으로 분석하기도 한다.

▌귀납적 분석

질적 연구는 연역적이기보다는 '귀납적 분석'을 지향한다. 양적 연구는 어떤 이론이나 관점에서 출발하여 가설을 설정하고 자료를 수집, 분석하여 가설을 검증하는 연역적 접근을 취한다. 이에 반해 질적 연구는 기존의 이론이나 가설을 검증하기보다는 연구자들이 현장에서 생성한 자료로부터 유형과 경향성의 발견 또는 현장 이론의 생성에 관심을 기울인다. 따라서 질적 연구는 연구 현장에서의 다중의 구성 실재, 연구자와 연구 사례 간의 상호작용, 다양한 현상 간의 동시적 상호작용을 파악하는 데 주의를 기울이며, 이를 위해서는 귀납적 자료 분석이 더 도움된다고 믿는다.

이 같은 귀납적 자료 분석은 발현적 연구 설계로부터 시작된다. 현상이 담고 있는 의미는 연구에 앞서 알려질 수 없기 때문에 질적 연구는 발현적 연구 설계를 통해 연구를 수행해 가면서 연구 문제를 구체화하고 그와 관련된 자료를 생성한다. 그리고 자료 분석은 연구의 시작과 함께 시작되며, 생성된 자료를 반복적으로 보고, 듣고, 읽으면서 중요한 단어, 어휘, 행동 유형, 사고방식, 사건 등으로부터 의미 있는 코딩을 통해 그것들 간의 관계와 유형을 발견해 나간다. 나아가 질적 연구는 외부자의 눈으로 그 연구 현장의 현상을 설명하려 하기보다 그 연구 현장에 적합하고 독특한 '국지적 이론(local theory)'으로서의 현장 이론을 구성해 내는 데 주목한다(Glaser & Strauss, 1967).

▌의미의 추구

질적 연구는 설명과 처방을 제시하기보다는 '의미의 추구'에 더 많은 관심을 기울인다. 양적 연구는 일반화 산출이나 이론 검증을 통해 현상에 대해 설명하고 다가올 상황을 예측하고 통제하는 데 목적을 둔다. 반면에 질적 연구는 외적으로 드러난 말과 행동이나 일반화된 해설보다는, 연구 현장의 구체적 맥락 속에서 그 이면에 담겨 있는 연구 반응자들의 독특한 삶의 의미를 읽고자 한다. 따라서 실재는 구성되는 것이라고 믿으며 연구 반응자들의 목소리와 관점을 중시한다. 그것은 바로 내부자의 관점을 중시하는 에믹 쟁점(emic issues)을 탐구하게 한다. 그리고 에믹 쟁점의 탐구 과정에서 연구 현장의 독특한 맛을 전해줄 수 있는 많은 정보와 특성을 발견하고 현장 이론을 생성할 수 있도록 의도적 표집을 선택하게 한다.

이해되고 구성된 의미는 개별 사례 보고서로 전달된다. 사례 보고서에 담을 내용은 그 정보 출처인 연구 반응자에 의해서 정밀하게 검토를 받아야 한다. 연구 반응자는 사실과 해석 및 연구 결과에 대해 의견을 제공할 권리가 있고 연구자는 그것을 청취하며 정확하고 이해 가능하게 보고할 의무가 있기 때문이다. 또한 연구 현상은 다중의 구성 실재이고 사실과 해석과 결과는 왜곡되고 누락되고 과장될 수 있기 때문이다. 그것은 곧 연구자와 연구 반응자 간에 협상이 요구됨을 의미한다. 이 같은 협상은 연구 출발 단계에서부터 형식적, 비형식적으로 시작되고, 구성원 검토, 동료 확인, 삼각검증 등으로 연구의 확실성을 높이며, 상세한 묘사와 심층 해석(thick interpretation)(Geertz, 1973)을 통해 최선의 의미를 추구하게 한다.

제6장
질적 연구의 수행

질적 사례 연구는 매우 개인적인(personal) 연구이다. 우선, 개인들이 심층적으로 연구된다. 또한 연구자들이 해석을 내릴 때 그들 자신의 개인적인 견해를 포함하도록 장려하고 있다. 그리고 연구자와 사례의 상호작용 방식이 매우 독특해서, 다른 사례나 연구자들이 필연적으로 재생산할 수는 없다. 연구의 질이나 유용성은 재생산성에 근거한 것이 아니라, 연구자 혹은 독자가 만들어 낸 의미가 얼마나 가치 있게 평가되는가에 달려 있다. 그러므로 사례 연구에 대한 개인적인 가치 평가가 중요하다고 할 수 있다. (Stake, 1995b: 203)

훌륭한 질적 연구를 위하여 무엇을 어떻게 해야 할 것인가? 이 장에서는 질적 연구 수행 과정에서 참고해야 할 사항을 연구 설계, 연구 사례의 선정, 연구의 허가 획득과 래포 형성, 자료 생성, 자료 분석과 해석, 확실성 확보, 연구계획서 및 연구보고서 작성, 연구 윤리 측면에서 안내하고자 한다.

그리고 연구를 수행하면서 각 측면에서 고려하고 경험했던 내용을 글상자에 담아 소개한다. 아마도 연구에 대한 보다 실제적인 이해를 도울 것으로 기대되는데, 이 경험은 '중학교 사회 수업에서 고등사고능력의 함양'을 주제로 탐구하는 과정에서 생성된 것이다. 또한 글상자에 담긴 글에는 참고문헌이 제시되어 있다. 이 연구들은 질적 연구서에서 제안하는 것들을 충실히 수행하기 위해 노력하였고, 이를 위해 무엇을 어떻게 참고하였는지를 밝히기 위해서이다.

연구 설계

사고교육이 학교교육의 오랜 전통 속에서 강조되어 왔음에도 불구하고 실제 수업에서는 제대로 수행되고 있지 않다고 주장된다. 그러나 교실 현장에서의 사고력의 빈약은 설혹 그것이 사실일지라도 충분히 입증되어 오지 않았다. 이 연구는 한 중학교 사회 수업에서 학생들이 고등사고(higher order thinking)를 경험하는지, 경험한다면 어떻게 경험하는지를 이해하고자 하였다.

이를 위해 주요 연구 문제를 '장 교사의 사회 수업에서 학생들은 고등사고능력을 어떻게 경험하는가?'로 설정하였다. 그리고 이 연구 문제를 탐구하기 위해서 쟁점 중심 연구를 수행하였다. 연구 사례로 선정된 장 교사 사회 교실의 안팎에서 즉, 사례의 외부자와 내부자의 관점에서 도출된 네 가지의 주요 쟁점들에 초점을 맞추었다. 주요 쟁점들은 교실 심층 사고(classroom thoughtfulness), 교육기관의 지원, 사회문화적 환경, 가족 배경 등이다.

1. 장 교사의 사회 수업에 고등사고능력이 존재하는가?
2. 장미중학교, 교육청, 한국교육개발원, 교육부 등의 교육기관은 장 교사의 수업에서 고등사고능력의 발달에 필요한 지원을 어떻게 제공하고 있는가?
3. 장 교사의 고등사고능력을 위한 지도는 한국의 사회문화적 맥락에서 지지되고 있는가?
4. 장 교사 학급 학생들의 가족 배경은 학생들의 고등사고능력 발달에 어떤 영향을 미치고 있는가?

이 같은 연구 문제를 탐구하기 위해 본 연구는 서울에 위치한 장미중학교(가명)의 3학년 5반 사회 수업에서 자연주의적 사례 연구로 수행되었다. 연구자는 3학년 5반 담임이자 사회 수업을 맡고 있는 장 교사, 5반 학생들, 7명의 선택된 학생들과 그들의 어머니들, 장미중학교 교장과 사회 교사들, 그리고 동료 검증자로서 세 명의 타 중학교 사회 교사들과 약 8주 동안 자료를 생성하였다. 자료는 녹음된 참여관찰과 심층면담, 질문지, 자극에 의한 기억(stimulated recall), 토의, 각종 학교 문서 등을 통해서 생성되었다. 본 연구는 방대한 자료 중에서 고등사고능력, 장 교사의 개인적 실제적 이론, 교실 언어 등에 초점을 두어 자연주의적 방법으로 분석하고 해석하였다. 그리고 본 연구의 자료 분석과 해석의 확실성(trustworthiness)을 확보하기 위해서 삼각검증, 구성원 검토, 동료 확인 등을 활용하였다.

위 기록은 문제의식, 연구 목적, 연구 문제, 그리고 개략적인 연구계획을 기술하고 있다. 그리고 연구계획에는 연구 사례, 연구 유형, 연구 반응자, 연구 기간, 자료 생성과 분석 및 해석의 방법, 확실성 확보를 위한 노력을 간략하게 소개하고 있다. 왜 무엇을 어떻게 연구하려고 하는지에 대한 개괄적인 연구 설계를 보여주고 있는 것이다.

연구는 문제의식으로부터 시작된다. 뭐지? 왜 그러지? 어떻게 하지? 알고 싶거나 해결하고 싶은 욕구가 있다면 그게 바로 문제의식이다. 그러나 그것이 항상 연구로 이어지는 것은 아니다. 예를 들면, 교육대학원에서 만난 많은 교사들은 입만 열면 고민, 하소연, 개탄의 소리를 통해 연구 문제를 토해 놓는다. 새로운 얘기인 양 다음에 만나면 또 반복한다. 교사 자신도 교육도 세상도 바뀌지 않은 채, 논문 주제를 정해야 할 시점이 오면 무엇을 연구해야 할지 또 고민에 빠지곤 한다. 안타깝게도 교직 생활 속에서의 문제와 학위 논문을 위한 연구를 별개의 사안으로 생각하는 것이다.

위의 연구에서는 한국 교육에서 사고교육의 빈약성을 문제시한다. 그리고 하나의 핵심 질문과 네 개의 하위질문을 설정하고 특정 교실에서의 탐구를 시도한다. 이 연구는 단순히 장 교사의 사회 수업에서 학생들이 고등사고능력을 경험하는지, 경험한다면 어떻게 경험하는지를 알고자 한다. 양적 연구와 달리, 이 연구는 고등사고능력의 지도와 관련하여 인과 관계에 대한 설명을 제공하거나 사회 수업에서 고등사고능력 교육을 위한 처방을 제공하려는 의도를 가지고 있지 않다. 이 연구는 사회 수업에서 고등사고능력의 교수·학습과 관련되는 학생, 교육자, 학부모와 같은 특정인들에게 유용한 정보를 제공하는 데 목적을 두고 있다.

이 점에서 이 연구는 자연주의적 사례 연구를 계획하고 있다. 양적이기보다는 질적이고, 일반화 지향적이기보다는 특수 사례 지향적이며, 객관적이기보다는 주관적이고, 연역적이기보다는 귀납적이며, 실증주의적이기보다는 해석적이고, 사전 계획적 설계이기보다는 발현적 설계를 지향한다고 할 수 있다.

▌연구 문제 선정

질적 연구는 확정된 연구 문제를 가지고 시작한다기보다는 개략적인 궁금증이나 변화 욕구를 가지고 현장에 가서 연구 문제를 구체화한다고 할 수 있다. 따라서 질적 연구는 대체로 연구 현장에서 무슨 일이 일어나고 있는지 혹은 어떻게 경험하고 있는지 등 '무엇'이나 '어떻게'라는 의문사로 시작되는 연구 문제로부터 출발한다. 그리고 보다 구체적으로는 연구 현장에 있는 사람들이 겪고 있거나 제기하는 쟁점을 다룸으로써 그들을 이해하고 그들의 문제 해결에 기여하고자 한다.

Bogdan and Biklen(2007)은 어떤 연구를 할 것인지에 대해 다음과 같이 제안하는데, 이것은 연구 문제 선정에도 활용될 수 있다.

1. 실제적이어야 한다. 규모와 복잡성 정도가 연구하기에 합리적이고, 쉽게 접근할 수 있고 가까이 있는 것을 선택해라.
2. 당신과 직접적으로 관련되지 않은 것을 연구해라.
3. 개방적이고 유연한 자세를 취해라.
4. 흥미로운 것을 연구해라.
5. 중요하다고 생각하는 것을 연구해라. (pp. 56–59)

연구 현장에 들어갈 때 확정된 연구 문제를 가지고 갈 수도 있고, 문제의식만을 가지고 갈 수도 있다. 어느 경우이건 Bogdan and Biklen(2007)의 제안처럼, 연구 문제 선정을 위한 브레인스토밍의 과정은 비슷할 것이다. 여기에서는 이를 다소 달리 표현해서 다음과 같은 세 가지로 소개한다.

첫째, 인생 주제이자 자신의 인생이 담긴 문제를 다룰 수 있기를 기대한다. 특히 학위 논문이라면 평생 탐구하고 싶은, 인생이 담긴 주제 혹은 너무나도 궁금한 흥밋거리이거나 화가 나서 견딜 수 없는 문제를 다룰 것을 권장한다. 인생 주제나 문제는 자신의 세계관, 인생관, 교육관 등 자신의 신념과 관련된다. 학위나 발표를 위한 문제가 아니라 바로 자기 자신의 문제인 것이다. 이런 주제나 문제를 탐구할 때 연구자는 지치지 않는 열정을 가지고, 어려움이 있더라도 끝까지 포기하지 않으며 수행해나갈 것이다. 그리고 뿌듯한 성취감을 느낄 것이다.

따라서 연구 문제 선정을 위해서는 우선 자신에게 이런 질문을 던져볼 필요가 있다. 알고 싶거나 해결하고 싶은 것이 있다면, 그게 무엇인가? 이것을 알거나 해결하는 것이 정말 내 인생에서 중요한 일인가? 그리고 하고 싶은 연구를 논문이나 보고서 제목으로 표현해 보는 것이 좋다. 이어서 핵심 연구 문제로 나타내고 하위 연구 문제를 구성해 보는 것이 좋다. 다음으로 문헌 연구를 통해 논문이나 보고서 제목의 적절성과 연구 문제의 참신성을 확인해 볼 필요가 있다.

둘째, 연구의 실행 가능성을 확인해 보아야 있다. 이 연구 문제를 해결하기 위해 노력한 적이 있었는지 그리고 그 결과는 어땠는지, 이 연구의 전체적인 흐름을 어떻게 설계할 것인지, 언제 어디에서 누구와 어떤 자료를 생성할 것인지, 생성된 자료를 어떻게 분석하고 해석할 것인지, 연구 문제 해결책이 나올 것 같은지, 연구 시간과 비용과 노고를 고려할 때 해낼 수 있을 것 같은지 등을 살펴볼 필요가 있다. 해내기 힘들 것 같다면 연구 문제의 범위를 축소해야 할 것이다.

셋째, 이 연구를 통해서 어떤 기여가 기대되는지 고민해 보아야 한다. 궁금증과 해결 욕구를 충족시켜 주는 것만으로는 부족하다. 연구라면 학문, 교육 실제, 교육정책, 연구 방법 등의 측면에서 작더라도 새로운 이해와 의미와 해석을 추가할 수 있어야 한다. 이 연구는 어떤 가치와 의의가 있는가를 물어야 할 것이다.

한편, Stake(1975, 1976, 1994, 1995b)는 연구 문제를 쟁점(issues)을 중심으로 구조화할 것을 제안한다. 쟁점은 연구 사례에서 심각한 갈등을 야기시키는 문제나 관심사라고 할 수 있다. Stake(1995b)는 쟁점을 중심으로 연구를 구조화하면 연구 사례에 속해 있는 사람들의 문제와 관심사에 주의를 기울이고, 연구 사례를 보다 총체적으로 이해하는 데 도움이 된다고 본다. 또한 Stake(1995b: 45)는 이러한 쟁점을 emic 쟁점과 etic 쟁점으로 구분하며, emic 쟁점은 내부자 혹은 행위자에 의해서 드러난(제기된) 문제이고, etic 쟁점은 외부자 혹은 연구자에 의해서 드러난(제기된) 문제로 규정한다. 그리고 궁극적으로는 emic 쟁점을 etic 쟁점과 연결시킴으로써 emic 쟁점을 발전시켜 나가기를 제안한다. 즉, 연구 사례 내의 문제에 머물지 않고 보다 큰 세상의 문제와 연관지음으로써, 쟁점의 독특성과 함께 공통성의 발견을 통해 시사점을 얻을 수 있기를 기대하는 것이다.

쟁점의 도출은 자료 분석과 함께 시작되고, 자료 분석은 자료 생성과 함께 시작된다. 기본적으로 연구자나 외부자의 관점이 아닌, 연구 반응자가 들려준 사실적 경험과 느낌 및 의미 부여에 주목한다. 그리고 들려준 그대로의 이야기를 전사하고, 모든 전사 자료를 반복적으로 검토하면서 수많은 밑줄, 강조 표시, 메모, 연구자 코멘트 등을 추가하고, 범주에 따라 코딩하며 쟁점을 도출한다. 예를 들면, 위의 연구에서는 '장 교사의 사회 수업에서 학생들은 고등사고능력을 어떻게 경험하는가?'를 연구 문제로 설정하고, emic/etic 쟁점으로 교실 심층 사고, 교육기관의 지원, 사회문화적 환경, 가족 배경 등 네 가지의 쟁점을 도출하고 있다.

또 다른 예로, 노경주(2003)의 귀국 학생 연구에서는 '무궁화 초등학교에서는 귀국 학생 교육이 어떻게 이루어지고 있는가?'를 연구 문제로 설정하고, emic 쟁점으로 학부모의 문제(객관성이 결여된 자기 자식 중심적 자세, 상황 이익 추구적 자세, 한국에 대한 비하적 자세), 지원 체제의 문제(귀국 학생 수용 시설의 미비, 우수교사의 확보 및 자질 향상을 위한 노력의 부족, 프로그램 및 학습 자료의 부족, 국제성 유지 및 신장을 위한 여건의 열악성), 교사의 문제(불친절과 권위주의적 자세), 한국 교육체제의 문제(입시 위주, 경쟁 위주 교육에 대한 부정적 자세와 적응의 필요성)를 도출한다.

한편 노경주(2018b)의 춘천교육대학교 교육과정 개정 방향 모색을 위한 연구에서는 '춘천교육대학교 교육과정, 어디에 문제가 있는가?'를 연구 문제로 설정하고, 내·외부에서 공통적으로 제기되고 있는 emic/etic 쟁점으로 초등학교 현장 적합성 제고, 학생의 선택 폭 확대, 졸업 이수 학점과 과목당 학점의 적정성, 교육과정 영역의 균형성, 교양과정의 성격을 도출하고, 외부자의 관점에서 제기된 etic 쟁점으로 교육과정 구성의 목표 명료화, 교과전담교사 양성, 전공 과정의 성격, 심화 과정의 성격을 추출한다.

또한 노경주(2019)의 초등교사양성교육에 관한 연구는 부제에 '쟁점(emic issues)을 중심으로'라고 밝히기까지 한다. 이 연구는 세 가지의 연구 문제—'초등 현장에서는 어떤 일이 일어나고 있으며 초등교육은 왜 무엇을 위해 존재해야 하는가?', '초등 교사는 어떤 삶을 영위하고 있으며 어떤 교사이어야 하는가?', '초등교사양성교육은 어떤 모습이며 어떠해야 하는가?'—를 설정한다. 그리고 5명의 연구 반응자로부터 '패키지형 수업 기술인가? 소양과 학문인가?', '아동에 대한 이해 교육 부족', '생활지도와 상담 교육 미흡', '교사의 신념과 자질에 대한 성찰 빈약'이라는 쟁점을 추출하여 연구를 진행한다.

이러한 쟁점 도출은 분명하고 충분한 근거와 함께 정당화되어야 한다. 노경주 (2019)의 초등교사양성교육에 관한 논문은 심사 과정에서 "쟁점 도출이 초등 교사들에 의해 도출되었다고 보이기보다는 연구자의 판단이 많이 개입된 것으로 보입니다."라는 의견을 받고, 다음과 같은 답변서를 제출하였고 편집위원회는 이를 수용하였다.

> 쟁점 도출에 있어서 연구자의 과도한 개입 여부: 이 연구는 연구 반응자 간에 강한 대립적 관점을 보여 준 하나의 갈등 문제(패키지형 수업 기술인가? 소양과 학문인가?)와 연구 반응자들이 공통적으로 제기해 준 세 가지의 관심사(아동에 대한 이해 교육 부족, 생활지도와 상담 교육 미흡, 교사의 신념과 자질에 대한 성찰 빈약)를 쟁점으로 도출하였습니다. 에믹 쟁점이라 할지라도 연구자의 판단이 개입되지 않을 수는 없지만, 그 개입은 연구 반응자의 목소리를 있는 그대로 존중하며 읽어내는 것으로 제한됩니다. 본 연구는 부제를 통해 'emic issues를 중심으로'라고 밝히고 있고, 그 근거 자료를 충분히 제시하고 있음을 확인해 주시기 바랍니다.

연구 문제가 확정되었다는 건 왜 무엇을 어떻게 할 것인지가 확정되었다는 것을 의미한다. 연구를 위한 큰 그림이 그려진 거고 개략적인 연구계획이 수립되었음을 의미한다.

▌발현적 연구 설계(emergent design)

질적 연구는 발현적 연구 설계를 지향하며, 있는 그대로의 현장에서 연구 문제나 쟁점을 찾아내고, 막연하게 펼쳐진 것을 깔때기를 통해 거르고 좁혀 가면서 구체화시킨다고 할 수 있다(Bogdan & Bogdan, 2007: 59).

질적 연구자들은 대체로 무엇을 하고자 하며 무엇을 할 것인지에 대해 어느 정도의 밑그림을 가지고 연구를 시작하겠지만, 그 이상의 세부적인 계획을 가지고 임하지는 않는다. 출발점에서 분명하게 규정된 구체적인 문제를 가지고 연구를 시작하는 경우는 흔치 않다. 암묵적 지식으로서의 예감과 융통성 있는 자세로 어느 정도의 자료를 생성한 후에 누구와 함께 왜 무엇을 언제 어떻게 할 것인지 윤곽을 그리고 다듬어 나간다. 질적 연구 설계는 연구 시작 단계에서 준비 완료되는 활동이 아니라 연구가 종료되는 시점까지 지속되는 활동이다. 다만 어떤 연구자는 보다 체계적인 접근을 하고, 어떤 연구자는 덜 체계적일 수 있다.

발현적 연구 설계의 예를 들면, 위의 고등사고능력 함양에 관한 연구에서는 교실 수업을 관찰하고, 주요 정보 제공자(초점 집단)인 7명의 학생들과 면담을 하고, 이어서 장 교사와 면담을 하면서, 계획에 없던 학부모 면담을 추진한 적이 있다. 주요 정보 제공자인 7명의 학생들이 학교생활과 사회 수업 및 집단 토의에서 보여준 사고력이 과연 어디로부터 오는 것인지, 혹시 부모의 자녀 양육 방식과 관련되는 것은 아닌지에 대한 궁금증이 생겼고, 이에 허가 획득을 위한 준비를 통해 학부모와의 면담을 추진하게 되었다. 이 같은 연구계획의 수정이나 추가, 취소 등은 참여관찰의 장소나 시간대, 심층면담의 반응자나 횟수 혹은 개별 면담과 집단 면담 등의 면담 유형, 그리고 확인하고 싶은 추가적인 기록과 문서 출현 등에서 발생한다. 이처럼 질적 연구는 사전에 철저히 계획된 설계가 아니라 점진적으로 만들어가는 설계를 통해서 이루어지는 특징을 갖는다.

연구 사례의 선정

사회과에서의 고등사고능력 발달에 대한 연구를 수행하기 위해, 나는 서울에 소재한 장미중학교 3학년 5반 사회 교실을 선택하였다. 사례를 선택할 때, 대부분의 자연주의적 연구자들은 아마도 "그들이 연구하고 싶은 집단의 초상화를 그려보면서 이에 적합한 일련의 준거나 선택할 방법을 설정할 것이다"(Goetz & LeCompte, 1984: 70). 나는 연구비와 연구 기간이 여유롭지 않아 "장기적인 참여(prolonged engagement)"(Lincoln & Guba, 1985)가 불가능했기 때문에, 제한된 시간 내에 많은 정보를 얻을 수 있는 사례를 찾아 나섰다. 이 과정에서 세 가지 준거가 고려되었다.

첫째, 나는 서울의 중산층 지역사회에 있는 중학교를 선호하였다. 서울은 조언을 구할 수 있는 교수, 교사, 그리고 친구들이 많이 있기 때문에 선호되었다. 중산층 지역사회에 대한 나의 선호는 그러한 장소에서 얻은 정보가 교사, 교육정책 입안자, 심지어 학생과 부모들에게도 가장 유용할 것이라는 생각에 기초하였다. 그리고 중학교에 대한 선호는 내가 중학교에서 3년 반 동안 근무한 경험이 있어서, 연구 장소로 선정한 중학교를 이해하는 데 그리 오랜 시간이 걸리지 않을 것이라고 판단하였기 때문이다.

둘째, 나는 나와 다른 교사교육 프로그램을 경험하였고, 어느 정도의 경력을 갖춘 남교사와의 협력을 선호하였다. 연구 현장에서 너무 튀거나 너무 빠져드는(overidentification or going naive) 위험을 피하기 위해(Glesne & Peshkin, 1992), 나는 나와 다른 대학에서 교사교육을 받은 교사와 함께 일하기를 원했다. 또한 틀이 잡히고 안정적이지만 아직 소진되지 않은 10년 정도의 교직 경력을 가지고 있으며, 나이와 성별 측면에서 쉽게 래포와 친밀감을 가질 수 있는 교사와 함께 일하고 싶었다(Bogdan & Biklen, 1992; Glesne & Peshkin, 1992). 첫 번째 준거와 관련하여 나는 이 연구를 하는 동안 안정적인 여건 속에서 효과적으로 자료를 획득할 수 있는 학교 환경을 고려하였다. 두 번째 준거와 관련해서는 신선한 시각으로 유의미한 자료를 생성하고, 상대적으로 쉽게 래포와 친밀감을 쌓을 수 있는 교사의 요건을 고려하였다. 대학 동문의 수업을 탐구한다면, 서로의 유사한 믿음과 생각 때문에 왜곡의 위험성이 있고, 동문이 아닌 연구자가 인식할 수 있는 어떤 현상을 감지하는 데 실패할 수도 있다. 나와 다른 교사교육 프로그램을 경험한 교사를 선호한 이유는 바로 이런 이유 때문이었다.

셋째, 나는 이 연구를 위해 사회학 관련 단원을 다루는 남학생 교실을 선호하였다. 나는 사회과교육의 내용 영역 중에서 사회학에 보다 깊은 관심을 가지고 있기 때문에, 사회학 단원을 다룰 때 수업을 보다 충분히 이해할 수 있을 거라고 생각했다. 또한 내가 남자이기 때문에 여학생보다는 남학생과 보다 더 쉽게 래포를 형성할 수 있을 거라고 생각했다.

세 가지 준거에 부합하는 사례를 찾기 위해 중학교 사회 교사 15명에게 연락을 취하고 설문조사를 한 후 면담을 시도하였다. 그렇지만, 첫 만남을 위한 약속을 잡기도 쉽지 않았고, 무더운 날씨에 학교가 위치한 언덕 꼭대기를 오르내리는 고생도 만만치 않았으며, 허락을 받기 위해 학교 내 관계망을 살피며 간곡히 요청하는 것도 어려운 일이었다. 그런 노력에도 불구하고 접근을 위한 나의 노력은 대체로 헛

되이 끝났다. 다행히도 장 교사가 흔쾌히 승낙해 줌으로써 나의 구세주가 되어주었다. 이 사례는 원래의 준거에 완전히 부합하지는 않았지만 합리적인 대안으로 받아들여졌다.

'장미중학교'는 서울의 중상류층 지역사회에 위치하고 있다. 그러나 지역사회의 사회경제적 수준이 첫 번째 준거에서 약간 벗어나지만, 학생들의 대다수는 중류층 가정 출신이었다. 게다가 장 교사가 교장을 개혁적인 교육자로 소개했기 때문에 이 학교에 매력을 느낀 면도 있다. 장 교사도 나와 대학 동문이어서 나의 두 번째 준거에서 벗어나 있었다. 그러나 그는 교무 기획이자 사회과 부장이고 얻을 수 있는 정보량이 매우 풍부해 보였다. 또한 그는 해오던 대로 하고 나를 교육에 관한 문외한처럼 대하기로 약속해 주었다. 선정된 학급인 3학년 5반은 장 교사가 담임을 맡고 있는 남학생 학급으로 협조적이고 많은 정보가 기대되었다. 이 학급은 또한 연구 기간 동안에 사회학 관련 단원을 공부하기로 계획되어 있었다.

나는 연구 시작 2주 전에 연구에 대한 이야기를 나누기 위해 장 교사의 집을 방문하였다. 이때 나는 왜곡되지 않은 일상적인 교실 상황과 주관적인 목소리, 비밀 유지(confidentiality), 익명성(anonymity)의 중요성을 다시 한 번 강조하였다. 장 교사는 연구 사례로 자신의 학급을 제안하였고, 학생, 학부모, 사회 교사, 교장으로부터 어떻게 자료를 생성해야 할 것인지에 대해 안내해 주었다. 다음날, 교장은 나의 연구를 기꺼이 승낙하고 격려해 주었다.

위 기록은 연구 사례 선정을 위한 준거 설정, 준거에 부합하는 연구 사례 섭외 과정, 연구 사례 선택을 위한 최종 판단에 대해 기술하고 있다. 연구 사례 선정에 있어서 가장 주의할 점은 편의 표집이 되어서는 안 된다는 것이다. 결코 쉽지 않지만, 연구 목적과 질적 연구의 철학에 기초한 선정 준거를 마련하고 그에 부합하는 연구 사례를 선정하기 위해 최선의 노력을 다해야 할 것이다.

사례란 '한계가 있는 하나의 체계(a bounded system)'로서 하나의 프로그램, 사람, 기관, 장소, 사건, 서류 묶음 등을 예로 들 수 있다(Merriam, 1988; Stake, 1995b: 22-23). 위의 연구에서는 '장미중학교 3학년 5반 사회 교실'을 사례로 선정하고 있다. 이 같은 사례는 일반적이기보다는 특정적이고, 경계가 모호하기보다는 분명하고, 파편적이기보다는 통합적인 하나의 체계를 의미한다. 이러한 각 사례는 다른 사례들과 구별되는 독특성을 가지고 있을 뿐만 아니라 많은 측면에서 다른 사례들과 유사성을 갖는다. 우리는 궁극적으로 단일 사례보다 모집단에 더 관심이 있을 수 있지만, 자연주의적 사례 연구는 하나의 사례에 대해 총체적으로 상세하게 탐구하는 데 초점을 둔다. 이 점에서 자연주의적 사례 연구는 연구자가 결론지어주기보다는 독자가 대리경험을 통해 독특한 사례들이 공통적으로 지니고 있는 것들로부터 배울 수 있기를 기대한다. 따라서 위의 연구는 단지 하나의 사례를 다룸에도 불구하고 그것의 독특성과 공통성에 기초하여, 중학교 사회 수업에서 고등사고능력의 함양에 대한 이해를 돕는 데 기여할 것이 기대된다.

▌의도적 표집(purposive sampling)

질적 연구는 특정 사례에 대한 심층 연구를 추구하는 경향이 있다. 따라서 여기에서는 무슨 일이 일어나고 있는가에 대한 다소 단순한 큰 질문으로 시작해서, 여기에서는 왜 이런 특별한 양상, 변화, 결과, 성공 혹은 실패가 전개되는가와 같은 보다 목적의식이 구체화된 질문을 제기한다. 그리고 양적 연구에 비해 특별한 의미 탐색과 심층적인 탐구를 지향한다. 이처럼 질적 연구는 양적 연구에서 채택하는 대표 표집이 아닌 의도적 표집을 채택한다.

모든 표집은 마음속에 어떤 의도를 가지고 수행된다(Lincoln & Guba, 1985: 40). 의도적 표집은 첫째, 일반화로 발달시킬 수 있는 유사성에 초점을 맞추는 것이 아니라 상황의 독특한 맛을 전해 줄 수 있는 많은 특성에 주목한다. 둘째, 연구 목적에 가장 부합하는 연구 사례 선정을 위한 준거를 설정하고, 이 준거에 비추어 사례를 선정하도록 노력한다. 셋째, 발현적 설계를 통해 연구 사례를 늘리거나 추가 정보를 확보하며 현장 이론(grounded theory)을 도출할 것을 의도한다. 결국 의도적 표집의 목적은 연구 사례의 정보를 최대화하기 위한 것이지 일반화를 촉진시키기 위한 것은 아니다. 위의 고등사고능력 함양에 관한 연구에서는 준거를 통해 장미중학교 3학년 5반 사회 수업이 이루어지고 있는 교실을 연구 사례로 선정하고, 하나의 사례를 통해 독자들이 자연주의적 일반화를 도출해 주기를 기대하며 하나의 사례를 상세하게 묘사하고 심층적으로 분석하여 제시한다.

연구 사례가 선정된 후로는 내부 표집(internal sampling)에 주의를 기울여야 한다. 누구를 주된 정보 제공자(key informants)로 활용할 것인지 또한 언제 어느 정도로 자료 생성을 시도할 것인지에 대해서도 계획해야 한다. 위의 연구에서 7명의 주요 정보 제공자 선정은 개별 학생에 대한 일체의 사전 정보 없이 시작되었다. 3학년 5반 학생들에게 자기 자신, 학교생활, 사회 수업에 대한 자신의 생각을 짧은 글(중3 학생들의 사회 수업 및 그 사회적 상황에 대한 조사)로 써내게 하고, 이를 분석하며 사회 수업 만족도 및 학업성취 측면을 상, 중, 하로 추측, 구분하였다. 그리고 서로 다른 이야기를 풍부하게 해줄 것 같은 7명을 상(2명), 중(3명), 하(2명)에서 선정하였다. 자료 생성이 충분히 이루어진 연구 말미에 확인한 결과, 그들 각각의 학업성취 수준, 학교생활 및 사회 수업 참여도, 부모의 자녀 양육 방식 등이 내가 예상하였던 것과 정확하게 일치하였다. 물론 일치하지 않았더라도, 일치하지 않은 대로 충분히 의미 있는 연구를 수행했을 것이다. 또한 시간 표집과 관련해서는 일 년 중 언제, 학기 중 어느 지점, 한 주의 어느 요일, 하루 중 어느 시간에 자료를 생성할 것인지 고민해야 할 것이다. 어느 때냐에 따라 생성되는 자료의 내용과 의미가 많이 달라질 수 있다.

한편 질적 사례 연구를 하면서도 일반화 가능성에 관심이 있다면 가능한 한 전형적인 사례를 선정하고 자신의 연구 사례와 선행 연구와의 유사성을 탐색하는 데 주의를 기울일 것이다. 또는 순차적으로 사례를 추가하여 다중 사례 연구(multicase studies)를 시도할 수도 있다. 또한 다중 현장 연구(multisite studies)를 시도하는 경우에는 수정된 분석적 귀납법(modified analytic induction)(Denzin, 1989b)이나 연속적 비교법(constant comparative method)(Glaser & Strauss, 1967)을 활용하여 표집할 수 있다. 수정된 분석적 귀납법은 첫 번째 사례나 현장에서 이론을 개발하고, 연구 현장이나 참여자를 확대해 가며 이론을 수정한다. 종국에는 모든 사례에 적용되는 이론을 만들어 낸다. 이론 개발을 위한 수렴적 연구라고 할 수 있다. 여기에서의 표집은 의도적 표집으로서 눈덩이 표집(snowball sampling) 방식을 활용한다. 연속적 비교법은 자료 생성에 따른 자료 분석과 이론 개발, 이어서 다른 현장이나 참여자에게서의 자료 생성과 이에 따른 자료 분석과 이론 확장, 그리고 이 과정의 반복을 통해 '이론적 포화 상태(theoretical saturation)'에 도달하고 더 이상 새롭게 추가할 이론적 특징이 나타나지 않을 때 연구 사례 선정을 중단한다. 이론 개발을 위한 확산적 연구라고 할 수 있다. 이러한 의도적 표집을 위해서는 추가적으로 다음과 같은 사항을 고려할 필요가 있다.

▌연구 기간과 연구비 및 연구 장소(거리)에 대한 합리적 고려

연구비를 지원받았거나 석·박사 학위 논문 연구라면, 무엇보다 연구 일정에 맞추는 것이 중요할 것이다. 연구 사례의 규모와 복잡성을 고려할 때 주어진 연구 기간 내에 수행할 수 있겠는지 신중하게 따져보아야 한다. 또한 사용 가능한 연구비도 따져보아야 한다. 의미 있는 자료 생성을 위해 다양하고 많은 자료를 생성하고 싶을 것이다. 그러나 연구 보조원이나 프로그램이 필요할 수도 있고, 자료 생성과 분석을 위한 장비나 인원 또는 출장비가 필요할 수도 있다. 그리고 자료 생성을 위해 이동하면서 부담감을 갖지 않을 정도의 거리인지도 따져보아야 한다. 부담되는 거리라면 어느 순간부터 게을러지고 느슨해지고 그러다 포기할 수도 있을 것이다.

▌연구자와 직접적 관계가 있거나 너무 친숙한 사례는 부적합

연구자와 직접적 관계가 있는 사례로 성공적인 연구를 수행한 경우도 있으나, 아직 질적 연구에 익숙하지 않은 초보자는 자신과 직접적 관계가 있거나 친숙한 사례는 피하는 것이 좋다. 익숙한 사례에서는 원래의 자기를 벗어나 연구자로 변신하기가 쉽지 않다. 순간순간 당연한 것으로 생각하고, 알고 있다고 판단해서 그냥 넘어가는 경우가 많을 수 있다. 개인적인 관심과 상식적인 이해로부터 격리시키기 위해서는 친숙한 사례를 피하는 것이 바람직하다. 또한 연구자와 직접적 관계가 있거나 친숙한 사례에서는 연구 반응자들도 연구자를 연구자로 대해 주지 않을 수 있다. 이미 알고 있을 거라고 생각해서 얘기해 주지 않는 것들도 있을 것이고, 자신을 드러내기를 어려워하며 숨기고 왜곡시킬 수도 있다.

▌풍부하고 용이한 정보 획득의 가능성 고려

무엇보다 중요한 것은 정보 획득이다. 중요 정보에 도달하는 길을 쥐고 있는 게이트 키퍼가 누구인지 또한 필요한 정보를 풍부하게 제공해 줄 수 있는 주요 정보 제공자로 누가 적합한지 알아내고, 연구 참여자로 허락을 받는 것이 매우 중요하다. 특히 주요 정보 제공자의 경우는 다소 말이 많은 편이 좋다. 너무 말이 없는 경우는 그 자체가 연구의 관심사가 아니라면 주요 정보 제공자로는 부적합하다. 또한 관찰할 장소와 연구 참여자 규모가 풍부하고 용이한 정보를 획득하기에 적절한지도 살펴보아야 한다. 장소가 너무 넓거나 좁은 경우 그리고 연구 참여자가 너무 많거나 적은 경우에는 자료 생성이 여의치 않을 수도 있다.

연구의 허가 획득과 래포(rapport) 형성

연구의 허가를 받는 것은 높은 분을 비롯한 연구 참여자들로부터 공식적인 승낙을 받는 것 이상을 의미한다. 그것은 연구자가 시간을 함께 보낼 사람들 속으로 들어가서 래포를 형성하고, 그들은 연구자와 연구자가 하는 일을 받아들이는 것을 포함한다(Bogdan & Biklen, 1992; Glesne & Peshkin, 1992; Lincoln & Guba, 1985).

장 교사는 망설임 없이 흔쾌히 승락하였고, 나의 연구 반응자가 되어줄 학생, 학부모, 사회 교사, 교장에게 안내하며 적극적인 참여를 부탁해 주었다. 나는 연구를 의식해서 왜곡하거나 영향을 미칠 수도 있는 '고등사고능력'에 대한 언급은 피하였다. 장 교사의 사회 수업에서 고등사고능력이 발현되는지, 발현된다면 왜 어떻게 발현되고, 발현되지 않는다면 왜 어떻게 발현되지 않는지를 알고 싶다고 말한다면, 장 교사는 연구 기간 내내 그것을 의식할 것이다. 따라서 연구 주제와 문제는 큰 범주 내에서 보면 거짓됨이 없을 뿐만 아니라 연구가 왜곡되지 않을 수준에서 언급하였다. 그런 맥락에서 나는 '사회 시간에 어떤 일들이 일어나고 있는지를 전반적으로 알고 싶다.'는 정도로 얘기했다. 보다 구체적으로 얘기해 달라는 요청에는 '어떻게 가르치고, 어떻게 공부하고, 어떤 상호작용이 일어나고 있는지 등을 보고 싶어 하는 것'이라고 대답하였다. 내가 무엇을 할 것인지는 이해 가능한 수준에서 대체로 두루뭉술하게 말하며, 연구의 의의와 참여 방법 등은 성실하게 안내하였다. 그리고 이에 기초하여 '충분한 고지에 기초한 사전 동의(informed consent)'를 구하였다.

또한 이 연구를 하는 동안, 속임수(deception)와 거짓(faking)을 최소화하고 충실성(fidelity)을 극대화하기 위해 나의 연구 반응자들과 좋은 래포를 유지하려고 노력하였다. 이를 위해 나는 자연스러운 상황을 유지하고, 학습자의 자세를 취하며, 친밀한 관계를 발전시켜 나갔다.

첫째, 나는 "자연스럽고, 방해하지 않으며, 위협적이지 않은 태도로" 연구 반응자들과 상호작용하려고 노력하였다(Bogdan & Biklen, 1992: 47). 나의 외양, 말투, 행동을 조심하였다(Glesne & Peshkin, 1992). 나는 이 학교 남자 교사들처럼 셔츠와 청바지를 입고 캐주얼 신발을 신었다. 현장에 머무르는 동안 나는 연구자로서의 정체성을 진정성 있게 지켰지만, 상황에 따라서는 방문자, 친구, 어른, 학습자, 초임 교사, 동료 교사처럼 말하고 행동하려고 노력하였다. 나는 또한 모든 사람들에게 비밀 유지와 익명성을 약속하였다(Bogdan & Biklen, 1992; Deyhle, Hess, Jr., & LeCompte, 1992; Punch, 1994; Stake, Bresler, & Mabry, 1991; Stake & Easley, 1978). 이 연구에서 나는 내가 생성한 정보가 연구 반응자들을 당황하게 하거나 또 다른 방식으로 그들에게 피해를 주지 않도록, 그들의 신원을 보호하기 위해 최선을 다하였다. 가명이 항상 연구 반응자를 위장해 주는 것은 아니다. 그렇지만 문자화된 이 논문뿐만 아니라 연구가 수행되는 전 기간 동안 변함없이 가명이 사용되었다.

둘째, 나는 배우기 위해 와 있는 호기심 많은 학생의 역할을 맡았다(Bogdan & Biklen, 1992; Glesne & Peshkin, 1992). 연구 현장에 머무르는 동안 내가 너무 많은 지식을 드러내지 않는 것이 중요했다. 또한 나의 연구 반응자들이 자기 자신을 편안하게 표현할 수 있도록, 평가적인 자세를 취하지 않는 것도 중요했다. 그 중에서도 무엇보다 중요한 것은 내가 학습자로서 그들이 말하는 것을 주의 깊게 듣는 것이었다.

셋째, 나는 인사차 들렀다가, 일상적인 이야기를 나누고 점심이나 스낵을 제공하면서 연구 반응자들과 친해질 기회를 가졌다. 나의 연구 반응자들과 감정을 공유하는 것은 래포를 형성하고 그들의 관점을 이해하기 위해서도 중요한 고려 사항이었다. 감정적 교류 없이 연구 반응자들과 접촉하고 공감적 이해를 이끌어내는 것은 불가능하다. 연구 반응자들이 느끼는 방식으로 모든 것을 느낄 수는 없지만, 나는 공감력을 발휘하고 가능한 한 많은 것들을 대리경험할 수 있도록 노력하였다(Bogdan & Biklen, 1992: Geertz, 1979).

연구 현장에 있는 교사들과 래포를 형성하는 것은 어렵지 않았다. 교장의 허락을 받은 직후, 장 교사는 나를 두 명의 교감, 부장 교사들, 사회 교사들, 그리고 장 교사 주변에 있는 교사들에게 소개하였다. 그들은 나와 나의 연구에 호의적인 것처럼 보였다. 인사를 나누는 짧은 순간이었지만, 나는 이 학교에서, 적어도 이 학교의 성인 사회에서, 연구자로서의 나의 존재에 편안함을 느끼게 되었다. 남 교사들은 특히 친절했다. 학생들의 집단 토의와 면담을 위해 수시간 동안 교사 휴게실을 사용했는데, 그들은 흔쾌히 자리를 내주었다. 심지어 교무부장과 사회 교사들을 비롯한 많은 교사들은 오가며 연구를 격려해 주기까지 하였다. 게다가 부분적으로는 내가 정중하게 대하고 스낵을 선물했기 때문일 수도 있지만, 경비원은 학생들과의 주말 면담을 위해 편리한 방을 추천하는 등 무척 친절하게 대해 주었다.

사회 교사들은 내가 그들의 교과와 관련하여 연구하는 것을 긍정적으로 평가하는 것 같았다. 그들은 면담하는 동안에 개방적이고 솔직하게 임해 주었고, 때로는 그들이 대화 주제를 제시하기도 하였다. 예를 들면, P 교사는 학생 발표 수업에 대해 얘기하기를 원했고 더구나 자기반성적 자세를 보이기까지 하였다.

> 발표 수업 얘기 드릴게요. 발표 수업 시켰더니, 저는 그래서 제가 오히려 묻고 싶어요. 다른 데는 발표 수업을 어떻게 하나. 다른 나라는. (학생 활동에 대해 길게 설명한 후) 평가를 안 하면 열심히 안 하고, 하자니 저도 자신이 없고 그래요. 그리고 발췌의 어떤 모범적인 거를 영상으로 좀 하나 떠서 애들에게 보여주면 참 좋지 않겠는가라는 생각을 좀 해 보는데, 너무너무 요원한 얘기구요. (다시 수업 활동에 대해 자세히 설명한 후에) 제 생각에는 준비 부족도 있고, 제가 자신감이 부족한 게 아니냐, 이게 모범이다라고 제시하지 못하는 게. 그리고 토론이 되게끔 이끌었느냐라고 했을 때 제가 부족해요. (DI-7, pp. 7-9)

그렇지만, 연구 초반부터 일찍이 제외하였던 한 남자 교사는 끝까지 나의 연구에 거의 관심을 두지 않았다. 장 교사가 귀띔해 준 바에 의하면, 그 교사는 학교에서 일어나는 일에 대해 항상 무관심한 태도를 취한다고 한다.

장 교사와 나는 대학 다닐 때부터 알고 지내던 터라 래포 형성은 용이했다. 그는 수업과 업무 일정 때문에 매우 바빴지만, 내가 머무는 동안 정직하고 부지런한 협력자였다. 그는 또한 내가 학교에 머물 때뿐만 아니라 귀가한 후에도 자료 생성을 위해 적극적으로 도와주었다.

장 교사는 나를 때로는 '형' 때로는 '형님'이라고 불렀고, 나는 그를 '장 선생'이라고 불렀다. 나는 자주 학교 밖 패스트푸드점에서 그와 함께 단둘이 점심을 하거나 학교 식당에서 학생들과 함께 점심을 먹기도 하였다. 우리 둘은 사적인 문제, 교육 문제, 정치적 상황에 대해 얘기를 나누기도 하였다. 하지만 나는 나의 발언이 연구에 영향을 미치지 않도록 각별히 유의하였다.

장 교사는 나를 전혀 의식하지 않으며 내가 없는 것처럼 수업을 하는 것 같았다. 그는 때때로 가벼운 욕설을 내뱉기도 하였고, 자주 농담을 하거나 우스꽝스러운 몸짓을 하기도 하였다. 예를 들면, 나의 첫 관찰 때, 그는 1960년대 한국의 절망스러운 상황을 다음과 같이 묘사했었다.

교사: 그나마 칫솔 품질이 지금처럼 좋지도 않았지만, 칫솔을 하여튼 쓰다 쓰다 도저히 쓸 수 없을 때까지. 칫솔이 완전히 이렇게 자빠졌다. (장 교사 자신의 머리 정중앙을 기준으로 하여 머리카락을 좌우로 눌러 눕히며 더 쓸 수 없게 된 칫솔의 모습을 연상케 한다.)

학생: 우하하하! (학생들이 큰 소리로 배꼽을 쥐며 웃는다.)

웃음소리가 끊이지 않는 가운데, 장 교사는 아무렇지도 않은 듯 담담하게 또 다른 예로 '해진 양말'에 대해 이야기한다. 하지만 학생들은 여전히 흥분 상태이다. 알아들을 수는 없었지만, 이 순간 누군가가 장 교사에게 농담을 던진 것 같다.

교사: (웃으면서) 이 새끼들이 양말 얘기하는데, 누가 딴소리하고 있어?

학생: 우하하하! (CO-1, p. 15)

수업이 끝난 후에 나는 나의 참관이 그에게 어떤 영향을 미쳤는지를 물었다.

교사: 신경이 전혀 안 쓰인다고 볼 수는 없지만, 그렇다고 해서 제가 수업을 특별히 다르게 하는 건 없어요. 지금. 사실 형이 처음부터 전혀 "신경 쓰지 말고 해라." 그래서 그런 걸 염두에 두고, 또 나 같은 경우는 하도 연구 수업 같은 거 많이 해 가지고, 그냥 들어와서 봐도, (혀를 차면서) 또 뭐 이게 특별히 뭐... 어떤 조작을 해서 하는 게 아니고, 그냥 있는 그대

로의 모습을 늘 보이라고 해 오셨으니까. 애들 하다가 (웃으면서) 혼내
는 거 똑같이 하고. 다만 벌주는 건 내가 좀 삼. 덜 쪼금 덜 주죠. (평소
와 다를 바 없음을 강조하는 듯 더듬거리며 이야기한다. 지금까지 난 수
업 중에 딴 짓한 학생을 교실 뒤쪽에 서 있게 한 경우를 두 번 보았다.)
(TI-5, p. 2)

학생들뿐만 아니라 그의 부모들과 래포를 형성하는 데에는 약간의 노력과 인
내심이 필요하였다. 하지만 래포 형성은 꽤 성공적이었다. 장 교사가 나를 그의
학급 학생들에게 소개하면서 내가 그곳에 온 이유를 말했을 때, 그들은 박수를
치며 '박사, 박사'를 연호하였다. 장 교사와 나는 그들에게 "사회 시간에 항상 하던
대로만 해주세요!"라고 간곡히 부탁하였다.

래포를 형성하기 위해서 나는 쉬는 시간이나 점심시간에 종종 교실에 들러 학
생들과 이야기를 나누었고, 때로는 네다섯 명의 학생들과 빵이나 초밥을 나누어
먹기도 하였다. 나는 학생들이 연구자로서의 나의 존재를 의식하지 못하게 만드
는 데 성공한 것 같았다. 참관 기록은 휴식 시간의 나의 방문을 다음과 같이 기록
하고 있다.

한 마디로 난리 북새통이다. 이젠 이런 교실 상황에 완전히 익숙해 있다. 뛰어
다니고, 장난하고, 소리치고, 그 와중에 또 공부하는 학생도 있고, 아이들은
아이들인가 보다. 연일 30도를 훨씬 웃도는 이 더위 속에서도 움직일 힘들이
남아 있다니! 나는 그들에게 선생님도 장학사도 부모도 아닌, 단지 사회 수업
을 참관하고, 그들 중에 몇 명과 대화를 나누는 한 성인 혹은 방문객일 뿐인
것 같다. 나의 출현이나 교실에서의 움직임에 대해 관심을 두는 아이는 별로
없는 것 같다. 나의 존재에 전혀 관계없이 그들 하고 싶은 대로 하고 있다. 적
어도 아이들의 편에서는 내가 있음으로 해서 수업 상황에 어떤 왜곡이 있을
성싶지는 않다. (CO-9, p. 1)

연구 시작 2주 후, 나는 학교의 '가정환경 조사 카드'와 나의 설문지 '중3 학생
들의 사회 수업 및 그 사회적 상황에 대한 조사'를 검토하고, 7명의 학생 반응자
를 선정하였다. 이 선정 과정에서 나는 사회경제적 지위, 가족 관계, 일상생활, 학
교와 사회 교과에 대한 태도 등 다양한 정보를 제공해 줄 것 같은 학생에게 관심
을 두었다.

7명의 학생들이 왜 그들이 선정되었는지를 물었을 때, 나는 설문에 대한 응답

이 명확했고, 그들 자신과 사회 교과에 대해 말해줄 중요한 뭔가를 가지고 있는 것처럼 보였다고 말했다. 그들의 언어를 사용하고, 농담을 하고, 스낵이나 점심을 사줌으로써, 그들은 내 앞에서 자연스럽게 말하고 행위하도록 고무되었다. 또한 그들의 본명 대신에 가명을 사용할 것이고, 그들의 참여가 우리나라 교육의 이해와 개선에 기여하게 될 것이라고 강조함으로써, 그들은 진실한 자세를 갖도록 고양되었다.

나를 대하는 학생들의 태도에 영향을 미칠 수 있어서, 내가 중학교 사회 교사였다는 사실은 밝히지 않았다. 나는 그들과 친구 같은 관계를 유지하기를 원했다. 학생들은 나를 '박사님'이나 '선생님'이라고 불렀다. 대부분의 학생들은 개방적, 열정적으로 개인 및 집단 면담과 토의에 참여하였다. 집단 면담 기록은 그들과의 두 번째 만남을 다음과 같이 기술하고 있다.

> 이쯤에서 공식 면담을 마치려고 '빨리 가고 싶지?'라고 물었더니, 광욱이가 나서며 "아니요, 먹고 가야죠."라고 대답해서 한바탕 웃는다. 중국집에서 짜장면 정도를 사줄 수 있다고 얘기했더니, 애들은 한결같이 그건 너무 비싸다며 '쫄라'를 먹으러 가자고 한다. 학교 근처 B 상가 1층에 있는 노상 분식점에서 '쫄라'를 먹으며 아이들은 나에 대해서 많은 것을 묻는다. 나 또한 애들 각자에게 이것저것 물으며 친해지기 위해 노력한다. 그렇지만 나에 대한 아이들의 태도가 달라질까 봐, 내가 과거에 중학교 선생님이었다는 것만은 말해 주지 않았다.
>
> 오늘 학생들과의 공식적, 비공식적 두 번째 만남으로 충분히 래포를 형성하였다고 믿어진다. 아이들은 남교사 휴게실에서 가진 대화에서 초반부터 거의 망설임이 없었으며, 대단히 진솔하다는 느낌을 갖기에 충분하였다. 아이들이 허용하지 않는 한, 모든 정보는 절대 비밀 보장이라고 수차 강조한 바 있긴 하지만, 내가 담임 선생님의 대학 선배임을 알고 있으면서도 전혀 그에 개의치 않고, 담임 선생님의 수업 방식에 대해 장·단점을 거리낌 없이 얘기해 주는 걸 보면서 나는 그들의 말을 충분히 신뢰할 수 있었다. (SGI-2, p. 26)

서로에 대해 더 잘 알게 되면서, 우리는 우리 자신을 하나의 집단으로 인식하기 시작하였다. 대형이는 다가오는 시험 때문에 우울해하면서, 마지막 집단 토의와 개인 면담이 있던 날에 짜증을 부렸는데, 이런 대형이를 제외하고는 모두 자신의 이야기를 들려주는 것을 즐거워하는 것처럼 보였다.

학생 반응자의 부모를 섭외하기 위해서, 나는 나에 대한 소개서, 연구 설명서,

비밀 보장 확인서, 면담 가이드라인, 회신 가능한 사전 동의서 등이 포함된 편지를 보내고 전화도 하였다. 어머니들은 긍정적으로 답하고 기꺼이, 심지어 자랑스러워하기까지 하면서 협조해 주었다. 대형의 어머니는 1시간 30분의 면담 동안에, 설문지에 대한 대형이의 반응이 다른 아이들과 비교하여 특이점이 있었는지, 조금이라도 다른 특이 사항이 있었다면 그게 무엇이었는지에 대해 집요하게 물었다. 그리고 자신의 아들을 왜 선정했는지 꼬치꼬치 캐물었다. 어머니들은 마치 이런 기회를 기다렸다는 듯이 자기 자신과 아이들에 대해 이야기하는 것을 기뻐했다. 또한 그들은 꽤 솔직했다. 예를 들면, 세웅의 어머니는 자신이 진솔하게 이야기하고 있다는 것을 다음처럼 강조해 주었다.

> 제가 이렇게 선생님 처음 뵈었는데, 이런 얘기를 하게 된 거를 응? 나는 솔직하게 얘기한다고 하는 거지 응? 뭐 이상하게 듣지 마세요~. (심각한 어조로) 이건 제 사생활이에요. 저는 어디 가서 이런 얘기하고 싶지 않거든요. 근데 내가 이런 얘기를 함으로써 자료 수집하는 데 도움이 되었으면 하는 의미에서 제가 솔직하게 얘기를 해드리는 거죠. (MI-6, p. 3)

창민의 어머니만이 그녀의 참여에 대해 걱정하는 모습을 보여주었다. 그녀는 자신의 아들을 선정한 나의 진짜 의도에 대해 지나치게 회의적이었다. 창민이가 자신이 이혼했기 때문에 선정되었다고 생각하면서, 그녀는 면담이 시작되자마자 "뭘 알고 싶으세요? 난 창민 아빠와 이혼했어요."라며 매우 당혹스럽게 쏘아붙이듯 말했다. 잠시 전에 창민이가 부모의 이혼 사실을 얘기해 주기 전까지는 전혀 몰랐다고 말하자 그때야 마음이 풀어지기 시작했다. 나는 그녀의 마음을 풀 마음으로 또한 창민이에 대한 나의 진정한 관심을 보여주기 위해서, 내가 인지한 창민이의 강점과 약점을 구체적으로 얘기하였다. 그러자 창민이 어머니는 긍정적 자세로 바뀌며 창민이의 공부와 생활을 잘 지도해 달라고 간곡히 부탁하기까지 하였다.

연구 사례 선정의 완결은 허가 획득과 래포 형성이다. 위 기록은 연구를 위한 허가 획득과 래포 형성을 위한 노력을 기술하고 있다. 보다 구체적으로 살펴보면, 연구를 소개할 때의 유의 사항, 래포 형성을 위한 노력, 연구 반응자들(사회 교사들, 경비원, 장 교사, 3학년 5반 학생들과 7명의 주요 정보 제공자, 그리고 7명 학생들의 어머니)과의 래포 형성과 래포가 형성되었음을 보여주는 증거 자료를 제시하고 있다.

연구 현장에 입장하도록 승인해 주는 구두 허가를 획득하고 문서화된 사전 동의서에 서명을 받는 과정은 고통과 긴장과 스릴로 이어진다. 그렇다고 사전 동의를 받는 것으로 끝나는 것도 아니다. 래포가 잘 형성되어 있지 않으면 매 순간 눈치와 불편함 속에서 자료를 생성하게 될 것이다. 때로는 연구 중간에 퉁명스런 반응이나 불성실한 응대 또는 단호한 거부의 상황을 맞이하기도 한다. 연구의 허가 획득과 래포 형성을 위해서 철저한 준비와 신중한 자세로 임해야 할 것이다.

▌허가 획득을 위한 노력

질적 연구는 연구의 허가 획득과 관련하여 은밀한 연구(covert research)와 공개적 연구(overt research)로 구분할 수 있다. 은밀한 연구는 대표적으로 인류학에서의 문화기술지적 연구를 들 수 있는데, 이러한 연구는 연구자의 신원을 밝히지 않고 잠입하거나 구성원으로 편입하여 몰래 자료를 생성하고 사후 승인을 받는 형태를 취하기도 한다. 반면에 공개적 연구는 사전 동의를 획득한 후에 연구를 진행하는 경우이다. 공개할 경우, 연구 목적을 달성할 수 없는 만부득이한 상황이 있을 수 있지만 그런 경우에도 연구 윤리에 어긋나지 않도록 각별히 주의해야 한다. 연구의 편의를 위해 허위와 거짓말과 속임수를 사용하는 일은 결코 일어나서는 안 된다. 특히 석·박사 논문을 준비하는 질적 연구 초보자인 경우에는 공개적 연구를 통해 사전 동의를 받고 연구 반응자의 적극적인 협력을 받는 것이 바람직하다.

연구의 허가를 획득하기 위해서는 연구 장소와 연구 반응자에 대한 사전 정보를 수집하고, 허가 획득을 도와줄 안내자를 확보하는 것이 무엇보다 중요하다. 위의 기록에서는 장 교사가 그 역할을 자진해서 적극적으로 수행해 주고 있다. 학교에서 연구를 추진하는 경우, 먼저 교장에게 허락을 받고 해당 교사에게 동의를 구할 때는 교사 당사자가 거부하고 비협조적인 상황이 발생하기도 한다. 반대로 해당 교사에게 먼저 허락을 받고 학교 관리자에게 동의를 구할 때는 관리자가 거부하고 비협조적으로 반응하기도 한다. 충실한 사전 준비를 통해 진솔하고 긍정적이고 적극적인 호감을 표현하며 실제 연구 반응자로 도움을 줄 사람에게 먼저 허락을 받고, 그에게 학교 차원의 허락을 받기 위한 도움을 청하는 게 바람직할 것이다.

연구의 허가를 받기 위해서 접근할 때, 연구 반응자들은 대체로 다음과 같은 질문을 던진다.

1. 실제로 뭘 할 건가요?
2. 우리의 일상이나 일에 지장이 있지는 않나요?
3. 연구 결과로 뭘 할 건가요?
4. 왜 우리를 선정했나요?
5. 이 연구로 우리는 뭘 얻게 되나요? (Bogdan & Biklen, 2007: 87–88)

첫째 질문과 관련해서는 연구에 지장이 없는 범위 내에서 정직해야 한다. 모든 것을 너무 구체적으로 솔직하게 얘기해 줌으로써, 연구 반응자가 거짓과 숨김을 통해 연구를 왜곡하는 일이 발생해서는 안 된다. 그러나 적어도 거짓말을 해서는 안 된다. 또한 연구 반응자가 혼란스럽거나 이해하기 힘들 정도로 설명이 너무 길거나 구체적일 필요도 없다. 더구나 질문에 대한 답변이 너무 현학적이어서 거부감이 들어서도 안 될 것이다. 소통의 기본은 상대방의 이해에 있다.

둘째 질문과 관련해서는 지장을 주거나 방해하는 일이 없을 것임을 분명하게 얘기해 주어야 한다. 연구 반응자들은 일상생활과 업무에 지장이 있거나 특별히 시간을 내거나 신경을 써야 할 일이 있는지 걱정할 수 있다. 질적 연구의 특징을 소개하면서, '있는 그대로', '해오던 그대로'의 중요성을 강조하면 충분히 편안한 마음을 갖게 될 것이다. 또한 그들에게 부탁을 하거나 양해를 구해야 할 일이 무엇인지 미리 얘기해준다면 오히려 그들은 안심할 수도 있을 것이다.

셋째 질문과 관련해서는 연구 결과에 대한 형식적, 실제적 의도를 진솔하게 얘기해 주어야 한다. 형식적인 면에서는 대체로 논문 발표나 보고서 제출일 것이고, 실제적인 면에서는 연구 결과를 통해 교육에 대한 이해와 질적 제고에 기여하는 일일 것이다. 기밀성과 익명성을 강조해야 할 것이고, 연구 주제에 대한 이해와 발전에 기여하는 것의 중요성을 높이 평가하고 감사를 표하는 자세를 취해야 할 것이다.

넷째 질문과 관련해서는 연구에 지장이 없는 범위 내에서 연구 반응자들의 긍정적인 면을 부각시켜서 답변하면 된다. 연구 반응자로 선정하게 된 배경을 너무 구체적으로 밝히거나 그 과정에서 특정 측면을 강조하게 되면 연구에 영향을 미치고 왜곡될 우려가 있다. 연구 반응자로 선정되었다 하더라도 비밀이 유지되고 가명이 사용될 것임을 밝혀주어야 한다. 학생들의 경우 밝혀 달라는 경우도 있지만, 만약 이를 수용해서 밝힌다면, 질적 연구에 참여하면 무조건 자신이 노출된다는 선입견을 가짐으로써 향후에 시도하는 질적 연구가 힘들어질 수도 있을 것이다.

다섯째 질문과 관련해서는 솔직하게 얘기하고 약속은 지켜야 한다. 연구 반응자들은 보여주고 얘기해준 보상으로 무엇을 얻게 되는지 당연히 궁금할 것이다. 계획된 선물이 있다면 얘기해 주면 될 것이다. 그러나 사실 특별한 보상이나 선물이 있지는 않다. 보고서나 논문을 원한다면 주면 될 것이다. 그러나 지키지 못할 수도 있는 너무 과도한 약속은 금물이다. '구성원 검토'를 통해 확인받긴 하지만, 혹시라도 참관이나 면담 전사본 또는 현장 기록을 보여주기로 약속해서는 안 될 것이다. 보여주기로 하면, 연구자는 연구 반응자들을 떠올리며 조심스런 자세를 취하게 되고, 말과 행동 및 기록을 왜곡시키게 될 것이다.

▌래포 형성을 위한 노력

래포 형성을 위해 어떻게 해야 할 것인지에 대해서는 위의 기록에서 실제 사례로 충분히 소개하였다. 이 사례에 담긴 의미와 유의 사항을 살펴보면 다음과 같다.

첫째, 자연스런 상황을 유지하도록 노력해야 한다. 질적 연구자는 연구를 시작하면서 무엇보다 먼저 연구 반응자들에게 있는 그대로의 모습을 보여주고 말해줄 것을 부탁한다. 있는 그대로의 모습을 유지하느냐 못하느냐는 연구의 성패를 좌우하는 관건이다. 처음에는 서로 간에 꽤나 어색한 시간이 된다. 시간이 지나면서 장기간 머물게 되면 실수를 하지 않는 한 비형식적 관계도 형성되고 연구자를 신뢰하게 되면서 마음을 터놓고 얘기하게 될 것이다. 너무 나서지도 말고, 짧은 시간에 너무 많은 것을 알려고 하지도 말고, 차분히 임해야 될 것이다. 따라서 연구자와 연구를 기꺼이 받아들일 수 있도록 그리고 거짓과 왜곡을 최소화하고 연구 반응자의 성실한 참여를 확보하기 위해서 연구 현장에 장기간 머무르며 외양과 말 및 행동에 있어서 현장에 적합한 태도를 취하고 결코 위협적이거나 침입자 같은 태도를 취하지 않도록 주의해야 한다. 또한 기밀성과 익명성을 약속하는 등 신뢰감 있는 친밀한 인간관계를 형성함으로써 있는 그대로의 자연스런 상황을 유지하여야 한다.

둘째, 학습자로서의 자세를 유지하여야 한다. 가장 기본적이자 필수적인 수칙으로 '나는 내가 무엇을 모르는지를 모른다.'(Lincoln &Guba, 1985: 209)는 자세로 출발해야 한다. 이것은 래포를 형성한다는 측면에서도 중요하지만, 그보다도 알고 배우기 위해 거기에 있다는 점에 주목할 때 결코 소홀히 해서는 안 되는 매우 중요한 자세이다. 석사 학위 논문을 준비하던 한 교사는 어렵게 교실 입장을 허락받았는데, 그리 오래 가지 않아 연구를 중단하게 된 경우도 있었다. 나는 연구 방법론 강의 시간에 '학습자로서의 자세'를 강조하며, 좀 알더라도 아는 체하지 말고 항상 겸손하며 듣고 이해하는 데 집중해야 한다고 누누이 말했다. 그렇지만 그녀는 이 수칙을 지키지 못하였다. 짧게 얘기하자면, 교실 입장을 승인해 주었던 교사가 자신의 수업과 관련하여 수행 평가에 대해 얘기하고, "선생님은 어떻게 생각하세요?"라고 묻자, 대학원생인 이 교사는 자신의 관점과 경험을 자세히 설명하였다고 한다. 그러자 그 교사는 "그렇게 잘 알면서 뭣 하러 여기에 왔느냐?"면서 그만 왔으면 좋겠다며 연구 허락을 취소했다는 것이다. 질적 연구자는 배우기 위해 거기에 있음을 잊어서는 안 될 것이다.

셋째, 친밀한 인간관계를 형성해야 한다. 기본적으로 질적 연구자는 연구 반응자들을 감사하는 마음으로 대해야 한다. 연구 반응자들의 진솔하고 적극적인 도움 없이 연구가 수행될 수는 없다. 그들의 말과 행동 하나하나는 모두 연구 자료가 된다. 연구를 허락해 준 그 자체로 고맙고, 말로 들려주고 행동으로 보여주는 것들은 모두 진실로 고마운 일이다. 이에 더해 더욱 진실되고 풍부한 자료를 얻기 위해서는 그들을 존중하고 공감하고 배려하는 자세를 갖추어야 한다. 그러한 마음을 전달하기 위해 조그만 선물을 곁들이는 것은 인지상정이라고 할 수 있을 것이다. 진실로 그들을 이해하기 위해서는 감정이입과 대리경험의 자세가 요구된다. 또한 그들을 우선적으로 생각하고 걱정하는 따뜻한 마음이 요구된다. 그리고 이러한 자세는 위선이나 자료 생성을 위한 실리적 자세라기보다는 인간으로서의 진실된 자세이어야 한다. 그러나 그것이 연구자로서의 정체성을 잃을 정도가 되어서는 안 된다. 그들의 세계에 합류하지만 같아질 필요도 같은 생각을 할 필요도 없다. 공감적이지만 항상 성찰적 자세를 취하며 어느 정도의 거리를 유지해야 한다.

자료 생성

자료 생성은 자연주의적 탐구 논리에 기초한다. 첫째, 자연주의적 탐구는 있는 그대로의 현장에서 자료를 생성한다. 하나의 사례는 그것이 작동하는 현장에서 관찰할 때 가장 잘 이해할 수 있다. 또한 그 사례가 속한 사회문화적 맥락에서 이해해야 한다(Bogdan & Biklen, 1992; Denzin, 1989a; Lincoln & Guba, 1985; Stake, 1990, 1995a). 따라서 자연주의적 사례 연구에서는 연구자가 연구가 이루어질 현장과 충분히 친숙해질 것을 강조한다.

둘째, 자연주의적 탐구에서는 각 개인들이 그들 자신의 관점에서 '살아있는 경험(lived experiences)'에 대한 그림을 제공한다(Guba, 1990; Peshkin, 1982, 1988; Van Manen, 1990). 본 연구는 연구 반응자의 1인칭 목소리를 우선적으로 중시하며, 학생들의 주관적 경험에 초점을 맞추었다. Erickson and Shultz(1992: 467)에 의하면, "학생들의 경험을 중심에 둔 연구는 없었다…. 만약 학생이 연구에서 조금이라도 드러난다면, 그 학생은 보통 성인 교육자의 관심과 관점에서 읽힌다." 또한 이 연구에는 교사의 1인칭 목소리도 반영되어 있다. 많은 질적 연구자들은 교육 연구에서 교사 자신의 이해를 파악할 것을 강조한다(Anderson, Herr, & Nihlen, 1994; Carr & Kemmis, 1986; Noffke & Stevenson, 1995; Van Manen, 1990).

셋째, 자연주의적 탐구는 이러한 주관적 의미에 대한 이해와 더불어 "행위자의 의미-관점과 그들 자신이 속한 생태적 상황 사이의 관계에 관심을 둔다"(Erickson, 1986: 127). 따라서 이 연구는 중학교 사회 수업이 이루어지는 교실에 초점을 두었다. 교실의 분명한 특징이 간과된다면, 고등사고능력 교육을 이해하고 개선하려는 노력은 실패할 가능성이 높다. 또한 이 연구는 고등사고능력이 그것이 일어나는 정치적·사회적·문화적·역사적 맥락과 무관하지 않다는 가정하에 수행되었다(Carspecken & Apple, 1992; Jacob, 1992; Roman, 1992).

넷째, 자연주의적 탐구는 가치 개입적이다. 모든 탐구자는 연구 현장에 자신의 성향과 선입견을 가지고 온다. 이 연구에서 나는 연구자로서 자료 생성과 분석 및 해석을 위한 핵심 도구 역할을 하였다. Lincoln and Guba(1985: 193)는 "인간 도구만이 불확정한 상황에 대처하는 데 필요한 특성을 가지고 있기 때문에 자연주의자는 선택의 여지가 없다."고 말한다. 나와 나의 연구 반응자들은 지속적으로 상호작용하면서 다른 사람들의 인식과 해석에 영향을 미친다. 상호작용을 통해 그들의 경험을 공유하려고 시도하면서, 나는 주어진 맥락에서 특정의 의미를 구성하였다.

이러한 자연주의적 탐구를 지향하며, 자료 생성은 참여관찰, 심층면담, 기록과 문서 수집을 통해서 수행되었다. 확실성은 삼각검증, 구성원 검토, 동료 확인을 통해 확보되었다. 나는 장 교사, 3학년 5반 학생들, 선정된 7명의 학생들과 그들의 어머니, 사회 교사들, 교장, 동료 확인을 위해 참여해 준 3명의 외부 사회 교사들과 함께 약 8주에 걸쳐 자료를 생성하였다.

초기에는 '장 교사의 사회 수업에서 학생들은 고등사고능력을 어떻게 경험하는가?'라는 연구 문제와 관련하여 다소 직관적으로 자료를 생성하였다. 네 가지의 주요 쟁점이 개발되면서 자료 생성의 초점이 점점 더 분명해졌다. 모든 자료는 녹음테이프, 현장 기록, 학교 문서와 자료로 생성되었으며, 대부분 개인용 컴퓨터에 저장되고 전사되었다.

연구 기간 내내 나는 주로 참여자보다 관찰자로 남았다(Adler & Adler, 1994; Lincoln & Guba, 1985; Stake, 1995a). 첫 주에, 나는 학교에 대한 맥락적 정보를 얻고 연구 현장과 친숙해지기 위해 학교의 이곳저곳을 둘러보았다. 또한 나는 3학년 5반과 다른 네 학급에서의 사회 수업에 참석하여 그들 사이에 차이가 있는지 확인하고, 나의 관찰의 적절성을 시험해 볼 뿐만 아니라 장 교사가 나의 존재에 익숙해지도록 하였다. 2주차부터는 화요일 6교시와 수요일 5교시로 예정된 3학년 5반의 사회 수업을 규칙적으로 참관하였다.

참관을 위한 두 개의 녹음기를 미리 설치하고, 학생들이 쉬는 시간에 무엇을 하는지도 볼 생각으로 교실에 5분 내지 10분 정도 일찍 도착했다. 첫 주의 관찰에 의하면 장 교사는 주로 교탁 주변에 머물렀기 때문에, 녹음기 하나는 장 교사의 교탁에 두었다. 다른 하나의 녹음기는 교실 벽에 걸린 고성능 마이크로폰에 연결하여 교실 뒤편에 마련한 내 책상 위에 두었고, 나는 그 책상에 앉아 수업 활동과 상호작용 그리고 수업에 대한 반성을 기록하였다(Bogdan & Biklen, 1992; Glesne & Peshkin, 1992; Lederman, 1990). 수업이 끝난 후에는 방금 끝난 사회 수업이 학생들에게 어떤 의미를 갖는지 알아보기 위해 몇 분 동안 더 머무르면서 학생들의 모습을 지켜보았다.

면담은 연구 반응자들의 다양한 관점을 알기 위해서뿐만 아니라 삼각검증, 구성원 검토, 동료 확인을 통해 확실성을 높이기 위해서 사용되었다(Lincoln & Guba, 1985; Stake, 1995a). 면담은 친구들 사이의 사적인 대화처럼(Bogdan & Biklen, 1992; Dezin, 1989a; Lincoln & Guba, 1985) 혹은 교사와 학습자(연구자로서의 나) 사이의 대화처럼 진행되었다. 면담 장소는 접근이 용이하고, 조용하고, 안락한 곳으로 선정되었다(Glesne & Peshkin, 1992). 면담의 길이와 빈도는 필요한 정보와 연구 반응자의 유창성에 따라 달랐지만, 장 교사와 학생들과의 면담은 "자료 포화(data saturation)"(Bogdan & Biklen, 1992: 68) 상태에 이를 때까지 지속되었다. 비공식적인 면담은 다양한 장소에서 예상치 못한 순간에 이루어진 반면, 공식적인 면담은 사전 약속된 일정표에 따라 진행되었다.

각 면담은 연구 반응자의 허락하에 녹음되었다. 그리고 면담 과정과 직후에 바로, 나는 면담 과정에서 보여준 연구 반응자의 표정이나 자세 등의 기술적 정보와 면담에서 느낀 나의 반성(reflections)을 생생하게 떠올리며 현장 기록을 작성하였다.

면담은 반구조화된 경향이 있긴 하지만(Bogdan & Biklen, 1992; Fontana & Frey, 1994; Glesne & Peshkin, 1992; Lincoln & Guba, 1985), 항상 열린 "큰 질문(grand question)"으로 시작하였다(Spradley, 1979). 예를 들면, "선생님은 선생님의 수업에 대해 어떻게 생각하십니까?", "보통 하루를 어떻게 보내시는지 얘기해 주시겠습니까?", "사회 수업 시간에 대해 얘기해 주실 수 있을까요?" 혹은 "어머님께서는 아이를 어떻게 키워 오셨는지 말씀해 주실 수 있을까요?" 이런 유형의 질문을 통해, 나는 연구 반응자들의 삶의 전반적인 맥락을 파악하고, 그들이 제기한 주제와 쟁점을 추출하고, 그들 스스로 면담 내용을 선정하고 구체화하도록 도울 수 있었다. 새로운 질문은 면담하는 동안에 그들의 답변으로부터 만들어졌다.

더 많은 사람들과 면담이 진행됨에 따라, 반응자들 간에 비교 가능한 자료를 얻고, 특히 새롭게 나타나고 있는 네 가지 쟁점에 초점을 맞추기 위해서 면담이 점차 구조화되었다. 면담은 반응자들이 제기하거나 내가 현장 기록과 테이프에 남긴 주제에서 고등사고능력과 관련된 것들을 탐색하였다. 나는 다음과 같은 질문을 하였다. "선생님이 높은 가치를 두고 있는 탐구학습의 장애 요인이 무엇일까요?", "사회과에서 사고의 발달이 왜 중요하다고 생각하시나요?", "사회 수업 시간에 선생님이 깊이 있고 폭넓은 탐구를 하도록 이끌어 주시나요?" 혹은 "어머님께서는 학교 공부와 관련해서 아들을 어떻게 도와주셨나요?" 그리고 모든 면담의 마지막은 다음과 같은 일반적인 질문으로 끝났다. "제가 묻지 않았지만 알아야 할 게 또 있나요?" 혹은 "얘기해줄 게 더 있으시나요?"

추가적인 자료는 두 개의 설문지, 자극에 의한 기억(stimulated recall), 집단 토의 전사본, 글쓰기 과제로부터 생성되었다. 하나의 설문지는 3학년 5반 학생들의 생활에 대한 일반적인 정보를 제공하였고, 다른 하나의 설문지인 '3학년 5반 학생들의 사회 수업에 대한 의견 조사'는 사고력이 풍부하게 발현되는 정도를 평가하고, 관찰과 면담에서 획득한 자료에 대해 삼각검증을 하기 위해서 시행되었다.

자극에 의한 기억은 학생 반응자들이 수업 시간에 무슨 생각을 하고 있는지를 알아보기 위해서 사용되었다. 나는 수업을 녹음한 테이프를 수차례 반복해서 들으면서, 고등사고능력과 관련된다고 판단되는 61개 부분을 전사본에 표시하였다. 그리고 학생들에게 수업 녹음테이프를 들려주면서 표시된 61개 부분에서 중지와 재생을 반복하였다. 학생들은 중지하는 순간마다 '매우 분명하게 생각남'에서 '전혀 생각나지 않음'으로 평정하였다. 그리고 그때 어떤 생각이나 행동을 하고 있었는지를 확인해 주었다.

학생 반응자 7명의 사고와 학습을 평가하기 위해서 그들에게 집단 토의를 요청하였고, 그 토의 전사본이 분석되었다. 내가 판단하기로는, 학생들은 수업 시간에 쟁점에 대해 토의할 시간이 거의 주어지지 않았고, 고등사고능력과 관련하여 무엇을 할 수 있는지를 보여 줄 기회도 거의 없었다. 집단 토의는 그런 기회를 제공하기 위한 것이었다. 토의는 학생들이 교과서에서 선택한 5가지 주제—농촌 문제, 국내 시장의 개방과 국제 협조, 사회 발전의 방향, 청소년 일탈, 복지사회의 실현—에 대해 각각 30분씩 이루어졌다. 이 토의에서 나는 소집하고 기록하는 역할만 하였다.

글쓰기 과제는 1학기 마지막 시간에 수행되었다. 그것은 사회 수업과 학생의 사고 수준과의 관계를 파악하기 위해서 고안되었다. 학생들은 조선일보에 게재된 우리나라의 경제성장과 환경오염에 대한 여섯 개의 짧은 기사를 읽고, 이 기사의 정보를 활용하면서 자신의 견해를 주장하는 설득력 있는 에세이를 쓰도록 요청받았다. 안타깝게도 학생들이 자신의 사고력을 충분히 발휘하기에는 날씨가 너무 더웠을 뿐만 아니라 시간이 너무 짧았기 때문에 제출된 에세이는 분석되지 않았다.

　정보는 또한 학교생활기록부, 시험 문제, 교사용 지도서, 학생 지능 검사, 가정 환경 조사서, 사회과 시청각 자료 목록, 월간 계획, 그리고 연간 학교 교육과정 등의 문서를 통해서도 생성되었다.

　생성한 모든 자료는 2부를 만들어 서로 다른 공간에 보관하였다. 질적 연구 교과서에서는 최소한 생성된 자료를 복사하여 다른 공간에 보관할 것을 권장한다. 더구나 인류학적 연구로 논문을 작성하던 중 집에 불이 나서 모든 자료를 잃고 실의에 차 있는 대학원생을 접한 경우가 있었다. 나는 이 점에 유의하며 출력본으로 획득한 자료와 컴퓨터 파일로 작성한 자료를 모두 복사하여 서로 다른 공간에 보관하였다.

　위 기록은 자료 생성을 위한 기본적인 지향점과 기법을 기술하고 있다. 지향점으로는 있는 그대로의 현장에서 연구 반응자의 목소리와 사회문화적 맥락에 기초하여 연구 도구로서의 연구자가 의미를 생성해 낼 것을 제시하고 있다. 그리고 자료 생성을 위한 참여관찰과 심층면담 및 기록과 문서 수집에 대한 기법과 유의점을 소개하고 있다.

　자료는 연구자가 눈여겨보고 귀담아듣고 몸으로 느끼며 의미를 탐색하고 부여할 때에야 비로소 자료로서의 생명력을 갖는다. 그 이전까지는 적어도 그 연구자에게는 보이지도 들리지도 느껴지지도 않는 한마디로 존재하지 않는 것에 불과하다. 자료의 가장 중요한 의의는 의미의 실마리이자 의미의 근거가 된다는 것이다. 즉, 근거 있는 주장을 가능하게 하고 질적 연구가 과학임을 입증해 주는 역할을 한다.

　질적 연구자는 보고 듣고 느끼는 것들에 대해 그냥 지나치지 않는 자세가 필요하다. 사람들은 일반적으로 주변 세계의 세세한 부분은 감지하지 못한 채, 당연하게 여기면서 살아간다. 그러나 질적 연구자는 익숙한 것을 낯설게 보며 무엇이든 깊이 있게 따져보는 자세로 임해야 한다. 사소한 것을 문제시하는 방식으로 세상을 바라보고 생각해야 한다. 호기심 속에 끊임없이 질문해야 한다.

▌있는 그대로의 상황과 주된 연구 도구로서의 연구자

> 현장 작업(fieldwork)은 연구 반응자의 세계로 나아가는 것을 의미한다. 연구자는 지나가
> 다 잠깐 들르는 사람이 아니라 의도적으로 방문한 사람이고, 모든 것을 알고 있는 사람
> 이 아니라 배우기 위해서 온 사람이며, 그들처럼 되고 싶어 하는 사람이 아니라 그들처
> 럼 된다는 것이 어떤 의미인지를 알고 싶어 하는 사람이다. (Geertz, 1979: 241)

질적 연구에서 자료 생성의 관건은 있는 그대로의 상황을 유지하느냐 못하느냐
에 달려 있다. 질적 연구 주창자들은 어느 누구를 막론하고 '자연적 상황(natural
setting)'에서의 연구를 강조해 왔다. 5장에서도 질적 연구의 특징으로 소개하였을
뿐만 아니라 이 장에서도 연구 설계와 관련하여 있는 그대로의 현장을 강조하였
다. 또한 연구 반응자들에게 무엇보다 먼저 '있는 그대로'와 '해오던 그대로'를 강조
했던 사례를 제시하였고, 래포 형성 역시 있는 그대로의 모습을 포착하기 위한 노
력의 일환으로 소개하였다.

질적 연구는 조작되지 않은 있는 그대로의 상황에서 특별한 의미를 읽어내는
연구이다(Eisner, 1991). 변형이 일어나면 원래 자료가 가지고 있던 특이성은 상실된
다. 질적 연구에서 있는 그대로의 상황은 특정의 독특한 상황을 의미하며, 독특한
상황의 발견은 그것의 차별성의 인식을 요구하고, 연구자에게는 이 차별성을 읽어
낼 수 있는 능력을 요구한다.

또한 질적 연구는 있는 그대로의 상황에서 맥락적 이해를 지향하는 연구이다
(Lincoln & Guba, 1985: 189-192). 현상은 그 자체뿐만 아니라 그 현상을 둘러싸고 있
는 상황에서 의미가 있다. 존재론적 입장에서 실재 피조물은 그것이 경험한 세상
으로부터 분리될 수 없고, 시간과 상황 의존성을 피할 수 없다. 현상은 그것을 발
생시키고 지지하는 시간과 상황의 관계성과 떨어져서는 이해될 수 없다. 질적 연
구는 그 상황 속에서의 모든 요인과 영향력을 고려해야 한다.

질적 연구는 있는 그대로의 상황에서 현상의 미시적인 과정과 상호작용 그리고
그 과정들의 미묘한 변화와 특징을 포착하는 연구이다(김영천, 1997). Eisner(1991)
는 이러한 연구를 위해 감수성, 지각성, 감정이입, 통찰력 등이 중요하다고 강조
하며, 인간이 연구 도구의 역할을 수행해야 한다고 주장한다. 비슷한 맥락에서

Lincoln and Guba(1985: 192-195)는 인간만이 질적 연구를 수행할 수 있다고 주장하면서 그 근거로 다음과 같은 일곱 가지 특징을 제시한다. 첫째, 인간은 모든 개인적이고 환경적인 신호를 감지하고 반응할 수 있다(반응성). 둘째, 인간은 다양한 요소와 다양한 수준의 정보를 동시에 수집할 수 있다(적응성). 셋째, 인간은 모든 혼란스러운 상황을 파악할 수 있는 유일한 존재이다(총체적 강조). 넷째, 인간은 단순한 명제적 지식을 넘어 암묵적 지식을 사용하여 깊고 풍부한 상황 인식을 가져올 수 있다(지식 기반의 확장). 다섯째, 인간은 자료를 즉각적으로 처리하고, 즉석에서 가설을 생성하고, 바로 그 상황에서 반응자와 함께 가설을 검증할 수 있다(즉각적 대처). 여섯째, 인간은 현장에서 자료를 요약하고 반응자에게 피드백하여 명료화하고, 수정하고, 확충(부연)할 수 있다(명료화와 요약 기회). 일곱째, 인간은 비전형적이거나 특이한 반응을 탐구하여 타당성을 검증할 뿐만 아니라 더 높은 수준의 이해에 도달할 수 있다(비전형적이거나 특이한 반응을 탐색할 기회).

그러나 질적 연구 도구로서의 연구자는 보유하고 있는 정보의 양, 기억력의 한계, 가변적인 개인의 감정이나 편견 등이 개입함으로써 진실에 대한 오해와 왜곡을 초래할 수 있다(유기웅·정종원·김영석·김한별, 2012; Barone, 1992; Eisner, 1992b; Guba, 1992; Jansen & Peshkin, 1992; LeCompte, 1987). 따라서 질적 연구는 무엇보다 내부자로서의 연구 반응자의 관점과 목소리를 중심으로 연구를 수행한다. 또한 연구자의 선입견과 편견을 밝힘으로써 독자가 해석과 의미 생성의 배경을 알고 자기 자신의 관점을 형성하도록 한다. 그리고 연구의 확실성을 확보하기 위해 삼각검증, 구성원 검토, 동료 확인을 활용한다.

▎참여관찰(participant observation)

참여관찰은 연구 반응자들의 세상에 들어가서 그들의 목소리와 행동을 구체적으로 정확하게 파악하고 그 의미를 찾는 자료 생성 방법이다. 현장 기록만으로 이루어지는 경우도 있고, 현장 기록과 함께 녹음이나 녹화를 병행하는 경우도 있다. 자료 생성 방법으로 참여관찰만을 활용할 수도 있지만 대체로 관찰한 것의 의미를 확인하고 정확하게 이해하기 위해 심층면담의 방법을 함께 사용하기도 한다. 참여관찰을 위해서는 연구 반응자의 세상에서 그들과 합류하면서도, 연구자로서 어느 정도의 거리를 유지하기 위해 균형감 있고 신중한 자세가 요구된다.

관찰을 위한 연구자의 역할은 양극단에 완전한 관찰자와 완전한 참여자가 있다. 완전한 관찰자는 대체로 양적 연구에서 채택하는 역할이며, 일방경을 통해 외부자의 관점에서 즉, 연구자의 관점이나 객관적 관점에서 연구 대상자들을 관찰한다. 반면에 완전한 참여자는 연구 반응자들의 삶 속에 은밀하게 들어가서 구성원의 한 사람으로 활동하면서 관찰한다. 완전한 관찰자는 참여 없는 외부자이기 때문에 질적 연구자라고 할 수 없다. 완전한 참여자는 대체로 인류학적 접근에서 문화기술지적 연구를 수행할 때 채택하는 역할로서, 자칫 과잉 참여(over participation)로 인해 연구자의 정체성을 상실할 위험성이 있다.

완전한 관찰자와 완전한 참여자 사이에는 연구자의 처신에 따라 수많은 역할이 있을 수 있다. 범주화하면, 관찰에 더 큰 비중을 두는 참여자로서 관찰자와 참여자 역할에 더 큰 비중을 두는 관찰자로서 참여자로 대별할 수 있다. 참여자로서 관찰자는 공식적 관계 수준에서 소극적으로 참여하며 관찰한다. 반면에 관찰자로서 참여자는 보다 친밀한 관계를 맺으며 적극적으로 참여하며 관찰한다. 질적 연구자는 이 스펙트럼의 어딘가에서 참여관찰자의 역할을 수행해야 한다.

그러나 그것이 그리 쉬운 일은 아니다. 예를 들어, 교실 수업을 관찰할 때, 연구문제에 따라 달라질 수 있지만, 때로는 보조교사처럼 때로는 동료 학생처럼 처신할 수 있을 것이다. 그러나 항상 수업에 지장이 없는 범위 내에서 또는 수업에 영향을 미치지 않는 수준에서 참여해야 한다. 매우 소극적인 참여에 그쳐야 한다는 의미이다. 교사가 요청하거나 학생들이 요청해서 참여하게 되더라도 중립을 유지하며 갈등과 분쟁에 휘말려서는 안 된다. 연구자 자신의 관점이나 의견을 분명하게 노출시키지 않는 정도로 참여해야 한다. 예를 들면, 위의 고등사고능력의 함양을 위한 연구에서도 다양한 의견들이 지니고 있는 장단점을 얘기하거나 제3의 의견을 제시하는 방법을 사용하며 당황스런 상황을 모면할 수 있었다. 어떤 형태로건, 참여하더라도 관심의 대상이 되지도 않고, 의사결정이나 논쟁에 영향을 미치지 않도록 유의해야 한다. 가장 중요한 것은 항상 자신이 연구자임을 잊어서는 안 된다는 것이다. 그리고 거기 그 자리에 있는 이유는 그들의 관점과 목소리를 정확하게 이해하고 정확한 의미를 읽어내기 위한 것임을 잊어서는 안 된다.

참여관찰은 연구 사례를 둘러싸고 있는 전체적인 맥락을 살펴보는 것으로부터 시작하는 것이 바람직하다. 예를 들어, 위의 고등사고능력의 함양을 위한 연구의 경우, 학교 밖의 세상에서 교문을 거쳐 운동장과 이런저런 건물을 지나 3학년 5반 교실까지 들어가며 전체적인 물리적 구조와 환경을 살펴보았다. 또한 교장, 교감, 각종 부장교사, 사회 교사로부터 경비원에 이르기까지 학교 구성원들과 인사를 나누며 인적 환경도 느껴보았다. 그리고 해당 교실, 해당 수업만이 아니라 다른 교실에서 행해지고 있는 동학년, 동일 교과 수업을 참관하며 학습 환경도 경험해 보았다. 마지막으로 해당 교실 수업 역시 전체적인 맥락을 파악하고 서서히 구체적인 연구 문제에 초점을 둔 관찰로 이행해 갔다. 한마디로 맥락적 정보에 기초하여 맥락적 이해를 추구한 것이다.

교실 수업을 관찰할 때는, 초반 관찰은 참고 자료로 활용할 뿐 의미 있는 분석과 해석을 위한 자료로는 사용하지 않는 것이 좋다. 아무래도 참여관찰이 이루어지는 아주 초반에는 연구자나 연구 반응자 모두 어색한 상태에서 자연스러운 모습을 보여주지 못할 것이다. 초반 참여관찰은 이방인이 들어와 있는 상황에 익숙해지기 위한 워밍업 시간이라고 간주하는 것이 좋다. 따라서 참여관찰의 초반에 보여주는 어색하고 다소 불편한 모습은 며칠 또는 몇 주 후에 나타나는 있는 그대로의 안정화된 상황을 증명해 주는 비교 자료로 활용될 수 있을 것이다. 장기간의 참여와 지속적인 관찰을 위해 참여관찰의 기간을 여유 있게 계획하는 것이 바람직하다.

▌심층면담(in-depth interview)

심층면담은 정형화된 질문지를 통해 기계적으로 진행하는 면담과 달리, 연구 반응자의 진술에 기초하여 역동적인 언어적 상호작용을 통해 다양한 측면에서 깊이 있는 정보를 획득하는 자료 생성 방법이다. 대체로 녹음을 하지만 녹화를 하는 경우도 있고, 이를 꺼려할 경우에는 메모와 기억에 의존해서 진행하는 경우도 있다. 또한 심층면담만에 의한 자료 생성도 있지만 참여관찰이나 기록과 문서 수집 등과 함께 사용하는 경우도 있다. 어느 경우이건 심층면담에서 자의적으로 듣고 자의적으로 해석하는 것은 절대적 금물이다. 무엇보다 연구 반응자가 진술한 그대로의 기술적 자료를 획득하고, 이에 기초하여 그들이 세계를 이해하는 방식을 분석하고 해석해 내는 것이 중요하다.

심층면담을 원활하게 잘 수행하기 위해서는 무엇보다 친밀한 관계 형성과 학습자의 자세가 요구된다. 먼저, 연구 반응자와 친밀한 관계, 대체로 친구 같은 관계를 형성할 것이 요구된다. 스스럼없이 대화를 나눌 수 있는 관계를 의미한다. 이를 위해서는 기밀성과 익명성이 충분히 강조되어야 하고, 그만큼 신뢰할 만한 사람으로 인식되어야 한다. 다음으로 알고 배우기 위해 듣고자 하는 진정성 있는 자세를 갖추어야 한다. 면담 과정에서는 항상 경청하는 자세로 인내심을 갖고 응답을 기다려야 하며, 식견을 드러내거나 평가적 자세를 취하는 일은 결코 일어나서는 안 될 것이다.

초반에는 사소한 이야기로 시작하고, 본격적인 심층면담은 개방형의 반구조화된 큰 질문을 가지고 탐색적인 대화로 이어가는 것이 바람직하다. 개방형의 큰 질문을 던지게 되면, 연구 반응자들은 그들이 가장 중요하게 생각하는 것들을 나름의 구조화를 통해 진술하는 경향이 있다. 그들의 이야기를 그들의 관점에서 심층적으로 파악할 수 있게 된다. 연구 문제와 관련하여 어느 정도 자료가 생성된 후에, 일반화에 대한 관심이 생기거나, 다른 집단과 비교해 보고 싶거나, 특정 주제나 쟁점에 대해 더 깊이 알고 싶은 경우에는 구조화된 면담을 시도할 수도 있다. 혹은 이에 기초하여 설문을 계획할 수도 있다.

개인 면담과 집단 면담을 계획할 수도 있는데, 두 가지를 병행하고자 한다면, 개인 면담에서 시작하는 것이 더 바람직하다. 필요에 따라 다를 수 있고 상황 판단은 연구자의 몫이지만, 학생들 사이에서 집단 면담을 먼저 하는 경우, 앞선 발언자의 눈치를 보며 자기 생각을 드러내지 않거나 자기 의견 없이 따라가는 경우들을 곧잘 발견할 수 있다. 개인별로 자기 자신의 의견을 어느 정도 갖추고 표출한 후에 집단 면담을 시행하고, 다시 개인 면담을 통해 자기 자신의 의견을 확인하고, 필요하면 다시 또 추가적인 집단 면담을 시행하는 것이 바람직하다.

면담 장소로는 접근이 용이하고, 방해받지 않는 조용한 공간이고, 경직되지 않는 편안한 분위기가 연출되는 곳이 좋다. 가는 길이 멀거나 번잡스럽고, 내 얘기가 귀하게 다루어지지도 않고, 앉아 있기도 불편하다면, 큰 보상도 없는데 굳이 참여해야 하는지에 대한 의구심이 들 수도 있다. 좋은 면담을 위해서는 편안한 마음으로 자유스럽고 수다스럽게 많은 이야기를 펼쳐낼 수 있는 공간을 확보해야 한다. 면담 진행 시간은 예정되고 공지되어야 하며, 성인의 경우는 한 회에 보통 2시간 정도를 계획하지만, 학생들의 경우는 학교급과 개인 일정을 고려해서 계획해야 할 것이다. 면담 횟수는 사전에 연구 반응자들에게 개략적으로 안내해야 하겠지만, 래포를 잘 형성해서 자료 포화 상태가 왔을 때 마무리할 수 있어야 할 것이다.

▍기록과 문서 수집(record and document collection)

문자화된 자료로서 기록과 문서 수집 역시 질적 연구에서 매우 중요한 자료 생성 방법이다. 기록과 문서는 동의어로 사용되기도 하는 용어로 엄격하게 구분하기는 쉽지 않다. 그러나 질적 연구에서의 활용 의미를 담아 본다면, 기록은 연구 수행 과정에서 연구를 위해 사실, 현상, 활동 등에 대해 작성한 자료로 참여관찰이나 심층면담 전사본, 현장 기록, 녹음파일, 녹화파일, 사진, 메모, 설문지와 응답지, 체크리스트 등을 예로 들 수 있다. 문서는 연구와 무관하게 개인이나 기관 수준에서 이미 제작된 그러나 연구를 위해 활용 가치가 있는 개인 일기장, 편지, 교육과정, 학교 운영과 관련된 각종 계획서나 보고서, 학교생활기록부 등을 예로 들 수 있다. 이러한 기록이나 문서는 어떤 경우에는 그 자체만으로 연구가 수행되기도 하고, 어떤 경우에는 참여관찰이나 심층면담과의 삼각검증을 위해서 활용되기도 한다. 어떤 경우이건 기록과 문서는 어떤 맥락에서 어떤 의도를 가지고 작성되었으며 연구 문제와 관련하여 어떤 의미를 갖는지에 초점을 두어 살펴보아야 할 것이다.

기록과 문서에는 양적 자료도 포함된다. 우리의 일상생활은 상당 부분이 수치로 표시되고, 양적 자료는 표준화된 인공 언어(artificial language)를 통해 과학적인 의미를 나타내며 객관성과 신뢰성을 갖게 해주는 근거가 되어준다. 질적 연구는 기본적으로 참여관찰, 심층면담, 기록과 문서 등의 질적 자료에 근거하고 이를 질적으로 분석하지만, 의미 이해에 도움을 주는 양적 자료, 가장 쉽게는 빈도수와 같은 양적 자료까지도 배제하는 것은 아니다. 연구 단위가 크거나 전체적인 경향을 알고자 할 때는 양적 자료와 분석이 필요하기도 하다. 또한 일반화에 관심이 있는 질적 연구의 경우에는 가설 설정뿐만 아니라 질적 자료 수집과 분석에 기초하여 설문을 실시하고 이를 통계적으로 분석하기도 한다. 연구 문제 탐구에 도움이 된다면 양적 자료로서의 기록과 문서 역시 얼마든지 활용 가능하다.

▌ 현장 기록(fieldnotes)

현장 기록은 연구 현장에서 일어난 일과 관련하여 문자로 남기는 것을 의미한다. 현장 기록만으로 연구를 수행하는 경우도 있지만, 녹음기를 사용할 경우에는 상황, 인상, 행동 혹은 미묘한 특징 등을 놓치는 부분이 있기 때문에 대체로 현장 기록을 병행한다. 많은 연구자들은 연구 현장에서 참여관찰이나 심층면담을 하면서 연필로 공책에 메모 형태로 작성한 후 컴퓨터에 정리하는 형식을 취하게 될 것이다. 그러나 연구 반응자 앞에서 줄곧 적고 있어서는 안 되고, 흐름이나 키워드 정도만 메모하고 잘 기억했다가 자리를 뜬 직후에 바로 정리하는 것이 좋다. 녹음이나 녹화를 하였다면 나중에 전사본과 현장 기록을 합본하는 것도 분석과 해석에 큰 도움이 될 것이다. 이러한 작업은 결코 한 번으로 완결되지 않는다. 뒤늦게 기억나는 것들을 수차례에 걸쳐 추가하고 수정하면서 최선을 다해 정확하고 상세하게 기록해야 한다.

대부분의 질적 연구서는 현장 기록을 기술적(descriptive) 부분과 반성적(reflective) 부분으로 구분하여 작성할 것을 권한다. 편집 용지를 2단으로 나누어 작성하거나, 기술적 부분을 적은 후 (남길 내용이 있다면) 반성적 부분을 이어서 작성할 수 있을 것이다. 어느 경우이건 분석 과정에서 주요 단어와 구절, 떠오르는 아이디어, 범주 등을 자유롭게 메모할 수 있도록 충분한 여백을 두는 것이 바람직하다.

기술적 부분에는 물리적 환경, 연구 현장 상황, 연구 반응자의 특징, 연구 반응자의 행동과 발언, 특별한 사건, 연구자의 상황과 행동 등이 기술된다. 즉, 어떤 물리적 공간에서 무슨 일이 일어나고 있었고, 그런 상황에서 연구 반응자는 어떤 외양, 말투, 표정, 제스처와 함께 무엇을 어떻게 말하고 행동했으며, 어떤 특별한 일들이 있었고, 연구자는 어떤 모습과 자세로 무엇을 어떻게 말하고 행동했는지 등을 기술해야 한다. 이때 무엇보다 유의해야 할 점은 가능한 범위 내에서 보고, 듣고, 경험하고, 생각하고, 느끼는 모든 것을 정확하고 상세하게 구체적인 단어로 기술하는 것이다. 결코 자의적이거나 느낌과 판단과 평가가 개입되어서는 안 된다.

반성적 부분에는 연구와 관련한 연구자의 주관적인 생각과 느낌과 판단이 기록된다. 즉, 기술된 내용과 관련하여 연구자가 지니고 있는 선입견이나 편견, 인상이나 육감 또는 느낌, 딜레마와 갈등, 실수나 오해에 대한 반성, 발현적 설계에 해당하는 연구 방법 관련 아이디어 등을 적는다. 연구자가 거짓 없이 적나라하게 자기 자신의 모든 것을 드러내는 공간이라고 봐도 될 것이다. 따라서 특히 이 부분은 노출되지 않도록 유의해야 한다. 혹시라도 누군가가 보게 된다면 연구가 중단될 정도의 치명적인 일이 발생할 수도 있을 것이다.

다음은 노경주(2018a)의 연구 과정에서 작성된 현장 기록의 반성적 부분이다. 앞의 예는 나의 오해에 대한 반성을 보여주고 있고, 뒤의 예는 자료 생성과 관련한 연구 방법론적 아이디어를 보여주고 있다.

> R. C.(Researcher's Comment) 세 번째 교사상으로 제시한 '작은 씨앗 하나 심어줄 수 있는 선생님'은 하나의 바람에 그치는 것으로 규정하였다. 그러나 앞서 월드컵 특집이나 해외에서 보내주는 엽서 얘기를 들려주면서 내가 생각지 못한 또는 생각지 않은 '씨앗' 얘기를 한다. 결국 '씨앗'을 심어준다는 게 그냥 피상적으로, 하나의 추상적인 바람으로 던져진 것이 아니라, 평소의 학생지도에 담겨 있는 중요한 신념, TPPT라는 것을 확인해 주고 있다.

> R. C. 내가 여기서 뭔가 판단을 내린다면 면담에 임해 주고 있는 정 교사는 급격히 말수가 줄고 자기 자신을 드러내기를 많이 꺼리게 될 것이다. 많은 솔직한 이야기를 듣고자 한다면 적당히 얼버무리며 넘어가는 것이 현시점에서 내가 취할 수 있는 최선의 자세이다. 그렇긴 하지만, 사실 '자기 편하기' 위해서 던져 주고 마는 것도 있지 않을까? 마무리 단계에서는 꼭 확인해야 할 것이다.

▌기제 활용

자료 생성 과정에서 정확성을 확보하고 효과적이고 효율적인 기록을 위하여 대체로 녹음이나 녹화를 병행한다. 메모나 현장 기록에만 의존할 경우, 정확한 표현이나 행동을 놓칠 수 있다. 또한 연구 반응자 앞에서 뭔가 줄곧 적고만 있을 경우, 연구 반응자는 자신의 말과 행동이 적히고 있다는 생각에 부자연스러워질 수 있다. 더구나 보고 들어야 할 모든 것을 적는 것도 불가능하다. 그런 점에서 녹음이나 녹화는 정확성, 효과성, 효율성 등의 측면에서 매우 중요한 역할을 하게 된다. 그렇다고 녹음이나 녹화가 되고 있다는 생각에 느슨한 자세로 임한다면, 의미를 이해하고 생성하는 데 있어서 오히려 부정적 결과를 낳게 될 것이다. 녹음이나 녹화를 하더라도 집중해서 경청하며 흐름과 주요 키워드와 상황적 특징을 잘 기록할 것이 요구된다.

녹음이나 녹화를 계획할 경우에는 반드시 사전 동의를 구해야 한다. 긴급 상황에서 불가피하게 사후 승인을 받게 되는 경우도 있을 수 있다. 그러나 의도적으로 몰래 녹음하고 녹화하는 경우는 기본적으로 연구 윤리에 어긋난다. 녹음이나 녹화를 할 수 없는 경우에는 현장에서의 메모와 기억에 의존할 수밖에 없다. 위의 고등사고능력의 함양에 관한 연구의 경우가 이에 해당하는데, 한 학부모는 자신이 이혼녀이기 때문에 선정되었다고 오해해서, 사전 동의했던 녹음을 면담장에서 갑자기 거절하였다. 이에 나는 초긴장 상태에서 보다 핵심적인 질문을 중심으로 재구조화하고, 내가 기억할 수 있는 시간이 어느 정도일지를 추측하며 2시간 정도에 마무리하기로 마음을 먹었다. 그리고 면담이 끝난 직후, 근처의 조용한 카페에 가서 핵심 질문을 떠올리며 시간 흐름에 따라 정리하였다. 그리고 귀가하면서 지하철에서 생각나는 대로 추가하고, 집에 와서도 또 다음날에도 또 그 다음 날에도 생각나는 것들을 추가해 갔다. 결국 녹음이나 녹화를 허락받지 못한 경우에는 자신이 기억할 수 있는 시간 범위를 설정하고, 그 시간 내에 반드시 물어야 할 핵심 질문을 중심으로 진행하며, 면담에 지장 없을 정도로 자연스럽게 메모하고, 면담 직후에 바로 대체적인 주요 내용을 정리하고 생각나는 대로 추가해 갈 것을 제안한다.

녹음기나 녹화기는 연구 반응자에게 거슬리지 않게 배치해야 한다. 바로 눈앞에 기계가 놓여 있으면 부담을 느낄 수밖에 없고 언행이 왜곡되고 미화되기 쉽다. 그리고 녹음기나 녹화기를 설치하기 전에는 전선이 걸리적거리지 않게 배치되었는지, 배터리는 충분한지, 저장 공간은 여유가 있는지도 확인해야 할 것이다. 그리고 가능하면 두 벌의 기계를 사용하여 혹시라도 실수로 녹음이나 녹화가 되지 않는 경우를 대비하는 것도 필요하다.

전사의 노고를 덜어주는 과학기술의 발전은 질적 연구의 활성화에 크게 기여할 것이다. 무엇을 얼마만큼 전사할 것인지는 연구자의 선택에 따라 달라질 수 있다. 어떤 연구자는 녹음이나 녹화 파일 전부를 전사한다. 반면에 어떤 연구자는 녹음이나 녹화 파일을 반복적으로 듣거나 보고 사용할 부분만 전사한다. 특별한 보상이 있지 않음에도 불구하고 진실된 마음으로 열정을 담아 얘기해 주던 모습을 떠올린다면 취사선택해서 전사하기는 쉽지 않을 것이다. 또한 과거에는 전사하는 데 녹음이나 녹화한 시간의 약 3~6배가 소요되기도 했기 때문에 선택적으로 전사한 경우가 있었지만, 오늘날과 같이 음성 파일이 바로 문자로 변환되는 상황에서는 굳이 그럴 필요가 없을 것이다. 다만, 전사와 관련하여 유의해야 할 점은 표현된 말만 옮기면 되는 것이 아니고, 어떤 분위기에서 어떤 말투로 어떤 표정을 지으며 어떤 말과 행동을 했는지를 담아내는 노력이 수반되어야 한다. 특히 집단 면담의 경우에는 바로 전사하지 않는 경우, 시간이 지나면서 발언자를 식별하기 힘들어지기 때문에 면담이 끝난 후 짧은 시간 내에 전사할 것을 제안한다.

▌문헌 연구

연구와 관련하여 언제 어느 정도 문헌을 검토할 것인가? 대체로 어느 정도 자료가 생성되고 연구의 초점이 드러날 때 문헌을 살펴볼 것을 권한다. 질적 연구는 연구 현장에서 무슨 일이 일어나고 있으며 그것이 거기에 있는 내부자의 관점에서 어떤 의미를 갖고 있는지를 탐색한다. 기존의 이론이나 선행 연구 또는 외부자의 시각으로 들여다보고 평가하는 것을 거부한다. 따라서 충분한 문헌 연구에 기초하여 이론적 배경을 정리하고 연구 문제와 가설을 설정하고 검증하는 양적 연구와 달리, 질적 연구는 귀납적으로 현장 이론을 만들어 내고자 하기 때문에 문헌 연구는 있는 그대로의 연구 현장에 대한 어느 정도의 이해가 이루어졌을 때 시작하는 것이 좋다. 즉, 연구 문제가 확정되고, 나아가 구체적인 하위문제가 구성된 지점에서, 분석과 해석이 어느 정도 진행된 상태에서 연구 문제에 대한 답변이 윤곽을 드러낼 때, 기존 이론이나 선행 연구와의 관련성을 검토하고 해석하는 수준에서 문헌 연구를 수행하는 것이 바람직하다. 때로는 기존 이론이나 선행 연구와의 관련성을 분명히 하거나 새로운 이론적 주장을 확실히 하기 위해, 연구 마무리 단계에서 문헌에 대한 심층 탐색을 보강하기도 한다.

물론 연구자가 백지상태로 연구를 시작하는 것은 아니다. 많은 배경지식과 식견을 가지고 임할 것이고, 아무리 연구 반응자의 관점과 목소리를 존중한다 하더라도 연구자의 선입견을 무시할 수는 없을 것이다. 따라서 질적 연구는 연구자의 선입견과 편견을 밝힐 것을 요구한다. 어떤 선입견과 편견을 가지고 있는 연구자가 어떤 의미를 생성해 냈는지를 독자에게 알려주고, 독자는 그 점을 고려해서 자신의 해석을 만들어 보라는 것이다. 결국 질적 연구에서 무엇보다 중요한 것은 연구 현장에 있는 사람들의 삶을 외부자의 잣대로 재단하고, 외부자의 관점에 꿰맞추는 연구가 되지 않도록 최선을 다해야 한다는 것이다. 문헌 연구로부터 시작해서 문헌 연구에 기여하는 연구로 마무리 짓는다면, 그건 질적 연구라고 부르기 힘들 것이다.

▌언제 현장을 떠날 것인가?

질적 연구에서는 언제까지 현장에 머무를 것인가도 매우 어려운 문제이다. 연구 기간이 정해져 있거나 석·박사 학위 취득을 위한 연구라면, 연구의 초점을 보다 신속하게 명료화하고 집중력을 발휘하여 연구를 수행해야 할 것이다. 그러나 대체로 많은 질적 연구자들은 "자료 포화(data saturation)"(Bogdan & Biklen, 2007: 69) 상태를 기점으로 하여 현장을 떠나는 것이 가장 바람직하다고 말한다. 즉, 더 이상의 새로운 정보가 나타나지 않고 이미 보고 들은 것들이 반복되면 그때가 현장을 떠날 때라는 것이다. 연구의 초점을 좁혀가면서 참여관찰과 심층면담 및 기록과 문서 수집을 계속하다 보면, 어느 순간 자료 포화임을 반복적으로 느끼게 되는 시점이 있을 것이다. 기쁜 마음과 섭섭한 마음이 교차할 것이고, 과연 지금까지의 자료로 충분히 의미 있는 결과를 제시할 수 있을 것인지에 대한 걱정도 다가올 것이다. 생성한 자료를 다시 한 번 꼼꼼히 챙겨보면서 빠지거나 부족한 것이 없는지 확인해 보아야 할 것이다.

그리고 재회의 여운을 남기며 떠나면 된다. 연구 현장을 떠나고 난 후에도 거의 항상, 애매하거나 보완할 필요가 있어서 또는 추가적으로 필요한 기록이나 문서가 있어서 연락을 하게 된다. 또는 단순히 연구 반응자들과 정이 들어서 다시 만나는 경우도 있을 수 있다. 연구를 위해 도움을 준 데 대해 감사하는 마음과 함께 추가적인 도움을 필요로 할 거라는 여운을 남기며 헤어져야 할 것이다. 나의 오랜 연구에서도 여러 차례에 걸쳐 다시 통화하고 이메일로 확인한 경우들이 있었다.

자료 분석과 해석

　　자료 분석과 해석은 자료 생성의 전 과정을 통해서 이루어졌고, 연구의 초점을 맞추고 연구의 형태를 갖추는 데 도움이 되었다(Bogdan & Biklen, 1992). 자료 분석과 해석 전반에 걸쳐 사례와 핵심 쟁점이 중심에 있었다.

　　현장에서 돌아온 후에는 맨 먼저 현장 기록을 반영하며 전사본을 마련하였고, 이를 개인용 컴퓨터에 저장하였다. 많은 질적 연구자들이 말한 것처럼, 양질의 전사기를 사용했음에도 불구하고 전사 과정은 지루하고 무척 힘들었다. 나는 오디오테이프를 반복적으로 듣고, 현장 기록을 통합한 전사본과 각종 기록과 문서의 여백에 아이디어를 메모하고, 연구 반응자들이 사용하는 주요 단어와 구절에 동그라미를 치고 밑줄을 그으며 쟁점과 패턴을 찾았다. 메모는 수정할 수 있도록 연필을 사용하였다.

　　자료를 검토하는 과정에서 중요한 단위와 범주(units and categories)가 부각되었다(Bogdan & Biklen, 1992; Denzin, 1989a; Erickson, 1986; Glesne & Peshkin, 1992; Lincoln & Guba, 1985; Stake, 1995a). 예를 들면, 장 교사를 위한 범주에는 교직에 대한 견해, 사회 교사 간의 관계, 사회과교육의 목적, 수업 준비, 학생관, 학급 운영 등이 포함되었다. 나는 그러한 모든 자료를 출처와 범주별로 공책에 정리하고 요약하였다. 현장 기록을 통합한 전사본에 순차적으로 페이지를 매겼기 때문에, 나는 각 단위를 그것의 출처와 페이지 번호에 연결할 수 있었다. 예를 들면, [TI(교사 면담: 자료 출처)-2(차수)-7(페이지)]와 같다.

　　분석 과정에서, 나는 이 사례에 대한 이해를 위해 나의 경험과 지식과 이론적 성향을 바탕으로 자료를 생성하였다(Denzin, 1989a; Erickson, 1986; Glesne & Peshkin, 1992; Stake, 1995a). 나의 자료 분석과 해석은 기존의 연구와 이론적 문헌에서 고등사고능력이 어떻게 탐구되어 왔는지에 대한 해체적 읽기와 결합되었다. Denzin(1989a)은 해석 과정의 첫 단계에서 "문제가 되고 있는 현상에 대한 표상과 선행 연구에 대한 비판적 분석과 해석"(p. 140)을 의미하는 '해체(deconstruction)'를 제안한다. 나는 철학, 심리학, 사회과교육에서의 사고에 대한 다양한 관점을 검토함으로써, 이 연구를 고등사고능력의 개념적 틀 안에 위치시킬 수 있었다. 새로운 의미의 구성은 개별 사례에 대한 직접 해석뿐만 아니라 범주적 집합(categorical aggregation)을 통해서 이루어졌다(Stake, 1995a). 본 연구의 해석은 매우 주관적이지만, 삼각검증, 구성원 검토, 동료 확인을 통해 나 자신과 연구 반응자 간의 대화로 검증되었다.

마지막으로 본 연구는 "살아있는 경험의 세계 내에서 의미 있는 분석과 이해의 체계를 구성하는 심층 해석(thick interpretation)"(Denzin, 1989a: 101)을 시도하였다. 심층 해석은 상세한 묘사(thick description)에 기초하고, 진정한 이해(authentic understanding)를 위한 토대를 이룬다. 또한 상세한 묘사와 심층 해석은 독자들에게 대리경험(vicarious experiences)과 자연주의적 일반화(naturalistic generalization)의 기회를 제공할 것으로 기대된다(Stake, 1978, 1994, 1995a). 이처럼 상세한 묘사와 심층 해석을 제공하기 위해서, 본 연구는 Denzin(1989a)이 제안한 다음과 같은 준거에 주의를 기울였다.

(1) 해석이 현상을 살아있는 경험처럼 명확하게 해주었는가?
(2) 해석이 충분히 맥락화된 자료에 기초하고 있는가?
(3) 해석이 역사적으로나 관계적으로 근거가 있는가?
(4) 해석이 과정적이고 상호작용적인가?
(5) 해석이 현상에 대해 알려진 것을 포괄하고 있는가?
(6) 해석이 현상에 대한 사전 이해를 통합하고 있는가?
(7) 해석이 일관성 있고 이해 가능한가?
(8) 해석이 아직 미완성인가? (p. 63)

위 기록은 생성된 자료의 분석과 해석의 과정과 기법을 기술하고 있다. 자료 분석과 해석은 자료 생성과 함께 시작하고, 단위와 범주의 개발 과정을 거쳐 이를 연구 문제와 쟁점을 중심으로 구조화했고, 문헌 탐구와 삼각검증, 구성원 검토, 동료 확인 등을 통해 분석과 해석의 확실성을 점검하였음을 보여주고 있다. 그리고 상세한 묘사(thick description)와 심층 해석(thick interpretation)을 통해 독자들이 대리경험을 하고 자연주의적 일반화에 도달할 기회를 제공하였음을 소개하고 있다.

자료 분석은 연구자가 생성한 자료에 일련의 질서와 체계를 부여하는 과정으로서, 자료를 감소시켜 나가면서 범주화하고 범주화된 자료 간의 관계를 도출해 낸다. 한편, 자료 해석은 분석된 자료에 의미를 부여하는 과정으로서, 범주화된 자료의 관계를 규명하고 그 관계에 담긴 의미를 생성해 낸다. 질적 연구에서의 자료 생성과 분석과 해석은 양적 연구와 달리 동시에 이루어지고 순환적으로 일어나는 특징을 갖고 있다. 또한 질적 연구에서의 자료 분석과 해석은 양적 연구와 달리 표준화된 도구나 절차에 얽매이지 않는 반성적이고 예술적인 특징을 지니고 있다. 그렇지만 근래에는 질적 자료 분석용 소프트웨어가 소개되고 있어서 대규모의 연구나 연구자의 성향과 연구 문제의 성격에 따라 유용하게 활용될 수도 있을 것이다. 그러나 소프트웨어가 연구자 대신에 분석을 해주는 것은 아니다(Mertler, 2014; Mills, 2003). 자료를 입력하고 코딩 체계 개발 시스템을 제공하고 범주화하는 것은 여전히 연구자가 해야 한다. 아마도 아직은 소프트웨어가 미덥지 않아 연구자가 다시 확인하는 일이 생길 수도 있을 것이다. 질적 연구의 확대와 함께 컴퓨터 소프트웨어의 발전을 기대해 본다.

자료 분석과 해석은 연구 현장에서 이루어지는 경우와 연구 현장을 떠난 후에 이루어지는 경우로 나누어 생각해 볼 수 있다. 현장에서는 생성과 분석과 해석이 동시적, 순환적으로 일어나며 발현적 연구 설계를 시도한다. 즉, 연구 문제와 쟁점에 기초하여 자료를 생성하고, 생성한 자료를 검토하며 무엇을 알았고 무엇을 더 알아야 하는지를 질문하고, 이 질문을 통해 새로운 자료를 생성한다. 이러한 연구 활동을 위해서는 우선 메모 정도로 간단하게 현장 기록을 작성하고, 연구실이나 집으로 돌아온 후 이 현장 기록을 보다 상세하게 정리하며, 녹음하거나 녹화한 자료를 아직 기억이 생생한 짧은 시간 내에 전사할 필요가 있다. 그리고 현장 기록과 전사본에 표시하고 메모하며 자료 분석과 해석을 시도하고 이에 기초하여 후속 자료 생성을 계획할 것이 요구된다. 자료 포화 상태에 도달하여 연구 현장을 떠난 후에는 본격적으로 연구 문제와 쟁점을 중심으로 심층적인 자료 분석과 해석에 몰입해야 한다. 물론 이 상황에서도 추가적인 자료 생성이 필요한 경우가 있지만, 대체로 이론이나 선행 연구와 관련짓고 의미를 파악하며 현장 이론을 구성하고 진정한 이해에 도달하는 데 전념하게 된다.

▌귀납적 자료 분석과 현장 이론의 구성

자료 분석과 해석은 생성된 자료로부터 시작하는 귀납적 방식으로 이루어진다. 연구는 알고 싶거나 바꾸어 보고 싶은 욕구로부터 시작된다. 이에 따라 왜 알고 싶고 왜 바꾸어 보고 싶은지를 생각해 보게 될 것이다. 또한 이 상황과 관련하여 어떤 일이 벌어지고 있고, 이에 대한 연구자 자신의 앎과 믿음은 무엇인지에 대해서도 생각해 보게 될 것이다. 여기에서 연구자 자신의 앎과 믿음은 이미 생성되어 있는 자료이자 연구 출발점에서 연구자가 지니고 있는 편견이나 선입관에 해당한다. 질적 연구자는 이러한 편견과 선입관을 안고 그러나 '나는 내가 무엇을 모르는지를 모른다.'는 진정한 학습자의 자세로 자료를 생성한다. 즉, 연구 반응자의 목소리에 근거하여 그들의 관점에서 이해하고 의미를 찾기 위해 노력하며, 알고 싶거나 바꾸어 보고 싶은 욕구를 해소해 나간다. 이처럼 질적 연구는 발현적 연구 설계로 수행되며 생성된 자료에 근거하여 귀납적 방식으로 자료를 분석한다.

자료 분석은 세 가지 방식으로 시도될 수 있다. 첫째, 사전에 일반적인 범주를 설정하고 이에 따라 분석할 수 있다. 이를테면, Bogdan and Biklen(2007)은 자료 분석을 위한 범주의 예로 장소와 맥락, 상황의 정의, 연구 반응자의 관점, 사람과 사물에 대한 연구 반응자의 사고 방식, 과정, 활동, 사건, 전략, 관계와 사회 구조, 내러티브를 제시한다. 질적 연구에 익숙하지 않은 초보자는 이 방식을 활용하는 것으로부터 연구 역량을 쌓아갈 수 있을 것이다. 둘째, 본격적인 분석 이전에 연구 문제와 쟁점 해결에 필요한 범주를 설정하고 이를 준거로 하여 연역적으로 분석할 수 있다. 연구 의뢰 기관의 요청이나 연구자의 관점이 매우 확고한 경우에 시도해 볼 수 있을 것이다. 셋째, 선입견에 얽매이지 않고 현장에서 생성된 자료에 근거하여 귀납적으로 범주를 개발하며 분석할 수 있다. 이 방식은 연구 사례를 보다 잘 설명하는 새로운 개념이나 현장 이론을 도출해 내는 데 초점을 둘 것이다. 어느 방식을 채택할 것인지는 연구 목적과 상황에 따라 달라질 수 있다. 그러나 대체로 세 번째 방식이 질적 연구자들이 선호하고, 질적 연구 본연의 의미에 부합한 귀납적 방식이라고 할 수 있다.

이 같은 귀납적 자료 분석은 자료로부터 도출되는 현장 이론을 지향한다. 자료 분석 과정은 깔때기와 같아서 넓고 일반적인 것으로부터 시작해서 점차 좁고 구체적인 것으로 나아간다. 질적 연구자는 자료 분석을 시작하면서 연구 문제와 쟁점에 대해 충분히 잘 알고 있다고 생각하지 않는다. 연구 사례에서 직접 생성한 자료로부터 특별함을 발견하고, 추상적 개념을 만들고, 상호 연관성을 찾아서 이론을 만들어 간다. 이처럼 질적 연구는 일반적인 이론이 아니라 그 연구 사례에 제한적인 국지적 이론(local theory)으로서의 현장 이론을 지향한다.

▌범주화: 반복적으로 보고, 듣고, 읽고

자료 분석은 범주화의 과정이라고 할 수 있다. 범주화는 생성된 자료의 단위화를 통해 분석 대상 자료를 추출하고 조직화하며, 생성된 자료와 연구자의 시각을 연결하는 고리 역할을 한다(Lincoln & Guba, 1985). 범주화의 과정은 먼저 단위화에서 시작한다. 생성된 자료에서 반복적으로 나타나거나, 중요하다고 생각되거나 혹은 의미 있는 메시지가 담겨 있는 특정 단어, 어휘, 행동 유형, 사고방식, 사건 등을 연필로 표시하며, 의미를 나타내는 개념이나 구 또는 진술의 형태로 메모하고 떠오르는 아이디어나 부연 설명을 기록한다. 다음으로 단위를 연계하여 기술적 혹은 추론적 정보를 제공하는 범주로 조직화한다. 단위들로부터 규칙성과 패턴을 찾으며 개념이나 구 또는 진술을 소주제로 묶고, 소주제는 보다 넓은 대주제로 묶거나 관계망을 만들며, 연구 결과를 향한 총체적인 그림을 그린다. 끝으로 그러한 모든 자료를 범주별로 출처(예: 자료 출처-차수-페이지)와 함께 정리해서 저장한다.

예를 들면, 노경주(1999)는 교사의 언어가 어떻게 기능하는가에 대한 분석을 통해 여섯 번의 수업에서 나타난 1,725개의 진술을 '제보', '유도', '반응', '지시'라는 네 개의 범주로 분류한다. 이 중 '제보'의 예를 들면 다음 〈표 1〉과 같다.

〈표 1〉 범주화의 예

단위(교사 진술의 예)	소범주 (부호)	대범주 (부호)
– "먼저 77페이지, '우리 나라 경제 성장의 특징'" – "이제 그 현대 사회가 안고 있는 여러 가지 그 문제 이런 것들을 개괄적으로 살펴보겠어."	학생들에게 학습할 내용을 알린다. (TI1)	제보 (TI): 교사가 학습 과제의 수행과 관련된 정보를 학생들에게 제공한다.
– "미국보다 우리가, 미국보다 우리가 값싸게 신발을 만들 수 있는 건 확실하지." – "이와 같은 행동을 '일탈 행동'이라고 한다."	의견이나 정보를 단언적인 어법으로 제보한다. (TI2)	
– "근데 미국 소비자 입장에서 본다면 값싼 신발을 사서 좋을지도 모르지." – "그 다음에 여러분들, 우리 학교에 그 조사해 보니까, 한 이십오 프로 정도는 흡연의 경험이 있다던데...."	의견이나 정보를 유연한 어법으로 제보한다. (TI3)	

그러나 이 과정이 항상 매끄럽게 진행되는 것은 아니다. 메모가 파편화된 채 아무런 의미도 제공하지 못하는 상황이 전개될 수도 있다. 현장을 떠나기 전이면 가볍게, 현장을 떠난 후면 본격적으로 문헌 탐구를 수행하면서 이론이나 선행 연구와 관련지으며 개념이나 구 또는 진술을 창출하고 이에 기초하여 의미를 생성해 내는 것이 바람직하다. 그렇지만 문헌 탐구를 통해 브레인스토밍 수준의 도움을 받는 것이지 연구자의 시각이나 연구 반응자의 목소리가 사라져서는 안 된다. 문헌에 매몰된 분석은 질적 연구의 의미를 상실하게 한다. 생성한 자료를 문헌의 관점과 주장과 개념에 꿰맞추는 우를 범하지 않도록 충분한 거리를 두고 문헌을 참고해야 한다(Bogdan & Biklen, 2007: 169).

▌심층 해석과 상세한 묘사

분석된 자료에 대해서는 연구 사례에 대한 진정한 이해를 위해 심층 해석이 이루어져야 한다. 첫째, 개별 사례에 대한 연구 반응자의 이해를 심층적으로 이해할 것이 요구된다. 특정 상황에서 생성된 이해는 그 상황에서만 의미를 갖는다(Lincoln & Guba, 1985). 그리고 그 이해는 연구 사례에 속해 있는 연구 반응자들이 어떻게 이해하고 있는지 즉, 연구 사례에 속해 있는 연구 반응자의 다양하고 주관적인 목소리와 경험을 존중하며 그들의 시각에서 심층 이해를 시도할 것이 요구된다(Bogdan & Biklen, 2007). 둘째, 의미 파악과 진정한 이해를 위해 심층 해석이 이루어져야 한다. 특정 현상을 이해하기 위해서는 의미가 파악되어야 하고, 의미를 파악하기 위해서는 심층 해석이 선행되어야 한다(김영천, 1997). 셋째, 심층 해석은 협상의 산물로서 합리성을 갖추어야 한다. 심층 해석을 위해서는 연구 반응자들 간의 협상과 연구 반응자들과 연구자 간의 협상을 요구한다. 왜냐하면, 심층 해석은 다중의 구성 실재의 산물로서, 개별 해석을 제시할 연구 반응자의 권리와 그 이해를 경청하고 고려해야 할 연구자의 의무에 기초하기 때문이다(Lincoln & Guba, 1985). 또한 이 같은 심층 해석은 왜곡을 막고 확실성을 담보해야 하기 때문이다. 협상으로서의 구성원 검토, 동료 확인, 삼각검증 등을 통해 연구의 확실성을 높이고 합리성에 기초한 설득력을 갖추어야 한다(Eisner, 1991). 끝으로, 심층 해석에 근거한 보고서는 독자의 대리경험을 통한 자연주의적 일반화 도출을 위해 상세한 묘사를 제공해야 한다(Geertz, 1973; Stake, 1978). 상세한 묘사는 사례 보고를 통해 연구 사례에서 발견한 현상을 독자에게 이해시키고, 그 이해를 바탕으로 다른 상황으로의 전이 가능성을 판단할 수 있게 해주는 가장 효과적인 방식이다.

확실성 확보

자료의 확실성을 확보하기 위해서 삼각검증, 구성원 검토, 동료 확인이 활용되었다(Denzin, 1989a, 1989b; Lincoln & Guba, 1985; Stake, 1994, 1995a). 삼각검증을 위해서, 나는 관찰, 면담, 그리고 기록과 문서와 같은 다른 자료 생성 방법을 사용하였고, 여러 사람과의 면담, 반복적 관찰과 면담 등 다양한 출처를 활용하였다. 구성원 검토를 위해서, 나는 핵심 연구 반응자인 장 교사와 선정된 7명의 학생들이 그들의 말과 행위에 대한 나의 요약과 해석을 검토하도록 하였다. 현장에서의 자료 생성이 끝나갈 무렵, 나는 나의 대학 동기이자 10년 동안 중학교 3학년 사회 교과를 가르쳐 왔던 2명의 남교사와 동료 확인의 시간을 가졌다. 그리고 얼마 후에 대학 후배이자 교직 경력이 5년이고 3학년 사회 교과를 처음으로 가르치고 있는 한 명의 여교사와 동료 확인의 기회를 가졌다. 유능한 교사라고 평판 받고 있는 동료 확인자들은 내가 대표적인 수업으로 선정한 두 번의 교실 관찰에서 생성된 오디오테이프, 전사본, 현장 기록, 그리고 7명의 학생들이 수행한 두 번의 집단 토의 전사본을 검토하면서 나의 이해와 해석 및 판단에 적극적인 도움을 주었다.

위 기록은 자료의 확실성을 확보하기 위해 어떤 노력을 기울였는지를 소개하고 있다. 이 연구에서는 일반적으로 가장 널리 사용되고 있는 세 가지 기법으로, 다양한 각도에서의 교차 확인을 의미하는 삼각검증, 연구 반응자의 확인에 해당하는 구성원 검토, 전문가의 견해를 청취하는 동료 확인을 활용하였음을 보여주고 있다.

전통적으로 연구자들은 연구 결과가 주의를 기울일 만한 가치가 있고 따라서 설명할 가치가 있다는 것을 설득하기 위해 연구의 확실성을 확보해 왔다. 실증주의 패러다임에서는 내적 타당도에 해당하는 진실성(truth value), 외적 타당도에 해당하는 적용성(applicability), 신뢰도에 해당하는 일관성(consistency), 그리고 객관도에 해당하는 중립성(neutrality)을 강조한다. 이에 대해 자연주의 패러다임에서는 네 가지 각각에 대해 신빙성(credibility), 전이성(transferability), 맥락성(dependability), 확증성(confirmability) 개념을 선호하고, 이것들을 담보하기 위해 반성적 저널을 작성할 것을 제안한다(Lincoln & Guba, 1985: 301-331).

첫째, 질적 연구자는 신빙성을 내세우며 연구 결과가 믿을 만하고 신용할 수 있도록 하기 위해서는 연구가 다중의 구성 실재를 적절하게 대변해 주어야 한다고 본다. 둘째, 질적 연구자는 전이성을 강조하며 연구자가 보내는 맥락과 독자가 수신하는 맥락 간의 유사성에 비추어 독자가 일반화 가능성을 판단할 수 있도록, 연구 과정과 결과에 대한 상세한 묘사를 제공해야 한다고 본다. 셋째, 질적 연구자는 맥락성을 중시하며 연구 결과의 일관성과 관련하여 상황 변화에 관심을 둔다. 즉, 상황은 불안정하고 지속적으로 변화하므로 연구 과정에서 상황이 어떻게 변화했는지를 설명하고 이러한 상황 변화가 연구 과정에 어떤 영향을 미쳤는지를 이야기해 주어야 한다는 관점을 취한다. 넷째, 질적 연구자는 확증성 개념을 선호하며 주관에 얽매이지 않도록 외부 전문가가 연구 과정과 결과의 타당성을 확인할 것을 제안한다.

그리고 확실성 확보를 위해, 특히 신빙성 확보를 위해 질적 연구에서 제안하는 기법들로는 다양한 자료 생성 방법, 부정적 사례 분석, 적절한 참조 자료 생성, 구성원 검토, 동료 확인 등이 대표적이다. 먼저 다양한 자료 생성을 위해서는 장기적인 참여, 지속적인 관찰, 삼각검증이 주요 기법으로 사용된다. 장기적인 참여는 연구 목적 달성을 위해 충분한 시간 동안 현장에 머물러야 함을 의미한다. 그것은 맥락적 이해, 왜곡 방지, 연구 반응자들과의 신뢰 형성 및 폭넓은 탐구를 가능하게 해 준다. 다만, 너무 빠져들어서 현지인화되지 않도록 유의해야 한다. 지속적인 관찰은 무심히 지나치지 않고 깊이 있게 탐구하게 하고, 탐구 문제 상황의 특성과 요소에 집중하게 해 준다. 거짓말이나 속임수 혹은 비정형적인 것을 식별하도록 의심하는 자세를 유지하며 성급하게 예단하지 않아야 한다. 삼각검증을 위해서는 첫째, 여러 개의 다른 출처로부터 동일한 정보를 얻거나 동일한 출처로부터 여러 번에 걸쳐 동일한 정보를 얻는 다양한 출처의 사용, 둘째, 관찰, 면담, 설문 등의 다양한 자료 생성 방법의 사용, 셋째, 소통이 충분히 이루어지고 탐구 방침을 공유하고 있는 다수의 연구자나 여러 연구 반응자의 사용 등을 통해 자료의 신빙성을 높일 수 있다(Denzin, 1989a, 1989b).

또한 예외 없이 모든 사례를 설명할 수 있을 때까지 가설을 다듬어 가는 부정적 사례 분석 기법, 녹음이나 녹화 등 근거가 되는 자료를 생성함으로써 분석과 해석의 적절성과 설득력을 높이는 적절한 참조 자료 생성 기법, 연구 반응자들에게 그들의 말과 행위에 대한 요약과 해석을 제공하고 그 적합성을 검토해 주도록 의뢰하는 구성원 검토, 널리 활용되고 있지는 않지만, 연구 마무리 단계에서 연구 사례와 직접적 관련성이 없는 연구 관련 분야의 전문가들에게 생성된 모든 자료와 연구자의 해석을 제시하고 검토를 의뢰하는 동료 확인 기법을 사용할 수도 있다.

연구계획서와 연구보고서 작성

사회과교육과 고등사고능력의 함양 – 교사 개인의 실천적 이론을 중심으로 –

Ⅰ. 서언

Ⅱ. 연구 방법

Ⅲ. 교사 개인의 실천적 이론

   1. 장 교사와 그의 배경

   2. 장 교사의 실천적 이론

Ⅳ. 고등사고능력의 함양을 위한 논의

   1. 장 교사의 이론과 실제 수업

   2. 장 교사의 이론과 고등사고능력

   3. 고등사고능력의 함양을 위한 시사점

– 노경주(1998a)

교사–학생 상호작용에서 교환되는 교실 언어의 유형 연구

Ⅰ. 머리말

Ⅱ. 연구 반응자로서의 교사와 학생들

Ⅲ. 교사 언어

   1. 교사 언어의 기능적 분석

   2. 교사 언어의 실체적 분석

   3. 교사 언어의 기능과 내용의 조합

Ⅳ. 학생 언어

Ⅴ. 논의

– 노경주(1999)

위 기록은 연구보고서의 목차를 보여주고 있다. 목차 체계가 동일하지 않음을 직감할 수 있다. 시작과 끝 부분에 '서언(머리말)'과 '논의'가 자리 잡고 있는 점은 공통적이다. 반면에 첫 번째 보고서에서는 '연구 방법'이 하나의 장으로 설정되어 있지만, 두 번째 보고서에서는 보이지 않는다. 두 번째 보고서에서는 '머리말'에 포함

되어 있다. 또한 연구 반응자에 대한 소개와 연구 결과가 첫 번째 보고서에서는 하나의 절로 기술되고 있지만, 두 번째 보고서에서는 각각 독립된 장으로 기술되어 있다. 보고서에 담고 있는 내용은 공통적이지만 보고서의 형식은 차이가 있음을 알 수 있다. 이처럼 질적 연구보고서는 정형화된 목차 체계를 가지고 있지는 않다. 여기에서는 연구계획서와 연구보고서 작성을 위해 알아둘 만한 기본적인 사항을 살펴볼 것이다.

▌연구계획서

연구계획서는 연구 허가를 얻거나 연구비 지원 신청을 위해 왜 무엇에 대해 어떻게 연구할 것인지를 밝히는 문서이다. 양적 연구는 선행 연구를 고찰하고 연구방법을 확정한 상태에서 연구계획서를 제출하게 된다. 이에 대해 승인을 받았다면 연구는 승인된 연구계획서에서 벗어나서는 안 된다. 그러나 질적 연구는 많이 다르다. 기본적으로 어느 특정 사례에서 무슨 일이 벌어지고 있는지에 대한 궁금증으로부터 연구가 시작되기 때문에 무엇에 대해 어떻게 연구할 것인지를 사전에 확정할 수는 없다. 당연히 이론과 선행 연구 고찰도 이루어질 수 없다.

이런 차이 때문에 학위 논문을 시도하는 대학원생의 경우, 심사위원이 질적 연구에 익숙하지 않거나 부정적 인식을 가지고 있다면 심각한 어려움을 겪기도 한다. 따라서 연구 현장에서 약간의 자료를 생성한 후 피상적이나마 연구의 윤곽이 드러날 때 간략하게 연구계획서를 작성하여 허가를 받기도 한다. 그러나 이 역시 매우 느슨하고 유연한 계획에 불과하다. 앞에서 질적 연구는 발현적 연구 설계를 지향한다고 소개하였듯이 연구계획서에 나타난 계획은 불확정적인 대략적 방향을 제시한 것으로 이해해야 한다. 더구나 질적 연구는 귀납적 분석과 현장 이론 생성을 지향하기 때문에 사전에 확정된 연구계획서를 가지고 연구한다는 것은 생각할 수 없는 일이다.

그럼에도 Bogdan and Biklen(2007)은 막연하나마 질적 연구계획서에서 공통적으로 제시해 주어야 할 것들을 다음과 같이 안내한다.

1. 무엇을 하려고 하는가?
2. 연구를 어떻게 하려고 하는가?
3. 왜 이 연구를 하려고 하는가?
4. 수행할 연구는 선행 연구와 어떤 관련성을 가지고 있는가?
5. 이 연구와 관련되는 윤리적 쟁점은 무엇이고, 이것을 어떻게 해결할 것인가?
6. 이 연구는 (기초 연구와(나) 실제적인 면에서) 어떤 기여를 기대할 수 있는가?
(Bogdan & Biklen, 2007: 78)

연구를 통해서 알고 싶은 관심사나 문제를 말해주어야 할 것이다. 그러나 아직 확정적이지 않기 때문에 구체적이거나 단언적으로 말할 필요는 없다. 혹시 어느 정도 구체화되어 있다 하더라도 연구에 부정적 영향을 줄 수 있다면 너무 상세하게 말할 필요도 없다. 연구 윤리에 어긋나지 않는 범위 내에서 탐구 영역을 말하는 정도로 충분하다. 연구 방법과 관련해서는 언제 어디에서 누구와 함께 어떤 식으로 자료를 생성하고 어떻게 분석할 것 같은지를 말해주어야 할 것이다. 그러나 이것 역시 불확정적이기 때문에 더구나 질적 연구는 대체로 발현적 연구 설계를 지향하기 때문에 너무 분명하고 세세하게 말할 필요는 없다. 연구 반응자들은 연구 목적뿐만 아니라 왜 자신들에게 온 것인지에 대해서도 궁금해한다. 이에 대해 성실히 답해야 한다. 그러나 이 역시 연구에 영향을 미치지 않는 수준에 머물러야 할 것이다. 그리고 연구 과정에서 어떤 윤리적 문제가 발생할 수 있는지에 대해서도 정직하게 충분히 설명해야 한다. 또한 연구 반응자들의 참여를 통해서 이 연구가 학술적, 정책적 혹은 교육실제적인 면에서 어떤 기여를 하게 될 것인지에 대해서도 설명해 주어야 한다. 이런 것들을 설명하는 연구계획서는 대체로 연구의 필요성 및 목적, 연구 방법 및 내용, 연구의 기대 효과, 참고문헌 정도의 목차로 작성될 것이다.

▌연구보고서

연구보고서는 연구 수행 결과를 보고하는 문서로서 왜 무엇을 어떻게 탐구하였으며 어떤 결과를 발견했는지를 형식을 갖추어 제출하게 된다. 양적 연구에서는 대체로 서론, 이론적 배경, 연구 방법, 연구 결과, 논의 및 결론과 같은 정형화된 체제를 통해서 보고서를 작성한다. 이에 반해 질적 연구에서는 정형화된 보고서

체제를 내세우지는 않다. 그렇지만 다음 〈표 2〉를 통해서 알 수 있듯이 보고하는
내용의 포함 여부와 위치에 유연성이 있을 뿐 개략적인 체제가 없지는 않다.

〈표 2〉 연구보고서 목차의 예

교사의 개인적 실제적 이론 구성과 교사 교육의 과제 (노경주, 2009a)	예비교사의 개인적 실제적 이론에 관한 사례 연구: 반성적 저널쓰기를 통한 자기 이해와 반성의 제고 (노경주, 2012)	교사의 개인적 실제적 이론의 변화에 관한 질적 사례 연구: 예비교사에서 교직 경력 5년 교사로 (노경주, 2018a)
I. 서언 II. 연구 방법 　1. 연구 과정 　2. 연구 반응자로서의 교사들 III. 교사의 개인적 실제적 이론 　1. '교사상'에 대한 교사의 개인적 실제적 이론 　2. '성공적인 수업'에 대한 교사의 개인적 실제적 이론 IV. 교사 교육을 위한 시사점 　1. 예비 교사 교육을 위한 시사점 　2. 현직 교사 교육을 위한 시사점 V. 결어	I. 서언 II. 교사의 개인적 실제적 이론과 반성 　1. 교사의 개인적 실제적 이론 　2. 반성과 반성적 저널 III. 연구 방법 IV. 연구 결과 　1. 교사의 개인적 실제적 이론의 내용 영역 　2. 교사의 개인적 실제적 이론의 형성 원천 　3. 교사의 개인적 실제적 이론의 내용 영역과 형성 원천 간의 관계 　4. 교사의 개인적 실제적 이론의 정련화 양상 V. 논의	I. 서언 II. 교사의 '앎'과 '믿음': 교사의 개인적 실제적 이론 III. 연구 방법 IV. 교사의 개인적 실제적 이론의 형성과 변화 　1. 김 교사의 이야기 　2. 이 교사의 이야기 　3. 박 교사의 이야기 　4. 최 교사의 이야기 　5. 정 교사의 이야기 V. 논의

　대체로 첫 번째 장은 연구의 필요성과 목적, 연구 문제, 보고서의 구성 체제를
기술하는 서론으로 시작한다. 간결하고 명료하게 기술하며 연구의 중요성에 대한
설득력을 갖추어야 한다. 이를 위해서는 연구 전반에 대해 충분히 잘 알고 있어야
하기 때문에 보고서의 나머지 부분을 작성한 후에 맨 마지막으로 쓰는 것이 바람
직하다. 이론적 배경이 큰 비중을 차지하지 않는다면, 이론이나 선행 연구를 서론
에서 간단하게 기술하기도 한다. 마찬가지로 연구 방법이 그리 복잡하지 않은 경
우에는 연구 방법을 서론에서 기술하기도 한다. 그러나 둘 다를 모두 서론에 포함
시키는 것은 좋지 않다. 보고서의 시작 부분이 너무 무거워지고 연구에 대한 간결

한 이해를 해치게 될 것이다.

두 번째 장에는 이론적 배경이나 연구 방법을 배치한다. 경우에 따라서는 이론적 배경과 연구 방법을 각각 하나의 장으로 제시할 수도 있다. 이론이나 선행 연구를 소개할 때는 연구 문제와 직결되는 핵심 내용만을 기술한다. 많이 알고 있다거나 이 연구를 위해 공부를 많이 했음을 드러내는 공간이 아니라는 점에 유의해야 한다. 연구 방법을 기술할 때는 질적 연구의 필요성과 패러다임, 연구 반응자 선정 방법, 자료 생성 방법, 자료 분석 및 해석 방법, 연구의 확실성 제고를 위해 어떤 방법을 사용했는지를 밝혀주어야 한다. 그리고 연구 사례와 연구 반응자 및 장소를 소개함으로써 독자의 대리경험을 도와야 한다.

다음 장에서는 연구 결과를 기술한다. 연구 문제와 관련하여 알게 된 것을 범주화하고, 범주별 세부 사항을 근거와 함께 제시한다. 세부 사항의 기술 방식은 연구자의 글쓰기 방식에 따라 다를 수 있지만 대체로 다음과 같은 세 가지 방식으로 기술하게 된다. 먼저 연구자의 분석이나 해석과 근거로서의 인용문을 사용하며 기술할 수 있다.

> A 교사는 "그냥 너무 남의 말에 휘둘리는 모습을 제가 어느 순간 봤거든요. 그래서 아! 교사가 이렇게 남의 말에 휘둘리거나, 내가 나약하게 여기서 막 칭찬해 주면 하하하 이러고, 여기서 못했다 그러면 질질 울고, 이런 거는 좀 아니고."라고 말하며, 관리자나 동료 교사 또는 학부모에게 흔들리며 답답해했던 이야기를 전해 준다. 그리고 "이렇게 남한테 휘둘리지 않고 내 스스로를 돌아보고 중심을 세워야겠다는 생각이 들어서."라고 말하며, '줏대 있는 교사'가 되고 싶고, 이러기 위해서는 대학이 인생과 소신에 대한 자기 성찰의 기회를 갖게 해줄 필요가 있다고 이야기한다. (A-1, pp. 18-19)

또는 위의 기술과 동일한 내용을 연구자의 분석이나 해석과 근거 자료를 혼합하여 이야기체로 기술할 수 있다.

> A 교사는 자기 자신이 관리자나 동료 교사 또는 학부모의 말에 너무 휘둘린다며 자기반성적 자세를 취한다. 그리고 다른 사람한테 휘둘리지 않도록 자신의 중심을 잡고 하루빨리 '줏대 있는 교사'가 되어야 하고, 이를 위해서는 대학이 인생과 소신에 대한 자기 성찰의 기회를 갖게 해줄 필요가 있다고 말한다. (A-1, pp. 18-19)

또는 연구자의 분석이나 해석과 근거 자료를 분리하여 별도로 제시할 수도 있다(노경주, 2019: 355-356).

> A 교사는 관리자나 동료 교사 또는 학부모에게 흔들리며 답답해했던 사례들을 얘기해
> 주며 하루 빨리 '줏대 있는 교사'가 되고 싶다고 하소연한다. 그리고 대학에서 인생과 소
> 신에 대한 자기 성찰의 기회를 갖게 해 주는 것도 좋을 것이라고 말한다.
>
>> 그냥 너무 남의 말에 휘둘리는 모습을 제가 어느 순간 봤거든요. 그래서 아!
>> 교사가 이렇게 남의 말에 휘둘리거나, 내가 나약하게 여기서 막 칭찬해 주면
>> 하하하 이러고, 여기서 못했다 그러면 질질 울고, 이런 거는 좀 아니고, 이렇
>> 게 남한테 휘둘리지 않고 중심을, 좀 내 스스로를 돌아보고 중심을 세워야겠
>> 다는 생각이 들어서. (A-1, pp. 18-19)

마지막 장에서는 연구 결과의 요약과 논의 및 결론을 제시한다. 요약은 대체로 연구의 필요성과 목적, 연구 내용과 연구 방법, 그리고 주요 연구 결과를 이해 가능한 수준에서 간략하게 제시한다. 논의 및 결론에서는 이론이나 선행 연구와 관련지으며, 학술적, 정책적, 실제적 측면에서의 시사점과 후속 연구 과제를 제안한다. 논의 및 결론은 반드시 연구 결과로부터 도출되어야 한다. 연구 결과에서 다루지 않은 것에 대해 논의하거나 결론을 내리는 것은 금물이다.

연구보고서 작성을 위한 글쓰기 차원에서 고려할 만한 것도 있다. 먼저, 독자를 생각하는 글쓰기가 되어야 한다. 독자가 누구이냐에 따라 어느 수준에서 어느 정도까지 구체적으로 써야 할 것인지가 달라진다. 학위 논문이나 학술지 논문의 경우에는 심사위원이 가장 먼저 만나게 되는 독자가 된다. 그리고 교수, 연구원, 교사 등 연구 분야와 주제에 관심 있는 사람들이 주요 독자가 될 것이다. 보고서의 경우에는 연구 발주처 관계자들이 우선적인 독자가 되고, 보고서 연구 분야나 주제와 관련되는 다양한 사람들이 주요 독자가 될 것이다. 따라서 이들 대부분은 학문 공동체의 구성원이라는 점에 주목하면 된다. 그리고 모든 학술 연구는 선행 연구와의 관련성 하에서 수행되기 때문에 선행 연구를 기준으로 연구보고서의 수준과 구체화 정도를 결정하면 될 것이다.

한편, 드러나지 않지만, 논문이나 보고서 작성 과정에서 거의 항상 떠오르는 독자는 연구 참여자나 연구 반응자들이다. 특히 질적 연구에서는 그들만의 특별한 이야기를 소개하고 공유하고 의미를 부여하는 글쓰기가 된다. 아마도 보여주고 들려주던 모습이 보고서 글쓰기 과정에서 지속적으로 교차할 것이다. 감사하는 마

음으로 진실만을 말하며, 결코 양심에 부끄럽지 않은 글쓰기가 되어야 한다.

또한 독자는 연구자와 다른 견해를 취할 수 있다는 점을 유념해야 한다. 연구자의 관점이나 주장을 설득하려 하기보다는, 독자가 연구 사례를 최대한 잘 이해할 수 있도록 해야 한다. 그리고 이에 기초하여 독자가 나름의 판단을 내릴 수 있도록 도와야 한다(Stake, 1995b: 190). 즉, 앞서 강조했듯이, 상세한 묘사를 통해 대리경험이 가능하고, 이를 바탕으로 자연주의적 일반화를 도출할 수 있도록 해야 할 것이다.

어느 정도의 분량으로 쓸 것인지도 고민거리 중의 하나이다. 질적 연구에서는 상세한 묘사를 필요로 하기 때문에 길어질 수밖에 없다. 그러나 Stake(1995b: 183)는 무자비하게 체질하고 골라내는 작업을 통해, "꼭 필요한 이야기만 하고, 나머지는 독자가 판단하도록 하는 사람이 훌륭한 보고서 작성자"라고 말한다. 그는 보고서를 쓰기 시작할 때, 담아야 할 주제보다 분량부터 제한하기 때문에 때로는 독자에게 읽기 어려운 부담을 주기도 한다. 하지만, 생성한 모든 자료를 연구보고서에 담을 수도 없고, 담아서도 안 될 일이다. 간결하게 요점적으로 기술해야 한다. 그리고 수백 장 혹은 수천 장이 될 수도 있는 자료 중에서 연구 결과를 가장 잘 나타내주는 핵심 자료만을 고르고 골라 지극히 일부분만을 보고서에 담아야 한다. 보여주고 들려주던 연구 반응자가 아른거리고 미안한 마음에 괴로움을 느껴도 어쩔 수 없는 일이다. 독자도 생각해야 하기 때문이다. 독자는 대체로 긴 글을 좋아하지 않는다. 연구보고서가 너무 두껍다면 아예 들여다보지도 않을지 모른다. 적절한 분량은 연구의 공유와 확산을 위한 매우 중요한 요건이기도 하다.

또한 질적 연구에서는 '연구자'를 '나'로 지칭하는 것이 통설화되어 있다. '연구자'는 존재하지 않는 객관성을 암시하기 위한 매우 권위주의적인 표현으로 평가된다. 그보다는 '나'라고 표현함으로써 연구자의 주관성을 인정하고 밝히며, 독자도 이 점을 고려해서 읽으라는 메시지를 주는 것이 더 바람직하다고 본다. 아직도 '나'라는 표현에 거부감을 표현하는 심사위원이나 독자가 있긴 하지만, 심각하게 받아들일 필요는 없다. '나'라는 표현의 의도를 충분히 인지하고, 이에 맞게 진솔하고 겸손한 자세로 임하면 될 것이다.

그리고 표절은 절대 금물이다. 나아가 직접 인용, 간접 인용, 재인용 등도 분명하게 구분해서 사용해야 한다. 또한 글쓰기는 미루어서는 안 된다. 자료 생성보다

보고서 작성에 소요되는 시간이 훨씬 길다. 그리고 시간이 흐를수록 기억은 흐릿해진다. 미루지 말고 브레인스토밍과 개요 작성으로부터 바로 시작하기를 권한다.

연구 윤리

연구 수행 과정에서 연구 윤리와 관련하여 기술했던 내용을 간추려 보면 다음과 같다.

〈연구 사례의 선정〉
o 나는 연구 시작 2주 전에 연구에 대한 이야기를 나누기 위해 장 교사의 집을 방문하였다. 이때 나는 왜곡되지 않은 일상적인 교실 상황과 주관적인 목소리, 비밀 유지(confidentiality), 익명성(anonymity)의 중요성을 다시 한 번 강조하였다.

〈연구의 허가 획득과 래포 형성〉
o 나는 연구를 의식해서 왜곡하거나 영향을 미칠 수도 있는 '고등사고능력'에 대한 언급은 피하였다. …(중략)… 연구 주제와 문제는 큰 범주 내에서 보면 거짓됨이 없을 뿐만 아니라 연구가 왜곡되지 않을 수준에서 언급하였다. …(중략)… 내가 무엇을 할 것인지는 이해 가능한 수준에서 대체로 두루뭉술하게 말하며, 연구의 의의와 참여 방법 등은 성실하게 안내하였다. 그리고 이에 기초하여 '충분한 고지에 기초한 사전 동의(informed consent)'를 구하였다.
o 나는 또한 모든 사람들에게 비밀 유지와 익명성을 약속하였다.
o 학생 반응자의 부모를 섭외하기 위해서, 나는 나에 대한 소개서, 연구 설명서, 비밀 보장 확인서, 면담 가이드라인, 회신 가능한 사전 동의서 등이 포함된 편지를 보내고 전화도 하였다.

〈자료 생성〉 각 면담은 연구 반응자의 허락하에 녹음되었다.

연구자에게 비윤리적이라는 비난만큼 위협적이고 치명적인 것은 없다. 질적 연구를 수행함에 있어서 가장 우선적으로 살펴야 할 과제는 윤리적 고려일 것이다. 위의 기록은 앞서 소개한 글상자에서 연구 윤리와 관련하여 언급했던 내용을 추출한 것이다. 연구 과정에서 고민했던 윤리적 차원의 문제가 이 정도에 그치지는 않았을 것이다. 자료 분석과 해석의 과정이나 글쓰기 과정에서도 윤리적 고민은 지속되었을 것이다. 그리고 많은 순간, 때로는 숙고를 통해 때로는 민첩한 판단을 통해 해결해 나갔을 것이다. 여기에서는 기본적으로 이러한 윤리적 고려를 위해 방향키 역할을 해준 윤리 규약과 거기에 담긴 가장 핵심적인 윤리 문제로 충분한 고지에 기초한 동의, 기밀성과 익명성, 정직성, 호혜성에 대해 살펴보겠다.

▌연구 윤리 규약

연구 윤리 문제는 인간 피험자들에 대한 보호 관점에서 비롯되었고, 국제 사회의 본격적인 논의는 뉘른베르크 강령(Nuremberg Code, 1947), 헬싱키 선언(Declaration of Helsinki, 1964), 벨몬트 보고서(Belmont Report, 1979)로 이어져왔다. 이와 함께 다양한 연구 집단들은 그들 자신의 연구 윤리 규약을 마련하였다. 질적 연구의 대표적 연구 집단인 미국인류학회(American Anthrophological Association: AAA)는 1971년에 '전문가의 책임에 관한 원칙'을 채택한 이후 현재 다음과 같은 7가지 원칙을 천명하고 있다.

1. 존엄성과 신체적·물질적 행복에 대해 특히 취약자에게 해를 끼쳐서는 안 된다.
2. 연구 목적, 방법, 결과 및 후원자와 관련하여 개방적이고 정직해야 한다.
3. 연구 참여자에게 충분한 고지에 기초한 동의와 필요한 허락을 받아야 한다.
4. 연구 협력자 및 연구의 영향을 받는 사람들에 대한 윤리적 의무가 대립적일 때 상대적 중요성을 신중하게 판단해야 한다.
5. 연구 결과는 기밀성을 유지하며 적절한 시점에 신중하게 배포하여야 한다.
6. 수집한 기록을 보호하고 보존해야 한다.
7. 연구 관계자들과 윤리적이고 존경하는 관계를 유지해야 한다.
(https://americananthro.org/about/policies/statement-on-ethics/)

또한 미국인류학회는 1998년에 제정하고 2009년에 개정한 '윤리 규약'을 통해 '연구 반응자에 대한 책임' 측면에서 다음과 같은 규정을 채택하고 있다.

1. 연구 대상과 연구 반응자를 최우선으로 하는 윤리적 의무를 진다.
2. 연구를 수행하고 출판하고 결과를 공유함에 있어서, 연구에 참여하거나 연구의 영향을 받는 사람들의 안전, 존엄성 또는 사생활에 해를 끼쳐서는 안 된다.
3. 익명성과 관련하여 연구 반응자가 원하는 바를 사전에 확인하고 이를 지키기 위해 노력하여야 한다.
4. 연구 반응자에게 충분한 고지에 기초한 동의를 받아야 한다.
5. 연구 반응자와 친밀하고 지속적인 관계를 형성해 온 경우에는 개방성과 사전 동의 의무를 준수함과 동시에 신중하고 정중한 자세로 관계의 한계를 협상해야 한다.
6. 연구자의 개인적 이익을 위해 연구 반응자를 착취해서는 안 되며, 사회에 대한 책무와 연구 반응자에 대한 호혜의 의무를 인정해야 한다.
(https://americananthro.org/about/past-statements-on-ethics/).

우리의 경우도 2004년 1월 29일 제정된 「생명윤리 및 안전에 관한 법률」을 기점으로 기관생명윤리위원회를 설치하여 연구 윤리를 강화하였다. 「생명윤리 및 안전에 관한 법률」 제3조는 다음과 같이 연구 윤리 기본 원칙을 규정하고 있다.

① 이 법에서 규율하는 행위들은 인간의 존엄과 가치를 침해하는 방식으로 하여서는 아니 되며, 연구대상자등의 인권과 복지는 우선적으로 고려되어야 한다.
② 연구대상자등의 자율성은 존중되어야 하며, 연구대상자등의 자발적인 동의는 충분한 정보에 근거하여야 한다.
③ 연구대상자등의 사생활은 보호되어야 하며, 사생활을 침해할 수 있는 개인정보는 당사자가 동의하거나 법률에 특별한 규정이 있는 경우를 제외하고는 비밀로서 보호되어야 한다.
④ 연구대상자등의 안전은 충분히 고려되어야 하며, 위험은 최소화되어야 한다.
⑤ 취약한 환경에 있는 개인이나 집단은 특별히 보호되어야 한다.
⑥ 생명윤리와 안전을 확보하기 위하여 필요한 국제 협력을 모색하여야 하고, 보편적인 국제기준을 수용하기 위하여 노력하여야 한다.

그리고 이 법률에 의거하여 대학이나 연구 기관 등은 기관 소속 연구자가 신청하는 인간 대상 연구의 윤리적·과학적 타당성을 심의하여 생명윤리 및 안전을 확보하고, 연구 대상자의 권리 보호 및 안전을 보장하기 위하여 기관생명윤리위원회를 설치하였다. 또한 기관에 속하지 않은 개인 연구자나 기관생명윤리위원회 미설치 기관에 소속된 연구자는 공용기관생명윤리위원회를 활용하여 연구 승인을 획득하도록 하고 있다.

우리보다 일찍 질적 연구가 발달한 미국이나 우리나라나 질적 연구에서의 윤리 문제에 대한 논의는 대체로 연구 반응자의 인권과 복지 우선, 충분한 고지에 기초한 동의, 사생활 보호, 익명성, 정직성, 연구자와 연구 반응자 간의 호혜성 등을 강조한다(노경주·이면우·권덕원, 2005; Christians, 2000). 그러나 이 규약이나 지침들은 구체적인 선택을 지시하거나 제재를 꾀하는 것은 아니고, 윤리적으로 책임 있는 결정을 위한 토의를 촉진하고 일반적인 지침을 제공할 의도로 제시된다. 따라서 여기에서는 무엇을 행하고 무엇을 행하지 말라는 명료한 목록을 제시하기보다는, 연구 과정에서 직면하는 윤리 문제에 대해 어떻게 처신할 것인지 반성의 길잡이가 될 만한 방향을 소개한다.

▌충분한 고지에 기초한 동의

첫 번째 윤리적 쟁점에 해당하는 핵심 질문은 "질적 연구자는 연구를 수행함에 있어서 연구 반응자에게 '충분한 고지에 기초한 동의'를 구해야 하는가?"일 것이다. 이것은 연구의 출발 단계에서 직면하는 문제로서, 질적 연구자는 연구 사례에 속한 사람들에게 공개적으로 허락을 받을 것인가 말 것인가, 연구에 대해 어느 정도로 밝힐 것인가 또한 어떤 것들에 대해 동의를 구할 것인가 등을 고민하게 된다. 이러한 질문에 대한 질적 연구자들의 입장은 은밀한(covert) 연구, 공개적(overt) 연구, 상황에 적합한 연구의 입장으로 나누어진다.

은밀한 연구는 '갈등의 방법론(conflict methodology)'을 주장하는 Douglas(1976) 등에 의해서 지지되는데, 그들은 많은 사람들은 자기의 행동을 감추고 싶어 하기 때문에 공개적인 연구를 통해서는 진실된 정보를 획득할 수 없다고 믿는다(Punch, 1986: 43-67). 특히 강자(the powerful)나 범죄 단체 또는 비정상적인 집단을 연구하고자 할 때는 연구자의 신원을 숨기고 은밀하게 접근하여야 한다고 주장한다. 이때 연구자는 연구자가 아닌 것처럼 행세하거나, 연구자라고 밝히더라도 연구 목적과 연구 내용 등을 거짓으로 가르쳐주거나 충분히 설명해 주지 않는다(Glesne, 1999: 124-126). 그리고 연구의 정보 제공자들은 연구 반응자가 아닌 연구 대상자로 간주된다. 연구자들의 최대 관심은 연구 대상자들의 가장 자연스런 행동을 담보하는 데 있다. 또한 그들은 연구에 대해 충분히 알리지 않음으로써 사생활의 침해가 있다 할지라도 윤리적 판단은 보다 일반적인 선에 기초해서 이루어져야 한다고 믿는다. 공적 선에 대한 기여는 사생활의 침해를 정당화할 수 있다고 믿는 것이다. 그것은 다름 아닌 '목적이 수단을 정당화한다.'는 목적론적 관점에 해당한다.

이러한 관점은 윤리상의 '권리'를 주장하며 규칙 의무론적 윤리를 지지하는 학자들에 의해서 거부된다(Bulmer, 1982; Lincoln, 1990). 그들은 은밀한 연구는 윤리적으로 정당화될 수 없고, 실제적으로 필요하지도 않으며, 학문적 가치를 지니지도 못한다고 본다(Bulmer, 1982: 217; Punch, 1986: 68에서 재인용). 따라서 연구의 출발 단계에서 연구 사례에 속한 사람들에게 그들이 현명한 결정을 내릴 수 있도록 필요한 모든 정보를 진실되게 제공해 주어야 한다고 주장한다. 이 입장을 지지하는 대표적 질적 연구자인 Lincoln(1990)은 "네 의지의 격률이 항상 동시에 보편적 입법의 원리가 될 수 있도록 행위하라."는 Kant의 정언 명법을 믿고 따른다. 이처럼 공개적 연구를 지지하는 질적 연구자들은 윤리적 행위는 결과와 무관하게 판단될 수 있으며 정의나 존중과 같은 어떤 준거를 통해서 판단해야 한다고 주장한다(Glesne, 1999: 125). 그것은 연구 반응자의 권리가 학문이나 과학의 권리에 우선한다는 것이다.

그러나 다른 질적 연구자들은 목적론적 윤리나 규칙 의무론적 윤리보다는 구체적 상황에 적합한 윤리적 판단을 지지한다(Eisner, 1998; Glesne, 1999; Stake, 1995b). 목적론적 윤리를 지지하면 우리가 정당화될 수 없다고 믿는 것을 정당화시키게 되고, 규칙 의무론적 윤리를 지지하면 모든 상황에 적절한 구체적인 답을 제공해 주지 못한다고 비판한다. 또한 질적 연구는 발현적 연구 설계를 지향하기 때문에 사전에 연구자가 어디를 방문하며 누구를 관찰하고 누구를 면담하게 될 것인지가 확실하지 않으며, 그 과정에서 연구 반응자에게 어떤 위해가 발생할 수 있는지를 판단하기 어렵다(Eisner, 1998: 360-364; Merriam, 1988: 179-180). 따라서 그들은 연구 목적으로부터 보고서 출판에 이르기까지 충분한 정보를 제공하고, 정직한 자세로 연구 반응자들과 협력적 관계를 유지하며, 연구 반응자에게 자기 결정권을 갖게 해야 한다고 주장한다(Bogdan & Biklen, 2007: 50; Eisner, 1998: 364-367).

윤리 문제는 대체로 구체적인 경우로부터 발생하는 맥락적인 것이다. 또한 어떤 행위를 요구하는 이유는 목적론적인 데 반해 그 행위를 금하는 이유는 규칙 의무론적일 수 있으며, 그 역인 경우도 있을 수 있다. 따라서 우리는 구체적 상황에서 양자의 상대적 중요성에 대한 가치 판단을 통해 윤리 문제를 해결할 수밖에 없다. 더구나 질적 연구는 사전에 연구 문제가 확정되지 않을 수도 있고, 연구 과정을 충분히 알 수 없다는 점에서도 상황 윤리의 관점에서 동의를 구하는 것이 바람직하다고 하겠다.

학교에서 아동이나 아동과 관련된 질적 연구를 하는 경우에도 이러한 관점은 유지되어야 한다. 대단히 어려운 문제이긴 하지만 아동이 이해할 수 있는 수준에서 연구에 대한 충분한 설명이 이루어져야 한다. 부모의 동의 또한 필수적이다. 연구 장소가 기관이라면 아동을 책임지고 있는 기관장과 담당자에게도 동의를 구해야 한다. 연구 내용이 아동들에게 하찮은 일일 것이기 때문에 동의를 구하는 것이 불필요하다고 생각하는 것은 금물이다. 어디까지나 그것은 연구자의 생각일 뿐 아동들의 생각은 다를 수 있다. 또한 사전에 아동들에게 연구에 대해 충분히 고지한다면 연구 수행이 불가능할 경우에는 연구에 지장이 없는 적절한 시점에서 승인을 받아야 한다. 동의의 과정에서 무엇보다 중요한 것은 아동의 의사결정 능력을 무시해서도 안 되고, 아동의 의사에 반해서 연구가 진행되어서도 안 된다는 것이다. 연구의 전 과정에서 아동 자신의 자율적 결정에 따라 개인적, 집단적으로 연구와 연구자에 대한 의사를 표현하고 행동할 수 있는 권리가 보장되어야 한다(Smith, 1990).

그러나 질적 연구의 경우, 연구에 대해 사전에 충분히 알려준다는 것은 사실 불가능하다. 따라서 질적 연구의 성격을 충분히 얘기해주고 연구를 진행해 가면서 새로운 사안이 생길 때마다 아동과 그 보호자 및 대리인에게 동의를 구하는 것이 바람직하다. 하지만 어느 정도로 알려줄 것인가에 대한 문제가 있다. 연구에 대해 너무 구체적으로 알려 줄 경우 연구가 왜곡될 수도 있을 것이다. 연구자는 결국 자신의 양심에게 물어야 할 것이며, 권위 있는 질적 연구자나 보호자 및 대리인과의 대화를 통해 충고를 구해야 할 것이다.

끝으로 동의서에는 무엇이 포함되어야 할 것인가를 생각해 보아야 한다. 기관 생명윤리위원회는 '연구 대상자용 동의서 및 설명문'을 작성할 때 참고할 사항으로 다음 11가지를 제시한다. 핵심적인 것은 연구자의 신원, 연구 목적과 기간 및 장소, 자료의 이용 용도, 익명성과 기밀성, 정신적·신체적 위해 여부, 자료 생성 기법, 연구 참여의 철회 가능성 등일 것이다.

1) 연구제목 및 목적
2) 연구자 성명, 소속기관 및 연락 담당자 관련 정보
3) 연구비 지원기관
4) 연구로 인해 연구대상자가 해야 할 일(가능하다면, 선택 가능한 대안)
5) 연구 참여로 인한 잠재적 위험과 이익
6) 연구대상자로부터 얻어지는 정보의 종류와 기밀성에 관한 사항
7) 연구 참여의 자발성과 참여 거부의 권리, 철회의 권리
8) 연구 참여에 대한 비용 및 보상
9) 연구 참여와 관련하여 연락 가능한 연구자 또는 기관위원회의 연락처
10) 동의권자, 법정대리인 및 연구자의 서명란, 서명 일자
11) 그 밖에 기관위원회 또는 공용위원회가 심의를 위해 요청하는 서류 (https://www.irb.or.kr/UserMenu01/AgreeWrite.aspx)

▮ 익명성과 기밀성

두 번째 윤리적 쟁점에 해당하는 핵심 질문은 "질적 연구자는 연구 과정에서 획득한 정보에 대해 비밀을 유지해야 하는가?"이다. 이것은 연구 반응자의 사생활 보호와 관련되는 문제로서 연구 반응자의 권리에 대한 논의에서 매우 중요한 관심사가 되고 있다. 사생활 보호는 익명성과 기밀성의 유지에 달려 있다. 그것은 연구자의 신원을 보호하고, 연구자가 보고 들은 것을 어느 누구에게도 말하지 않는 것을 의미한다. 그러나 연구자로서의 임무가 시민의 한 사람으로서의 임무와 상충되는 경우를 비롯하여 다양한 상황에서 우리는 윤리적 딜레마에 봉착하게 된다.

이러한 문제에 대해 '갈등의 방법론' 주창자들은 목적론적 윤리에 입각하여 공리주의를 추구하며, 사생활 보호보다 공익으로서의 대중의 알 권리를 우선시한다. 즉, 그들은 연구의 목적은 권력자들과 사회의 부정적인 측면을 폭로하는 것이기 때문에 사생활 침해는 정당화된다고 보며, 전문 직업적 윤리를 고집하는 것은 과학적 자살(scientific suicide)에 해당된다고 주장한다(Douglas, 1979; Punch, 1986: 49에서 재인용).

반면에 대부분의 질적 연구자들은 연구 반응자와 연구 장소가 밝혀져서는 안 되며, 연구 결과로 인해 연구 반응자들이 해로움과 곤혹스러움을 겪게 해서도 안 된다고 주장한다(Bogdan & Biklen, 2007: 48-53). 또한 현실적인 면에서, 연구 반응자와 연구 장소의 노출을 인지한 많은 잠재적 연구 반응자들이 연구에 참여하기를 꺼림으로써 후속 연구가 불가능하게 되어서도 안 될 것이다.

익명성과 기밀성에 기초한 사생활 보호는 목적론적 또는 규칙 의무론적 윤리만으로 해결될 수는 없으며, 윤리적 딜레마가 발생한 실제 상황에 적절한 연구자의 윤리적 판단이 요구된다고 하겠다. 항상 대중의 알 권리를 우선시하며 사생활을 노출시키거나 피해를 주어서는 안 될 것이다. 또한 개인의 권리가 심각하게 침탈되거나 사회적으로 중요한 위해를 주고 있는 경우를 연구라는 이름으로 외면만 하고 있어서도 안 될 것이다.

연구 반응자의 신원과 연구 장소는 익명이나 가명의 형식을 통해 철저히 보호되어야 한다(Bulmer, 1982: 225; Punch, 1986: 69에서 재인용). 연구 반응자들 중에는 자신의 이름이 출판되는 것에 대해 무관심하거나 실명을 써 줄 것을 요구하는 경우가 있다. 그런 경우, 어떤 학자들은 익명이 철회될 수 있다고 주장하지만, 잠재적인 많은 연구 반응자들을 고려할 때 실명을 사용하는 것은 바람직하지 못하다. 그러나 질적 연구는 상세한 묘사를 추구하기 때문에 누군가가 연구 결과물을 면밀히 검토하고 연구 반응자와 연구 장소를 밝히기 위해 집요하게 추적한다면 완벽한 익명성의 보장은 사실 불가능하다고 보아야 할 것이다. 따라서 중요한 것은 연구자 자신이 연구 반응자와 장소를 노출시키지 않기 위해, 나아가 그들에게 피해를 주지 않기 위해 최선의 노력을 하는 것이며, 연구 반응자에게 그러한 경우가 있을 수 있음을 사전에 충분히 고지하는 것이다.

연구를 통해 얻은 정보는 익명이나 가명 뒤에 안전하게 감추어져야 한다(Bulmer, 1982: 225; Punch, 1986: 69에서 재인용; Bogdan & Biklen, 2007: 49-50; Glesne, 1999: 122-124). 기밀성은 사생활을 침해받지 않을 자유권의 보호에 해당한다. 또한 자신이 알게 된 것을 하나의 잡담거리나 뒷담화거리로 떠들고 다니는 것은 대단히 비윤리적이자 비인간적인 처사이다. 연구자로서의 자격이 없다. 현실적인 면에서 보더라도, 누군가에게 말하는 순간 그 정보는 가치가 떨어진다. 보여주고 들려준 데 대해 감사한 마음을 담아 귀중하고 소중히 다루어야 할 것이다.

그러나 실제 연구 현장에서는 기밀성의 보장과 관련하여 크고 작은 다양한 갈등 상황이 전개되곤 한다. 어떤 연구자는 학교장의 비리를 알게 되고, 어떤 연구자는 교권 침해를 목격하고, 또 어떤 연구자는 학교폭력을 듣게 되기도 한다. 연구를 위해 개입하지 않을 것인지, 연구를 포기하고 알려야 할 것인지 심각한 고민에 빠지게 된다. 하지만 범죄 행위를 신고해야 할 의무는 범죄 행위자와 약속한 것보다 우선한다(Eisner, 1998: 367). 연구는 마땅히 사회 정의와 연구 반응자의 인권을 보호하는 범위 내에서 이루어져야 한다. 어떤 연구자는 연구 장소의 기관장이 연구 반응자로부터 얻은 정보를 알고 싶어 할 때 어떻게 해야 할 것인지를 고민한다. 이 경우에는 연구 반응자의 기밀성과 기관장에 대한 존중이 모두 고려되어야 할 것이다. 즉, 직접적이고 구체적인 답을 하는 대신에 아직 충분한 자료를 얻지 못했고 나중에 충분히 논의할 시간을 갖겠다고 답하는 것이 바람직할 것이다. 어떤 연구자는 공적 장소에서 얻은 정보를 보고서에 포함시키는 것이 사생활 침해에 해당되는지에 대해 고민한다. 일부 학자들은 사생활 침해에 해당된다고 주장하지만 대체로 많은 학자들은 우리는 공적 장소에서 일상적으로 관찰하고 관찰된다는 점에서 사생활 침해에 해당되지 않는다고 주장한다. 어떤 연구자는 우연히 스쳐 들은 정보가 사생활 침해에 해당되는지에 대해 고민한다. 우리는 일상적으로 무심결에 다른 사람들의 이야기를 듣게 된다. 여기에서 윤리적 의무는 우리가 알고 있는 것을 부적절하게 사용하지 않는 것이다(Stake, 1995b: 98). 어떤 연구자는 연구 반응자와 친구 관계가 형성되고, 그런 사적 관계로부터 획득한 정보를 공적으로 알리는 것이 윤리적으로 문제가 되는지에 대해 고민한다. 익명성과 사생활 보호 원칙이 우선되어야 한다. 그리고 이 전제하에 공표 여부와 범위 및 정도에 대해 연구 반응자와 허심탄회하게 논의하고, 협상의 결과대로 실행하면 될 것이다. 또한 연구자는 연구 결과가 사회적으로 어떻게 받아들여질지 그리고 어떻게 사용될 수 있을지에 대해서도 고민해 보아야 한다(Bogdan & Biklen, 2007: 52-53; Mason, 2017: 252). 연구 결과의 발표로 인해 연구자의 의도나 기대와 달리 연구 반응자나 그와 관련된 사람들에 대한 편견을 조장할 수도 있고, 통제를 강화하는 정책으로 인해 정신적·신체적 고통을 안겨 줄 수도 있다. 일어날 수도 있는 윤리적 문제와 위험에 대해서도 책임감을 가지고 생각해 보아야 할 것이다.

▌정직성

세 번째 윤리적 쟁점에 해당하는 핵심 질문은 "연구 목적 달성을 위하여 속임수가 허용되는가?"이다. 이것은 연구 사례 선정으로부터 자료 생성, 자료 분석과 해석, 연구 결과 보고에 이르기까지 연구의 전 과정에서 의도적 기만이 정당화될 수 있는가에 대한 문제이다. 또한 이것은 첫 번째 쟁점인 '충분한 고지에 기초한 동의'와 밀접한 관련성을 가진다. 이 문제 역시 은밀한 연구, 공개적 연구, 상황에 적합한 연구의 입장에 따라 서로 다른 해결책을 제시한다.

Douglas(1979)는 목적론적 윤리관에 기초하여, 사회과학자는 과학적 진리라는 더 높은 목표 달성을 위해 은밀한 방법을 채택할 자격이 있고, 거짓말, 사기, 속임수, 공갈이 정당화된다고 주장한다(Punch, 1986: 59). Van Manen(1978: 334) 역시 자료 획득을 위해서는 어느 정도의 속임수는 불가피하고 이익이 되며, 연구 가설이나 가정 또는 관심 영역을 드러내는 것은 윤리적·방법론적으로 필요하지 않다고 주장한다(Punch, 1986: 64). 반면에 Bulmer(1982)는 규칙 의무론적 윤리관에 기초하여, 은밀한 방법으로 사적 영역에 들어가서 위장과 허위로 관계를 맺으며 몰래 자료를 획득하는 것은 결코 윤리적이지 못하다고 비난한다(Punch, 1986: 67-68). 그는 연구는 인간을 존중하고 정직해야 하며 그들에게 해를 끼쳐서는 안 된다고 주장한다. 그러나 정직성의 문제는 다양한 딜레마 상황에서 목적론적 또는 규칙 의무론적 윤리만으로 해결하기는 쉽지 않다. 정의를 지향하는 윤리적 관점과 공익을 생각하는 실용적 관점을 균형감 있게 고려하며 실제 상황에 적절한 윤리적 판단을 내리는 것이 바람직하다.

질적 연구자는 정직한 자세로 진실한 연구를 해야 한다(Bogdan & Biklen, 2007: 50; Soltis, 1990). 연구 사례를 선정함에 있어서 누구 또는 무엇에 대해 연구하고자 하는지 거짓말을 해서는 안 된다. 자료 생성 과정에서 몰래 녹음하거나 위장 녹화를 해서도 안 되고, 알게 된 것들을 약속과 달리 발설해서도 안 된다. 자료 분석과 해석 과정에서 편향적 자세를 취해서도 안 되고, 연구자의 행위를 왜곡해서도 안 된다. 연구 결과를 연구자의 필요나 외부의 요구에 따라 조작해서도 안 되고, 약속한 연구 목적 이외의 용도로 사용해서도 안 된다.

이처럼 정직한 자세를 유지하는 것이 당연한 윤리적 자세임에도 불구하고, 질적 연구자는 연구 과정에서 만나게 되는 다양한 상황에서 정직성에 대한 판단을 내려야 하는 힘든 순간을 경험하게 될 것이다. 예를 들어, 특정 시점에서 의도한 관찰의 목적이 무엇인지, 심층면담에서 물은 질문의 의도가 무엇인지 또는 문서를 요청하거나 문서에 대해 질문하는 의도가 무엇인지에 대해 연구 반응자가 물을 때, 연구자는 연구에 지장을 주지 않으면서도 정직성에 위배되지 않기 위해 순간적으로 심각하게 고민하게 될 것이다. 앞서 얘기한 바와 같이, 상황에 적절한 윤리적 판단에 기초하여 답변하는 것이 최선의 길일 것이다. 아마도 연구 반응자가 속았다는 생각이 들지 않을 정도라면 괜찮을 것이다. 이를 위해서는 내가 연구 반응자라는 입장에서 역지사지의 자세로 생각해 보면 되지 않을까 싶다. 그러나 그것 역시 어디까지나 연구자의 생각이기 때문에 자기방어적일지도 모른다. 연구 반응자의 입장에서 진실한 자세로 신중에 신중을 기해야 할 것이다.

▌ 호혜성

네 번째 윤리적 쟁점에 해당하는 핵심 질문은 "연구 협력에 대해 어느 정도로 보상할 것인가?"이다. 이것은 연구 반응자의 참여와 협조에 감사를 표하는 문제로서 약속 이행 그리고 존중과 배려의 인간관계와 관련된다. 질적 연구자들은 대체로 연구 반응자에게 깊은 감사의 마음을 갖는다. 그러나 사실 감사를 표할 뾰족한 방법이 있는 것도 아니고, 표한다고 해도 받은 것에 비해 너무 빈약하기 때문에 미안할 수밖에 없다. 더구나 연구 반응자는 익명 또는 가명으로 남지만, 연구자는 연구 업적이나 출판에 의한 인세 등으로 보상을 얻게 된다. 어떻게 어느 정도로 감사를 표할 것인가는 매우 심각하게 고민해야 할 문제이다.

무엇보다 연구 반응자와 약속한 것은 반드시 이행해야 한다. 연구 출발점에서 연구자는 연구를 허락한다는 것이 무엇을 의미하는지 연구 반응자들에게 분명하게 밝혀야 한다. 그리고 허락해 준 대가로 뭔가를 해주기로 약속하였다면 반드시 그 약속을 지켜야 한다. 예를 들어, 연구보고서를 주기로 했다면 주어야 하고, 연구 종료 후 주기적으로 방문하거나 도움을 주기로 하였다면 약속한 대로 이행하여야 한다. 따라서 연구자는 연구 허락을 얻기 위해 협상하는 과정에서 약속을 할 때는 현실을 고려하며 매우 신중해야 한다(Bogdan & Biklen, 2007: 50).

다음으로 연구 반응자를 존중하고 배려하는 자세로 임해야 한다. 질적 연구에서 연구 반응자의 참여와 협력을 부탁하는 것은 그들의 삶을 이해하고 나아가 그것이 세상에 대한 이해와 관심 현상의 의미를 파악하는 데 도움을 줄 것이라고 기대하기 때문이다. 욕심을 부린다면, 겪고 있는 문제에 대한 이해와 그에 기초하여 다른 사람을 돕고 관련 문제를 해결하는 데 도움을 얻기를 기대하기 때문이다. 따라서 참여관찰이나 심층면담에서 보여주고 들려주는 것에 대해 깊은 감사의 마음으로 주의 집중하여 관찰하고 경청하는 자세를 유지해야 한다. 또한 보고 들은 것에 대해 질문하고 확인하는 과정을 통해 존중과 감사의 마음을 표할 수 있어야 한다(Glesne, 1999: 127). 연구 참여 기관에 책을 기증한다거나 연구 문제와 무관한 연수를 제공할 수도 있고, 연구 반응자들에게 식사나 다과를 제공할 수도 있을 것이다(Stake, 1995b: 99). 그리고 연구비 지원이 가능하다면, 금전적 보상도 고려할 수 있을 것이다.

▎연구자의 역할과 노력

질적 연구의 기획과 설계, 질적 자료의 생성과 분석 및 해석, 연구의 보고, 그리고 질적 연구자의 역할과 사명 등 질적 연구의 모든 측면과 모든 과정에서 연구 윤리가 준수되어야 한다(Callahan, 1988; Mason, 2017). 그러나 연구 과정에서 부딪히는 딜레마들은 이익을 좇는 공리주의적 자세만으로 해결되지도 않고, 정해진 규범적 원칙만으로 해결될 수 있는 것들도 아니다. 어떤 의사결정 지침이 제공된다 할지라도 궁극적인 결정은 연구자의 소관이고, 연구자의 철학과 가치관에 따라 이루어질 것이다. 따라서 질적 연구자는 타인의 삶에 관여하는 자로서 보다 진정성 있는 인생관을 갖추기 위해 노력하는 자세가 요구된다. 또한 어느 상황 어느 시점에 어느 정도로 개입할 것인지에 대한 실제적 판단 역량을 갖추는 것도 중요한 과제라고 하겠다. 그리고 질적 연구 전문가와 동료 연구자의 도움을 받는 것도 바람직한 방법일 것이다.

질적 소연구

다음은 질적 연구 방법론 강좌를 운영하면서 학기말 과제로 제시한 것이다. 15주 중에서 적어도 6주 간의 사례 연구를 수행하고 소연구보고서를 제출하도록 요구하였다. 그리고 소연구를 수행하면서 적용한 연구 방법을 강의와 연계하여 정리하도록 의도하였다. 연구 방법론 강의를 하거나 개인적으로 소연구를 시도하는 경우에 참고할 수 있을 것이다.

질적 소연구 안내

소연구보고서는 당신이 선택한 장소에서의 장기간의 참여(이 강좌를 위하여 최소 6주)를 반영하여야 할 것이다. 이 보고서는 두세 개의 쟁점들에 초점을 두고 쟁점 개발 배경과 이 쟁점들을 중심으로 구조화된 폭넓은 기술적 자료(descriptive data)와 이 자료들에 대한 해석을 포함할 것이 권장된다. 마무리 단계에서는 당신의 연구가 관련 영역의 지식과 실제에 대해 어떻게 기여하는지를 밝혀야 할 것이다. 분량 및 작성 양식은 제한을 두지 않는다.

I. 연구 방법론 작성 안내

연구 방법론 작성은 당신의 사례 연구 수행에 대한 비판적 반성(critical reflection)으로서 두 수준(가. 공리. 나. 연구 설계와 방법)에서 이루어진다. 세부 항목들은 당신의 사고를 위한 개략적인 안내가 될 것이다. 그러나 항목들을 모두 포함할 필요는 없다. 당신은 당신의 연구에 적합하도록 그 항목들을 생략하거나 다른 항목들을 추가할 수 있다. A4 용지 10매(줄 간격 160%, 글자 크기 10호) 내외면 적절할 것이며, 소연구보고서에 반드시 포함해야 한다.

가. 공리(axioms)

1. 신빙성(credibility). 실재의 성격에 대한 나의 가정은 무엇인가? 소박 실재(naive realities)? 구성 실재(constructed realities)? 지각 실재(perceived

realities)? 혼합(combination)? 혹은 다른 가정? 그 가정은 나의 연구에 어떤 식으로 반영되었는가?

2. 전이성(transferability). 나는 나의 연구 결과가 어느 정도 다른 상황에 적용될 수 있다고 믿는가? 나의 연구 결과에는 "일반화할 수 있는 것(generalizables)" 혹은 "전이할 수 있는 것(transferables)"이 있는가? (있다면, 당신의 자료에 근거하여 하나의 구체적인 예를 제시하시오.)

3. 맥락성(dependability). 나의 연구 결과는 일관성이 있는가? 인과 관계에 대한 나의 가정은 무엇인가? 상황 변화가 인과 관계에 영향을 미쳤는가? 미쳤다면, 그 영향은 어떤 모습으로 나타났는가? (당신의 자료에 근거하여 상호작용적 형상화(mutual shaping)나 인과 관계적 설명의 한 예를 제시하시오.)

4. 확증성(confirmability). 이 연구에서 연구 도구로서의 나의 가치 기준과 편견은 무엇인가? 나는 언제 감식가이고 언제 학습자인가? 연구 영역에 대해 내가 알고 있는 것은 무엇인가?

나. 연구 설계와 방법

1. 나는 자연스러운 환경에서 연구를 수행하였는가?

2. 나는 연구 장소 및 반응자와 주된 정보 제공자들을 어떻게 선택하였는가?

3. 나는 어떻게 연구 허가와 공감적 관계(rapport)를 획득, 유지하였는가?

4. 나는 어떤 자료 생성 방법을 사용하였으며 자료 생성 과정은 어떻게 진행되었는가?

5. 나는 어떤 관찰자(완전 참여자, 관찰자로서 참여자, 참여자로서 관찰자, 완전 관찰자)였는가? 왜?

6. 나는 어떤(구조화된, 반 구조화된, 개방형) 면담을 수행하였는가? 각각에서 나는 어떤 종류의 자료를 얻었는가?

7. 나는 연구에서 어떤 쟁점들을 발견하였는가? 그 쟁점들이 발현적인가, 사전에 결정된 것인가? 내부자의 관점으로부터 개발되었는가, 외부자의 관점으로부터 개발되었는가?

8. 나의 분석은 어떻게 진행되었는가? 그 분석이 총체적인가, 분석적인가? 어떤 종류의 분석이 나에게 도움이 되었는가? 어떤 목적을 위해서?

9. 나는 삼각검증을 사용하였는가? 어떻게?

10. 나는 연구 과정에서 나의 정보 제공자들과 협의하였는가(구성원 검토)? 하지 않았다면 왜 하지 않았는가? 했다면 그들의 반응은 어떠하였는가? 그들은 어떤 부분에서 수정의 필요성을 제기하였는가?

11. 나는 확실성을 확보하기 위하여 어떤 방법을 활용하였는가?

12. 나의 글쓰기는 어느 정도 기술적이고, 해석적이고, 평가적인가?

13. 나는 이 사례 연구로부터 무엇을 배웠는가?

제**7**장
실행연구의 수행

나의 신념, 수업, 학습은 서로에게 영향을 주면서 발전해 나갔다. 수업은 지식을 일방적으로 전달하는 수업에서 아이들이 찾아가는 수업으로 변화하였다. 또한 교과서의 흐름 그대로를 따르는 수업에서 교사의 의도에 맞게 재구성한 수업으로 변화하였다. 학습은 암기하는 것에서 나의 생각과 의견을 표현하는 것, 궁금한 것을 찾아보는 것으로 변화하였다. 교과서가 학습의 중심이 아니라 아이들이 던진 질문 그 자체가 학습의 중심이 되었다. 그리고 체계적이고 지속적으로 이루어지는 수업 반성과 성찰은 추상적인 것에서 구체적인 실천 원리를 찾는 것이 중요하다는 믿음을 갖게 해주었다. 여기서 교사의 신념은 고정불변의 것이 아니라 교사의 개인적 경험 및 수업을 통한 실천적 경험의 영향을 받아 생성되고 변화하는 역동적인 사고 과정을 거치는 것을 의미한다. 또한 신념의 정교화 과정은 연구자 스스로의 성장을 나타내는 과정이며 수업이라는 현상을 놓고 수업 주체인 교사와 아이들 및 동료 교사가 협업하여 만들어 내는 집단 지성의 결과물이기도 하다. (김지연, 2015a: 3)

보건 수업에서 성적을 덜 강조하는 것이
학생들의 학업성취와 스트레스 수준에 미치는 효과

John Gorleski
(Highland Park High School, Highland Park, Illinois)

나의 실행연구 프로젝트는 다음과 같은 문제로 표현된다. 학습을 강조하면서 성적을 덜 강조하는 것이 학생의 노력이나 수행에 영향을 미칠 것인가? 그리고 이 방법이 학생의 스트레스를 완화하는 데 부합할 것인가?

학생들은 단원이 끝나는 2~3주마다 숙제, 시험과 퀴즈, 동료평가, 교사평가, 수업 참여 등에 기초해서 자기평가서를 작성했다. 이를 위해 전통적인 백분율 평가방법 대신에, 학생들에게 소모둠을 구성하고 A, B, C, D 성적 각각에 적합한 준거를 만들게 했다. 이 준거는 학생들이 그들의 수행을 정확하게 평가할 지침으로 사용되었고, 그들이 준거에 비추어 정당화할 수 있다면 자기평가 결과를 최종 성적으로 받을 수 있었다. 학생들은 그들의 성취와 최종 성적에 대해서 거의 이의를 제기하지 않았으며, 훨씬 더 주인의식을 느꼈다고 보고했다.

처음에 나는 학생들이 이 기회를 이용해서 모두 자기 자신에게 A를 줄지도 모른다고 생각하면서, 학생들의 자기평가에 너무 큰 믿음을 준 것이 아닌지 많은 걱정을 했었다. 그러나 학생들의 자기평가의 대부분이 나의 평가와 일치했다.

프로젝트 안내장을 가정으로 보내고, 부모를 초청해서 공개 설명회를 가졌으며, 무작위로 선정된 부모들에게 피드백을 얻기 위해 전화 면담을 실시했다. 부모들은 새 학년이 시작될 때마다 성적에 대해 이의를 제기하거나 불평하는 전화를 했었는데, 이번에는 그런 경우가 전혀 없었다. 학생의 노력을 촉진시키기 위해서 성적을 당근처럼 사용할 필요가 없다는 것이 분명해졌다.

조사에 참여한 학생들의 68.5%가 "이 수업에서 사용된 성적 산출 방식은 나의 스트레스 수준을 낮춤으로써 마음을 보다 편안하게 해주었다."는 문항에 동의했다. 성적을 덜 강조하는 데에서 기인한 스트레스와 긴장 완화가 교실에서 훨씬 더 안정감과 공동체의식을 불러일으켰음을 시사한다.

연구가 수행된 지난 2년에 걸쳐 A 등급의 수가 의미 있게 증가했을 뿐만 아니라 다소 덜 하긴 하지만 D와 E 등급 또한 의미 있게 감소했다. 이 수치는 스트레스 없는 환경에서 공부하고, 인위적인 보상보다 학습을 위한 학습을 가치 있게 여기는 학생들이 더 잘 수행할 것임을 시사한다.

성적은 학습의 본질적인 요소도 아니고 학습을 보장하지도 않는다. 성적은 학생들의 보다 많은 노력을 촉진하거나 보다 심오한 이해를 독려하는 필연적 요소는 아니다. 성적 산출 방식은 교사들이 만들고자 하는 교실 공동체를 파괴할 수 있을 뿐만 아니라 학생들의 자존감을 해칠 수도 있다. 전통적인 성적 산출 방식은 정말 중요한, 학습을 위한 학습을 방해하곤 한다. 우리의 가장 중요한 임무인, 학생이 그들의 최대한의 잠재력을 발휘할 수 있도록 돕는 일에 더 많은 시간을 사용해야 할 것이다.

이 글은 Mertler(2009)의 『실행연구』(2판) 부록에서 소개한 실행연구 사례 보고서를 요약한 것이다. 이 연구는 학생들의 학습을 더 정확하게 측정할 수 있는 새로운 평가 방법을 찾으려는 관심에서 출발한다. 연구자는 평균 점수 산출과 규준지향평가(curving)와 같은 일반적인 성적 산출 방식은 교육적으로 바람직하지 않다고 판단한다. 또한 학생의 '노력'을 평가하고, 낙제점을 설정해서 동기유발을 도모하며, 교사가 객관적으로 평가할 수 있다고 가정하는 방식도 의문의 여지가 있다고 본다. 그래서 새로운 방식을 시도하지만, 그것 역시 자의적이고 주관적이며 근거 없는 경우가 많고 부정확해서, 학생들의 학습을 충실하게 측정하는 데에는 한계가 있지 않은지 의구심을 갖는다. 본 연구는 이 같은 고충에서 시작되었다.

새로운 평가 방법으로 자기평가를 시도하는 과정에서, 학생들은 평가 준거를 개발하고, 이 준거에 따라 다양한 과업에 대해 다양한 주체가 평가하고, 이에 기초하여 자기평가를 하며, 교사는 이를 최종 성적으로 부여하였다. 그리고 2년에 걸쳐 학부모 면담과 학생 설문조사를 실시하고, 그 결과를 분석하여 자기평가의 효과성을 입증하였다.

연구자는 연구가 교수나 학자의 전유물이라는 인식에서 벗어나 자기 자신이 연구의 주체가 되었다. 전통적 교육 연구자들이 제안하는 일반화된 해결책으로서의 평가 방식을 모색하기보다는 자신의 상황에 적합한 사례 구체적 해결책으로서의 평가 방식을 모색하였다. 또한 문제 해결을 위해 전통, 권위 또는 상식에 의존하기

보다, 연구 문제의 명료화, 2년에 걸친 양적 자료와 질적 자료의 수집과 분석 및 해석, 그리고 결과 도출이라는 과학적 탐구 과정을 적용하였다.

실행연구의 의미

위와 같은 교실에 기반한 교사 주도의 과학적 연구는 실증주의 패러다임에 기초한 Lewin의 실행연구 아이디어로부터 시작되었다(Glesne, 1999: 13; Noffke & Stevenson, 1995: 2-4; Stringer, 2004: 4). Lewin(1946)은 독재적인 강제보다 민주적인 참여가 생산성과 법질서 유지에 더 큰 이익을 가져다준다는 실험 결과로부터 실행연구를 창안하였다(Adelman, 1993). 그리고 이 아이디어는 사회 또는 교육 문제 탐구와 실천적 행위를 통한 문제 개선에 민주적으로 참여하는 연구 형태로 발전하였다(Kemmis & Stake, 1988: 65). 또한 미국에서는 Dewey의 진보주의 교육의 일환으로, 영국에서는 Stenhouse를 중심으로 한 교사 주도의 교육과정 개혁 운동을 위해, 호주에서는 Kemmis가 중심이 된 협력적 교육과정 운동을 통해 실행연구가 강조되었다(Mills, 2003; Noffke & Stevenson, 1995).

Dewey(1904)는 교사는 자기 자신에 대한 반성적 탐구를 통해 이론과 실천을 발전시켜 나가야 한다고 강조하였다(서경혜, 2019). 그는 전통적으로 유지되어 온 표준화된 교과를 획일적으로 가르치는 보수주의 관점을 비판할 뿐 아니라, 학습자의 충동과 흥미 그리고 변화하는 사회의 당면 문제를 다루며 체계화되지 못한 어설픈 교육과정(inchoate curriculum)을 수행하는 진보주의 관점도 부정적으로 평가한다. Dewey(1938)는 교육은 인간이 세계를 연구하고 지식을 획득하는 과학적 방법이라는 관점을 취한다. 그리고 Dewey와 그를 지지하는 많은 학자들은 이러한 과학적 탐구로서의 진보주의 교육을 위해, 교사 전문성은 아동이 참여하고 사회정의가 강조되는 민주적인 교실에서 과학적 탐구를 통해 개발되어야 한다고 주장하였다(Noffke & Stevenson, 1995: 3).

예를 들면, Dewey는 그의 실험학교에서 볼 수 있는 바와 같이, 교사들이 자신의 교육 실천에 대한 끊임없는 성찰에 기초하여 자신의 교육이론을 지속적으로 발전시켜 나갈 것을 강조하였다. 이는 곧 교사는 실천가이자 이론가이고 탐구자이자 학습자이며, 실천과 이론의 통합을 기하는 교사 주도의 실행연구가 요구됨을 의미한다.

Stenhouse(1975)는 '연구자로서의 교사(teacher as researcher)' 개념을 제안하며 교사들이 중심이 되어 교육과정을 개발하는 교육과정 혁신 운동을 전개하였다(Clandinin & Connelly, 1992). 그는 외부 전문가 집단이 교육과정을 개발하고, 교사는 이를 계획된 대로 실행하며, 다시 외부 전문가 집단이 평가하는 Tyler의 '목표 모형'에 기초한 교육과정 개발을 거부하였다. 대신에 '인문학 교육과정 개발 프로젝트(Humanities Curriculum Project)'를 추진하며, 교사들이 실천의 장에서 교육과정을 개발하고, 이를 실행하고, 비판적 성찰과 자기 수정을 통해 개선안을 마련하는 '과정 모형'에 기초한 교육과정 개발을 주장하였다. 또한 그는 교육 실천가의 목소리가 존중되고 실행과 연구가 통합되는 실행연구를 강조하였다.

> 교사 전문성 교육은 교사가 자기 개발을 위한 기초로 자신의 교수(teaching)에 대해 체계적으로 질문하고 연구하는 헌신적인 노력과 기술, 그리고 이러한 기술을 사용하여 실제적 관점에서 이론에 대해 질문하고 시험해 보는 데 대한 관심을 다루어야 한다."
> (Stenhouse, 1975: 144; McNiff & Whitehead, 2006: 37에서 재인용)

더불어 Stenhouse(1979: 7)는 이러한 실행연구가 연구이도록 하는 중요한 요인 중의 하나는 실행연구의 목적이 실천가들의 자기 비판적인 공동체에서 체계적인 지식을 개발하는 데 있다고 주장하였다(Carr & Kemmis, 1986: 88).

Stenhouse의 이러한 관점과 노력은 사회적, 교육적 환경 변화와 함께 실행연구에 대한 관심을 불러일으키는 원동력이 되었다. Carr and Kemmis(1986: 166-167)에 의하면, 실행연구에 대한 관심 부활의 배경에는 교사 전문성으로서 연구의 역할 강조, 교육 연구와 실제의 괴리, 교육과정의 '실제성(the practical)'에 대한 관심 제고, 참여자 관점을 중시하는 자기 비판적 연구 방법의 대두, 책무성 운동(accountability movement)에 따른 교사의 자기 점검 필요성, 학교교육 기회의 확대에 따른 대중 비판에 대한 대응, 실행연구에 대한 인식 제고 등이 있었다.

Kemmis는 Lewin으로부터 시작된 보수적이고 실증적인 탐구를 비판하며 민주적 담화와 반성적 이론화에 기초한 비판적 실행연구를 주창하였다(Anderson, Herr,

& Nihlen, 1994: 15-16). 또한 그는 비판이론에 기초하여 교사는 인간해방 프로젝트의 핵심 참여자로서 협력적 교육과정 계획과 사회정의를 추구하는 실행연구를 위해 노력해야 한다고 주장하였다(Noffke & Stevenson, 1995: 3-4).

이 같은 맥락에서 Kemmis and McTaggart(1988: 15)는 인간은 사회적 존재이고 인간의 언어와 행위 및 상호 관계는 사회적으로 구성되며 이러한 현상을 이해하고 변화시키기 위해서는 집단의 협력적 의사결정이 요구된다고 본다. 따라서 교육 실행연구도 사회적 구성으로 수행되어야 하기 때문에 일방적인 개인 의사결정이 아니라 집단적이고 협력적인 의사결정을 통해서 수행되어야 한다고 주장하였다. 그리고 Carr and Kemmis(1986: 168-170)는 비판적 관점에서 읽기 보충 지도, 규율 문제, 비경쟁적 평가 문제 등에 대해 협력적 실행연구(collaborative action research)를 수행하며 변화를 시도하였다.

Dewey, Stenhouse, Kemmis를 중심으로 한 세 가지의 큰 흐름과 함께, 실행연구는 배경 철학과 지향점에 따라 실천적(practical) 실행연구와 비판적(critical) 실행연구로 발전해 왔다(McNiff & Whitehead, 2006: 40-41; Mills, 2003). 물론 기술적(technical) 실행연구를 하나의 유형으로 구분할 수도 있다. 그러나 이 유형은 도구적 합리성을 지향함으로써 실행연구 본연의 의미를 벗어나 있기 때문에 발전해 온 하나의 유형으로 분류하기에는 적절하지 않다.

실천적 실행연구는 대체로 '실행연구' 외에 '교사 연구(teacher research)', '교실 실행연구(classroom action research)', '실행과학(action science)' 등의 개념을 사용하며, 교육자 자신의 행위 개선과 전문성 신장에 초점을 둔다(Eisenhart & Borko, 1993; Greenwood & Levin, 2005; Lytle & Cochran-Smith, 1992; Schensul & Schensul, 1992). 즉, 교사 자신의 교육행위에 대한 엄격한 검토에 기초하여 전문성을 개발하며, 각 학교와 교실은 그러한 검토가 이루어지는 실험실이 되어야 한다고 주장된다(McKernan, 1988: 154; Hensen, 1996: 53에서 재인용). 이 점에서 Mertler(2014)는 실행연구의 중요성을 이론과 실제의 연계, 교육 실제의 개선, 학교 개선으로의 연계, 교사 역량 강화와 지적 참여, 전문성 발달에서 찾는다. 이러한 배경과 특징에 비추어 볼 때, 실천적 실행연구는 "실천가들이 사회적 환경에서 시급한 문제를 더 잘 이해하고 해결할 수 있게 해주는 자기반성적 문제 해결의 한 형태"(McKernan, 1988:

6; Anderson, Herr, & Nihlen, 1994: 3에서 재인용)라고 정의될 수 있다.

반면에 비판적 실행연구는 '실천가 연구(practitioner research)', '지역사회 기반 실행연구(community-based action research)', '참여 실행연구(participatory action research)', '비판적 실행연구(critical action research)' 등의 개념을 사용하며, 프랑크푸르트 학파의 비판이론에 기초한 정치적 접근을 통해 사회 변혁과 억압으로부터의 해방에 초점을 둔다(Anderson, Herr, & Nihlen, 1994; Brown & Jones, 2001; Kemmis & McTaggart, 1988, 2000, 2005; Kincheloe & McLaren, 1994; Newman, 1998; Reason, 1998). 이 관점은 Reason & Bradbury(2001)에 의해서 다음과 같이 구체화된다.

> 실행연구는 우리가 역사의 현시점에서 발현하고 있다고 믿는 참여적 세계관(participatory worldview)에 기반하여 인간에게 가치 있는 목적을 추구하는 데 필요한 실제적 지식(practical knowledge)을 획득해 가는 참여적이고 민주적인 과정이다. 그것은 타자와의 공동 참여 속에서 사람들을 억압하는 문제를 해결하려는 실천적 추구 속에서, 더 넓게는 개인과 그들이 속해 있는 공동체의 번영을 추구하는 가운데 행위와 성찰, 이론과 성찰을 통합하는 것을 추구한다. (p. 1).

이 관점에서의 실행연구는 사회적, 참여적, 실제적, 협력적, 해방적, 비판적, 반성적, 변혁적이라는 특징을 갖는다(Kemmis & McTaggart, 2005: 566-568). 이러한 배경과 특징에 비추어 볼 때, 비판적 실행연구는 "참여자들이 사회적 상황에서 그들 자신의 행위에 대한 합리성과 정의(justice) 및 이해를 증진시키고, 그 행위가 수행되는 상황을 개선하기 위해서 행하는 자기반성적 탐구의 한 형태"(Carr & Kemmis, 1986: 162)라고 정의할 수 있다.

이러한 실행연구는 몇 가지 중요한 의미를 지니고 있다(Mertler, 2014: 53). 첫째, 실행연구는 다른 사람의 문제가 아닌 바로 자신의 문제를 다룬다. 둘째, 실행연구는 매우 시기적절하게 활용할 수 있다. 지금 혹은 준비가 되었을 때는 언제든지 시작해서 즉각적인 결과를 얻을 수 있다. 셋째, 실행연구는 교육자들이 그들의 실제를 더 잘 이해하고 그것을 개선할 수 있는 기회를 제공한다. 넷째, 하나의 과정으로서의 실행연구는 함께 일하는 동료들과 보다 강력한 관계를 형성하도록 도와준다. 끝으로 아마도 가장 중요한 건데, 실행연구는 교육적 질문과 문제들을 파악하고 접근하는 대안적 관점을 제공하고 자신의 교육적 실제를 검토할 새로운 방식을 제시해 준다.

　이처럼 실행연구는 꽤 긴 역사를 가지고 있고 많은 학자들에 의해서 강조되어 왔음에도 불구하고, 아직 의미 있는 연구 방법으로 인식되지는 않고 있다. 이 점에서 Hensen(1996)이 제기한 교사 연구에 대한 경시 풍조, 교사의 연구 시간 부족, 교사교육 과정에서의 연구 방법 학습 부족, 그리고 연구 경험 부족에 따른 교사의 자신감 결핍과 같은 실행연구의 장애 요인은 아직도 여전히 극복해야 할 과제로 남아 있다. 교사 전문성 제고는 교육개혁의 최우선 과제이고, 교사 전문성 제고의 핵심에는 실행연구가 있다는 점을 고려할 때, 학계와 교육 관련 기관은 실행연구에 대한 관심과 지원을 강화해야 할 것이다.

실행연구 과정의 개관

　실행연구의 과정은 제4장에서 소개한 바와 같이 학자에 따라 다양한 모형으로 표현된다(Mertler, 2014: 44-50; Mills, 2003: 15-20). 그러나 이들은 모두 Lewin(1952)의 실행연구 순환 과정에서 비롯된다(Carr & Kemmis, 1986). Kemmis(1988)는 Lewin의 아이디어를 [그림 1]과 같이 구체적이고 실제적인 과정으로 소개한다(Mills, 2003: 16) 무슨 일이 일어나고 있는지에 대한 일반적인 아이디어를 발굴하고, 사전 탐색이나 사실 발견에 기초하여 1차 계획을 수립·실행·평가하고, 다시 수정된 계획을 수립·실행·평가하는 과정을 순환, 반복한다. 실행연구는 언제 끝날지 알 수 없는 연구이며 연구하는 내내 창의적일 것을 요구한다.

　이 같은 실행연구의 과정은 몇 가지 공통적인 요소를 담고 있다. 개선을 필요로 하는 연구 문제 선정, 연구 문제 해결을 위한 연구계획 수립, 실행계획 수립과 수행 및 반성의 반복적 순환, 그리고 결과의 공유와 소통이라는 과정을 통해 수행된다.

▌연구 문제 선정

　실행연구는 자신의 과업과 관련하여 해결이나 개선 또는 변혁을 필요로 하는 문제를 결정하는 것으로부터 시작된다. 먼저 무엇이 왜 문제인지 확인하고, 이 문제와 관련하여 연구자 자신이 어떤 앎과 믿음을 가지고 있으며 어떻게 행동해 왔는지를 파악해야 한다. 그리고 이 같은 분명한 자기 인식에 기초하여 전문가의 견해와 참고문헌을 살피며 문제를 명료화하고 문제 해결을 위한 아이디어를 모색한다. 마지막으로 연구자의 여건과 역량에 비추어 볼 때, 변화를 위한 잠정적 아이디어가 실행 가능한지를 검토한 후 연구 문제를 확정한다.

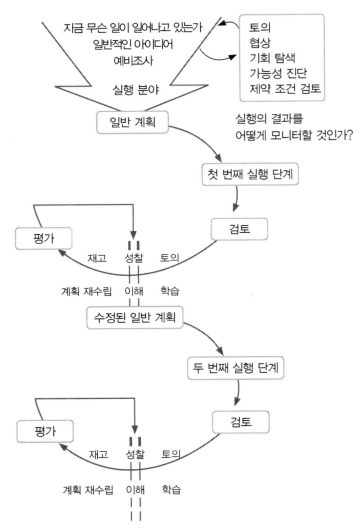

[그림 1] Lewin의 실행연구 순환 과정

연구계획 수립

연구 문제가 선정되었으면, 연구 문제를 해결하기 위해 어떤 연구 방법을 가지고 언제 어디에서 누구와 함께 무엇을 하며 연구를 수행할 것인지 계획을 수립해야 한다. 크게 보아 양적 연구, 질적 연구 또는 혼합 연구 설계를 고려하게 될 것이고, 연구 윤리에 대한 주의가 기울여져야 한다. 연구 문제에 따라 또는 연구 방법론에 따라 생성해야 할 자료가 상이하고, 자료의 생성과 분석 및 해석 방법도 달라질 것이다.

실행계획 수립과 수행 및 반성

다음으로 문제해결책으로서 최초의 1차 실행 방안 구상으로부터 수정된 2차 실행 방안 구상에 이르는 과정에 대해 연구계획을 수립해야 한다. 먼저 문제 해결을 위해 시도해 볼 만한 아이디어를 구상하고, 이 아이디어의 구체적 수행 방안을 마련하고, 수행 과정과 결과 평가를 위해 생성할 자료와 자료 생성 방법을 정하고, 자료 생성과 분석 및 해석에 기초하여 수정된 실행 방안을 찾는 일련의 계획을 수립한다. 그리고 이 과정은 문제가 해결될 때까지 반복적으로 순환된다.

결과의 공유와 소통 및 반성

실행연구의 결과는 학술지, 기관 보고서, 구두 발표 등을 통해 공유하며 반성적 소통의 기회를 가질 필요가 있다. 실행연구는 체계화된 이론이나 일반화된 처방을 추구하지는 않는다. 특정 교사가 개인적으로 겪고 있는 특정의 문제를 특정의 방안을 통해 해결할 것을 지향한다. 그렇다고 다른 교사들이 그 연구와 무관하거나 관심이 없다고 단정해서는 안 된다. 결과의 공유와 소통은 연구 공동체로서의 교사 문화를 활성화하고, 반성적 실천가로서의 교사 전문성을 제고하는 데 기여할 것이다. 끝으로 실행연구의 전 과정을 반성적으로 되돌아보며 실행연구의 효과적 수행을 위한 아이디어를 구할 것이 요구된다.

연구 문제 선정

연구자 본인은 '사회과'는 어떤 것을 외워서 답을 맞추는 과목이므로 '지식' 위주의 전달 교육을 해야 한다는 생각을 막연히 갖고 있었다. 그러나 대학원에서 사회과교육을 전공하면서 이런 나의 좁은 틀을 깨야 한다는 절실한 필요성을 느끼게 되었다. 또한 그러한 나의 욕구는 우연히 경험했던 사회 수업에서 학생들의 반응을 통해 더욱 자극을 받게 되었다. 어느 날 별 준비도 없이 사회에서 발생하는 지역 간 문제에 대한 소집단 토의 학습을 했었는데 학생들이 기대 이상으로 너무나 많은 의견을 제시하고 합의점을 찾아내는 모습을 보고. …(중략)…

내가 초등학교에서 고등학교까지의 12년간 받은 교육, 대학 4년간 받은 교육은 대부분 '강의식, 주입식'의 교수자 일방적인 수업이었다. …(중략)… 이런 수업에 익숙해서 '교사중심의 일제식 수업'에 대해 특별히 생각해 보거나 돌아볼 틈도 없었다. …(중략)…

교사라면 누구나 '좋은 수업', '훌륭한 수업'을 하고 싶을 것이다. 좋은 수업, 훌륭한 수업의 기준은 교사마다 조금씩 차이가 나겠지만 학생들의 활동이 더 많고 학생들이 신나서 학습하고 학생들에게 좀 더 높은 차원의 생각을 하게 만드는 수업이 아닐까 한다. 오래전부터 '좋은 수업'이라는 용어는 익숙하게 들어온 것이고 상당히 많은 연구물도 있다. …(중략)…

이 연구는 '좋은 수업'을 갈구하던 연구자 본인의 욕구로부터 시작되었다. 항상 연구자 자신의 수업에 대해 자신이 없고 '좋은 수업'을 하고 싶어 하던 차에 대학원에 와서 평소 잘 모르던 교육 이론 및 교수법에 대한 많은 부분을 알게 되었다. 그리고 자신의 수업 모습에 대해 다시 한 번 생각해 보게 되었다. 그러면서 실제 학교 현장과 관련한 연구를 해 보고 싶던 차에 「논쟁 수업」에 관심을 갖게 되었고 그중에서도 'Engle & Ochoa의 반성적 의사결정 모형'으로 실행연구를 하기로 결심하였다.

— 남은영(2010). 'I. 시작하며'의 '연구의 필요성과 목적'에서

위 자료는 연구 문제 선정 과정을 보여주기 위해 석사 학위 논문의 '서론' 중에서 '연구의 필요성 및 목적'을 발췌한 것이다. 다음 설명에 비추어 음미해 보면 도움이

될 것이다.

연구 문제가 선정되었다는 것은 무엇을 왜 어떻게 할 것인지가 결정되었다는 것을 의미한다. 연구를 위한 큰 그림과 함께 개략적인 연구계획이 그려진 것이다. 조급한 마음으로 연구 문제를 조작해 내기보다는 느긋한 여행자의 자세로 호기심과 인내, 기대와 열정을 가지고 탐구할 문제를 선정하는 것이 무엇보다 중요하다. 연구 문제 선정은 다음과 같은 단계와 질문의 탐구를 통해 해결할 수 있을 것이다.

- 연구 문제 탐색: 브레인스토밍
  - 현재 개선(해결 또는 변혁)하고 싶은 문제는 무엇인가?
- 연구 문제의 구체화: 현상 파악과 자기 성찰
  - 이 문제와 관련하여 무슨 일이 벌어지고 있는가?
  - 이 상황에서 나는 무엇을 어떻게 하고 있는가?
  - 나는 왜 이렇게 행동하고 있는가?
- 연구 문제의 객관화: 관계자 면담 및 문헌 검토
  - 이 문제의 원인은 무엇이라고 생각하는가?
  - 시도해 볼 만한 해결 방안은 무엇인가?
- 연구 문제의 정당화: 연구 문제 선정 준거 적용
  - 이 연구는 시도해 볼 만한 가치가 있는가?
- 연구 문제 확정: 연구 문제 진술
  - 연구 문제를 어떻게 진술할 것인가?

첫째, 브레인스토밍을 통해 현재 해결하고 싶은 문제나 관심사가 무엇인지 드러내고, 그중에서 연구할 만한 가치가 있는 것을 정해야 한다. 교사들은 입만 열면 연구 문제를 쏟아놓는다. 그렇지만 정작 대학원 논문 주제나 현장연구 주제를 정해야 할 시점이 되면 '뭐 하지?'라며 고민에 빠지곤 한다. 교육 현장에서 느껴온 미심쩍은 점, 불편한 점, 불만족스러운 점 혹은 개선하고 싶은 점을 떠올리면서 메모하는 방법이 효과적일 것이다. 머리를 쥐어짜며 굳이 찾아내는 것이 아니라 평소에 느끼고 있던 문제를 드러내는 것이다. 드러내기가 쉽지 않다면, 교육활동을 범주화하여 생각해 보는 것도 하나의 방법이다. 예를 들면, 질적 사례 연구를 통해 교사의 개인적 실제적 이론의 내용 영역을 범주화한 〈표 1〉을 참고할 수도 있다(노경주, 2012).

〈표 1〉 연구 문제의 영역 예시

대영역	하위영역	대영역	하위영역
교사 자신	인간으로서의 교사, 모델로서의 교사, 연구와 자기 계발	교수·학습	학업 지도 — 수업모형, 개인차 고려, 가치 지도, 수업 준비, 언어적 상호작용, 수업 분위기, 평가
교육 환경과의 관계	국가와의 관계, 지역사회와의 관계, 학부모와의 관계		생활 지도 — 따돌림, 기본생활습관, 칭찬과 벌, 원칙과 약속
학생과의 관계	인격체로서의 학생 존중, 공정한 대우, 관심과 배려, 소통, 친밀성과 권위		인성·정체성·진로 지도 — 인성, 정체성, 진로지도

현재 개선하고 싶은 문제나 관심사가 드러났으면, 이제 연구 문제 선정 준거에 비추어 연구할 만한 가치가 있는 문제를 선별해야 한다. 첫째, 연구자 자신이 정말 개선하고 싶은 문제이어야 한다(연구자의 개인적 중요성). 둘째, 연구 수혜자를 위한 교육활동에 도움이 되는 문제이어야 한다(연구의 교육적 가치). 셋째, 연구자가 연구를 수행할 수 있는 문제이어야 한다(연구 수행 가능성). 넷째, 연구 수행 과정에서 연구 윤리에 어긋나는 일이 발생하지 않을 문제이어야 한다(연구 윤리). 이제 여기에 이르면 연구 문제의 초점이 명료화되었다고 할 수 있다.

둘째, 선별된 문제를 구체화해야 한다. 앞 단계에서 연구 문제의 초점이 명료화되었다고 하지만 그것은 아직 개략적으로 드러난 상태에 불과하다. 이제 사전 탐색(reconnaissance)을 통해 이것을 구체적으로 확인해야 된다(Mertler, 2014; Mills, 2003). 먼저 이 문제와 관련하여 구체적으로 어떤 일이 벌어지고 있는지 즉, 문제시하는 그 상황에서 누가 언제 어디서 무엇을 어떻게 하고 있는지 사실을 정확하게 확인할 필요가 있다(사실 확인). 다음으로 이 상황에서 연구자는 무엇을 어떻게 하고 있으며, 왜 그렇게 행동하는지를 파악해야 한다(가치와 신념 확인). 그것은 곧 연구 문제와 관련한 자기 성찰의 시간에 해당한다. 이처럼 연구자의 사실적 행위 그리고 행위의 원천으로서 연구자의 앎과 믿음에 대한 자기 확인이 있어야 문제의 원인 규명과 개선 혹은 해결 방안 마련이 가능하기 때문이다.

셋째, 연구 문제를 객관적 관점에서 조명해 보아야 한다. 연구자는 문제로 인식하고 힘들어하지만 부질없는 고민일 수도 있다. 자신의 앎과 믿음에 문제가 있었거나 이미 관련 이론이나 해결책이 존재할 수 있는 것이다. 따라서 연구 문제라고 간주하고 있는 것에 대해 동료 교사 등 관계자나 전문가와의 면담 나아가 문헌 검토를 통해 객관화하면서 문제를 명료화하고 원인과 해결책을 조사해 보아야 한다 (Mertler, 2014; Mills, 2003). 면담이나 문헌에서 문제시되고 해결책도 존재한다면 그리고 이를 수용한다면, 이 문제는 더 이상 탐구의 가치가 없다. 그러나 연구자 본인이 스스로 확인해 보고 싶다면 여전히 시도해 볼 만한 연구 문제로 남을 수 있을 것이다. 반면에 만나본 전문가들이나 문헌에서 전혀 또는 거의 논의되고 있지 않다면, 창의적으로 도전해 보거나 연구 공동체에서 공론화해 볼 수 있을 것이다. 그러나 학문의 초입 단계인 석사 학위 논문을 위한 경우라면, 논의가 이루어지고 있지 않는 문제는 추후에 탐구할 과제로 남기는 것이 바람직하다. 선행 연구도 부족한 상태에서 너무 과도한 욕심을 부리다가는 실패를 자초할 수 있기 때문이다.

문헌은 On-line에서의 학술지나 대학 도서관에서 검색할 수 있다. 여러 논문의 참고문헌에서 반복적으로 나타나는 논문은 대체로 우수할 뿐만 아니라 참고해야 할 필수 논문이라고 할 수 있다. 또한 어떤 이론이나 개념과 관련하여 최초 제안자와 최신 연구자의 문헌을 참고하는 것도 바람직하다. 얼마나 많이 검토해야 할 것인가에 대해서는 정해진 답이 없지만, 연구 문제 선정 단계에서는 필수 문헌과 최신 연구물을 파악한 정도라면 적당하지 않을까 싶다. 그리고 이렇게 찾아낸 문헌은 보고서의 '이론적 배경'에 기술할 것을 염두에 두며 주제별로 구조화하여 출처와 함께 정리해 둘 필요가 있다.

넷째, 시도해 볼 만한 가치가 있는 연구 문제인지 연구 문제 선정 준거—연구자의 개인적 중요성, 연구의 교육적 가치, 연구 수행 가능성, 연구 윤리—에 비추어 다시 한 번 정당화할 수 있어야 한다. 특히 무엇을 어떻게 수행할 것인지에 대한 명쾌한 연구 범위와 복잡성 정도, 시간이나 연구 환경 등 연구 여건, 그리고 연구자의 연구 역량에 비추어 연구 수행 가능성을 잘 검토해야 한다. 결국 연구자가 재미있고 자신 있고 성취감을 느끼며 흐뭇해할 문제를 선정해야 할 것이다.

다섯째, 연구 문제를 의문문이나 가설 형태로 진술하고 보고서 제목을 정해야 한다. 질적 연구로 수행하는 경우에는 양적 연구로 수행하는 경우보다 포괄적이고 총체적인 표현을 사용하지만. 일반적으로 연구 문제는 개선하고 싶은 문제나 관심사가 무엇이고, 문제의 원인은 어디에 있으며 어떤 조치를 통해 해결하겠다는 것인지가 드러나야 한다. 연구 문제의 진술 방식은 채택하는 연구 방법에 따라 달라질 수 있다. 질적 연구로 수행한다면 연구 문제는 큰 질문(grand question)으로 시작해서 자료를 생성해 나가면서 좁혀질 것이다. 양적 연구로 수행한다면 분명한 독립변인과 종속변인을 포함하여 진술되고 도중에 바뀌는 일도 나타나지 않을 것이다.

마지막으로, 여기에 이르면 연구계획서의 '서론(언)'을 써보는 것이 좋다. 반드시 그래야 한다는 것은 아니지만, 연구 문제 선정을 위해 다섯 단계에 걸쳐 고민한 내용을 '연구의 필요성 및 목적'과 '연구 문제와 연구 내용'으로 기술해 볼 것을 권한다. 개략적인 스케치에 불과하지만 연구 방향이 보다 분명해질 것이다.

다음 글상자는 실행연구를 교사 자신의 개인적 실제적 이론으로부터 출발할 때 생각해 볼 수 있는 연구 문제 선정 과정이다. 이것을 참고하여 학습지도, 생활지도 혹은 학부모 면담 등에서 직면했던 딜레마 상황에서 출발하는 연구 문제 상황을 그려보는 것도 좋을 것이다.

교사 자신의 개인적 실제적 이론으로부터 출발하는 문제 선정 과정

o 나는 어떤 이론(신념)을 가지고 있는가?

o 나의 사회 수업에서 그 이론(신념)들은 어떻게 나타나고 있는가?

o 의도한 대로 작동되고 있지 않은 이론(신념)은 무엇인가?

o 그 이론(신념)과 관련해서 어떤 수업이 이루어지고 있는가?

o 무엇이 문제인가?

　　－ 이론(신념)의 문제: 나의 이론(신념)의 불명확성. 일관성 부족 혹은 오류, 이론(신념) 간의 충돌 등

　　－ 실제의 문제: 환경적 제약, 나 자신의 한계 등

o 문제 상황에서 나의 이론(신념)은 어떤 의미가 있는가?

o 이론(신념)과 실제의 괴리를 해결하기 위한 방안은 무엇인가?

o 이 해결 방안들의 실행 가능성은 어떠한가?

연구계획 수립

<표 2> 연구 절차

연구 과정		연구기간
연구 주제 및 연구 문제 선정		2001. 7. ~ 2002. 6.
연구 방법 논의		2002. 7. ~ 11.
연구계획 구상		2002. 11. ~ 2003. 2.
연구 진행	학교·학급·학생 실태 분석	2003. 3.
	참여자 선정	2003. 3.
	학생 면담	1차 2003. 3. 2차 2003. 5. 3차 2003. 7.
	동료 교사 면담	2003. 3. ~ 4.
	연구자 반성(수업일지)*	2003. 3. ~ 2003. 7.
	제1차 개선안 개발 및 실행: 반성*	2003. 4. ~ 5.
	제2차 개선안 개발 및 실행: 반성*	2003. 5. ~ 7.
본격적인 자료 분석 및 정리		2003. 7.
논문 작성		2003. 8. ~ 2004. 6.

* 논문을 참고하여 저자가 추가함.

— 박천영(2004). 'Ⅱ. 연구 방법'의 '연구 설계'에서

글상자의 <표 2>는 석사 학위 논문에서 연구의 전 과정을 시간 일정과 함께 요약적으로 제시해 주고 있다. 이것은 연구 수행 후에 작성된 것이긴 하지만, 연구를 시작하면서 이와 같은 주요 활동과 함께 세부 활동을 체계적으로 계획한 후 연구를 시작해야 한다. 또한 연구계획은 어디까지나 수정 가능성을 가진 발현적 설계로 간주되어야 한다. 다음 설명에 비추어 음미해 보면 도움이 될 것이다.

연구계획 수립은 연구 설계를 의미한다. 연구 문제에 대합 답을 얻기 위해 어떻게 연구를 수행할 것인지 구체적으로 밝힌 청사진인 셈이다. 기본적으로 연구에 임하는 패러다임과 양적, 질적, 혼합 연구 중 채택할 연구 방법을 결정하고, 이에 따라 자료 생성과 분석 및 해석 방법을 구상하며 전체적인 시간 계획을 수립해야 한다. 그것은 물론 연구 문제의 성격에 따라 결정되어야 한다. 그러나 연구자들은

대체로 자신이 가정하고 믿는 패러다임과 선호하는 연구 방법이 있고, 이 관점에 기초하여 연구 문제를 선정하는 경향도 있다. 어느 경우이건 연구계획을 수립함에 있어서는 양적 연구, 질적 연구, 혼합 연구 중에서 어느 방법을 채택할 것인지를 결정하는 것으로부터 시작하게 된다.

양적 연구는 크게 기술 연구, 인과 비교 연구, 상관관계 연구, 실험연구로 유형화할 수 있다(Gall, Gall, & Borg, 2003). 기술 연구(descriptive research)는 사실이나 주어진 집단의 특성 또는 관심 있는 영역을 사실적으로 기술하는 연구이다. 단순 관찰이나 면담 혹은 질문지 조사를 통해 현상이나 문제에 대해 있는 그대로를 이해하는 데 중점을 둔다. 예를 들면, '협동학습에서 무임승차의 원인은 무엇인가?'를 탐구하는 경우가 이에 해당한다. 실행연구 차원에서 보면, 개선책을 마련하기 위한 기초 연구로 활용할 수 있다.

인과 비교 연구(causal-comparative research)는 실험이 불가능하거나 쉽지 않을 경우에 활용되는 연구로 변인들 사이의 가능한 인과 관계를 탐구한다. 하나의 변인(독립변인)에 기초하여 둘 또는 그 이상의 집단을 형성하고, 그 집단들이 다른 변인(종속변인)과 관련하여 서로 다른 특징을 보이는지 탐구하는 연구이다. 예를 들면, '부모의 자녀 양육 방식이 학생의 사고력에 어떤 영향을 미치는가?'를 탐구하는 경우를 생각해 볼 수 있다. 실행연구 차원에서 보면, 문제의 원인을 규명하여 개선책을 마련하기 위한 기초 연구로 활용할 수 있다.

상관관계 연구(correlational research)는 둘 또는 그 이상의 변인 사이에 통계적 상관관계가 있는지, 있다면 어느 정도의 관계가 있는지를 탐구하는 연구이다. 인과 비교 연구는 독립변인과 종속변인 사이의 인과 관계를 밝히는 연구이지만, 상관관계 연구는 독립변인의 모든 수준에서의 차이 또는 여러 가지의 독립변인과 종속변인 간의 관계를 탐구한다. '아동의 성격 유형, 교사의 성격 유형, 교사-학생 상호작용 간에는 어떤 관계가 있는가?'라는 연구 문제는 상관관계 연구로 수행될 수 있다. 실행연구 차원에서 보면, 현상에 대한 이해에 기초하여 개선책을 마련하는 데 활용할 수 있다.

실험연구(experimental research)는 교육이론이나 법칙을 발견하거나 그것을 검증하기 위하여 연구 대상을 실험집단과 통제집단으로 구분하고, 실험집단을 엄격하게 통제하고 변인을 조작하여 처리를 투입한 후 나타나는 변화를 탐구하는 연구이다. 예를 들면, '교사의 발문 전략이 학생의 학업성취와 학습 태도에 미치는 효과는 어떠한가?'라는 연구 문제는 실험연구로 탐구될 수 있다. 교실 환경을 엄격하게 통제하는 것이 쉽지 않기 때문에 실행연구에서는 진실험 설계보다 원시 실험 설계나 준실험 설계를 활용한다. 실행연구 차원에서 보면, 실험연구는 개선책을 마련하기 위한 기초 연구로 활용할 수 있다.

실행연구 차원에서 질적 연구는 대체로 사례 연구로 이루어진다. 질적 사례 연구는 하나의 프로그램, 사람, 기관, 장소, 사건, 서류 묶음 등 '한계가 있는 하나의 체계(a bounded system)'로서의 사례를 총체적으로 상세하게 탐구하는 연구이다(Merriam, 1988; Stake, 1995b: 22–23). 연구계획은 양적 연구처럼 사전에 구체적으로 확정되는 것이 아니라, 개략적인 계획으로 시작해서 점차 구체화해 가는 발현적 설계를 지향한다(Bogdan & Biklen, 2007: 54–55; Lincoln & Guba, 1985: 208–211; Stake, 1995b: 80). 연구자는 완전 참여자(full participant)로 참여하며, 참여관찰, 심층면담, 기록과 문서 등의 자료 생성을 통해 연구를 수행한다. 실행연구는 변화와 개선을 추구하는 점에서는 다분히 실증주의 패러다임에 기초한다. 그러나 행위자 자신이 자신의 행위에 대해 연구하며 상호주관적 관점을 취하고 질적 자료 중심의 연구를 수행하는 점에서는 자연주의 패러다임에 기초한 질적 사례 연구가 주를 이룬다고 할 수 있다.

혼합 연구는 양적 자료와 질적 자료를 모두 활용하는 연구이다. Creswell(2005)은 혼합 연구를 설명 지향, 탐색 지향, 삼각검증 지향 설계의 세 유형으로 구분한다. 설명 지향 혼합 설계(explanatory mixed-methods design)는 양적 자료 중심으로 개략적인 윤곽을 제시하고 상세한 설명이나 부연 설명을 위해 질적 자료를 활용한다. 탐색 지향 혼합 설계(exploratory mixed-methods design)는 질적 자료를 통해 연구 현장에서 무슨 일이 일어나고 있는지를 탐색하고, 이에 기초하여 일반화 가능성을 확인하거나 조사 도구를 개발하기 위해 양적 자료를 활용한다. 그리고 삼각검증 혼합 설계(triangulation mixed-methods design)는 연구의 신빙성 제고를 위해 같은 현상에 대한 양적 자료와 질적 자료를 똑같이 중시하며 비교, 활용하는 경우이다. 연구하는 현상에 대한 이해와 개선을 돕는다면 연구자 자신이 지지하는 패러다임에 얽매이기보다는 양적 자료와 질적 자료를 모두 적극적으로 활용하는 혼합 연구를 채택해야 할 것이다.

이제 양적, 질적, 혼합 연구 차원의 연구 방법론에 대한 방향이 설정되었으면 자료 생성과 분석 및 해석을 위한 아이디어를 개발하여야 한다. 구체적으로 언제 어디에서 누구의 어떤 자료를 생성할 것이며, 생성한 자료는 어떻게 분석하고 해석할 것인지에 대한 계획을 세워야 한다. 그리고 이를 위한 전체적인 시간 일정이 계획되어야 한다(Mertler, 2014: 165~167).

연구 문제 선정 과정에서와 마찬가지로 연구계획을 수립하는 과정에서도 연구 윤리에 대한 고려가 있어야 한다. 대학과 교육청은 인간을 대상으로 하는 연구인 경우, '생명윤리 및 안전에 관한 법률'에 따라 기관생명윤리위원회(Institutional Review Boards: IRBs)의 심의를 받도록 규정하고 있다. 기관 홈페이지에서 회원 가입을 한 후, 질병관리청 교육시스템에서 '인간대상 및 인체유래물 연구 관련 연구자 과정'을 수강하고 이수증과 함께 연구계획서를 제출해야 한다. 실행연구의 경우에는 연구자가 관리자로 근무하는 학교 또는 담임으로 재직하는 학급에서 연구를 수행하기 때문에, 사전 동의 획득에 대한 심의가 훨씬 더 엄격한 편이다. 제6장에서 소개한 바와 같이, 충분한 고지에 기초한 동의, 익명성과 기밀성, 정직성, 호혜성 등의 연구 윤리는 연구계획 단계에서부터 지속적으로 고려되어야 한다. 그리고 실행연구의 시도가 학교나 학생 또는 업무나 교육활동에 피해를 주어서는 안 된다(Mertler, 2014: 165). 연구가 바로 교육을 위한 실천 행위이어야 하고 실천 행위가 바로 연구이어야 한다. 다만, 석사 학위 논문을 위한 연구 등 실행연구 초보자의 경우에는 아직 방법론적으로 원숙한 수준에 이르지 못했을 것이기 때문에, 아무래도 연구와 실천 모두 부족한 점이 있을 수 있다는 점이 양해되어야 할 것이다.

이제 연구계획 수립을 마무리하면서 연구계획서와 연구보고서에 들어갈 '연구 방법'을 써보는 것이 좋다. 연구계획서 작성이 학위 논문을 위해서건, 정책 연구를 위해서건 또는 기관생명윤리위원회의 연구 승인을 위해서건 연구 방법은 반드시 제시되어야 한다. 양적 연구로 수행할 의도라면 충실한 문헌 검토에 기초하여 이론적 배경과 연구 방법이 확정된 연구계획서를 작성해야 한다. 그러나 질적 연구로 수행한다면, 항상 그런 것은 아니지만, 대체로 약간의 자료를 생성해서 연구 문제와 개략적인 연구 방향이 잡힐 때 연구계획서를 작성하게 되며 이 계획서는 변경 가능성을 가진다(Mertler, 2014).

실행계획 수립과 실행 및 반성: 자료 생성

<표 3> 생성 자료 목록

생성 방법	생성 기간	자료의 종류
관찰	2003. 3. ~ 7.	수업일지, 수업활동 녹화테이프 및 녹화테이프 전사본, 학습결과물
면담	2003. 3. ~ 7.	면담내용, 녹음테이프, 녹음테이프 전사본
문서 고찰	2002. 7. ~ 2003. 8.	선행 연구, 수업지도안, 교과서, 교육과정 해설서, 교사용 지도서

– 박천영(2004). 'II. 연구 방법'의 '자료 생성 및 분석'에서

위 자료는 석사 학위 논문에서 작성한 자료 생성 방법과 생성 기간 및 자료를 보여주고 있다. 이것은 연구 마무리 단계에서 논문 작성을 통해 정리된 것이지만, 연구를 시작하면서 이와 같은 자료 생성 방법과 생성 시기 및 생성 자료를 구상한 후 연구를 시작해야 한다. 또한 이 연구자는 자료 생성 과정에서 확실성 확보를 위해 삼각검증을 활용하였다. 자료원 측면에서 학생, 동료 교사, 연구자 본인을 활용하였고, 다양한 자료 생성 방법으로 관찰, 면담, 문서 고찰을 사용하였다고 보고한다.

실행계획 수립은 다듬어지지 않은 지극히 초보적인 수준의 1차 실행 방안 구상으로부터 시작된다. 연구자 본인의 지식과 신념 및 경험, 연구 참여자와 관련 전문가의 의견, 그리고 문헌 고찰을 통해 해결책으로 가정되며 행위로 표현된 실행 방안을 마련한다. 이어서 이 실행 방안을 수행하면서 문제의 해결 혹은 개선 여부를 확인하고 수행 과정과 결과에 대해 반성의 시간을 계획해야 한다. 그리고 이러한 전 과정은 빠짐없이 연구 자료로 생성되어야 한다. 교실 수업 개선을 위한 연구를

예로 든다면, 실행계획 수립과 수행 및 반성의 과정에서는 일반적으로 다음과 같은 자료 생성을 계획할 수 있을 것이다.

첫째, 문제의 발생 원인 규명과 함께 해결책으로서의 실행 방안 도출 과정에 대한 기록을 남겨야 한다. 우선 연구 문제와 관련하여 연구가 시작되기 전부터 가지고 있던 연구자 자신의 앎과 믿음 또는 행위, 연구 문제의 원인과 해결책에 대한 학생들의 의견 및 동료 교사의 견해 등을 확인할 필요가 있다. 연구자 자신에 대한 것은 '반성적 저널(reflective journal)'에 작성하여 파일이나 폴더 또는 공책에 저장할 수 있다. 학생들의 의견 및 동료 교사의 견해는 심층면담을 통해 확인하고 녹음하여 저장할 수 있다. 또는 (반)구조화된 설문지로 반응을 조사하고 초점집단 면담을 통해 심층 이해를 모색할 수 있다. 또는 심층면담에 기초하여 구조화된 설문지를 제작하고 이를 통해 전반적인 경향을 파악할 수도 있다.

둘째, 1차 실행 방안의 수행 과정을 기록으로 남겨야 한다. 이 기록은 실행 방안을 제대로 수행했는지, 문제가 해결되거나 개선되었는지, 남아 있는 문제는 무엇인지 등을 확인하는 자료가 될 것이다. 따라서 수행 과정을 꼼꼼히 그려보며 무슨 자료를 어떻게 생성할 것인지 잘 구상해야 한다. 교실 수업 상황이라면, 1차 실행을 위한 사전 준비 활동, 실행 방안이 담긴 수업지도안과 교수·학습 자료, 그리고 수업 진행 과정이 기록으로 남아야 한다. 사전 준비 활동은 연구자의 반성적 저널에 기록될 수 있다. 교사가 제작한 수업지도안과 교수·학습 자료, 학생들이 작성한 학습 자료, 그리고 표준화검사 등 평가 결과도 문서와 기록물로 잘 보관되어야 한다. 수업 진행 과정은 녹화 또는 녹음하고 전사하여 문자화해야 한다. 또한 현장 기록 또는 수업일지를 사실적인 면과 반성적인 면으로 구분하여 작성해서 수업 진행 과정에 대한 심층 이해와 분석을 가능하게 해야 한다.

셋째, 1차 실행 방안 수행에 대한 반성을 기록으로 남겨야 한다. 학생들의 반응, 동료 교사나 외부 전문가의 반응, 수업에 대한 연구자의 반성 등이 주요 자료가 될 것이다. 학생들의 반응은 변화를 파악하기 위해 수업 시작 전후로 조사하며 심층면담, 설문조사, 체크리스트, 평정 척도 등을 활용할 수 있다. 동료 교사나 외부 전문가의 경우에는 수업을 직접 참관한 경우와 참관하지 않은 경우로 구분하여 생각해 볼 수 있다. 직접 참관한 경우에는 상황에 따라 대면, 전화, 이메일 또는

ZOOM 활용 심층면담을 시도할 수 있다. 직접 참관하지 않은 경우라면, 수업지도 안이나 녹화테이프를 송부하고, 대면, 전화, 이메일 또는 ZOOM 회의를 통해 의견을 부탁할 수 있을 것이다. 그리고 연구자 자신의 반성은 반성적 저널을 활용하면 될 것이다.

결국 실행계획 수립과 수행 및 반성의 과정에서는 (참여)관찰, 심층면담, 기록과 문서를 통해 자료가 생성될 것이다. (참여)관찰의 경우, 연구자는 완전 참여자로 관찰을 하겠지만, 공동 연구자로서의 참관자는 단순 관찰에 그칠 수도 있고 참여관찰을 할 수도 있다. 볼 수 있는 혹은 보이는 모든 것을 관찰하고 친숙한 것을 낯설게 관찰할 수 있어야 한다. (참여)관찰은 녹화기를 활용하여 녹화하고, 연구자에 따라 모두 전사하여 활용할 수도 있고 필요한 부분만 전사할 수도 있을 것이다. 보다 구체적인 관찰 기법은 제6장을 참고할 수 있다.

심층면담은 고성능 녹음기나 스마트폰의 녹음 기능 혹은 ZOOM 녹화를 활용하여 기록할 수 있다. 그리고 연구자의 성향이나 판단에 따라 모두 혹은 부분 전사하여 문자화하게 될 것이다. 그러나 때로는 의도하지 않은 상황에서 녹음도 하지 않은 비공식적 면담—면담이라기보다 일상 대화—자료가 중요한 의미를 가져다줄 수도 있다. 그런 경우에는 빠른 시간 내에 기록을 남겨야 할 것이다. 보다 구체적인 면담 기법은 제6장을 참고할 수 있다.

기록에 해당하는 것으로는 현장 기록, 수업일지, 교사 저널, 학생 저널, 교수·학습 자료, 학습 결과물, 각종 조사지, 반응 결과물 등 연구 과정에서 산출한 자료를 고려할 수 있다. 문서에 해당하는 것으로는 교육과정 및 교육과정 해설서, 교과서, 교사용 지도서, 수업지도안 등 공식 문서를 생각할 수 있다. 이러한 기록과 문서는 대체로 참여관찰이나 심층면담과 함께 삼각검증을 위한 자료로 활용된다. 또한 문제 해결이나 개선 과정을 확인해 주는 자료가 될 수 있도록 체계적으로 계획되고 생성되어야 할 것이다. 기록과 문서 수집이나 현장 기록 작성과 관련해서는 제6장을 참고할 수 있다.

끝으로 자료 생성과 관련하여 자료의 확실성 확보를 위한 방법, 연구 윤리, 그리고 자료 생성 종료 시점에 대해서도 충분히 고려해야 할 것이다. 자료의 확실성을 확보하기 위해서는 질적 연구에서 소개했던 삼각검증, 구성원 검토, 동료 확인, 장

기적인 참여와 지속적인 관찰 등을 활용할 수 있다. 또한 자료를 생성하는 과정에서도 충분한 고지에 기초한 동의, 익명성과 기밀성, 정직성, 호혜성과 같은 연구 윤리를 준수해야 할 것이다. 끝으로 고민스러운 점은 언제까지 자료를 생성해야 할 것인지에 대한 막연함일 것이다. 실행연구에서는 연구 문제가 해결되는 시점이다. 그러나 완벽한 해결이란 그리 쉽지 않다. 항상 남아 있는 문제 혹은 새로운 문제가 꼬리에 꼬리를 물고 나타날 수 있다. 따라서 설정한 연구 문제의 핵심이 해결되거나 개선되었는지를 판단 준거로 삼는 것이 바람직하다. 확실성 확보, 연구 윤리, 자료 생성 종료 시점 관련해서도 제6장을 참고하기를 권한다.

실행계획 수립과 실행 및 반성 : 자료 분석 및 해석

분석 방법	분석 내용	연구자의 분석 모습
자료의 범주화 작업	• 학생들의 학습일지, 수업 소감문, 의사결정 학습지의 내용을 읽고 같은 내용끼리 묶어 범주화하기	• 반복적으로 읽어서 내용 알기 • 내용을 읽은 후 같은 내용끼리 묶어 보기 • 묶은 내용을 핵심 용어로 표현하기 • 메모지를 붙여서 표시하기 • 형광펜 등으로 표시하여 잘 보이게 하기
면담 내용 살펴보기	• 학생들과의 면담 때 메모한 것을 보고 범주화하기	• 학습일지에서의 의문점을 붉은색 볼펜으로 표시한 후, 학생들과 행한 면담의 답변도 붉은색으로 표시하여 다른 부분과 구분되게 해 놓음.
지도교수의 메일 내용 분석 및 전화 질의	• 연구자 수업에 대한 이메일 코멘트를 분석하여 다음 수업의 개선점에 반영하기	• 메일 내용 및 기록을 컴퓨터에 방으로 만들어 보관하고 필요시 한글 문서로도 저장하여 보관하기
동료 교사의 조언 분석	• 연구자의 수업 전사본을 메일로 보낸 후 수업에 대한 동료 교사의 답변 분석	• 칭찬과 비판을 수용하되 관점이 다른 부분에 대해서는 다시 한 번 생각해 보기

관련 문헌 주장과 연구자의 결과 비교 검토	• 관련 문헌에서 학자들의 주장 및 연구 결과와 연구자가 실제 행한 수업에서의 과정과 결과가 어느 정도 일치하는지, 일치하지 않는다면 그 원인은 무엇인지 분석해 보기	• 관련 문헌을 다시 검토하면서 비교해보기
연구자의 수업일지 분석	• 연구자가 수업 당시에 느꼈던 감정과 학생들에 대한 생각 및 수업 후의 소감 분석	• 수업일지는 연구자 자신에 대한 평가이며 이 자료를 바탕으로 다음 수업안의 개선점 및 수업계획에 반영되는 자료가 됨.
학습 결과물 분석	• 학습 결과물과 본시 학습과의 연계성 검토 및 학생들의 수업 참여도와 이해도 분석	• 학습지로 되어 있거나 종이로 된 결과물은 보관이 쉬우나 만들기 작품의 경우는 사진을 필히 찍어 놓는 것이 좋음.
삼각검증에 의한 분석	• 학생의 반응이 녹화물이나 학습지 또는 모둠원들에게서 나온 결과물에서도 일치하는지 분석	• 특별히 관찰하고 싶은 학생에 대한 결과물을 더 깊이 분석하고 그 분석에 의한 개선점 및 반성점과 다음 수업안에 참고할 사항 등을 찾아냄.

— 남은영(2010). 'Ⅲ. 연구 방법'의 '자료 분석'에서

위 자료는 석사 학위 논문에서 제시한 자료 분석 방법을 발췌한 것이다. 연구 마무리 단계에서 작성된 것이지만, 생성될 자료에 대한 기본적인 분석과 해석 방법은 연구 시작 단계에서 계획되어 있어야 한다. 다음 내용에 비추어 음미해 보면 보다 체계화될 것이다.

자료 분석은 연구자가 생성한 자료를 연구 문제와 관련하여 신뢰할 수 있고 이해가 용이하게 체계적으로 조직하여 제시하는 과정이고, 자료 해석은 분석된 자료에서 의미를 찾는 과정이다(Bogdan & Biklen, 2007; Mills, 2003). 자료의 분석과 해석은 양적 연구에서는 자료의 생성이 종료된 후에 시작되지만, 질적 연구 혹은 혼합 연구에서는 자료의 생성과 동시에 시작된다. 특히 질적 연구나 혼합 연구로 수행되는 경우, 자료 분석과 해석은 자료 생성의 길잡이가 되어 주기도 한다. 자료를 생성하여 쌓아놓는 데 집중하기보다는 생성한 자료에 대한 지속적인 분석과 성찰을 통해 새로운 자료원, 추가해야 할 질문, 확인해야 할 사실 등을 발견하게 된다. 따라서

자료 분석과 해석은 매우 신중한 자세로 숙고하며 집중력 있게 진행해야 한다.

실행연구에서 질적 자료 분석은 쌓인 자료에 압도되며 시간 소모적이고 힘든 과정을 경험하게 된다. 연구 자체에 회의감이 들기에 충분하다. 그러나 질적 자료를 생성했다면 감내해야 할 일이다. 실행연구라고 해서 일반적인 질적 연구에서 수행하는 자료 분석과 크게 다를 것은 없다. 위의 자료에서 볼 수 있는 바와 같이, 실행연구이기 때문에 생성되는 자료의 종류에서 차이가 있을 뿐이다. 실행연구에서 양적 자료 분석 역시 특별할 것이 없다. 양적 연구 방법을 활용하면 된다. 마찬가지로 혼합 자료 분석도 특별할 것이 없다. 질적 자료와 양적 자료 각각의 분석 방법에 따라 분석하면 된다. 따라서 여기에서는 질적 자료 분석과 해석에 국한해서 살펴보기로 한다.

질적 자료 분석은 기본적으로 귀납적 분석으로 수행된다. 첫째, 생성된 자료를 듣고 또 듣고(음성 자료), 보고 또 보고(영상 자료), 읽고 또 읽으면서(문자 자료) 분석의 대상으로 삼을 자료를 추출한다. 연구자에 따라서는 생성한 모든 음성과 영상 자료를 전사하며 분석 대상으로 삼기도 한다. 둘째, 본격적인 분석 대상으로 추출한 자료를 모두 문자화한다. 셋째, 문자화된 자료를 읽고 또 읽으면서 있는 그대로의 사실적 측면을 파악하기 위해 밑줄, 색칠, 기호 등으로 표시하고 메모한다. 특히 반복적으로 나타나는 특정 단어, 어휘, 행동 유형, 사고방식, 사건 등에 주목한다. 넷째, 자료에 대한 성찰에 기초하여 연구자 자신의 견해, 이론이나 선행 연구와의 관계, 연구 방법 측면에서의 아이디어 등에 대해서도 메모한다. 다섯째, 표시하고 메모한 것을 반복적으로 읽으며 수정하고 범주화하여 코딩을 개발한다. 여섯째, 범주화된 코딩과 연구 문제와의 연관성을 체계적으로 구조화하여 정리한다.

코딩의 예를 들면, Mertler(2014: 225-231)는 '정적 강화 연구'의 자료 분석을 통해 다음과 같은 코딩을 도출한다.

> 장소 묘사, 교사 특성, 교사 자격, 방법론, 아동 활동, 교사 행동, 긍정적인 언어 상호작용, 부정적인 언어 상호작용, 관찰자 행위, 내 존재로 인한 영향, 아동 행동, 기회 상실, 모델링, 교사/아동 간 관계, 학업/사회적 활동, 관리자 역할, 정적 강화, 부적 강화, 아동 신념/해석, 교사 신념, 교사 연수.

이 같은 코딩은 객관적 사실 이해를 돕기도 하지만, 연구자의 관심사인 연구 주제와 연구 문제의 영향을 강하게 받는다. 연구자는 연구주제와 연구 문제를 염두에 두고 자료를 읽어갈 것이기 때문이다. 그리고 이렇게 개발한 코딩은 상호관계를 따지며 위계와 범위를 고려하여 구조화하게 된다.

최근에는 질적 자료 분석을 위한 컴퓨터 소프트웨어 프로그램이 개발되고 있다. 그러나 컴퓨터 소프트웨어는 자료 분석을 위한 보조 역할을 하는 것이지 인간을 대신하는 것은 불가능하다. 의미 부여는 결국 연구자의 몫이다(Mertler, 2014; Mills, 2003). 생성된 자료가 워낙 방대하여 엄두가 나지 않을 때, 연구자가 부여한 코딩과 범주화 체계에 따라 기본적인 분석을 시도해 보는 것은 가능할 것이다.

질적 자료 해석은 자료의 의미를 찾는 과정으로서 '그래서 어떻다는 말인가?'에 답하는 행위라고 할 수 있다. 분명한 근거에 기초한 의미 생성이자 설득력을 갖춘 의미 부여이어야 한다. 이와 관련하여, 제6장에서 설명한 바와 같이, 피상적이고 진부한 해석보다는 중요하고 깊이 있는 의미 부여를 중시하는 '심층 해석(thick interpretation)'이 요구된다. 또한 Mills(2003)는 자료 해석을 위한 기법으로 도출 가능한 함의를 질문으로 제기하여 해석의 여지를 남기기, 연구 결과를 연구자의 개인적인 경험과 관련짓기, 비판적인 동료의 조언 구하기, 관련 문헌이나 이론 참조하기 등을 제안한다.

수정 실행계획 수립-실행-반성-재계획

〈표 20〉 출발점 문제 진단과 1·2차 개선안의 방향 및 결과

출발점 문제 진단	1차 개선안의 방향	1차 개선안의 결과	2차 개선안의 방향	제2차 개선안의 결과
• 사회과는 수업내용이 어렵고, 수업방법도 지루함.	• 흥미와 학업성취도를 함께 높일 수 있는 활동중심 수업으로 구성함.	• 학생들이 활동중심 수업에 흥미를 가지고 적극적으로 참여하나, 일부 학생들은 흥미를 갖지 못함. • 활동중심 수업을 통해 학업성취도를 향상시킬 수 있었으나, 활동중심 수업을 놀이로만 생각하기도 함.	• 학생들이 흥미를 가지고 참여할 수 있는 다양한 방법의 활동중심 수업을 구성하고, 이를 뒷받침할 다양한 수업 방법도 같이 구성함. • 수업의 흥미와 함께 학업성취도를 향상시킬 수 있는 내용의 수업을 구성함.	• 학생들이 흥미를 가지고 적극적으로 수업에 참여함. • 활동중심 수업이 학업성취도 향상에 많은 도움을 줌.
• 학생들보다 연구자들이 수업을 위한 자료 준비에 큰 부담을 갖고 있음.	• 학생과 연구자 모두에게 적절하고 간소한 자료를 준비함.	• 일부 학생들과 연구자는 여전히 자료준비가 수업에 부담이 됨.	• 학생들에게 수준에 맞는 과제를 제시하고 수업을 통해 만들어가는 자료를 활용할 수 있도록 함. • 연구자는 기존에 있는 자료를 최대한 활용함.	• 연구자는 기존 자료의 활용, 학생들은 각자의 상황과 흥미 수준에 맞는 자료의 준비와 수업 중 만들어가는 자료의 제시로 자료준비의 간소화 및 사회과에 대한 심적 부담을 덜게 됨.

— 박천영(2004), 'Ⅳ. 반성 및 논의'의 '프로그램의 적용 결과'에서

위 자료는 석사 학위 논문에서 발췌한 자료로 실행연구 수행 과정을 요약적으로 제시한 것이다. 이 연구는 '초등학교 사회과 교실 수업 개선을 위한 실행연구: 교사 중심으로부터 학생 활동중심 수업으로'라는 제목으로 수행되었고, 연구 출발점에서 진단한 문제 중에서 '수업내용의 어려움과 수업방법의 지루함'과 '수업자료 준비 부담'이라는 문제에 대한 개선 과정을 소개하고 있다. 다음 내용과 관련지어 음미해 보면 실행연구의 순환, 반복 과정의 이해에 도움이 될 것이다.

수정 실행계획 수립은 1차 실행을 통해 생성된 자료의 분석과 해석에 기초하여 수정된 2차 실행 방안을 마련하는 단계를 의미한다. 즉, '1차 실행에 대한 반성을 통해 이제 무엇을 해야 할 것인가?'에 대한 답을 도출하는 활동이다. 이를 위해서는 먼저 '1차 실행이 연구 문제의 해결 또는 개선에 어떤 효과가 있는가?'부터 물어야 할 것이다. 그리고 이에 대한 답은 '해결 또는 개선되었다.' '부분적으로 해결되지 않은 문제가 있다.' '새로운 문제가 발생하였다.' '전혀 효과가 없었다.' 등으로 제시될 것이다. 한 번에 완벽하기는 그리 쉽지 않다. 1차 실행의 결과에 부합하는 2차 실행을 시도해야 할 것이다.

그리고 문제가 해결되거나 개선될 때까지 이 순환의 과정은 반복되어야 한다. 이러한 '회의-변화 계획-실행과 반성-재계획-실행과 반성'의 순환적·반복적 과정에서 가장 중심에 있는 것은 반성이다. 실행 방안의 수행 과정에서 분석과 해석 그리고 가능한 개선 방안 등에 대한 지속적인 반성이 함께 해야 한다. 여기에 Schön의 '행위 중 반성'의 중요성이 있다. 그리고 이와 함께 연구자 자신의 앎과 믿음 또는 행위의 확인, 연구 참여자의 의견 및 전문가의 견해 청취, 그리고 참고문헌 탐구를 통해 자료 생성과 분석과 해석과 새로운 실행 방안을 위한 아이디어를 구해야 할 것이다.

이 과정에서 실행연구자는 많은 어려움에 직면할 것이다. Mills(2003: 129-132)는 예산이나 전문성 신장에 필요한 자원의 부족, 변화에 대한 저항, 전문가로서의 타인의 행위에 간섭하기를 꺼리는 풍토, 실행 방안의 실패에 대한 부정적 자세, 실행연구 공간의 공유 미흡, 실행연구에 전념할 시간의 부족 등을 지적한다.

그러나 모두 다 극복해야 할 어려움이다. 자원 부족에 대해서는 기다리지 말고 적극적으로 도움을 요청할 필요가 있다. 변화에 대한 저항은 변화 지향적인 학교

문화 조성을 통해 극복해야 할 것이다. 동료의 실천에 간섭하기를 꺼리는 풍토는 권위주의나 독단주의를 버리고 교사 고립의 문화를 벗어나 학습 공동체를 형성하는 데에서 해결책을 찾을 수 있을 것이다. 실행 방안의 실패를 받아들이지 못하는 자세에 대해서는 자기 수정(self-correction)의 중요성을 강조해야 할 것이다. 실행연구를 공유할 공간 부족에 대해서는 연구모임, 웹사이트 개설, 학회 가입 등을 통해 해결할 수 있을 것이다. 그리고 실행연구에 전념할 시간이 부족하다는 문제는 재고의 여지가 없는 문제로서, "연구 없는 실행 없고, 실행 없는 연구 없다."는 Lewin의 말을 상기할 필요가 있다(Adelman, 1993; 8). 실행연구의 중요성에 동의한다면 또한 실행연구가 교사로서 해야 할 일이라면 어떻게든 시간을 만들어야 할 것이다.

결과의 공유와 소통

– 박천영(2004). '목차'에서

위 자료는 '초등학교 사회과 교실 수업 개선을 위한 실행연구: 교사 중심으로부터 학생 활동중심 수업으로'라는 제목으로 수행된 석사 학위 논문의 목차를 보여주고 있다. 공식적으로 발표되는 글을 쓴다는 것은 자기만의 앎과 생각에 그치지 않고 널리 공유할 의사가 있음을 내비치는 것이고, 나아가 더 나은 교육을 위해 함께 고민해 보자는 메시지를 던지는 셈이기도 하다.

이 같은 학위 논문이나 학술지 논문을 작성할 때에는 무엇보다 형식적인 면에서 그 기관의 작성 지침을 따를 것이 요구된다. 제목은 핵심 주제를 간결하게 표현하고 변인이나 이론적 쟁점 그리고 그것들 간의 관계를 밝혀줄 것이 권장된다 (American Psychological Association, 2010: 23).

목차는 대체로 '서론(연구의 필요성과 목적, 연구 문제와 연구 내용), 문헌 고찰, 연구 방법(실행연구, 연구 설계, 자료 생성, 자료 분석과 해석), 결과, 결론'을 중심으로 구조화된다. 위 논문에서는 특이하게도 서론에 '이론적 배경'을 간략히 기술하고 있다. 그 이유는 이론이나 선행 연구에 의거하지 않고 일종의 현장 이론(grounded theory)을 만들어 내고 싶다는 연구자의 의지 때문이다. 그러나 문헌 고찰이 중요한 의미를 갖는 경우에는 Ⅱ장을 '이론적 배경'으로 설정하고, '연구 방법'을 서론에서 기술하는 경우도 있다. 그리고 이 논문에서는 '연구 방법'에서 연구 반응자와 연구 장소를 소개함으로써 대리경험과 초점 있는 해석을 위한 기초 자료를 제공하고 있다. '결과'에 해당하는 부분은 위 논문에서 'Ⅲ. 수업 개선을 위한 과정'과 'Ⅳ. 반성 및 논의'로 나타나고 있다. 특히 'Ⅲ. 수업 개선을 위한 과정'에서는 실행 과정을 상세하게 안내하고 있으며, 비유법을 적용한 부제를 통해 연구의 진전 상황을 느낄 수 있게 해주는 인문학적 글쓰기를 보여주고 있다. 끝으로 'Ⅴ. 결론'에서는 '남아 있는 문제들'과 '후속 연구를 위한 제언'을 남김으로써 실행연구의 순환과 반복의 의미를 잘 담아내고 있다.

글쓰기에서 가장 우선적으로 고려해야 할 것은 독자가 누군가이다. 독자의 수준을 고려해야 하고 독자가 이해 가능하도록 작성해야 한다. 그리고 질적 혹은 혼합 실행연구 보고서인 경우에는 독자가 대리경험할 수 있을 정도로 '상세한 묘사(thick description)'가 제공되어야 한다. 그렇다고 장황해서는 안 되고 간결함과 명료함을 유지해야 한다. 또한 연구 참여자나 연구 반응자에 대해 익명성과 기밀성 그리고 정직성 차원에서 연구 윤리를 지켜야 한다. 보고서 분량은 제출할 기관의 지침을 따라야 한다. 공식적으로 출판되는 전문적인 보고서나 논문이 아니고, 학교나 소규모 학습 공동체에서 발표하는 것이라면, 연구 문제와 직결되는 '연구 내용을 정확하고 간결하면서도 철저히 전할 수 있는 분량'을 기준으로 작성하면 될 것이다. 글쓰기와 관련한 일반적인 공유 사항은 제6장을 참고하면 도움이 될 것이다. 그러나 글쓰기는 사람마다 서로 다른 스타일의 독특성을 보인다. 존중되어야 한다. 그리고 글을 잘 쓰고 못 쓰고는 얼마나 반성적 글쓰기를 자주 했느냐에 달려 있다. 자신이 부딪히는 문제나 관심사에 대해 주기적, 지속적으로 반성적 저널을 쓸 것을 권한다.

그렇다면 어떤 실행연구 보고서가 훌륭한 보고서인가? Creswell이 제안하는 실행연구의 평가 준거는 매우 설득력 있어 보인다. 이 준거에 비추어 실행연구를 수행하고 실행연구 보고서를 작성한다면 매우 성공적인 연구가 될 것이다.

- 프로젝트가 해결해야 할 문제나 쟁점을 실제적으로 명확하게 다루고 있는가?
- 연구자는 문제를 다루기에 충분한 자료를 수집하였는가?
- 연구자는 연구 과정에서 다른 연구자와 협력하였는가? 모든 협력자들을 존중하였는가?
- 연구자가 제시한 실행계획은 자료에 기초하여 논리적으로 개발되었는가?
- 실행계획이 전문가로서 연구자의 반성에 기여하였다는 근거가 있는가?
- 연구가 참가자들에게 힘을 실어주거나, 그들을 변화시키거나 혹은 새로운 이해를 제공함으로써 그들의 삶을 향상시켰는가?
- 실제로 실행연구가 변화를 가져왔는가? 아니면 문제에 대한 해결책이 어떤 차이를 만들어 냈는가?
- 실행연구가 정보를 사용하게 될 청중에게 보고되었는가? (이 질문들은 연구보고서의 게재 여부를 판단하는 심사위원들이 제기하는 질문과 유사하다.) (Creswell, 2002: 169; Mills, 2003: 156–157에서 재인용)

그러나 교사들은 모두가 그런 것은 아니지만, 실행연구를 잘 모를 뿐 아니라 안다고 하더라도 힘들고 어렵다면서 회피하는 경향이 있다. 또한 실행연구를 수행했다 하더라도 연구 결과를 외부에 드러내기를 꺼리며 자신감 없는 자세를 보인다. 제4장에서 살펴보았던 반성적 실천가로서의 전문성을 신장하기 위해서는 교사 고립의 문화를 벗어나 탐구의 공동체 문화를 지향해야 할 것이다. 그리고 탐구의 공동체에서 실행연구를 공유하고 조언하며 교육을 개선하고 변혁하는 데 기여해야 할 것이다. 여기에는 다양한 방법이 있다. 석사학위 논문, 학술지 논문, 전문가 학술회의에서의 논문이나 포스터, 전자저널, 교사 연구 공동체 등에서의 발표를 고려할 수 있다. 이처럼 어떤 형태로건 실행연구는 개인 수준을 넘어 협력적 실행연구가 되어야 한다. 연구자로서의 교사가 탐구의 공동체에서 협력적 실행연구를 수행하는 새로운 학교문화를 만들어 가야 할 것이다.

제8장
실행연구의 모색: 교사교육과정의 개발과 실천 및 연구

서언

> 많은 사람들은 여전히 교사교육과정이 국가, 지역, 학교 교육과정과 같이 실체가 분명하지 않다는 이유로 그 존재를 의심하기도 한다. 그러나 교실에서 수업을 해 본 사람이라면 누구나 알고 있다. 교사의 수업은 실행 전에도 만들어지지만, 실행 중에도 만들어지며, 국가, 지역, 학교 교육과정 등 교사에게 주어진 교육과정의 내용을 가르칠지라도 그 내용은 교사의 수업 안에서 결국 새로운 내용으로 생성된다는 사실을. (교사교육과정연구회, 2020: 24)

교사는 익히 알고 있고 인식하는 사실을 왜 많은 다른 사람들은 인정하지 않는 걸까? 이 말이 진실일까? 그렇다면, 그 많은 다른 사람들은 누구일까? 그렇지 않다면, 교사들만 이런 주장을 하는 것일까? 교사교육과정이란 과연 무엇을 의미하는 것일까? 이런저런 많은 질문이 꼬리에 꼬리를 물고 이어질 것 같다.

교사교육과정은 서구에서는 오랫동안 학문적으로 인정되고 있을 뿐만 아니라 교사에 의해서 개발되고 연구되어 왔다(Beane, 1997/2019; Ben-Peretz, 1990; Doyle, 1992; Hensen, 1996). 최근에 OECD(2019)는 미래 사회의 변혁적 역량을 갖춘 창의적 인재 양성을 위해서는 교육과정의 변화와 함께 교육과정 개발에 대한 교사의 권한이 확대되어야 함을 강조한다. 국내 학계에서도 교육과정 자율화 정책에 대한 논의에 기초하여, 국가교육과정이 지향해야 할 교사교육과정 정책의 과제가 제시된 바 있다(정윤리·임재일, 2021). 교육정책 당국도 국가교육과정에서 교사교육과정에 대한 명시적 언급을 하고 있지는 않지만, 교육과정의 분권화와 자율화를 지속적으로 강조해 왔다(정광순, 2021). 제한적이긴 하지만 교육청도 교사교육과정 개념을 사용하며 교사의 교육과정 개발에 대한 자율성을 인정하고 있다(경기도교육청, 2021; 경상남도교육청, 2022; 서울특별시교육청교육연구정보원, 2021; 전라북도교육청, 2023; 충청남도교육청, 2022; 충청북도교육청, 2023).

그러나 위의 인용문에서 볼 수 있는 것처럼 교사들은 회의적인 편이다. 교사교육과정 개발을 위한 자율성은 극히 제한적이라거나(정윤리, 2022) 교사교육과정은 학교장의 결재를 받기 위한 형식적인 문서로 전락하였다고 지적한다(박진수, 2020). 또한 교육과정 자율화 정책에 대한 교사의 수용과 공감 정도가 매우 낮으며 오히려 자율화 정책에 대한 부정적 시각이 나타난다고 보고되기도 한다(정윤리·임재일, 2021). 반면에 어떤 교사들은 보다 적극적으로 교사교육과정을 통해서 개발한 주제(단원)의 성격, 주제 개발의 원천, 교과서 사용과 성취기준 활용 방식의 특징에 대한 탐구를 수행하기도 한다(유성열·정광순, 2021; 이원님·정광순, 2021, 2022). 그리고 어떤 교사들은 교사교육과정이라는 개념을 사용하며 실질적 자율권의 확보를 위해 노력하기도 한다(교사교육과정연구회, 2020; 김덕년 외, 2022; 박진수, 2020; 이은총, 2022).

이처럼 교사교육과정에 대한 관심과 중요성에 대한 인식은 오래 전부터 이어져 왔고, 교사들 역시 오래 전부터 학생들의 보다 의미 있는 삶과 배움을 위해 교과서 재구성부터 성취기준 개발에 이르기까지 다양한 형태의 교육과정 개발과 운영을 위해 노력해 왔다. 그러나 국가교육과정 문서에서 '교사교육과정'은 공식적인 이름으로 자리매김하지 못하고 있는 등 정체성이 불분명할 뿐만 아니라(교육부, 2022b),

교육 현장에서의 교사교육과정 개발과 실천은 충분히 인정받아 오지 못했다. 교사 수준에서의 교육과정이라는 것 이외에는 개념적으로 명료하지 않다. 또한 교사교육과정의 정체성과 국가, 지역, 학교 교육과정과의 관계 속에서 교사가 어떤 역할과 책무성을 가지고, 어떤 내용을 어떻게 담아내며, 어떤 연구를 수행할 수 있을지에 대한 체계적인 논의도 거의 이루어지고 있지 않다. 한마디로 '교사교육과정' 개념에 대한 성찰과 재정립이 요구되는 시점이다.

이 점에서 본 연구는 교사교육과정에 관한 논의를 비판적으로 성찰하고, 이를 통해 교사교육과정에 관한 공론의 장을 활성화하고 교사교육과정 개발과 실천 및 연구를 위한 방향을 제시하는 데 목적을 둔다. 교사 수준에서 실행할 교육과정을 만드는 기법적 차원에서의 논의보다 왜 어떤 교육과정이 어떻게 만들어질 수 있는지에 대한 이론적·정책적 기초 연구에 초점을 두고자 한다. 그렇다고 교사교육과정은 무엇이고 어떠해야 한다는 당위론적 논의를 하고자 하는 것은 아니다. 교사교육과정을 어떻게 인식해 왔고, 무엇이라고 정의해 왔으며, 어떻게 개발해야 한다거나 개발한 적이 있는지, 어떤 내용을 담아 개발해야 한다거나 개발한 적이 있는지, 그리고 더 나은 개발을 위해 어떤 연구가 이루어져야 한다거나 이루어진 적이 있는지를 살펴보고자 한다.

이를 위해 본 연구는 문헌연구에 기초한 학계, 정책 당국, 현장 교사의 목소리를 살펴볼 것이다. 그리고 이를 바탕으로 교사교육과정에 관한 인식과 정의 및 성격, 교사교육과정의 개발 방법과 내용, 교사교육과정의 연구 방법을 중심으로 교사교육과정을 비판적으로 성찰할 것이다.

교사교육과정의 개념

▌교사교육과정에 관한 인식과 정의

교사교육과정이란 무엇인가? 대체로 국가교육과정은 '○○ 개정 교육과정', 지역교육과정은 '○○교육청 교육과정 편성·운영 지침', 학교교육과정은 '○○학년도

○○학교 교육과정 운영 계획' 등으로 제시된다. 그러나 교사교육과정은 일반화된 특정 명칭의 문서로 존재하지는 않는다. 교사교육과정은 문서일 수도 있고, 수업일 수도 있고 혹은 학생의 경험일 수도 있다(교사교육과정연구회, 2020). 또는 문서화나 교사의 의식 여부와 관계없이 학교 현장에서 실행되고 있는 교육과정을 의미할 수도 있다(이은총, 2022: 19). 또는 교사교육과정은 수업을 위한 설계 자료이기도 하지만 수업을 통해서 만들어지는 것이기도 하다(Ben-Peretz, 1990). 교사교육과정이 무엇인가는 교사교육과정의 존재에 대한 인식의 차이로부터 비롯된 다양한 의미를 지닌다.

먼저 학문적 측면에서 교사교육과정은 개발과 통제 혹은 의사결정 '수준'에 따른 교육과정의 한 유형으로 인식되는 경향이 있다. 굿래드와 리히터(Goodlad & Richter, 1966)는 교육과정은 정치적 의사결정 과정을 통해 구성된다고 보며, 의사결정의 수준을 수업 수준, 기관 수준, 사회 수준으로 구분하였다(Walker & Soltis, 1992: 64). 수업 수준은 교실 상황에서 교사와 학생 등이 교육과정을 구성하는 과정을 의미하고, 기관 수준은 학교나 시·도 교육청이 국가와 교실 사이에서 조정하는 과정을 의미하며, 사회 수준은 국가 수준에서 교육부나 다양한 사회집단이 영향을 미치는 과정을 의미한다. 그리고 수업 수준 교육과정은 기관과 사회 수준에서 이루어지는 의사결정의 영향을 받아 복합적인 결정을 하게 된다고 본다. 여기에서 수업 수준 교육과정이 교사교육과정을 의미하는 셈이다.

한편, 빈(Beane, 1997/2019)의 경우에는 단순히 교육과정 개발 수준이나 영향력 범위에 따라 국가, 지역, 학교, 교사 교육과정으로 구분 짓는 것을 거부한다. 교육과정은 학교교육에서 학생에게 무엇을 경험하게 하느냐 즉, 어떤 목적으로 어떤 경험을 제공하느냐에 초점을 두어야지 개발 수준에 따라 통제력을 위계화하는 것은 결코 바람직하지 않다고 본다. 이 점에서 그는 다음과 같은 논리로 실생활 쟁점을 다루는 교사교육과정은 국가교육과정과 다를 바 없다고 주장한다(Beane, 1997/2019: 156-171). 국가교육과정은 학생들이 민주주의와 민주적 생활양식을 공통적으로 학습할 것을 목표로 하며, 이를 위해 실생활에서 경험하는 실제 문제를 다룰 것을 요구한다. 그런데 많은 사람들은 독특하면서도 공통적인 삶을 영위하며 특별하면서도 유사한 문제와 함께 살아간다. 다양한 지역과 다양한 학교에서 다양한 학생들과 함께 교사가 다루는 질문과 쟁점들은 특이할 뿐만 아니라, 한 국가의 국민으로서 공유하는 것들이고, 국가와 국민을 위한 것이자 국가와 국민에 관한 것이며, 개인의 이익과 공동선에 대한 관심을 통합하도록 돕는 것이다. 모든 사람이 알아야 한다고 열거하는 그러나 합의에 이르기 쉽지 않은 사실과 기능과 가치의 목록보다도 우리의 삶을 다루는 질문과 쟁점들이 보다 공통적인 국가교육과정이다. 결국 교사교육과정이 실생활 쟁점을 다루고 있다면 그것은 국가교육과정과 다를 바 없다고 주장한다.

다른 한편, 스텐하우스(Stenhouse)는 교육과정에 대한 의사결정 수준이나 내용에 따른 구분에 관심을 두는 대신에, 교육과정은 바로 교사교육과정을 의미한다는 관점을 취한다. 그는 이런 관점에서 교사의 자율성에 기초한 학교 개혁을 주도하며, 교사중심의 개방적이고 비판적이며 실제적인 교육과정 개발을 제안하고 실행하였다(Kemmis & Stake, 1988: 37-39). 그리고 이러한 제안과 실행은 오늘날 우리가 논의하고 수용하고 있는 교사교육과정 탄생의 모태가 되었다는 점에서 살펴볼 만한 충분한 가치를 지니고 있다. 스텐하우스는 의도된 교수 목적에 초점을 둔 너무 좁은 의미의 정의에 대해 비판적이다. 왜냐하면 의도된 교수 목적은 행동적 목표로 표현되고, 수행 결과를 정확하게 측정할 수 있는 가능성이 교육과정 개발 목적을 결정하는 준거가 된다고 보기 때문이다. 반면에, 그는 보다 개방적이고 비판적 검토에 열려 있고 효과적으로 실천할 수 있는 형태의 교육과정을 지향하며, 교육과정의 설계와 분석 및 정당화를 위한 일련의 원칙을 제시하였다. 그는 첫째, 교육과정을 학습자뿐만 아니라 교사를 위한 계획으로 규정하였다. 둘째, 교육과정이 실제로 시험되어야 한다는 점을 중시하였다. 셋째, 교육과정이 비판적 정밀 검토에 열려 있어야 함을 강조하였다.

이런 맥락에서 스텐하우스(1975)는 교사교육과정은 적어도 코스를 계획하고, 그것을 경험적으로 연구하고, 그것의 정당성의 근거를 고려하기 위한 기초를 제공해야 한다고 주장하였다.

A. 계획에서:
　1. 내용 선택을 위한 원칙—무엇을 배우고 가르칠 것인가
　2. 교육 전략 개발을 위한 원칙—어떻게 배우고 가르칠 것인가

3. 배열 순서를 결정하기 위한 원칙
4. 개별 학생의 장단점을 진단하고, 개별 사례에 맞게 위의 일반 원칙 1, 2, 3을 달리 적용하는 원칙

B. 경험적 연구에서:
1. 학생들의 진척을 연구하고 평가하는 원칙
2. 교사들의 진척을 연구하고 평가하는 원칙
3. 다양한 학교 맥락, 학생 맥락, 환경과 동료 집단 상황에서 교육과정 수행 가능성에 대한 안내
4. 다양한 맥락과 다른 학생들에 대한 효과의 변동성에 대한 정보와 변동의 원인에 대한 이해

C. 정당화와 관련하여:
중요한 정밀 검토에 접근할 수 있는 교육과정의 의도나 목적의 명시(Stenhouse, 1975: 5; Kemmis & Stake(1988: 39)에서 재인용)

교사교육과정에 대한 이러한 인식은 학문의 세계에서 경험한 '패러다임 전쟁'의 산물이라고 할 수 있다(Gage, 1989; Walker, 1992). 패러다임 전쟁에서 전통적 입장을 취하는 실증주의 패러다임은 교사를 주어진 교육과정의 단순한 수행자로 간주하였고, 도전적 위치에 있는 자연주의 패러다임은 교사를 교육과정의 능동적 개발자로 인식하였다(노경주, 1998b). 이 과정에서 많은 교육 연구자들은 교육행위에 대한 교사의 주체성에 주목하며, 교사를 교육과정의 수동적 전달자가 아닌 능동적 개발자로(Schwab, 1970; Beane, 1997/2019) 또는 학문적 탐구 결과의 단순한 전수자가 아닌 교수내용 변환 역량을 갖춘 전문가(Shulman, 1986, 1987)로 간주해왔다. 오늘날 교사는 외부에서 개발되거나 제공된 교육과정을 수동적으로 받아들여 기계적으로 가르치는 그런 존재는 결코 아니다. 교사는 분명 교육 현장에서 학생들과의 상호작용을 통해 수행되는 교육과정의 최종적인 의사결정자이다. 이 점에서 학문의 세계에서는 교사교육과정의 존재를 인정할 뿐만 아니라, 교사가 주어진 교육과정을 단순 수행하는 데 그치는 타율형 교사교육과정을 넘어, 교사가 주체적으로 개발하고 수행하는 자율형 교사교육과정을 인식하기에 이르렀다. 따라서 교사교육과정이라는 개념의 출현 배경을 고려할 때, 교사교육과정은 교사가 중심이 되어 자율적으로 학생들과 함께 협력을 통해 만들어가는 교육과정이고, 교사는 전문가로서 교육과정 개발에 관한 실질적 결정에 대해 통제권을 가지고 있음을 의

미한다(Doyle, 1992).

정책적 측면에서 볼 때, 국가교육과정에 교사교육과정에 대한 명시적 언급은 없다. 굳이 찾는다면, 2015 개정 교육과정 총론 해설(교육부, 2016: 5)은 "학교 수준 교육과정과 교사 수준의 교수·학습 계획" 정도의 표현을 사용하며, 교사들은 "학교의 여건과 실태에 대한 구체적인 인식에 기초하여 학생들에게 실천 가능한 교육 설계도를 마련하고, 그러한 설계도에 담긴 특색을 구현할 수 있는 운영 계획 및 세부 실천 계획을 수립"(p. 7)해야 한다고 기술하고 있다. 교사교육과정이라는 표현을 직접적으로 사용하고 있지는 않지만, 실제 구현되는 교육과정은 교사 주도하에 결정되고 실행된다는 점에서 그 존재와 중요성을 암시하고 있다고 할 수 있다.

한편 제한적이긴 하지만 소수의 교육청 차원에서는 교사교육과정 개념을 사용하고 있다. 경기도교육청(2021: 34)은 교사교육과정을 "학생의 삶을 중심으로 국가, 지역, 학교 수준 교육과정을 공동체성에 기반하여 교사가 맥락적으로 해석하고 개발하여 학생의 성장 발달을 촉진하는 교육과정"이라고 정의한다. 서울특별시교육청교육연구정보원(2021: 31)은 "국가·지역·학교 교육과정에 대한 교사의 해석과 번역을 통해 만들어지는 각양각색의 실천 교육과정이며, '교사가 개발·실행하는 교육과정'"이라고 정의한다. 또한 전라북도교육청(2023: iii)은 "교사교육과정은 교원이 교육과정 문해력을 바탕으로 학생의 삶을 중심에 두고 국가, 지역, 학교 교육과정의 기반 위에 학교공동체의 철학을 담아 계획하고 실천하면서 만들어가는 교육과정"이라고 정의한다. 그리고 이에 더하여 교사교육과정은 개별 교사의 임의적 교육과정이나 학급교육과정이 아님을 분명히 한다(전라북도교육청, 2023: 28). 즉, 교사교육과정은 국가교육과정과 지역교육과정, 학교교육과정 및 학교공동체의 철학에 기반해야 한다고 설명한다. 그리고 교사교육과정은 계획된 문서로서의 학급교육과정을 넘어 학교공동체가 민주적인 절차에 따라 합의하고, 실천하고, 평가하고 피드백하면서 정교화해가는 과정으로 이해해야 한다고 안내한다. 대체로 교육청 차원에서는 교사교육과정을 교육과정의 개발 수준에 따른 한 유형으로서, 교사가 공통성과 다양성을 고려하여 자율적으로 만들어가는 교육과정으로 인식하고, 그러한 인식에 기초한 정의를 제공하고 있다.

실제적 측면에서, 교사교육과정이라는 용어는 교사들을 중심으로 많이 사용되고 있다(교사교육과정연구회, 2020; 김덕년 외, 2022; 박진수, 2020; 이은총, 2022). 대표적으로 초등교사인 이은총(2022: 17)은 교사교육과정은 국가, 지역, 학교, 교사 수준이라는 위계적 측면에서 하위에 위치한 개념으로 인식하기보다는 교사교육과정이 중심에 있고, 국가, 지역, 학교 수준의 교육과정은 교사교육과정을 지원하는 교육과정으로 이해할 것을 주장한다. 그리고 그는 교사교육과정을 "교사의 철학을 기반으로 학생의 실태, 특성, 수준, 요구를 반영하여 삶과 배움을 연결하고 모든 학생의 배움과 성장을 촉진하기 위해 국가, 지역, 학교 수준 교육과정을 기반으로 창조적으로 개발하여 실행하는 실천중심 교육과정"이라고 정의한다.

이은총(2022: 22-39)은 또한 교사교육과정의 필요성을 다음과 같은 몇 가지로 논의한다. 첫째, 미래교육을 위한 변화는 교사의 참여와 실행에 의해서 좌우되기 때문에, 둘째, 미래교육을 위해서는 표준화된 중앙집권적 교육과정을 벗어나 학생 개별화 맞춤형 교육과정이 요구되기 때문에, 셋째, 교수·학습 방법에 얽매이는 도구주의적 수업을 벗어나 교사의 교육철학을 토대로 한 수업 전문성을 필요로 하기 때문에, 넷째, 학교교육은 성인으로서의 삶을 준비하기 위한 교육이라는 도구주의적 관점을 벗어나 학교급에 따른 아동이나 청소년 본연의 특성과 본질을 반영하여야 하기 때문에, 다섯째, 학교교육에서는 삶과 유리된 획일화된 교육과정보다 학생들의 삶과 배움을 연결하는 수업을 지향해야 하기 때문에, 여섯째, 학교교육에서는 교육과정과 수업과 평가가 일체성을 갖추어야 하기 때문에, 교사의 자율성이 반영된 교사교육과정이 절대적으로 요구된다고 주장한다.

또한 교사로 구성된 교사교육과정연구회(2020: 15)는 "교사에게 학교는 자신의 경험과 철학, 그리고 마주하는 학생들에게 최선의 교육적 경험을 고민하고 제공하는 장소가 아닌, 그저 주어지는 것들을 충실하게 가르치는 장소가 되었다."고 평가한다. 달리 말하면, 교사는 교육적 의무로서의 학생이 원하는 배움보다 법률적 의무로서의 학생에게 필요한 배움을 제공하는 데 머물러서는 안 된다고 주장한다. 따라서 교사교육과정은 주어지는 국가, 지역, 학교 교육과정을 바탕으로 하되, 교사의 경험과 철학, 학생의 흥미와 수준, 주변 환경 등을 종합적으로 고려하여 질적으로 다른 형태의 내용과 경험을 담아야 한다고 주장한다.

이상의 논의에 의하면, 교사교육과정은 하나의 합일된 공식적 개념으로 존재한다고 볼 수는 없다. 학문의 세계나 교사의 관점에서는 교사교육과정이 매우 강하게 인식되고 있지만, 국가교육과정 차원에서는 용어 사용 자체를 회피하며 매우 미온적인 자세를 취하고, 지역교육과정 차원에서는 소수의 교육청만이 존재를 인정하며 정의를 제공하는 등 존재에 대한 인식의 강도에 차이를 보인다. 그러나 교사교육과정의 존재를 인정하는 입장에서는, 교사교육과정을 교사가 중심이 되어 학생들과 함께 국가와 지역과 학교가 갖춰야 할 공통성과 교실이 지니는 다양성을 균형감 있게 반영하며 자율적으로 만들어가는 교육과정이라는 데에 동의한다고 볼 수 있다.

▌교사교육과정의 성격: 개발의 주체와 자율성

교사교육과정을 규정짓는 가장 핵심적인 특징은 무엇인가? 교사가 교육과정 개발과 운영의 주체이며 자율성을 가지고 있다는 것이다. 누가 교육과정을 개발하느냐는 질문에 우리는 곧잘 대학이나 연구 기관에 근무하는 학문 지향적인 연구자를 떠올릴 듯하다. 드물게는 학교 현장에 있는 실천 지향적인 교사와 학교 관리자를 떠올리기도 할 것이다. 어떤 사람들은 역할을 구분하여, 학문 지향적인 전문가는 교육과정 개발 전문가로, 실천 지향적인 전문가는 교육과정 수행 전문가로 간주하기도 할 것이다. 보비트(Bobbitt), 타일러(Tyler), 슈왑(Schwab) 등 교육과정 분야의 대학자들은 이런저런 비판적 논쟁에도 불구하고 그들의 주장이 실천가에게 도움이 되기를 원했다(Jackson, 1992). 즉, 교사나 학교 관리자가 자기가 근무하는 학교의 교육과정 개발과 개선의 주체가 되기를 원했다. 그리고 그 주장과 기대는 긴 시간 동안 근근이 이어져 왔다.

교사는 이미 20세기 초에 교수 문제와 관련된 연구에 관여하였지만, 관여의 범위는 매우 제한적이었고 연구자나 연구 동료로 인정받지도 못하였다(Hensen, 1996). 교사는 오랫동안 외부에서 개발된 표준화 교육과정을 학생들에게 중개하는 즉, 가르치는 행위에 중점을 두는 '교육과정 전달자로서의 교사' 혹은 '교육과정 수행자로서의 교사'로 간주되어 왔다. 그것은 교육과정 연구나 개발과 관련하여 교사는 거의 관심 대상이 되지 못했음을 의미한다. 기껏해야 클라크와 피터슨(Clark & Peterson, 1986)이 '교사 사고 과정(teacher thought processes)'에 대한 선행 연구 검토를 통해 '교사 수업 계획'과 '교사 의사결정'을 다룬 정도에 그쳤었다.

그럼에도 역사를 거슬러 올라가 보면, 교육과정 개발자로서의 교사 이미지는 듀이(Dewey)의 시카고 대학 실험학교와 그의 저서 『The child and the curriculum』과 『The school and society』에서 찾을 수 있다(Dewey, 1990). 그는 여기에서 교육과정과 관련하여 교사의 능동적, 창조적 역할을 강조한다. 실험실로서의 학교에서 교사는 문명의 '전수된 문화적 지혜'를 재생산할 뿐 아니라 아동과 함께 탐구를 통해 이 지혜를 재건하고, 이 재건을 통해서 사회 자체가 성장해야 한다고 주장한다. 그리고 아동의 성장과 사회의 성장은 교사가 핵심 교육과정 개발자가 되는 교실에서 유기적 연결을 통해 실현된다고 강조한다(Clandinin & Connelly, 1992: 378-381).

한편, 영국에서는 교육과정 개발자로서의 교사에 대한 믿음이 오랫동안 이어져왔고, 이 믿음은 영국의 신화(English myth)라고 불리는 교사 자율성 전통을 만들어냈다. 이런 문화적 전통을 바탕으로 영국에서는 교사와 교사 조직이 1960년대의 학교 개혁과 교육과정 개혁 운동을 주도하였다(Jackson, 1992: 32). 그렇지만 학교 개혁 운동의 긴 역사에서 교육과정은 학교 개혁의 도구로, 교사는 교육과정과 의도된 결과의 중재인으로 간주되는 데 그쳤다(Clandinin & Connelly, 1992: 367). 그리고 학교 개혁은 중앙 집권화와 분권화, 달리 말하면, 교사와 교육과정에 대한 통제의 이데올로기와 각 교사의 개인적 지식의 정당성에 대한 믿음의 이데올로기가 이분법적으로 작용하며, 양극단 사이에서 그네를 타는 모습을 보여 왔다(Clandinin & Connelly, 1992: 367).

보다 직접적으로 교사를 수동적 존재에서 벗어나 능동적 교육 주체로 인식하게 한 것은 스텐하우스(1975)가 개념화한 '연구자로서의 교사(teachers as researchers)'에서 비롯되었다. 이 개념은 전문가로서의 자율성과 책임 의식의 발달에 대한 믿음에 기초한다(Carr & Kemmis, 1986: 18-19). 스텐하우스(1975)는 이 같은 확장된 전문성 개념(extended professionalism)에 기초하여, 전문가를 자신의 전문적인 활동을 자율적으로 개발시킬 수 있는 능력을 가진 자로 규정하며, 자기 개발은 교사 자신과 동료 교사의 교수에 대한 체계적인 연구와 교실에서의 적용과 검증을 통해서 성취된다고 주장한다(조영태, 2018: 34). 따라서 교육 실천으로서의 교수는 탈맥락적이고 일반화된 지식을 단순히 적용하는 행위가 아니라, 교육 현장에서 비판적 탐구를 통해 실제적이고 유용한 지식을 만들어가는 행위라고 본다(서경혜, 2019: 414). 교사는 실천가이자 연구자로서, 그들의 지식과 경험 그리고 실제 상황의 요구에 기초하여 판단하면서 교육과정 개발의 중심이 되어야 한다는 것이다.

이처럼 교육과정 개발자로서의 교사는 교사의 자율성과 불가분의 관계에 있다. 스텐하우스는 이것을 다음과 같이 말하며, 교사가 자율적 존재이자 자율적이도록 존중되어야 한다고 강조한다.

> 좋은 교사는 자율적으로 전문적 판단을 내린다. 그들은 무엇을 해야 하는지 지시받을 필요가 없다. 그들은 전문가로서 연구자나 교육감, 혁신가나 장학관에게 의존적이지도 않다. 그렇다고 그들이 다른 장소나 다른 시간에 다른 사람들이 만든 아이디어를 멀리하는 것은 아니다. 또한 그들은 조언, 자문, 지원을 거부하지도 않는다. 그러나 그들은 아이디어와 사람들이 온전히 교사 자신의 판단의 대상이 되기 전까지는 실질적으로 큰 도움이 되지 않는다는 것을 알고 있다. 간단히 말해서, 교사를 섬기는 것은 교실 밖에 있는 모든 교육자들의 과제이다. 왜냐하면 오직 교사만이 좋은 가르침을 만들 수 있는 위치에 있기 때문이다(Rudduck & Hopkins, 1985: 104-105: Noffke & Stevensen(1995: 66)에서 재인용).

자율적 존재로서의 교사는 교육과정 개발이자 교육과정 실천이고, 교육과정 실천이자 교육과정 연구이며, 교육과정 연구이자 교육과정 개발인 실행연구(action research)를 통해 '만들어가는 교육과정'을 구현한다. 보다 엄밀하게 말하면, 교사 교육과정은 교사와 학생들에 의해서 만들어진다. 교사는 자신이 가르칠 것을 선정하기 위해 자신의 개인적 실제적 이론뿐만 아니라 내용 지식(content knowledge)과 교수 내용 지식(pedagogical content knowledge)을 가지고 참여할 수 있어야 한다(Shulman, 1986, 1987). 학생들은 자신들이 경험할 것을 선정함에 있어서 교사나 사회적 관점에서 형성된 고정관념으로 고려되기보다는 자신의 관점과 시각을 가지고 능동적으로 참여할 수 있어야 한다(Erickson & Shultz, 1992). 이러한 참여를 통해서 만들어지는 교육과정은 문서가 아니라 교사와 학생이 함께 내용과 의미를 협상하는 일련의 사건에 해당한다(Doyle, 1992). 결국 교사와 학생들은 학교나 교실이라는 맥락에서 교육과정이라는 사건을 저술하는 공동 저자라고 할 수 있다(Beane, 1997/2019).

여기에 동료 교사가 공동 개발자로 참여하거나 학문 지향의 교육과정 이론가

혹은 연구자가 자문 수준을 넘어 직접적으로 참여한다면, 교육과정 개발의 주체는 교사와 학생들 그리고 동료 교사나 외부 연구자로 확대될 것이다. 그러나 여기에서 중요한 것은 누가 주도하느냐이다. 교사교육과정인 만큼 당연히 교사가 주도권을 가지고 이끌어나가야 한다. 동료 교사와 공동으로 개발하는 작업이라면 주도권을 공유하며 협력적으로 참여하는 것이 무엇보다 중요하다. 특히 학문 지향의 교육과정 전문가가 공동 개발자로 참여하는 경우라면, 더더욱이 동등한 위치에서 서로에 대한 관심과 협력적 자세를 유지하며 주도권을 공유할 것이 요구된다.

우리나라의 교육정책적 측면에서도 교육과정 개발 주체로서의 교사의 자율성은 지속적으로 강조되어 왔다. 교육과정은 개발·운영의 결정과 통제의 주체가 누구인가에 따라 국가교육과정, 지역교육과정, 학교교육과정, 교사교육과정으로 구분할 수 있다. 그러나 제5차 교육과정까지는 이러한 구분이 큰 의미를 갖지 못하였다. 국가에 의한 중앙집권적 방식으로 교육과정이 결정되고, 지역, 학교, 교사는 이를 각 수준에서 시행하는 역할을 맡게 되어 있었기 때문이다. 교육과정의 분권화와 자율화는 제6차 교육과정에 이르러 의미를 갖게 되었다. 그리고 그 분권화와 자율화는 지속적으로 강화되어 왔다. 이를테면, 제6차 교육과정에서는 교육과정의 분권화, 제7차 교육과정에서는 교육과정의 지역화, 2007 개정 교육과정에서는 학교 교육과정 편성·운영 자율권의 실질적 확대, 2009 개정 교육과정에서는 교육과정 자율화, 2015 개정 교육과정에서는 교육과정 자율화의 안착, 2022 개정 교육과정에서는 학교 교육과정의 자율화 활성화가 표방되었다.

2022 개정 교육과정은 총론에서 구성의 중점 사항으로 "사. 교육과정 자율화·분권화를 기반으로 학교, 교사, 학부모, 시·도 교육청, 교육부 등 교육 주체들 간의 협조 체제를 구축하여 학습자의 특성과 학교 여건에 적합한 학습이 이루어질 수 있도록 한다."를 설정하고 있다(교육부, 2022b: 5). 그리고 이의 배경이 된 총론 시안에서는 개정 중점 사항으로 '지역·학교 교육과정 자율성 확대 및 책임교육 구현'을 설정하고, 추진 과제로 '분권화를 바탕으로 한 학교 교육과정 자율성 확대'를 제시하였다(교육부, 2021). 이외에도 범교과 학습 주제의 탄력적 편성이나 학생의 의미 있는 학습경험을 위해 교육과정의 자율성을 확보할 것을 표방하였다.

교육청 차원에서도 교육과정 개발 주체로서의 교사의 자율성은 명시적으로 강조되고 있다. 이를테면, 서울특별시교육청교육연구정보원(2021: 23-24)은 국가교육과정은 이미 주어져 있지만, 교사교육과정은 '만들어진' 것이 아니라 함께 '만들어가야' 하는 것이라고 규정한다. 그리고 학교교육이 개별 학생의 온전한 성장과 발달을 지향한다면 그것을 가장 잘 해낼 수 있는 사람은 교사일 수밖에 없으며, 교사는 교육과정 개발자로서의 책무를 다해야 한다고 말한다. 또한 경기도교육청(2022)도 교육과정의 공통성을 훼손하지 않는 범위 내에서 교사는 교육과정 전문가로서의 자율성을 발휘할 수 있다고 안내한다.

> 국가교육과정과 지역교육과정에 대한 이해를 바탕으로 반드시 준수해야 할 사항과 교사가 자율권을 발휘할 수 있는 부분을 파악해야 합니다. 유연한 교육과정에서 유연하다는 것은 공통성과 자율성 사이의 균형을 맞추어 상황에 적절하게 대응하는 것을 의미하기도 합니다. (경기도교육청, 2022: 66)

그러나 실제적 측면에서는 교육과정의 분권화와 자율화에 대해 부정적 시각이 제기된다. 이를테면, 정윤리(2022)는 국가에서는 교육과정의 자율화를 지속적으로 강조해 왔지만, 교사의 입장에서는 제한된 자율성 혹은 강제된 자율성에 그치고 있다고 지적하며 교육과정의 의사결정에 대한 실질적 자율성이 보장되어야 한다고 주장한다. 그는 교육과정의 개발 주체인 국가, 지역, 학교, 교사를 수준이라는 측면에서 위계적으로 인식한다면, 교사는 교육과정의 개발 주체라기보다는 국가, 지역, 학교 수준의 교육과정을 전달하는 수동적 존재에 불과하다고 본다. 따라서 이러한 종속적이고 의존적인 위계적 인식을 벗어나 교사를 국가와 지역과 학교 교육과정에 기초하여 교실 실행 교육과정을 개발하는 자율적이자 능동적인 주체로 인식해야 한다고 주장한다.

교사교육과정을 규정하는 가장 본질적인 성격은 교사가 교육과정 개발의 주체로서 자율성을 지니고 있다는 것이다. 학문적 측면에서는 교사가 타율적인 교육과정 전달자나 수행자보다는 자율적인 교육과정 개발자로 간주되어 왔다. 그리고 자율적인 교사는 학생과 함께 교육과정을 만들며, 때로는 동료 교사나 외부 연구자와 동등한 위치에서 개발 주도권을 공유하며 협력적으로 교육과정을 개발할 것이 강조되어 왔다. 교육정책적 측면에서도 교육과정의 분권화와 자율화 정책을 통해 교육과정에 대한 교사의 자율성 확대를 추진해 왔다. 그러나 교육 현장 측면에서는 교사의 자율성이 제한적이라는 비판적 논의가 상존한다.

교사교육과정의 개발

▌교사교육과정의 개발 방법에 관한 이야기

교사교육과정을 어떻게 개발할 것인가? 학문적 차원에서 교육과정 개발에 대해 과학적 접근을 취한 가장 고전적인 예는 보비트(1924)의 『How to make a curriculum』에서 찾을 수 있다(Jackson, 1992; Walker & Soltis, 1992). 그는 경영학에서 개발된 '시간-동작 연구 기법'을 활용하여 보다 현명하고 효율적으로 행동하는 사람을 길러낼 수 있는 교육과정을 만들고자 했다. 뒤이어 기술적, 실제적, 비판적 접근과 함께 목표 모형과 과정 모형으로 대별되는 관점들이 나타났다. 대표적으로 타일러의 합리적·기술적 접근, 슈왑의 실제적·절충적 접근, 워커(Walker)의 자연주의적·숙의적 접근, 프레이리(Freire)의 해방적 접근, 스텐하우스의 과정중심의 비판적 접근 등을 들 수 있다.

교육과정 개발과 관련하여 가장 큰 영향을 미치고 있는 것은 타일러의 논리(rationale)이다. 타일러(1949)의 교육과정 개발 논리는 목표를 기점으로 하여 투입-산출 접근을 취하는 목표 모형으로 불리며, 합리적·기술적 접근으로 이해된다. 그가 제시하는 논리는 네 가지의 기본적인 질문에서 출발하여, 의도된 학습 결과로서의 교육 목적을 설정하고, 교육 목표 달성을 위한 학습 경험을 선정하며, 그 내용을 잘 조직하고, 적절한 평가 수단을 마련하는 과정으로 요약된다. 이 논리는 무엇을 가르칠 것인가에 대한 것이 아니라 어떻게 개발하고 구성할 것인가에 대한 것이고, 이렇게 개발된 교육과정은 학교마다 다를 수 있을 뿐만 아니라 당연히 달라야 한다는 관점이다(Walker & Soltis, 1992).

그러나 타일러의 목표 모형은 네 단계가 선형적 즉, 순차적, 독립적으로 일어난다고 이해하며 교육과정을 단순히 기술적인 것으로 파악하고, 교육 목표나 내용에 관한 인식론적, 가치론적 탐구가 빠져 있는 점에서 비판을 받는다(Apple, 1990).

또한 클리바드(Kliebard, 1970)는 학습 활동이나 과제는 사전에 선정되고 조직될 수 있지만, 학습 경험은 교실 상호작용의 결과로 나타나는 것이기 때문에 사전에 선정되고 조직될 수 없다고 비판한다(Walker & Soltis, 1992).

슈왑(1969, 1973)은 교육과정 연구가 검증되지 않은 고질적인 이론에만 의존하고 집착하고 있음을 지적하면서 실제적·절충적 접근을 제안하였다. 널리 적용될 것으로 기대되는 이론이나 해결책을 모색하기보다 구체적인 실제 사례에 보다 의미 있고 유용한 교육과정을 절충해 낼 것을 강조한다. 그것은 곧 네 가지의 공통요소(commonplaces) 즉, 교사, 학습자, 교과 내용, 교수·학습 환경의 균형감 있는 상호작용과 숙의의 과정을 통해 구체적이고 특수한 상황에 따라 적절한 교육과정이 만들어져야 함을 의미한다.

슈왑은 타일러와 마찬가지로 교육과정의 구체적인 목적이나 내용은 제시하지 않았다. 대신에 개발 과정을 중시하며 목표 설정에서 출발하는 순차성을 벗어나 목적과 수단이 상호보완적으로 보다 유연하게 변증법적으로 작용하여야 한다고 주장하였다. 이러한 슈왑의 주장은 네 가지의 공통요소를 모두 고려한다는 것이 쉽지 않을 뿐만 아니라 모호해질 수 있다는 점 그리고 교사가 교육과정 중개인으로 다루어지는 데 그쳤다는 점에서 비판받기도 한다(Clandinin & Connelly, 1992).

워커(1971)는 교육과정 개발은 실제로 학교 교육과정이 어떻게 만들어지는지에 대한 탐구로부터 시작되어야 한다고 강조하며, 자연주의적 교육과정 개발 모형을 제시하고 숙의적 접근을 취하였다. 그는 교육과정 개발자들이 타일러가 말하는 네 단계를 따르고 있지 않음을 밝혀냈다. 대신에 교육과정 개발자들은 플랫폼(platform)과 숙의(deliberation)와 설계(design)의 과정을 거친다고 주장하였다. 우선 교육과정 개발자들은 그들이 가지고 있는 관념(conceptions)과 이론 및 목적 등을 공유하고 명료화하는 데 많은 시간을 사용한다. 다음으로, 이 관념과 이론 및 목적에 기초하여 최선의 교육과정을 위한 정치적 대화와 논쟁을 교환하는 숙의의 과정을 거치고, 이러한 의사결정 과정을 통해 교육과정을 설계하게 된다. 그리고 여기에서 '설계'는 물질적 실체로서의 자료나 수업 계획을 만들어낸다는 것이 아니라 거기에 담길 '의미'를 만들어내는 것으로 이해해야 한다(조영태, 2008: 8).

워커의 자연주의 모형은 타일러의 목표 모형에 비해 유연성을 가지고 있지만,

타일러 모형처럼 절차적인 면만을 제안하고 무엇을 왜 가르쳐야 하는지에 대한 교육과정의 목적과 내용을 언급하지 않은 점은 비판의 대상이 된다. 또한 플랫폼 단계에서 교육과정 개발자 간에 관념과 이론 및 목적에 대한 합의가 어려울 뿐만 아니라, 관료제적 의사결정 과정을 고려할 때 충분한 숙의가 보장되지 않는다는 점이 지적되기도 한다(이귀윤, 1996).

프레이리(1993)는 타일러 등의 기술공학적 교육과정 개발 모형을 비판하며 비판적 사고에 기초한 해방적 접근으로 민중교육 방법과 절차를 제안하였다. 그는 억압받고 있는 사람들이 해방될 수 있도록 비판의식(critical consciousness)을 함양하는 데 목적을 두고, 문제를 제기하고 교사와 학생이 주체적 존재로서 공동 탐구자가 되어 감정 이입적이면서 논리적인 대화(dialogue)를 통해 세상을 비판적으로 바라볼 수 있도록 하는 데 관심을 기울였다. 이를 위해 그는 교육과정 개발 과정으로 발생적 주제 파악(generative themes), 주제 탐구 활동(thematic investigation circle), 문화 활동(culture circle)의 세 단계를 제안하였다.

프레이리는 타일러와 마찬가지로 교육과정의 내용을 사전에 구체화하지 않는다. 그러나 그는 타일러와 달리 교육의 중립성을 부정하며 이데올로기적 접근을 취하였고, 이에 따라 분명한 교육 목적과 목표를 표방하며 절차적인 측면과 함께 가치 측면을 제시하였다. 따라서 프레이리는 보수주의자들의 맹렬한 저항에 직면하였고, 교육과정의 구성과 실행에 있어서 구체성이 부족하다는 비판을 받기도 한다(이귀윤, 1996).

스텐하우스(1975) 역시 타일러의 목표 모형을 비판하며 과정 모형을 주장하였다(Clandinin & Connelly, 1992). 첫째, 지식은 필연적으로 확정 불가능하고 그러한 지식의 학습 결과 역시 확정 불가능하기 때문에 학습 결과 설정으로부터 교육과정을 설계하는 것은 불가능하다고 지적하였다. 둘째, "높이뛰기 가로대를 더 높이 설치하는 것이 더 높이 뛸 수 있게 하는 것은 아니다."(Stenhouse, 1975: 83)라고 말하면서, 목표 상세화보다 수업을 어떻게 해야 하는지 그 과정을 상세히 알려주어야 한다고 강조하였다(조영태, 2018). 또한 그는 외부 전문가 집단이 교육과정을 개발하고, 교사들은 개발자들이 의도하고 계획한 대로 실행하고, 외부 평가 전문가들이 그들의 잣대로 결과를 평가하는 관료주의적 교육과정 개발 방식을 거부하였다(서경혜, 2019).

스텐하우스의 과정 모형은 목표나 결과가 아닌 과정을 교육과정으로 파악하고 과정을 기준으로 삼아 활동을 이끌어가고자 하는 모형이다. 타일러는 교육과정에서 교수·학습 내용과 함께 학생의 행동을 진술할 것을 주장했지만, 스텐하우스는 교수·학습 내용과 함께 교사의 행동을 진술해야 한다고 주장하였다(조영태, 2018). 즉, 교육과정은 '교사가 무엇을 어떻게 다룰 것인가'에 대한 지침을 주어야 한다고 본다. 따라서 스텐하우스는 인문학 교육과정 프로젝트(The Humanities Curriculum Project: HCP)를 통해 쟁점중심 교육과정을 개발하면서, 과정의 상세화를 위해 '일반 지침서'와 '학생용 자료' 및 '교사용 지침서'를 제작·배포하였다.

정책적 측면에서 볼 때, 우리나라의 교사교육과정 개발은 타일러의 목표 모형을 지향하도록 규정되어 있다. 먼저 국가교육과정 차원에서, 2022 개정 교육과정은 설계의 원칙과 평가 원칙을 통해 목표 지향성을 보여 준다. 2022 개정 교육과정은 설계의 원칙으로 다음 두 가지를 설정하고 있다.

> 가. 학교는 이 교육과정을 바탕으로 학교 교육과정을 자율적으로 설계·운영하며, 학생의 특성과 학교 여건에 적합한 학습 경험을 제공한다.
> 나. 학교 교육과정은 모든 교원이 전문성을 발휘하여 참여하는 민주적인 절차와 과정을 거쳐 설계·운영하며, 지속적인 개선을 위해 노력한다. (교육부, 2022b: 9)

학교는 교사의 자율적이고 민주적인 참여를 통해 국가교육과정과 학생의 특성 및 학교 여건에 부합하는 교육과정을 개발해야 함을 표방하고 있다. 또한 평가 원칙을 통해 교사는 성취기준의 범주 내에서 자율성을 발휘할 수 있음을 명시하고 있다. 즉, "성취기준에 근거하여 교수·학습과 평가 활동이 일관성 있게 이루어지도록"(p. 12)해야 한다고 기술하고 있다. 성취기준이 "영역별 내용 요소(지식·이해, 과정·기능, 가치·태도)를 학습한 결과 학생이 궁극적으로 할 수 있거나 할 수 있기를 기대하는 도달점"(교육부, 2022a: i)이기 때문에, 국가교육과정은 목표 모형을 채택하고 있는 셈이다.

교육청 측면에서는 대체로 교사교육과정 개발을 위한 방향과 국가교육과정 사용 방식에 따른 실제적 개발 방법을 안내해 준다. 서울특별시교육청교육연구정보원(2021)은 교사교육과정 개발을 위해 교사는 국가, 지역, 학교 교육과정의 검토를 통해 가르칠 방향과 내용을 파악하고, 개별 학생에 대한 이해를 제고하며, 교육과정 문해력을 갖추어야 한다고 안내한다. 그리고 이에 기초하여 학생의 더 나은 배움과 삶을 위한 수업을 실천할 수 있도록 교사교육과정을 개발하고 실행해야 한다고 강조한다. 또한 교사교육과정 개발에 임하는 교사 자신의 교사 철학을 세울 것을 강조한다. 즉, 교사교육과정을 개발하기 위해서는 자신의 교육과정관, 수업관, 교사관, 학생관, 지식관, 개인적 신념을 확인하고 분명히 할 필요가 있으며, 이를 위해서는 지속적으로 성찰 일기를 쓰는 것이 바람직하다고 소개한다. 그리고 이러한 방향성에 기초하여, 국가교육과정에 제시된 성취기준의 재구조화(통합과 재조정)를 통해 국가 차원의 일관성과 학생 차원의 다양성을 균형 있게 반영하도록 안내한다.

경기도교육청(2022: 27)도 교사교육과정은 교육공동체의 비전과 교육철학을 바탕으로 학생의 삶을 반영해야 하고, 일률적인 교과서중심의 진도표에서 벗어나 성취기준에 근거하여 만들어가는 교육과정이 되어야 한다고 안내한다. 그리고 국가교육과정의 사용과 관련하여 두 개 이상의 성취기준을 통합하거나 특정 성취기준을 재조정하여 재구조화할 수도 있고, 교육공동체의 요구를 바탕으로 교사 전문성을 발휘하여 새로운 성취기준을 개발할 수도 있다고 소개한다.

전라북도교육청도 서울이나 경기도교육청과 크게 다르지 않은 지침을 제공한다. 먼저, 교사교육과정은 학교공동체 및 교사의 교육 비전과 철학, 학생의 배움, 평등교육과 책임교육, 객관성을 유지하는 방향에서 개발되어야 함을 강조한다(전라북도교육청, 2023: 10). 실제적인 면에서는 교과서 재구성, 성취기준 활용, 성취기준 재구조화, 성취기준 개발 등의 유형으로 실현할 수 있다고 안내한다(전라북도교육청, 2023: iii-v). 여기에서 교과서 재구성은 국가에서 예시 활동을 제공한 교과서를 재구성하는 것이고, 성취기준 활용은 성취기준을 해석하여 새로운 활동으로 실현하는 것이고, 성취기준 재구조화는 성취기준을 통합하거나 일부 내용을 압축, 내용 요소를 추가하는 것이며, 성취기준 개발은 필요한 성취기준을 새롭게 개발하는 것을 의미한다. 그리고 〈표 1〉에서 볼 수 있는 것처럼, 국가교육과정을 어떻게 사용하느냐에 따라 교사의 역할은 달리 규정될 수 있다고 소개한다(전라북도교육청, 2023: 29). 먼저, 국가교육과정으로서의 교과서를 그대로 사용하는 경우는 교사교육과정이라고 할 수 없음을 분명히 하고 있다. 그리고 교사교육과정에 해당하는 경우는 네 가지 유형이 있는데, A유형은 교과서 재구성 수준으로 교사가 교육과정 개발자에는 이르지 못한다고 보고, 나머지 세 유형은 성취기준을 활용, 재구조화, 개발하는 수준으로 이때에 교사는 비로소 교육과정 개발자라고 할 수 있다고 본다.

〈표 1〉 교사교육과정의 개발과 실천 유형에 따른 교사의 역할

유형		국가교육과정 사용 방식	교사의 역할
이전		교육과정=교과서	교과서 전달
교사교육 과정	A유형	교과서(차시) 재구성	교육 내용과 방법 재구성
	B유형	성취기준 활용	성취기준 활용 및 개발 ⇒ 교육과정 개발자
	C유형	성취기준 재구조화	
	D유형	성취기준 개발	

실제적 측면에서, 교사들은 교육청에서 제시하는 '교육과정 편성 안내'에 기초하여 교사교육과정을 개발하는 것으로 이해한다. 이은총(2022: 19-20)은 교과서 활용 방식에 따라 교사교육과정 개발인지 아닌지를 구분한다. 교과서중심 교육과정 운영에 대해서는 말 그대로 운영일 뿐 개발의 의미를 부여하지 않는다. 대신에 교과서를 벗어나 성취기준을 활용하거나 재구조화 또는 새롭게 개발하는 경우를 교사교육과정의 개발이라고 간주한다. 또한 정윤리(2022: 75-82)는 교사교육과정의 개발 방법을 세 가지로 제시한다. 첫째, 이명섭 등(2017)의 제안에 기초하여 다음과 같은 성취기준중심의 교육과정 개발을 소개한다.

(1) 소극적 재구성: 성취기준을 단순히 분류하거나 구체화하는 것
(2) 적극적 재구성: 성취기준을 +(합치거나 더하기), −(빼거나 덜어내기), ×(융합하기), ÷(나누거나 쪼개기) 하는 것
(3) 적극적 변형: 성취기준 내용을 다른 것으로 바꾸는 것
(4) 창조: 성취기준 자체를 새롭게 만드는 것

둘째, 전통적 교육과정 개발 모형으로서 타바(Taba) 모델을 활용하여 교사중심의 교육과정을 개발할 수 있다고 소개한다. 셋째, 실행연구를 통한 교사 실천 중심의

교육과정 개발이 가능하다고 소개한다.

교사교육과정 개발 방법의 가장 본질적인 차이는 학습 결과로서의 목표 설정에서 출발하느냐 목표 설정 없이 만들어가는 과정 그 자체에 중점을 두느냐에 있다. 학문적 측면에서는 타일러를 중심으로 한 목표 모형에 따른 개발과 스텐하우스를 중심으로 한 과정 모형에 따른 개발로 나누어진다. 그리고 그것은 선택의 문제로 남는다. 우리나라에서는 대체로 목표 모형을 채택하고 있다고 보인다. 정책적 측면에서 국가교육과정이나 지역교육과정이 취하는 개발 방법은 교육 목표에 해당하는 성취기준의 사용 방식과 직결된다. 또한 교사들 역시 국가교육과정과 지역교육과정의 안내를 따르며, 성취기준 활용, 재구조화, 개발의 범주를 벗어나지 않는 것으로 이해된다.

▌교사교육과정의 개발 내용에 관한 이야기

교육과정에 무엇을 담아내야 할 것인가? 달리 말하면, 학교교육에서 다루어야 할 가장 가치 있는 것은 무엇인가? 학문적 측면에서는 교육과정에 관한 관점에 따라 달리 대답된다. 교육과정에 관한 관점은 기술중심, 학문중심, 인지과정중심, 인간주의, 사회재건주의 교육과정으로 유형화할 수 있다(노경주, 2014; Eisner, 1992a; Jackson, 1992; McNeil, 1990). 기술중심 교육과정은 사회가 지향하는 교육 목적의 달성을 위한 기본 도구로서 교과의 전달을 중시한다. 학문중심 교육과정은 과학적 사고와 수월성을 위한 지식의 구조와 탐구 방법을 강조한다. 인지과정중심 교육과정은 내용보다 방법으로서의 사고력 함양을 통한 전이력 개발에 초점을 둔다. 인간주의 교육과정은 궁극적으로 각 개인의 자아실현을 돕기 위해 학습자의 실제적 삶과 경험과 활동 그 자체에 중점을 둔다. 그리고 사회재건주의 교육과정은 현실 사회에 대한 비판 의식과 사회 정의를 추구하며 사회적 쟁점을 다룰 것을 주장한다.

앞서 교사교육과정 개발 방법과 관련하여 살펴본 타일러, 슈왑, 워커, 프레이리 등은 교사교육과정이 담아야 할 내용에 대해서는 말하지 않는다. 다만, 프레이리의 경우, 내용 자체를 구체적으로 제시하지는 않지만, 다루어야 할 내용의 방향으로 사회구조적 불평등의 문제를 매우 강력히 제안한다는 점에서 차이가 있다. 이와 비슷한 맥락에서 빈(1997/2019) 또한 교육과정 개발자로서의 교사를 중시하며, 교사교육과정은 교사와 학생들이 함께 찾은 개인적·사회적 중요성을 갖는 문제와 쟁점들을 중심으로 조직할 것을 제안한다. 이를테면, 빈은 갈등, 문화, 미래, 환경 문제를 예로 들면서, 학생들을 위한 그리고 학생들과 함께 교육과정을 만드는 것은 현실 세계의 있는 그대로의 삶의 문제, 쟁점, 관심사의 검토에서 시작되어야 한다고 주장한다.

이와 함께 교사교육과정 개발의 선구자인 스텐하우스는 교사교육과정에 담을 내용과 관련해서 매우 의미 있는 시사점을 제공한다. 스텐하우스는 인문학 교육과정을 개발하였고 그것은 사회재건주의 교육과정으로 이해할 수 있다. 스텐하우스의 인문학 교육과정은 비판이론에 기초하고 있지 않지만, 비판이론가들이 수용하고 그 가치를 공유하는 프로그램으로서, 프레이리의 문해 교육과정과 더불어 비판이론을 구체화한 대표적인 교육과정이라고 평가받는다(Eisner, 1979, 1992a). 개발 과정에서, 스텐하우스는 1967년부터 1972년 사이에 인문학 교육과정 프로젝트(HCP)를 주도하였다. 이 프로젝트는 학업성취 수준이 낮고 학습동기가 부족하거나 결여된 14세에서 16세 사이의 Secondary Modern School 학생들을 대상으로 하여, '사회적 상황 및 인간 행위와 관련된 쟁점(controversial issues)에 대한 이해를 발달시키는 데' 목적을 두었다(배영민, 2017: 100; 조영태, 2018: 31). 그리고 다루게 되는 내용은 사회적 쟁점이고, 교수·학습 방법은 토론을 중심으로 하였으며 이 과정에서 교사는 중립적 역할이 강조되었다.

HCP에서 인문학은 역사, 지리, 종교뿐만 아니라 정치학, 경제학, 사회학, 지리학, 심리학 등의 사회과학과 예술까지 포함하는 광범위한 분야를 다루며, 사람들의 보편적 관심사인 도덕(윤리)과 관련된 인간의 쟁점(human issues)을 탐구하는 교과로 규정되었다(배영민, 2017). 그리고 이에 기초하여 학문과 과목 간의 경계를 넘어서 쟁점중심의 학제적 통합을 이루는 탐구 영역을 선정하였다. 먼저 교육, 전쟁과 사회, 가족, 이성 관계, 사람들과 직업, 빈곤, 법과 질서, 도시 생활, 그리고 나중에 인종 관계를 추가하여 9개의 탐구 영역을 개발하였다(배영민, 2017: 93, 102; 조영태, 2018: 31). 각 탐구 영역에 대해서는 학생용 자료, 교사용 지침서, 프로젝트에 대한 일반 지침서가 개발되었고 교사들에게 배포되었다(배영민, 2017: 93; 조영태,

2018: 31-32). 일반 지침서에는 다음과 같은 다섯 가지의 '주요 전제'가 제시되었다.

1. 논쟁적인 문제는 회피될 것이 아니라 교실에서 다루어져야 한다. 2. 교사는 논쟁적인 문제를 다룸에 있어서 중립적인 입장을 고수하여야 한다. 즉, 자신의 입장을 내세우지 말아야 한다. 3. 논쟁적인 문제를 다루는 수업은 강의보다는 토론 위주로 이루어져야 한다. 4. 토론 중 합의를 끌어내려고 노력하기보다는 참여자들 사이의 의견 차이를 인정하고 보호하도록 노력하여야 한다. 5. 토론의 의장으로서 교사는 학습의 질과 수준에 대하여 책임을 져야 한다(Aston, 1980: 142; 조영태(2018: 31)에서 재인용).

그리고 '주요 전제'를 구현하기 위한 '교수 전략'으로 다음과 같은 효과적인 토론 수업 방법을 소개하였다.

좌석 배치가 토론의 활성화에 영향을 미친다는 점, 토론의 보조를 늦추는 것이 참여를 확대하는 데에 유리하다는 점 등이 지적되었던 모양이며, 논쟁적인 문제에 대한 이해의 발달을 도모하기 위해서는 상대방의 의견을 반박하려 하거나 의견 차이를 해소하려 하기보다는 다양한 의견을 폭넓게 경청하거나 질문을 통하여 상대방 의견의 의미를 분명하게 드러내어야 한다는 점 등이 지적되었던 모양이다. 또한 일반적인 회의의 절차나 의회에서 사용되는 회의의 절차를 참고하여 이 경우에 알맞은 토론의 절차를 개발하였던 모양이다(Stenhouse, 1975: 94; 조영태(2018: 31-32)에서 재인용).

스텐하우스는 탐구 영역으로 선정된 9개 쟁점에 대한 토론 수업을 위해 교사가 무엇을 어떻게 해야 할 것인가에 초점을 두었다. 나아가 7년에 걸친 긴 시간 동안 개발과 실천과 연구를 오가며 과정중심의 교육과정을 개발하였다. 또한 스텐하우스는 학생들이 그들의 삶에 영향을 미치는 가치와 조건을 더 잘 이해할 수 있도록 자료와 관계를 만들고 구성하기 위해 실제적인 노력을 기울였다는 점에서 비판교육학자인 프레이리와 공통적이다. 많은 비판이론가들이 세상에 대한 비판에 그치는 경향이 있었던 데 비해, 그들은 그들의 교육 이념을 반영하는 교육 실천에 대한 접근법을 보여 주었다는 점에서 높이 평가된다(Eisner, 1992a: 316). 더불어 스텐하우스에게 있어서 교사는 '교과목의 봉사자'가 아닌 '학생들을 위한 봉사자'였으며, 학생들에게 질문을 제기하는 법을 가르쳤다는 점에서 비판이론과 맥을 같이한다. 그러나 스텐하우스가 강조한 교사의 중립성은 재고해야 할 문제로 남아 있다. 스텐하우스는 교사의 중립성이 합리성의 발달을 가져왔다고 매우 강하게 주장했지만, 다른 한편에서는 교사의 가치 중립이 편견이 심한 학생들의 신념을 무비판적으로 수용하게 했다고 비판을 받기도 했다(Sockett, 1992: 551).

정책적 측면에서, 국가교육과정은 가르쳐야 할 내용 체계와 성취기준을 제시하고, 교사는 이에 근거하여 교수·학습 계획을 수립하고 운영하도록 안내하고 있다. 교육청 차원에서도 교사는 국가교육과정을 기준으로 지역의 특수성과 학생의 교육적 필요를 반영해야 한다는 원칙론적인 안내에 그친다. 다만, 경기도교육청(2022)은 교사 수준의 학교자율교육과정을 통해 유연한 교육과정 설계를 바탕으로 문제중심교육이 가능함을 시사한다.

> 유연한 교육과정 설계를 바탕으로 학습경험을 다양화하기 위한 목표로 문제해결 목표(problem—solving objective)와 표현적 결과(expressive outcomes)를 설정할 수 있습니다.
> ① 문제해결 목표란 학생들이 해결해야 할 문제를 제시하는 것입니다. 학습자는 삶과 연계된 문제를 해결하는 과정에서 간학문적, 탈학문적으로 지식을 융합하고, 다양한 문제해결 전략을 선택하는 능동적인 문제해결 전략을 선택하는 문제해결자의 역할을 경험하게 됩니다.
> ② 표현적 결과란 교육적 경험에 알맞은 환경을 의도적으로 제공함으로써 얻어지는 교육과정의 결과입니다. 다양한 교육경험이 선정되고 이 과정에서 유의미한 목표를 선정하거나 만들어내는 것이 가능합니다. 수업의 과정에서 목표를 정립해가는 것입니다. 목표는 언제든지 변형 가능한 것이며, 수업의 과정에서 풍부한 결과가 나올 수 있는 환경을 조성하는 것이 중요합니다(경기도교육청, 2022: 54).

실제적 측면에서, 교사들은 내용보다는 교수·학습 방법에 관심을 기울이며 개별화 수업, 프로젝트 수업, 융합 수업 등의 형태로 교과별 교육과정 개발 사례를 소개하기도 한다(김덕년 외, 2022). 그러나 이은총(2022: 36-38)의 경우는 내용에 무게 중심을 두어 삶과 배움이 연결되는 교육과정을 주장하며, 획일화된 교육과정을 벗어나 삶의 맥락, 교사의 관심사와 철학, 학생들의 실태·특성·수준·요구에 따른 각양각색의 실천중심 교육과정을 운영할 것을 제안한다. 예를 들면, 그는 삶의 맥락에서 배우는 수업, 삶에 필요한 것을 배우는 수업, 학생이 배우고 싶은 것을 배우는 수업, 그리고 배운 것을 삶에서 적용 또는 활용하는 수업이 가능하다고 소개한다. 또한 교사교육과정연구회(2020: 25-27)는 교사가 교육과정을 개발할 때 가장 먼저 고려하는 지점을 가르칠 내용, 학생의 요구, 사회적 환경으로 구분하면서 결국 귀결되는 출발점은 학생이라고 주장한다. 즉, 국가, 지역, 학교 교육과정에서 제시하는 학생들이 배워야만 하는 것으로부터 출발할 것인지, 교실에서 마주하는 학생들이 배우고 싶어 하는 것으로부터 출발할 것인지, 아니면 사회적 상황과 쟁점에서 출발할 것인지 고민할 수 있지만, 결국 이것들은 학생들과 연계되어 있으며, 교사교육과정의 내용은 최종적으로 교사와 학생이 선택하고 조정하고 창조하는 과정을 거치게 된다고 주장한다. 이은총(2022)이 제안하는 학생들의 삶과 배움이 연결되는 교육과정과 같은 의미를 내포하고 있다.

교사교육과정의 개발 내용으로는 학생의 삶과 관련된 쟁점이 가장 공통적으로 강조된다. 학문적 측면에서 볼 때, 학교교육에서 다룰 일반적인 교육과정 내용은 교육과정에 관한 관점에 따라 다를 수 있다. 하지만 교사교육과정 차원에서 살펴보면, 학생들의 삶과 연계된 관심사나 쟁점이 가장 핵심적인 내용으로 제안되고 있다. 정책적 측면에서, 국가교육과정은 교사교육과정의 존재를 명시적으로는 인정하지 않는 만큼, 교사가 개발할 내용에 대해서도 구체적인 지침을 제공하지는 않는다. 다만, 학교나 교사는 국가교육과정이 제시하는 내용 체계와 성취기준에 근거하여 가르칠 것을 명시하고 있다. 또한 교육청 단위에서의 지침 역시 개발 방향과 방법은 제시하지만 내용을 제시하지는 않는다. 다만, 국가교육과정에 기초하여 지역의 특수성과 학생의 교육적 필요를 반영해야 한다는 원칙론적인 안내와 함께 문제중심 교육과정이 제안되기도 한다. 끝으로, 실제적 측면에서, 교사들은 교사교육과정의 중심에 학생이 있어야 하고, 교사교육과정은 학생의 삶과 배움으로 연결되어야 한다고 주장한다.

교사교육과정의 연구

교사교육과정을 어떻게 연구할 것인가? 교육과정에 대한 연구와 마찬가지로 교사교육과정은 패러다임 혹은 관점, 계획성(의도성) 여부, 문서화 여부, 수행 단계 등에 따라 다양한 측면에서 매우 광범위한 연구가 수행될 수 있다. 또한 방법론적인 측면에서는 실증주의적 연구와 자연주의적 연구가 고려될 수 있다. 여기에서는 본 연구가 교사교육과정의 개발을 위한 기초 연구의 의미를 담고 있기 때문에, '교사교육과정 개발을 위해 어떻게 연구할 것인가?'에 초점을 두어 살펴보고자 한다.

교사교육과정 개발 연구는 첫째, 교사의 자율성에 기반한 교사주도적 특징을 갖는다. 교육과정 개발 연구는 패러다임 차원에서 과학적 연구와 인간주의적 연구로 대별된다(Darling-Hammond & Snyder, 1992; Lincoln, 1992; Walker, 1992). 과학적 연구는 객관적, 양적, 실증주의적 특징을 지니고, 인간주의적 연구는 해석적, 질적, 자연주의적 특징을 지닌다(Gage, 1989). 학교 기반 또는 교사주도 교육과정 개발에 대한 관심은 실증주의 패러다임에 도전하는 자연주의 패러다임의 등장과 함께, 교사 배제 교육과정(teacher-proof curriculum)을 거부하며 나타났다. 그것은 외부자에 의해 교과서와 학습 자료에 중점을 두던 교육과정 개발이 교육과정 개발자로서의 교사의 자율성에 중점을 두게 되었음을 의미한다.

둘째, 교사교육과정 개발 연구는 특정 상황에서의 구체적 숙고에 기초한 조치를 통해서만 수행될 수 있다는 의미에서 대단히 실제적이다(Schwab, 1970; Walker, 1992: 109). 교사교육과정 개발이 실제적 과업인 만큼 교사교육과정 개발 연구도 실제적이어야 한다. 교사교육과정을 개발하기 위한 연구는 교사에 의한 방향 설정 및 문제 규명, 잠정적 교육과정의 개발, 개발된 교육과정의 상황 구체적 적용, 그리고 적용을 통한 평가와 수정 및 해결 과정을 통해서 이루어진다. 교사교육과정 개발 연구는 어느 과정에서도 실제를 떠나 수행될 수 없다. 또한 교사교육과정 개발을 위한 최종 의사결정은 본질적으로 정치적 행위이고, 이러한 정치적 행위는 논쟁에 휘말릴 가능성이 매우 높다. 따라서 교사교육과정 개발 연구가 실효성을 갖기 위해서는 실제 상황에서 논란을 해소할 수 있는 설득력을 갖추어야 한다. 이처럼 교사교육과정 개발 연구는 탁상공론이나 이론적 탐구에 머무르지 않는 실제성을 갖추어야 한다.

그것은 곧 교사 자신이 자신의 교육과정 개발을 위해 교육 실천과 연구를 통합하는 실행연구가 수행되어야 함을 의미한다(Clandinin & Connelly, 1992: 374-378). 실행연구는 첫째, 개발 측면에서 사태나 상황 개선을 위한 실제적 지침을 도출한다. 이론적이라기보다 실제적이고, 언어적·추상적이라기보다 구체적·행동적이다. 둘째, 실행 측면에서는 사태나 상황을 개선하기 위한 구체적 행동을 수행한다. 자신의 문제를 자기 스스로 규정하고 자기 스스로 해결하는 자기주도적 특징을 지닌다. 셋째, 연구 측면에서는 교사에 대한 신뢰와 교사의 폭넓은 자율성에 기초하고, 교사는 오류 가능성을 인정하며 숙의를 통해 계속적인 자기 수정을 기하는 반성적 연구를 지향한다.

이러한 교사주도적이고 실제적인 실행연구는 레빈(Lewin)의 아이디어로부터 시작되었다. 레빈(1946)은 사업의 효율성 제고를 위한 산업 연구와 사회문제의 탐구 방법으로 실증주의 패러다임에 기초한 실행연구를 창안하였다(Glesne, 1999: 13; Noffke & Stevenson, 1995: 2-4). 실행연구는 행위자로서의 교육자 자신이 연구의 주체가 되어 자신의 행위를 개선하기 위해 체계적, 반성적으로 탐구하는 연구이다(Mertler, 2014/2015: 11-12). 달리 말하면, 실행연구는 교사 자신의 교육 행위에서 나타나는 긴장, 갈등, 모순에 대한 문제 인식에서 출발하여, 개선을 위한 아이디어를 구하고 이를 실행한 후 해결 여부를 확인한다. 그리고 문제가 해결될 때까지 이 과정을 반복한다. 레빈(1952)이 제시한 실행 연구 순환 과정에 의하면, 무슨 일이 일어나고 있는지에 대한 일반적인 아이디어를 발굴하고, 사전 탐색이나 사실 발견에 기초하여 1차 계획을 수립·실행·평가하고, 다시 수정된 계획을 수립·실행·평가하는 과정을 순환, 반복한다(Kemmis & McTaggart, 1988). 실행연구는 언제 끝날지 알 수 없는 연구이며 연구하는 내내 창의적일 것을 요구한다.

스텐하우스(1975)는 교사교육과정 개발을 위해 실행연구를 구체적으로 수행한 대표적 학자이다. 그는 '연구자로서의 교사' 개념을 제안하며 교사들이 중심이 되어 교육과정을 개발하는 교육과정 혁신 운동을 전개하였다(Clandinin & Connelly, 1992). 그는 외부 전문가 집단이 교육과정을 개발하고, 교사는 이를 계획된 대로 실행하며, 다시 외부 전문가 집단이 평가하는 타일러의 목표 모형에 기초한 교육과정 개발을 거부하였다. 대신에 인문학 교육과정 개발 프로젝트를 추진하며, 교사들이 실천의 장에서 교육과정을 개발하고, 이를 실행하고, 비판적 성찰과 자기 수정을 통해 개선안을 마련하는 과정 모형에 기초한 교육과정 개발을 주장하였다. 또한 그는 "교사전문성 교육은 교사가 자기 개발을 위한 기초로 자신의 교수(teaching)에 대해 체계적으로 질문하고 연구하는 헌신적인 노력과 기술, 그리고 이러한 기술을 사용하여 실제적 관점에서 이론에 대해 질문하고 시험해보는 데 대한 관심을 다루어야 한다."(Stenhouse, 1975: 144: McNiff & Whitehead(2006: 37)에서 재인용)고 주장하였다. 이처럼 그는 교육 실천가의 목소리가 존중되고 실행과 연구가 통합되는 실행연구를 강조하였다. 더불어 스텐하우스(1979: 7)는 이러한 실행연구가 연구이도록 하는 중요한 요인 중의 하나는 실행연구의 목적이 실천가들의 자기비판적인 공동체에서 체계적인 지식을 개발하는 데 있다고 주장하였다(Carr & Kemmis, 1986: 88).

이러한 실행연구와 관련하여, 엘리어트(Elliott, 1991)는 스텐하우스와 함께 '연구자로서의 교사' 운동에 참여한 경험을 다음과 같이 말한다.

> 교육과정 이론은 특정의 교육과정 실제와 무관하게 생성되고 시험되었다. 그리고 그 특정의 교육과정 실제 또한 교육과정 이론과 무관하게 도출되었다. 교육과정 실제는 이론을 생성하고 시험하는 수단이 되었다. 실제는 시험할 가설이 되었다. 그래서 우리는 동료로서의 책임 의식을 가지고, 교육과정 실제의 효과에 대한 경험적 자료를 수집하고, 그 자료는 우리의 이론화에 대한 근거로 사용하였다. 우리는 그것을 실행연구는커녕 연구라고도 부르지 않았다. 이에 대한 정교화는 학계가 학교의 변화에 대응하면서 훨씬 더 나중에 나타났다(Elliott, 1991: 8: Anderson, Herr, & Nihlen(1994: 14)에서 재인용).

실행연구 주창자들은 기술적 합리성을 증진하는 전통적인 개혁과 비교할 때, 교사 자신을 해방자로 간주한다. 실행연구자로서의 교사는 중앙집권적인 하향식 통제에 반하여 분권적인 자율성을 강조하며 교실 전투에서 주도권을 쟁취하고자 한다. 그러나 "바닷속은 고요한데 해수면에는 돌풍이 일어나는 것과 다를 바 없다."는 쿠반(Cuban, 1976)의 오래된 메타포는 여전히 오늘날의 교육 현실을 대변해 주고 있다(Clandinin & Connelly, 1992: 376-377). 교육과정 개발자로서의 교사에게 필수적 수단인 실행연구는 거의 관심을 받지 못하고 있다 해도 과언이 아닐 것이다.

이처럼 실행연구는 꽤 긴 역사를 가지고 있고 많은 학자들에 의해서 강조되어 왔음에도 불구하고 아직 의미 있는 연구방법으로 인식되지는 않고 있다. 이 점에서 헨센(Hensen, 1996)이 제기한 교사연구에 대한 경시 풍조, 교사의 연구 시간 부족, 교사교육에서의 연구 방법 학습 부족, 그리고 연구 경험 부족에 따른 교사의 자신감 결핍과 같은 실행연구의 장애요인은 아직도 여전히 극복해야 할 과제로 남아 있다.

다행히도 최근 들어 실행연구의 의미를 담는 학습 공동체와 연구 문화 조성을 위한 노력이 강조되고 있다. 서울특별시교육청교육연구정보원(2021)은 동료 교사

간에 협력과 소통의 문화를 형성하고, 이에 기반한 '교원학습 공동체' 운영을 통해 공동체가 인식하는 문제를 함께 연구하고(공동연구), 공동연구 내용을 적용하여 구안한 수업을 실천하며(공동실천), 수업 실천 소감을 공유하고 피드백을 제공(나눔)할 것을 제안한다. 이것은 곧 실행연구 차원에서, 교육과정 실천의 장인 수업을 나눔으로써 교사교육과정을 돌아보며 지속적으로 성장해 갈 것을 강조하는 의미로 이해할 수 있다. 또한 전라북도교육청(2023)도 교육과정 연수, 워크숍, 전문적 학습 공동체 등에 적극적으로 참여함으로써 교사 전문성뿐만 아니라 교사교육과정의 질을 제고할 것을 제안한다는 점에 주목할 필요가 있다.

교사교육과정 개발 연구를 위해서는 실행연구가 가장 유용한 방법으로 제안되고 있다. 학문적 측면에서, 교사교육과정 개발 연구는 교사의 자율성에 기반하여 교사주도적으로 수행되어야 하고 특정 상황에서 실제적 행위를 통해서 이루어져야 하는 것으로 규정된다. 그것은 곧 교육과정의 개발과 실천과 연구가 통합된 실행연구가 수행되어야 함을 의미한다. 또한 국가나 지역 교육청 차원에서도 실행연구에 준하는 학습 공동체와 연구 문화 조성에 주의를 기울여 왔다. 다만, 실제적 차원에서는 거의 관심의 대상이 되지 못하고 있다는 데에 한계가 있다고 볼 수 있다.

논의 및 결어

무엇보다도
전문성에 입각한 교육과정을 운영하는 '자율적인' 전문가로서
스스로에게 물어보자.

나(교사)는 나(교사)의 교육과정을 가지고 있는가?
내가 갖고 있는 교사교육과정은 어떤 모습인가?
(서울특별시교육청교육연구정보원, 2021: 33)

이 연구는 제6차 교육과정 이래 교육과정의 분권화와 자율화 정책이 지속되어 왔음에도 불구하고, 교사교육과정이 공식적인 이름으로 자리매김하지 못하고, 교

사교육과정의 개발과 실천도 충분히 인정받지 못하며, 교사교육과정에 대한 체계적인 논의도 이루어지고 있지 않는 등 교사교육과정 개념에 대한 성찰과 재정립이 요구된다는 문제 인식에서 출발하였다. 이에 본 연구는 문헌연구에 기초한 학계, 정책 당국, 현장 교사의 목소리를 통해 교사교육과정에 관한 인식과 정의 및 성격, 교사교육과정의 개발 방법과 내용, 교사교육과정의 연구 방법을 중심으로 교사교육과정을 비판적으로 성찰하고, 이를 통해 교사교육과정에 관한 공론의 장을 활성화하고 교사교육과정 개발과 실천 및 연구를 위한 방향을 제시하는 데 목적을 두었다.

교사교육과정이 무엇인가는 교사교육과정의 존재에 대한 인식의 차이에서 비롯되며, 하나의 합일된 공식적 개념으로 존재하지는 않는다. 학문의 세계나 교사의 관점에서는 교사교육과정이 매우 중요하게 인식되고 있지만, 국가교육과정에서는 용어 사용 자체를 회피하고, 지역교육과정에서는 소수의 교육청만이 존재를 인정하며 정의를 제공하는 차이를 보인다. 교사교육과정의 존재를 인정하는 입장에서는, 대체로 교사교육과정을 교사가 중심이 되어 학생들과 함께 국가와 지역과 학교가 갖춰야 할 공통성과 교실이 지니는 다양성을 균형감 있게 반영하며 자율적으로 만들어가는 교육과정이라는 데에 동의한다. 그리고 이러한 교사교육과정의 가장 본질적인 성격은 교사가 교육과정 개발의 주체로서 자율성을 지니고 있다는 것이다. 그러나 학문적 논의와 정책적 입장에서는 교육과정에 대한 교사의 자율성 확대를 강조해 온 반면에 교사들은 제한적 자율성에 그치고 있다고 부정적 입장을 보이고 있다.

교사교육과정 개발 방법은 목표 모형과 과정 모형으로 대별할 수 있고, 우리나라에서는 정책적 측면에서 대체로 성취기준을 중심으로 한 목표 모형을 채택하고 있다. 물론 학계와 일부 교육청에서는 과정 모형에 해당하는 유연한 교육과정 설계를 주장하기도 한다. 교사교육과정의 내용과 관련해서는 학생의 삶과 관련된 쟁점이 가장 공통적으로 강조된다. 학교교육에서 다룰 일반적인 교육과정 내용은 교육과정에 관한 관점에 따라 다를 수 있지만, 교사교육과정의 차원에서 학자들과 교사들은 학생들의 삶과 연계된 관심사나 쟁점을 가장 핵심적인 내용으로 제안한다. 그러나 국가와 지역 교육청은 어떤 특정 관점을 취하기보다는 국가교육과정이 제시하는 내용 체계와 성취기준에 근거하여 가르칠 것을 명시하고 있다.

　교사교육과정의 연구 방법으로는 실행연구가 가장 의미 있는 방법으로 제안된다. 교사교육과정 개발 연구는 교사의 자율성에 기반하여 교사주도적으로 수행되고 구체적 상황에서 실제적 행위를 통해서 가능하다는 점에서, 학계에서는 교육과정의 개발과 실천과 연구가 통합된 실행연구를 강조해 왔다. 또한 국가나 지역 교육청 차원에서도 실행연구의 의미를 담고 있는 학습 공동체와 연구 문화 조성에 주의를 기울여 왔다. 그러나 정작 연구 주체인 교사들에게 있어서는 실행연구가 관심과 시도의 대상이 되지 못하고 있는 실정이다.

　이러한 교사교육과정 논의에 대한 비판적 성찰은 다음과 같은 시사점을 제공한다. 첫째, 무엇보다 교사에 대한 믿음과 존중의 문화가 선행되어야 할 것이다. 교사를 개혁과 평가의 대상으로만 바라보는 오만한 우월적 자세를 버려야 할 것이다. 교사에게 교육과정 개발을 맡기는 것은 과도한 신임이자 무망한 권한 부여라고 생각하는 기우 또한 사라져야 할 것이다. 그리고 교육과정에 대한 교사의 자율성을 입에 발린 말로 내뱉어 왔다면 이제 그만 진정성을 담아야 할 것이다. 보비트, 타일러, 슈왑, 워커, 스텐하우스 등 많은 학자들은 교사가 교육과정 개발과 운영의 주체이며 자율성을 발휘할 수 있어야 한다고 강조해 왔다. 그들의 주장이 진정 실천가인 교사에게 도움이 되기를 원했다. 어느 누구도 교육의 질은 결국 교사에 의해 좌우됨을 부정할 수 없을 것이다. 교사를 믿지 못하고 외부자가 강제하고 감시하며 통제하는 상황에서 결코 좋은 교육을 기대할 수는 없을 것이다. 교사가 수동적이고 종속적이고 의존적일 수밖에 없다는 위계적 인식에서 벗어나야 한다. 그러나 인식 변화에 대한 호소에는 한계가 있는 것처럼, 국가와 국가교육과정이 정책적, 제도적 측면에서 교사 존중의 모델로서의 역할을 강화해야 할 것이다. 그리고 이를 바탕으로 교육행위에 대한 교사의 주체성과 교육과정의 최종적 의사결정자로서의 교사에 대한 강한 믿음과 존중의 문화를 조성해 나가야 할 것이다.

　둘째, 교사교육과정의 존재에 대한 인정과 공론화가 이루어져야 할 것이다. 보비트 이래 수많은 학자들이 제안하고 논쟁을 벌여 왔던 교육과정은 결국 교사교육과정에 해당한다. 그러나 우리나라의 경우, 교사교육과정이라는 용어가 국가교육과정에서 공식적으로 개념화되고 있지 않다. 다행히 몇몇 교육청에서 '교사교육과정'이라는 용어를 명시적으로 사용하며 교사와 학교의 교육과정 개발권의 확대를 시도하고 있다는 사실은 매우 고무적이라고 할 수 있겠다. 어찌 보면, 교사교육과정에 대한 불인정은 교실에서 교사가 학생들과 함께 가르치고 배우는 내용을 부정하는 것과 다를 바 없다. 존재하는 것을 인정하지 않는 우를 범해서는 안 될 것이다. 더구나 국가교육과정이 인정하지 않는 범위의 교육과정 자율성은 지역, 학교, 교사 교육과정에서 구현하기 힘들 것이다. 교육정책적 측면에서 국가교육과정에 교사교육과정 개념을 명문화하고, 오랫동안 추진해 온 교육과정의 자율성 강화를 위해 교사의 주체성과 자율성 및 이를 실질적으로 보장할 수 있는 구체적 방안을 명시해야 할 것이다. 또한 '교사교육과정'을 주제로 하는 학술대회 등을 통해 교사교육과정의 존재를 공론장에 드러내고 학문적 논의를 활성화하며, 개발과 운영 및 연구 역량을 강화하도록 지원을 아끼지 않아야 할 것이다.

셋째, 교사교육과정은 과정 모형을 통해 만들어가는 교육과정을 지향할 수 있을 것이다. 국가, 지역, 학교 교육과정은 이미 존재하는 만들어진 교육과정이지만, 교사교육과정은 만들어져가는 교육과정이다. 그것은 벤-페레즈(Ben-Peretz, 1990/2014)에 의하면, '교육과정 가능성'으로서 교사는 교육과정 개발 및 구성에 대한 자율성을 통해 유연하고 창의적인 교육과정을 개발할 수 있어야 한다는 것이다. 즉, 교육과정 개발을 위한 과정 모형을 근간으로 하여 유연성 있는 교육과정이 개발되어야 함을 의미한다. 많은 학자들도 교육청도 교사도 이러한 유연한 교육과정을 지지해 왔다. 이를 위해서는 목표 없이 수업을 시작하고, 수업 과정에서 목표를 정립해가고, 정해진 목표도 언제든지 변경 가능해야 한다. 이 같은 교육과정의 자율화 논의에서 논쟁의 중심에 있는 것은 성취기준이다. 한편에서는 성취기준을 통해 교사가 가르쳐야 할 내용을 분명하게 규정하는 것이 교사의 자율성 발휘를 위해 도움이 된다고 보는가 하면, 다른 한편에서는 성취기준이 도달해야 할 기준이자 가르쳐야 할 내용의 모든 것이라는 인식에 얽매여 교사의 자율성을 제한한다는 우려도 있다(정윤리·임재일, 2021: 11). 과정 모형의 실행을 위해서는 성취기준 활용 방안의 실용성을 제고할 필요가 있다.

넷째, 이 점에서 성취기준의 성격과 구체화 수준에 대한 재조명이 요구된다. 성취기준을 예시나 권고 사항으로 규정하거나 필수와 선택으로 구분하는 등 교사의 교육과정에 관한 자율성을 강화할 수 있는 방안을 고려해 볼 수 있을 것이다(정윤리·임재일, 2021: 17). 국가교육과정을 활용할 때에도, 교사가 지나치게 세세한 사항이나 성취기준에 의해서 자율성을 침해받아서도 안 될 것이다. 교사는 기준 도달에 대한 의무감으로 인해 수동적 자세를 취할 우려가 있고, 보다 충실하고 만족스런 수행을 위해 더욱 명료하고 구체적인 성취기준을 요구하게 될지도 모른다. 더욱 타율화될 수 있음을 의미한다. 또한 성취기준의 활용, 재구조화, 개발도 강제적인 하나의 걸림돌로 작용해서는 안 될 것이다. 교사의 자율성에 기초한 유연한 교육과정 개발을 지향해야 할 것이다. 그렇다고 이것들이 국가, 지역, 학교 교육과정을 도외시하며 교사의 임의적 교육과정이 인정되어야 한다는 것이 아님은 두말할 나위가 없을 것이다.

다섯째, 교사교육과정 개발 내용은 학생들의 관심사와 쟁점을 중심으로 구성할 수 있을 것이다. 여러 학자들의 교육과정 개발 모형은 어느 것도 목표와 내용의 실체를 제시하지는 않았다. 아마도 내용을 정해서 제시했다면, 그것은 이미 교사교육과정이 아니었을 것이다. 그러나 학자들이 교사교육과정 차원에서 제안하는 교육 내용은 사회적 쟁점에 강조점을 두고 있다. 특히 사회과교육이나 시민교육 분야에서 교사교육과정 내용 구성에 주는 시사점이 매우 크다고 하겠다. 이를테면, 빈의 경우는 교사와 학생들이 함께 찾은 중요한 문제와 쟁점을 중심으로 교육과정을 조직할 것을 제안하고, 스텐하우스는 사회적 상황 및 인간 행위와 관련된 쟁점을 중심으로 교육과정을 구성할 것을 제안한다. 교육과정의 내용은 교육과정에 대해 어떤 관점을 취하느냐에 따라 달라질 수 있다. 또한 교사교육과정이 어떤 내용에 중점을 두느냐는 자율권을 가지고 교육과정을 개발하는 교사의 철학과 이론, 경험과 상황에 따라 무수히 다양한 모습을 보일 것이다. 그러나 교사교육과정은 무엇보다 교실 상황에서 학생들과 함께 실제적으로 다루는 교육과정이고 마땅히 학생들의 삶과 행복을 지향해야 한다는 점에서, 학생들의 관심사와 삶의 문제에 초점을 두는 것은 충분히 의미 있는 제안이라고 할 수 있다(노경주·강대현, 2018).

여섯째, 교사교육과정의 개발을 위한 교사전문성 제고를 위해 실행연구 역량을 강화해야 할 것이다. 교사 전문성 제고는 교사교육과정의 질 제고를 위한 최우선 과제이고, 교사 전문성 제고의 핵심에는 실행연구가 있다는 점을 고려할 때, 학계와 교육 관련 기관은 실행연구에 대한 관심과 지원을 강화해야 할 것이다. 더불어 교사교육과정 연구와 개발에 있어서 교사 중심성을 인정하고, 교육과정 전문가로서의 교사의 권한을 강화하고, 반성적 실천가로서의 교사를 격려하며 실행연구를 활성화해야 할 것이다. 한편 교사는 교육과정 개발에 대한 어느 접근이나 모형도 만병통치약처럼 작용하지는 않는다는 점에 유의해야 할 것이다. 실행연구를 통해 접근이나 모형에 대한 비판적 성찰에 기초하여 실제를 들여다보고 개선해가는 노력이 요구된다. 또한 교사교육과정을 개발하는 연구 과정에서 교사는 자신의 교육 행위에 대해 비판하고 성찰하는 자세를 유지해야 할 것이다. 교육과정 개발은 반성에 기초한 숙의(deliberation)의 과정임에 주목해야 한다는 것이다(McCutcheon, 1995; Schwab, 1970; Walker, 1971, 1990). 그리고 무엇보다 중요하게도, 교사는 인생으로부터, 교육, 교사, 학생, 교육과정 등에 대한 자신의 철학과 신념 또는 이론을 정립해야 할 것이다(노경주, 2012, 2018a). 교사교육과정에 교사의 관점이 담기지 않는다면 교육과정 개발자로서의 교사의 존재가 의미 없으며 교사교육과정이라고 할 수도 없을 것이다. 나아가 혼자만의 연구가 아니라 교사공동체에서 서로의 교육과정을 공유하며 지속적으로 소통하고 함께 성장해가는 자세를 유지할 것이 요구된다(서경혜, 2019).

일곱째, 교사교육과정 개념을 넘어 '교사-학생교육과정' 개념의 도입을 고려할 수 있을 것이다. 교사교육과정의 개념적 이해와 공론화 그리고 실제적 연구를 강조하는 논의의 장에서 너무 앞서가는 이른 제언이라고 할 수도 있을 것이다. 그러나 교육과정은 교사의 지도하에 학생들이 갖게 되는 모든 경험이라고 정의될 수 있는 만큼, 교육과정은 교사와 학생을 떠나 규정될 수 없다. 또한 교육과정의 수행 단계에 따르면, 교육과정은 계획된 교육과정, 실행된 교육과정, 학습된 교육과정으로 유형화되기도 한다. 여기에서 계획된 및 실행된 교육과정은 교사교육과정에 해당하고, 학습된 교육과정은 학생교육과정이라고 할 수도 있을 것이다. 나아가 본 연구에서는 교사교육과정을 교사가 중심이 되어 자율적으로 학생들과 함께 협력을 통해 만들어가는 교육과정이라고 정의한다. 교사교육과정 개념에는 이미 학생의 참여가 전제되어 있고, 교사교육과정의 내용 개발에는 교사와 학생이 함께 선택하고 조정하고 창조하는 과정이 담겨 있다. 정윤리·임재일(2021)의 경우에는 교사교육과정에서 학생교육과정으로 확장할 것을 주장하기도 한다. 그러나 교사교육과정이 학생의 참여와 협력으로 만들어지는 것이라면 굳이 교사교육과정과 학생교육과정을 구분짓기보다는 교실 현장에서의 교육과정을 '교사-학생교육과정'으로 개념화하는 것도 가능할 것이다.

끝으로, 이 연구는 교사교육과정의 개발에 관한 실제적인 연구를 후속 연구 과제로 설정한다. 이 연구를 통해서 논의한 교사교육과정의 개념과 교사교육과정 개발과 실천 및 연구를 위한 방향 제시에 기초하여 사회과교육 차원에서 실행연구를 수행할 것이 기대된다. 여기에서 과정 모형과 쟁점중심교육은 연구의 핵심 견인차가 될 것이다. 연구 결과는 이 연구에서 논의한 교사교육과정의 개념과 제언에 대한 피드백을 제공하며 재계획된 실행연구를 촉구하게 될 것이다. 그리고 이 과정은 끝없이 반복되지 않을까 싶다.

Ⅲ부

교사 신념과 실행연구

방탄소년단의 노래를 떠올리며

저는 올해도
기꺼이 멍청이 달리기를 할 준비를 하고 있어요.
먹이를 찾는 개미처럼 단 한 번에 실을 찾지 못해
헤맬 테지만, 바닷속 커다란 고래처럼 저의 헤르츠를
믿고 천천히 나아갈 겁니다. (김지연, 2024년 1학기
춘천교육대학교 '사회문제와 사회과교육' 특강에서)

실행연구의 실제
숙의하는 수업을 위한 실행연구

좋은 사회과 수업으로서 '숙의하는 수업'을 위한 실행연구:
교사 신념과 수업 실제의 정교화

김지연(태백 상장초)[1]

목 차

---

[1] 2024년 5월 현재 원주 버들초등학교

좋은 수업은 이미 정해져 있다기보다 교실에서 교사 스스로가 반성하고 개선해나가는 과정에서 비롯된다. 이러한 관점에서 본 연구는 좋은 사회과 수업은 '숙의하는 수업'이라는 나의 신념에서 출발하여, 그 신념이 실제 수업에서 어떻게 실현되고 있으며 실현되지 않는다면 무엇이 문제인지 찾고 개선해나가는 것에 목적을 둔 실행연구이다. 출발점에서 막연하게 가지고 있던 좋은 사회과 수업으로서 '숙의하는 수업'이라는 신념은 수업 실행과 반성을 통해 네 가지의 구체적 실천원리와 열한 가지의 기법을 지니고 있는 신념으로 정교화 되었다. 또한 나의 신념, 수업, 학습은 서로에게 영향을 주면서 발전해나갔다. 결국, 교사가 수업 개선의 중심이 되어 스스로 노력하며 만들어 가는 수업은 나 자신에게도 교직의 만족감과 행복감을 주었다. 좋은 수업을 과정으로 인식하는 관점은 수업을 통해 행복해지는 교사의 성장이라는 새로운 아이디어를 제공할 수 있을 것이다.

주요어: 좋은 사회과 수업, 교사 신념, 숙의하는 수업, 실행연구

Ⅰ. 들어가며

1. 연구 배경과 목적

'좋은 수업은 무엇일까?'라는 질문과 고민 속에는 교사로서 내가 생각하는 좋은 수업과 보편적으로 인식되는 이상향으로서의 좋은 수업의 모습이 공존한다. 교사로서 보편적으로 좋은 수업의 모습을 배우고 익히며 성장해 왔고, 그 가치가 암묵적으로 체득되었기 때문이다. 그리고 경험을 통해 보편적으로 좋은 수업의 조건 중 일부가 진화하면서 내가 좋은 수업이라고 여기는 수업의 전형이 생겨난다. 이 수업의 전형은 아이들, 상황, 과목 등의 여러 맥락에 따라 다른 모습을 띤다. 중요한 것은 이러한 수업 전형의 진화와 발전이 교사의 성장을 전제한다는 것이다. 이러한 맥락에서 교사 스스로가 교육 현장의 문제를 발견하고 전문가들의 조언을 얻어 수업을 개선해 나가도록 돕는 수업 컨설팅, 수업을 하나의 예술작품으로 보고 다양한 시선으로 바라보며 의미를 재구성해나가는 수업비평, 교사의 반성적 사고를 바탕으로 수업을 개선해나가는 실행연구 등이 강조되고 있다(김순희, 2009).

나는 좋은 사회과 수업에 관한 탐구를 나의 신념에 비추어 수행하고자 한다. 노경주(2009a, p. 336)는 "한 교사의 교육 활동은 그의 인생 경험에 근거한 개인적 신념 체계와 그의 교육 및 교직 경험으로부터 정립된 실제적 신념 체계의 영향을 받으며 이 신념 체계는 그 교사의 이론으로 작용한다고 가정된다."고 하였다. 그는 나아가 "교사의 개인적 실제적 이론은 '교사 자신의 경험을 통해 형성되고 언어나 행위로 표현되며 교육 행위의 원천으로 작용하는 교사의 개인적 실제적 앎과 믿음'을 의미한다."고 주장하였다(노경주, 2012, p. 422). 즉, 모든 교육 행위는 교사의 신념에 기반한다. 국내에서 교사 신념과 실제 수업과의 관계에 관한 연구는 그동안 많이 이루어져왔지만 주로 교사 신념을 설문지나 면담을 통해 유형화하여 교수 실제와의 관계를 살펴보는 형태의 연구(고민석·김은애·허진미·양일호, 2013; 박기용·조자경, 2010; 안영돈·임희준, 2014; 오상철, 2009; 이소연, 2012; 임해경·추신해·김정은, 2010; 조인진, 2005; 최진영·이경진, 2007)가 수행되어 왔다. 그러나 이러한 연구들은 신념을 가진 수업 주체로서의 나의 이야기가 아니라 외부자의 시선에서 이해되고 해석된 산출물에 그치고 있다. 외부의 연구자가 교사 신념을 면담이나 설문지로 구분하여 판단하고 이를 교수 실제와 비교하고 있기 때문이다. 연구자들에 의해 유형화된 신념을 넘어서서 교사 스스로가 가지고 있는 좋은 사회과 수업에 관한 신념이 실제 수업과 어떻게 상호작용하고 발전하는지에 관한 연구는 부족한 편이다. 따라서 실제 수업에서 교사 스스로가 자신의 신념에 관한 반성을 기초로 수업을 개선해나가는 과정을 살펴볼 필요가 있다.

이러한 점에서 본 연구는 좋은 사회과 수업에 관한 나의 신념이 실제 수업에서 어떻게 실천되고 있는가를 반성적으로 탐구하며, 궁극적으로는 이러한 신념의 정교화 과정을 통해 좋은 사회과 수업을 만드는 데 목적을 둔다. 이를 위해 설정한 연구문제는 다음과 같다.

첫째, 좋은 사회과 수업은 '숙의하는 수업'이라는 나의 신념의 내용은 무엇이고 왜, 어떻게 형성되었는가?

둘째, 좋은 사회과 수업은 '숙의하는 수업'이라는 나의 신념이 반성적 수업을 통해 어떻게 정교화되어 가는가?

셋째, 좋은 사회과 수업은 '숙의하는 수업'이라는 나의 신념의 정교화는 수업과 학생들의 학습에 어떤 영향을 미치는가?

2. 연구 방법

이와 같은 연구 문제를 해결하기 위해 실행연구를 선택하였다. Kemmis와 McTaggart(1988, p. 5)은 실행연구를 "어떤 사회적 상황에 놓인 사람들에 의해 수행되는 집단적인 자기 반성 연구이며, 이것은 그들의 사회적, 교육적 실천의 합리성과 정당성을 증진시키고, 이러한 실천과 실천이 수행되는 상황을 이해하도록 하기 위한 것"이고, 교사들에게는 이론과 실제를 하나로 연결시켜주는 연구방법이라고 하였다. 또한 Mills(2003, p. 28)는 실행연구를 "교수·학습 상황에서 교사 연구자, 교장, 장학사, 그 밖의 관련 인사가 학교가 어떻게 돌아가는지, 그들이 어떻게 가르치는지, 그리고 학생들이 얼마나 잘 배우는지에 관한 정보를 수집하기 위해 행하는 모든 체계적인 탐구활동"이라고 정의한다. 그리고 교육 주체로서의 교사의 반성을 통해 교육현장을 바꾸고 개선할 수 있으며 궁극적으로 학생들의 삶을 향상시키는 교육적 변화를 주된 목적으로 삼는다고 주장한다.

이런 견해를 종합해보면 실행연구는 실제적인 수업 현상을 탐구하고, 교사의 성찰과 반성을 기반으로 하며, 현재의 문제를 해결하고 더 나아지도록 하는 데 목적을 둔다. 특히 반성은 실행연구과정의 핵심적 역할을 하며, 새로운 문제의 발견과 실행의 원동력이 된다. Mertler(2014, p. 43)는 "자신이 현재 하고 있는 것과 그것을 하기로 결정한 이유, 그리고 그것의 효과를 비판적으로 탐색하는 행위"를 반성으로 보았다. 이처럼 실행연구는 일상의 수업을 텍스트로 삼아 반성을 통해 역동적 변화를 추구하므로, '수업을 하는 교사로서의 나'와 '그러한 나를 반성적으로 연구하는 연구자로서의 나'가 함께 존재하고 서로에게 영향을 주는 인과관계로 작용하며 발전한다. 이는 교사가 교육의 문제를 인식하고 해결 방법을 찾아 실천하는 자연스러운 사고의 과정이 연구에 담긴다는 뜻이며, 교육현장의 논의를 보다 선명하고 생생하게 교사의 입장에서 들려준다는 장점이 있다. 본 연구는 좋은 수업은 이미 정해져 있다기보다 교실에서 교사 스스로가 반성하고 개선해나가는 과정에서 비롯된다고 가정한다. 따라서 나는 실행연구를 통해 연구자이자 연구 반응자로서 나의 신념과 수업에 관한 반성을 기초로 신념을 정교화하고 수업을 개선함으로써 좋은 사회과 수업을 만들어 보고자 한다.

나는 실행연구의 여러 가지 모형 중 Kemmis의 모형을 활용하였다. Kemmis 모형은 검토, 계획, 최초 실행 단계, 검토, 반성, 재고, 그리고 평가 단계로 구성된다 (Mills, 2003, p. 46). 본 연구는 이러한 Kemmis의 실행연구과정에 기초하여 〔그림 Ⅰ-1〕과 같이 설계되었다.

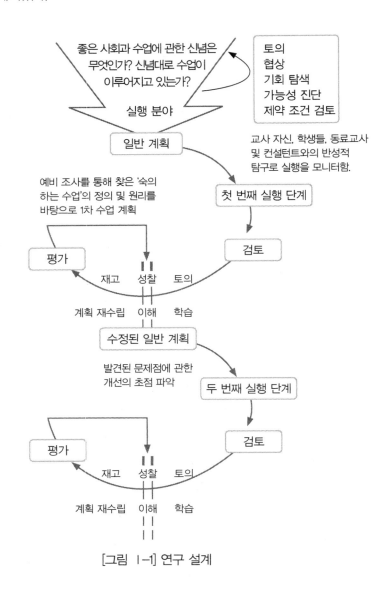

[그림 Ⅰ-1] 연구 설계

본 연구는 강원도 ○○군 하늘초등학교에서 수행되었다.[2] 연구자이자 연구반 응자인 나는 6학년을 담임하고 있는 교직 경력 11년차의 교사로 아이들이 깊이 생각하고 탐구하며 스스로 깨닫는 사회과 수업이 되었으면 하지만, 실제 수업에서는 교과서에 나오는 명제적 지식을 반복적으로 전달하거나 정답을 요구하는 질문들을 던지고 있었다. 아이들이 궁금해 하는 문제를 통해 생각에 빠지는 시간을 주기보다 이미 내려진 결론을 설명하고 있는 모습이 반복되었다. 좋은 사회과 수업에 관한 신념이 있지만 그 신념대로 수업을 하지 못하는 이유는 무엇인가, 그리고 그 신념은 합당한가, 신념대로 수업을 하기 위해서는 어떻게 해야 하는가와 같은 문제를 살피고 개선하고자 한다.

우리 반 아이들은 총 24명으로 기본적인 학습태도가 잘 이루어져 있으나 자신의 의견을 적극적으로 표현하는 것이 다소 부족한 편이었다. 하늘초등학교는 강원도형 혁신학교로서 교내 교사 동아리 활동과 수업컨설팅에 적극적인 지지를 보내주었다. 나의 수업을 지켜보고 가장 가까운 곳에서 조언을 준 것은 교내 협동학습 동아리에 소속되어 있는 동학년 교사 세 명과 지도교수, 지도교수가 추천한 6명의 컨설턴트이다.[3] 그들은 내가 고민하는 문제에 관해 깊이 이해하려 하였고, 본인의 현장 경험에 기초하여 내가 인식하지 못했던 문제점을 찾아 적극적으로 의견을 제시해주었다.

연구는 예비조사와 두 번의 수업 실행으로 이루어졌다. 자료원에 의한 삼각검증(triangulation)을 위해 연구자이자 연구반응자로서의 나, 아이들, 동료교사 및 컨설턴트와 함께 이 연구를 수행하였으며 방법론적 삼각검증으로 수업의 관찰, 아이들·동료교사·컨설턴트와의 면담과 토의, 수업안, 비디오카메라로 녹화된 수업 동영상, 녹음기를 활용한 수업 전사본 기록과 수업반성 일지 등과 같은 문서 수집을 활용하여 다양한 자료 생성을 시도하였다.

나는 이렇게 수집된 자료에서 '숙의하는 수업'이라는 신념과 관련하여 중요하다

---

[2] 연구에 참여한 모든 아이들, 동료교사, 컨설턴트의 개인정보 보호를 위해 가명을 사용했으며, 학교 이름 역시 "하늘초등학교"라는 가명을 사용했다.

[3] 연구에 참여한 동료교사는 동학년이었던 박하늘(교직 15년차), 권바람(교직 11년차), 이바다(교직 7년차) 교사였으며, 컨설턴트는 지도교수, 최풀잎 교감, 이꽃잎 장학사, 이가람 연구사, 한산들 교감, 신구름 교감, 홍사랑 교수였다. 두 차례의 수업 실행은 컨설팅의 형태로 이루어졌다.

고 여겨지는 내용을 표시하고 요약하였다. 그리고 전사한 자료를 반복적으로 읽으면서 비슷하거나 반복되는 것, 관련성이 있는 것끼리 묶은 후 코드화하였다. 또한 구성원 검토(member checking)를 통해 자료의 해석이 적절한지 아이들, 동료 교사, 컨설턴트의 확인을 거친 후 '숙의하는 수업'의 속성, 실천원리, 기법을 최종적으로 도출하였다. 그리고 연구 타당도를 높이기 위해 연구에 참여한 동료 교사 3인의 검토와 질적 연구 전문가 1인의 논의를 반영하여 수정·보완하였다.

연구 단계별 시기, 목적, 수업 주제는 〈표 Ⅰ-1〉과 같다.

〈표 Ⅰ-1〉 연구 단계별 시기, 목적, 내용

연구단계	단계별 연구목적	수업 주제
예비조사 (2012.5～ 2012.7)	일상의 수업 속에서 숙의의 의미 찾기(숙의 정의, 속성, 원리의 발견)	• 경제활동에서의 자유와 경쟁의 의미 생각하기 • 무역놀이 후 궁금증 탐구하기
1차 수업 실행 (2012.9.20)	예비조사에서 발견한 숙의의 의미를 담는 수업실행	• 상황에 따른 인권의 의미 찾기
2차 실행 사전수업 (2012.10.11)	2차 수업 실행에 앞서 새로운 수업 형태에 관한 성찰과 반성	• 문화를 통해 자연환경 이해하기
2차 수업 실행 (2012.10.31)	1차 수업 실행 및 사전 수업의 반성을 통한 수업실행	• 아시아 화폐를 통해 자연환경과 인문환경 알아보기

Ⅱ. 연구 출발점에서의 나의 신념과 수업

1. 나의 신념: 좋은 사회과 수업은 '숙의하는 수업'

나는 사회과 수업을 하면서 교과서에 나오는 핵심 개념을 능숙하게 외우고 단답형의 시험을 통해 지식만 확인하는 사회과 수업이 공허하게 느껴졌다. 아이들은 외워야 할 것들이 너무 많음에 괴로워했고 사회과라는 교과를 자신의 삶과 관련짓지 못하고 있었다. 그러다 보니 아이들에게는 가장 지루하고 난해한 교과였던 것이다. 나는 사회라는 교과가 우리의 삶에 관한 이야기를 다루는 것이라고 생각했고 따라서 단편적인 지식이나 개념의 암기보다는 깊이 있는 이해와 탐구, 대화와 토론이 필요하다고 생각했다. 그래서 어떠한 문제에 관해 표면적으로 알고 넘어가는 것이 아니라 그것에 관해 깊게 생각하고 이야기하는 것이 중요하다고 생각했다. 그것이 내가 생각한 '숙의'였다. 그런데 실제 수업에서는 '어떻게 하면 깊게 생각하고 아이들이 이야기할 수 있을까?' 하는 의문이 맴돌다가도 '다른 반과 진도를 맞추어야지.', '개념을 확실히 아는 것이 중요해.'하는 생각에 나의 의문은 뒷전으로 밀려났다. 그러다 보니 수업을 마쳐도 뿌듯하고 개운한 마음보다 뭔가 불편하고 불쾌한 기분이 들었다.

> 깊게 생각하는 것
> 생각은 만들어진다.
> 공론장을 통한 생각의 유연화
>
> (120207-휴대폰 저장매체의 메모)

이처럼 연구 출발점에서 나는 '숙의'라는 낱말을 '깊게 생각하는 것'과 숙의 민주주의에서 다루어지는 '공통의 관심사에 대해 이해하고 토론하는 것' 정도로 이해하고 있었다. 종합해보면 '사회과 수업은 함께 이해하고 토론하면서 깊게 생각할 수 있어야 해.' 정도의 막연하고 단순한 신념이었다.

2. '숙의하는 수업'의 의미 찾기

'숙의'에 관한 이론이나 선행연구들은 크게 세 가지로 분류할 수 있었다.

첫 번째로는 숙의를 사고력에 관한 하나의 특성으로 보고 수업을 이해하려는 연구들이었다. Newman(1991)은 수업에서 교실 내 구성원 모두가 깊은 사고의 과정을 통해 의견 교환을 하는 과정을 강조하며, 교실 사고력(classroom thoughtfulness) 지표를 제시하였다. 한편, 노경주(2009b)는 탐구의 공동체가 '고등 사고를 지향하는 호기심 어리고 숙고하며 협력적인 집단'이라고 개념화하고 호기심, 민감성, 참여, 간주관성, 도전성, 숙의, 합리성, 창의성, 관용, 모범의 10가지 목표를 제안하였는데 이 중 숙의는 한 가지 지표로서 학생들이 생각할 적절한 시간을 갖도록 격려하는 것으로 정의하였다.

두 번째로는 Walker나 Schwab의 주장에서 나타나는 것처럼 교육과정 개발자들이 교육과정을 구성할 때 거치는 과정에 관한 연구들이었다. 여기에서는 교육과정 개발자들이 갖고 있는 학교, 학습, 교실, 사회 등에 관해 갖고 있는 막연한 신념과 좋은 교육의 내용과 방법들에 관한 막연한 관념들을 바탕으로, 여러 상황과 사실을 고려하여 최선의 방안을 결정하게 되는 것을 숙의로 보았다(이귀윤, 1996).

세 번째로는 숙의 민주주의 개념을 바탕으로 한 공동체적 참여에 관한 연구들이었다. Brookfield와 Preskill(2008)은 민주적 토의의 이상적 성향 중 하나로 숙의를 들면서 숙의를 참여자들의 의지로 보았다. 숙의(토의) 민주주의에서 숙의는 사적인 선호를 공적인 입장과 공적인 담론으로 전환시킨다. 이러한 맥락에서 Held(2010)는 "숙의는 개인적 견해의 한계를 극복하고 공적 의사결정의 질을 제고할 수 있다."(p.450)라고 하며, 그 근거로 공적 숙의는 개인들이 이해한 바를 변화시키거나 복잡한 문제에 대한 이해력을 제고할 수 있다는 것, 공적 생활에서 유연하고 역동적으로 '의견 형성'의 과정을 만들 수 있다는 것, 견해들에 대해 논리적으로 판단하고 주장을 검증하는 데에도 관심을 기울이기 때문에 집단적 판단을 향상시킬 수 있다는 것을 들었다. Dillon(1994)과 Paker(2009)는 공통적으로 실제 학교 교육에서 이루어지는 아이들의 숙의과정이 민주 시민의 자질 함양에 많은 도움이 된다고 보았고, 이러한 숙의는 토의를 통한 의사결정에 있다고 보았다.

사회과 수업에서 숙의라는 개념을 중심으로 하여 실제적 사례를 다루는 연구들은 없었다. 하지만 숙의에 대하여 선행연구에서 공통으로 강조하고 있는 것은 '불확실성을 전제로 한 집단적 탐구과정'이라는 점이었다. 공동의 문제를 해결하는 것이 불확실하기 때문에 여러 사람과 토의를 해야 하고, 이러한 토의 과정에서 더 좋은 것을 판단하여 결정하여야 하는 점은 필연적으로 숙의를 요구한다. 이것은 사고력을 향상시킬 수 있는 하나의 동인이자 어떠한 문제에 관한 자신의 신념과 생각을 나누며 문제를 해결하는 과정이고 공동의 문제를 해결하는 민주시민으로서의 기본적 태도인 것이다.

나의 신념은 수업에서 드러난다. 그래서 나는 2012년 5월에서 7월까지 세 달간나 자신의 수업을 통해 문제를 찾고, 또한 숙의하는 수업의 의미를 찾기 위한 예비조사 형태의 수업을 수행하였다. 예비조사 기간 동안 수업을 계획하고 실행한 뒤 반성을 위한 수업일지를 작성하였다. 그리고 일상의 수업, 있는 그대로의 자연스러운 과정 속에서 문제를 관찰하고 해석하였다. 여기에서는 그 중 의미가 있다고 여겨지는 '자유와 경쟁' 수업과 '무역놀이' 수업을 중심으로 살펴본다.

1) '자유와 경쟁' 수업

수업을 계획하는 과정부터가 쉽지 않았다. 의미를 담고 생각할 거리를 찾는 어려움이 있었다. 이 때, 교과서 및 교사용 지도서보다 도움이 되었던 것은 교사들의 수업자료를 공유하는 웹사이트였다. 특히 경제교육의 관점에 관한 한 교사의 글은 수업방향과 문제를 설정하는 것에 큰 도움이 되었다. 그것은 수업 내용뿐 아니라 가치에 관한 고민이 필요하다는 것이다.

> 〈아이들에게 균형 잡힌 시각을 보여주지 못하는 사회 교과서〉
> 사회 교과서가 문제가 되는 부분은 너른 안목을 제시하지 못한다는 점이다. 사회 교과서를 살펴보면 아이들에게 자유와 경쟁을 지나치게 강조하고 있다. 물론 경쟁이 항상 나쁜 것은 아니다. 그렇지만 제대로 된 교과서라면 경쟁이 갖고 있는 장단점을 균형 있게 다루는 것이 적합하다.
>
> (인디스쿨에서 '레인메이커'라는 ID를 쓰는 교사의 글)

교과서에 나온 내용을 어떻게 잘 가르쳐야 하는가의 고민에서 어떤 예를 통해 자유와 경쟁을 이야기하고, 장단점을 찾도록 할 것인가에 관한 고민으로 바뀌었다. 그리고 교과서에 나오지 않지만 자유와 경쟁의 문제를 다룰 수 있는 '대형마트의 상품판매 문제를 첨예하게 드러냈던 ○○치킨 이야기'와 현재 제기되는 시사성 있는 문제인 '대형마트 강제 휴무제' 이야기를 학습문제로 삼았다. 수업은 대형마트와 동네 슈퍼 사장의 입장에서 생각해보기, 대형마트와 동네 슈퍼의 장단점 생각하기, 대형 마트와 동네 슈퍼의 경쟁에 관한 나의 생각 표현하기, 대형 유통회사의 사업을 제한하는 문제에 관해 의견 나누기로 진행되었다.

하지만 감정이입을 목적으로 '우리 부모님이 대형 마트 사장이라면?', '동네 슈퍼 사장이라면?'이라는 질문에 아이들은 별 고민 없이 "좋아요.", "걱정되요."라고 시시하게 대답했다. 상황설정 자체에서 교사의 의도가 분명히 드러나다보니 골똘히 생각하거나 깊게 생각할 이유가 없어졌던 것이다. 감정이입의 의도는 좋았으나 감정이입이라기보다는 정답을 암시하는 상황이 되어버린 것이 문제였다. 대형 마트와 동네 슈퍼의 경쟁에 관한 생각을 토론했지만 시간의 제약으로 인해 충분히 이야기를 나누지 못한 채 수업이 끝났다. '숙의하는 수업'이 아니었다는 생각에 허탈한 마음이었다.

그러나 수업이 끝난 후에 과제로 제출한 아이들의 글에 의견을 덧붙이면서 수업이 숙의의 계기가 될 수 있다고 생각했다. 글쓰기를 통해 수업 자체가 텍스트가 되어 다시 생각하고, 더 생각하도록 하는 것 역시도 숙의하는 사회과 수업이 될 수 있겠다는 믿음이 생겼다. 이러한 과정을 통해 아이들은 생각이 바뀌거나 더 강화되기도 하고 여전히 의문을 남기기도 했다.

이 수업을 통해 나는 다음과 같은 깨달음을 얻을 수 있었다. 첫째, 교과서 재구성을 통해 수업 내용을 선정해야 한다. 교과서의 흐름과 내용조직 등에 대해 거시적인 안목으로 접근할 때, 교과서의 내용만을 잘 전달하려고 집착하며 애쓰지 않을 때, 생각해 볼만한 문제들을 찾을 수 있다. 또한 교육과정의 성취목표의 내용과 더불어 그것의 가치까지도 고려해야 한다.

둘째, 혼란스러운 상황이 설정되어야 한다. 생각해보지 않아도 뻔히 답이 보이거나 교사의 의도가 드러나는 질문들은 숙의에 방해가 된다.

셋째, 숙의의 결과물로서 에세이와 같은 쓰기 방법을 활용할 수 있다. 그러면 토론에서 적극적으로 발언하는 아이들이나 그렇지 않은 아이들이나 같은 문제에 대해 여러 번 누적하여 기록할 수 있어서 사고의 흐름을 고스란히 확인할 수 있다.

넷째, 피드백 과정은 숙의를 돕는 역할을 한다. 반대 의견을 제시하거나 용어의 명료화를 요구하거나 비논리적인 부분에 대해 던지는 교사의 질문은 자신이 쓴 글에 대해 다시 생각해보도록 한다. 수업시간의 생각과 수업 후의 생각을 연결하는 고리가 될 뿐 아니라, 수업시간에 다룬 문제를 꾸준히 이어가며 논의할 수 있다는 장점이 있다.

2) '무역놀이' 수업

'자유와 경쟁' 수업에서의 깨달음을 바탕으로 '무역놀이' 수업을 시도했다. 이 수업은 '무역놀이'를 통해 아이들이 무역의 원리를 깨닫게 하는 데 목적을 두면서, 교과서 내용을 재구성한 활동 중심으로 진행하고 놀이 자체를 혼란을 야기하는 문제 상황으로 설정하였다. 그리고 수업 후 토론과 글쓰기로 활동을 정리하고, 피드백을 할 계획을 세웠다.

하지만 실제 수업에서는 '무역놀이'의 규칙을 설명하고, 활동하고 나니 한 시간이 모두 가버렸다. 아이들은 재미있게 활동한 시간이었지만 정작 무엇을 가르쳤나하는 반성이 되었다. 토론과 글쓰기를 포기하고 간단히 핵심사항질문지(Critical Incident Questionnaires: CIQ)[4]만 적도록 했다. 다행히도 아이들의 CIQ를 보면서 교사가 가르치지 않아도 아이들은 이미 배우고 있었다는 것을 알게 됐다. 아이들은 '무역놀이'를 통해 무역이 필요한 이유와 더불어, 무역을 더 잘하기 위한 방법, 무역 구조의 문제점 등을 알게 되었던 것이다.

〈전담 시간, 아이들의 생각과 마주하다. - 질문이 살아있네!〉
무역놀이 수업의 다음 시간은 체육 전담 시간이었다. 빈 시간 동안 나는 아이들이 쓴 내용들을 읽게 되었다. 그냥 몇 명 발표하고 넘어갔으면 사장될 의미 있는 질문들이 넘쳐났다. 글을 읽다보니 아이들 사이에 있었던 소소한 문제들도 드러났다. 그리고 자연스럽게 시뮬레이션과 실제 상황과의 비교가 이루어졌다. 참 흐뭇했다. 더불어 이 생각들을 어떻게 풀어놓을까 고민했다. 그리고 아이들의 질문을 정리하기 시작했다.
- 물건을 수출하기 위해 산 물건이 잘 팔릴까? 비싸지만 자신의 나라에만 있는 물건이 더 잘 팔릴까?
- 우리 모둠은 초기 자본금이 12,000원인데 왜 남은 돈은 5,000원 밖에 안 될까?
- 미국에서 옥수수를 수입했는데 이것을 호주에 다시 내다팔 수 있는지?
- 왜 수출과 수입을 하지 않으면 안 될까?
- 잘사는 나라의 물건이 더 비싸고 못사는 나라의 물건이 더 싼 이유?
- 실제 무역도 이렇게 하는가? 환불이 되는가?

---

[4] Brookfield와 Preskill(2008, pp. 100~103)은 CIQ를 학생들이 무엇을 어떻게 배우는가를 알아내기 위한 도구로 활용했다. 프로그램이나 수업에서 핵심적인 순간이나 행동이 무엇인가에 대한 학생들의 판단을 조사하기 위한 것인데, 한 주의 마지막 수업이 끝나기 직전에 5개의 질문을 던지는 것으로 구성된다. 나는 이 질문을 변형하여 '수업에서 알게 된 점은?', '수업에서 궁금한 점은?', '수업에서 혼란스러운 점은?'과 같은 3가지의 질문으로 구성하여 아이들의 답변을 받아보았다.

- 무역에서 돈을 늘리는 방법은?
- 다른 한 나라가 망하면 그 옆 나라뿐 아니라 저 반대쪽의 나라도 어지러워질까?

(120608-수업일지)

아이들의 질문이 계기가 되어 즉흥적으로 '우리 반의 지식IN을 찾아라!' 활동을 만들고 다음 사회시간에 진행하였다. 이 활동은 아이들의 질문을 공유하고 함께 해결해나가는 형태이다. '우리 반의 지식IN을 찾아라!' 활동에서 아이들은 적극적으로 의견을 내고 그것이 정말 타당한지에 대해 함께 고민했다. 질문은 딱 떨어짐 없이 혼란스러운 것들이었고, 아이들의 생각의 차이가 답변 과정에서 드러났다. 그리고 지속적으로 혼란스러움이 가중되며 더 많은 의견들이 제시되었다.

〈사기 쳤다고 오해받은 만국이의 문제가 해결되다.〉
지식IN의 문제로 "실제 무역도 이렇게 하는가? 환불이 되는가?"가 등장했다. 만국이가 사기쳤다는 그 사건이 질문으로 등장했다. (실제로 만국이는 자금이 부족한 나라에서 자동차환불을 요청하자 2,000원짜리 자동차를 1,700원으로 환불했다.) 이 질문에 관한 답변도 분분했다. 물건을 쓰지 않았다면 환불이 당연히 된다는 입장 그리고 이미 국가(기업) 간에 약속한 사항이며 물건에 문제가 없는데 환불은 안된다는 입장. 만국이는 물건에 문제가 없는데 환불을 요청한 것이니 300원의 수수료를 떼었다고 말했다. 어떤 입장도 틀린 것은 없었다. 그럴 수도 있다는 데에 의견이 모아졌다. 어떻게 계약을 맺느냐에 따라 다를 수 있다는 이야기를 덧붙임에 따라 만국이에 관한 오해가 해결되었다. 교사가 해명하는 것보다 몇 배는 깔끔하게 마무리가 되었던 것이다.

(120608-수업일지)

이 수업을 통해 나는 다음과 같은 깨달음을 얻을 수 있었다.

첫째, 수업시간의 활동에 관해 개인적으로 생각을 정리하고 기록하는 시간이 주어져야 한다. 특히 수업의 정리활동으로 몇몇 아이들의 발표를 들어 볼 경우 짧은 시간의 제약으로 인해 수업 대화라고 하기 보다는 일제식 말하기와 듣기 활동에 그치는 경우가 많다. 하지만, 쓰기 활동은 아이들 모두의 생각이 기록으로 남기 때문에 필요하다면 언제든지 활용할 수 있다.

둘째, 아이들의 개별 의견을 공론화시키는 것이 중요하다. 아이들 각자가 고민해서 쓴 CIQ를 다음 차시 시간에 활용하면 개인적 사고가 집단적 사고로 확대되어 토론할 수 있다. 주로 말하기와 듣기 과정으로 진행되는 수업의 경우, 발표에 자신감이 없거나 소심한 아이들의 의견을 듣기가 매우 힘들다. 또한 공부를 잘하거나 인기가 많거나 하는 요인들이 발표 자체에 영향을 주는 경우가 있어서 보다 많은 동의를 얻거나 그 아이들의 의견이 전체의 의견인양 진행될 때도 있다. 하지만 아이들 각자의 생각을 교사가 파워포인트로 공론화하면, 동등한 조건에서 질문이 제기되고 이야기를 나눌 수 있다.

셋째, 아이들끼리의 질문-답변 과정은 정답에 관한 강박을 벗고 혼란스러운 과정에서 충분히 생각할 기회를 준다. 이혁규(2012, p. 243)는 교실에서 교사가 몰라서 묻는 진정한 의미의 질문은 거의 존재하지 않는다고 보았다. 교사의 질문이 이미 답을 전제하고 있다고 가정할 때, 아이들은 정답에 관한 강박 속에서 답을 찾으려고 한다. 그러다보니 자신의 답변이 틀릴 수도 있음을 걱정하고, 쉽게 말문을 열려고 하지 않는 경우가 있다. 하지만 아이들이 낸 질문에 아이들이 답을 하는 과정은 부담 없이 자신의 생각을 적극적으로 표현하고 혼란스러운 가운데 토론하는 아이들의 모습을 볼 수 있었다.

3) 아이들과 동료교사, 컨설턴트의 목소리

일상의 수업에서 숙의의 의미를 담는 수업이 계속 진행되면서 아이들이 사회 시간에 관해 어떻게 생각하는지 궁금했다. 그래서 1학기말 즈음 아이들이 사회 시간에 관해 어떻게 생각하는지 쓰라고 했고 잘 생각이 나지 않으면 좋은 점과 힘든 점 혹은 예전의(이전 학년의) 사회 수업과 비슷하거나 다른 점을 쓰라고 했다. 교과서를 꼼꼼히 보지 않아서 조금은 불안하다는 의견, 에세이 쓰기는 깊이 생각해서 좋다는 의견과 힘들다는 의견, 차시가 딱딱 정리되기보다는 계속 이어지는 형태의 수업이라 지루함이 있다는 의견이 있음을 알게 되었다.

그래서 이렇게 엇갈리는 의견들에 대한 대화의 장이 필요하다는 생각이 들어 설문조사 결과를 바탕으로 간단한 토론을 해보았다. 아이들의 토론 가운데 사회 공부가 어떤 것인지에 대한 이야기도 나누어 볼 수 있었는데 암기가 중요한 것인지, 탐구가 중요한 것인지에 대한 생각의 차이가 컸다. 서로 다른 의견이지만 탐구하고 숙의하는 사회 수업이 의미가 있음을 함께 공감하고 이를 위해 몇 가지를 약속하고 노력하기로 하였다. 에세이는 단원별 핵심문제를 골라 쓰기, 토론에 다함께 참여하여 의견이든 느낌이든 나누기, 책은 원하는 사람만 자율적으로 펴서 공부하기로 하고 깊이 생각하는 즐거운 사회수업을 하자고 서로 격려했다.

동료교사들의 의견도 궁금했다. 교내에 구성된 '협동학습 연구회' 동아리 모임에서 나는 '자유와 경쟁' 수업과 '무역놀이' 수업 이후에 느낀 점과 숙의하는 수업에 관해 이야기 할 기회가 있었다. 특히 함께 6학년을 맡고 있는 동학년 교사들은 '아이들이 생각할 수 있는 질문을 찾는 것', '생각을 공유하는 것', '발문하고 바로 발표하기보다 생각하고 기록하도록 하는 것', '정답보다 나름의 생각을 존중하도록 하는 것'이 숙의에 도움이 될 것이라고 생각한다고 하였고, '주제에 관해 깊게 이야기하기보다 아이들의 참여에 더 많은 신경을 쓰지는 않았는가?'와 '많이 생각하고 표현하면 깊이 생각한 것인가?'하는 문제를 제기하였다. 나는 이 문제에 관해 시간을 두고 생각하면서, 나름대로의 결론을 내릴 수 있었다. '아이들이 더 적극적으로 참여하고, 아이들 스스로 많이 생각하고 표현하다보면 깊이 생각할 수 있다.'라는 것이다. 아이들의 참여를 독려하는 것과 많은 생각을 하고 표현하도록 하는 것, 그것 자체가 목적이라기보다는 깊이 생각하기를 위한 하나의 방법이 될 수도 있다는 것이다.

1학기를 마치고 컨설턴트 중 한 명인 최풀잎 교감을 처음 만나게 되었다. 나는 그동안 고민해왔던 사회과에서 숙의가 제대로 이루어지지 않는 이유와 숙의하는 수업을 위해 무엇을 노력해야 하는가에 관한 문제를 여쭈었다. 최풀잎 교감은 교사가 말로 가르치는 지식은 분명히 한계가 있다고 했다. 상대방의 생각을 끌어낼 수 있도록 하는 질문이 중요하며 교사는 아이들의 그런 생각을 끌어내고 기다려 주는 사람이 되어야 한다고 강조했다.

> 아이들에게 지시하는 순간 생각을 멈추고 행동하게 되어 있고, 질문하는 순간 생각이 자라나는 거죠. 질문하게 될 때, 그 질문 중에 가장 적극적인 방법은 침묵이라는 거죠. 너의 생각을 존중하니까 네가 생각할 때까지 기다려 주마.
> 그것이 어떻게 보면 숙의와 관련 있는 것이 아닌가 그런 생각을 했어요.
>
> (120807-최풀잎 교감과의 면담자료)

또한, 생각을 끌어내기 위한 토론활동도 일회성 수업보다 장기적으로 이어갈 수 있도록 하며, 한 수업을 통해서 무엇을 얻어야겠다라는 생각을 버려야 한다고 조언을 주었다. 덧붙여, 숙의를 위해서는 한 단위 수업으로 판단하지 말고 장기적인 관점에서 수업을 구성해야 한다고 강조했다. 이를 통해 나는 교육과정의 전체적인 맥락을 이해하고 교육과정의 재구성이 중요함을 다시 깨달을 수 있었다.

> 우리가 토론할 때 허망할 때가 많죠. (토론의) 과정을 잘 거쳐서 애들이 숙의하는 단계까지 가야만. 대부분 거기까지 안가잖아요. 끝까지 가는 걸 장기적으로 봐야 해요. 내가 어느 한 수업을 통해서 애들이 이러한 모습을 얻어내야겠다 이거는 어렵다고 봐요.
>
> (20120807-최풀잎 교감과의 면담자료)

3. 나의 신념의 확인: 정의와 원리

어렴풋하게 '깊게 생각하는 것' 정도로만 여겼던 '숙의'라는 개념은 일상의 수업을 관찰하고 반성하는 과정에서 숙의하는 수업이 무엇이고 어떠해야 하는지 설명할 수 있게 되었다.

숙의하는 수업은 '쟁점을 다양한 관점에서 지속적으로 살펴보고 해결해 나가는 집단 사고의 과정이 담긴 수업' 이다. 그리고 숙의하는 수업은 다음과 같은 속성을 갖는다.

첫째, 학습 문제를 지속적으로 생각할 수 있어야 한다. 한 차시의 수업으로 숙의 과정이 모두 끝나는 것이 아니다. 다음 수업에도, 혹은 수업이외의 시간에도 학습문제가 지속되며 사고할 수 있도록 하는 것이다.

둘째, 다양한 관점을 전제한다. 개념적 지식의 경우 하나의 정답만이 존재한다. 하지만 숙의하는 수업은 다양한 관점을 전제함으로써 어느 것도 틀린 것은 없다는 입장을 취한다. 단지 아이들 가운데에서 좀 더 설득력을 가지느냐, 그렇지 않느냐의 차이가 있을 뿐이다.

셋째, 개인적 사고 작용과 집단적 사고 작용이 동시에 이루어지면서 서로에게 영향을 준다. 혼자 깊이 생각해서 내린 결론을 발표하고 마치는 것은 숙의하는 수업이 아니다. 개인적 사고의 결과가 의견으로 표현되고, 이것이 모두에게 공유됨으로서 함께 생각해 볼 수 있는 집단적 사고가 일어나야 한다.

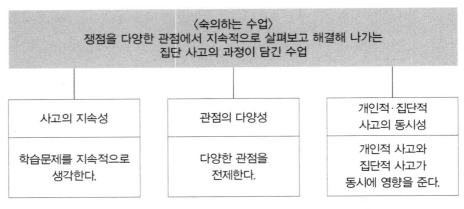

[그림 II-1] 숙의하는 수업의 정의와 속성

이러한 정의에 따라 '숙의하는 수업'을 위한 실천원리는 다음과 같이 설정되었다.

첫째, 혼란을 야기하는 핵심질문을 제시한다. 누구도 정확한 답을 알지 못하는 질문은 '정답 찾기'의 강박을 벗게 한다. 누구의 의견이든 동등한 '가설'로서 작용하며 그 의견 자체로 존중된다. 이것은 '숙의하는 수업'의 속성 중 '관점의 다양성'과 관련된 것으로 혼란을 야기하는 핵심질문을 통해 다양한 의견이 개진되고 받아들여질 수 있다.

둘째, 아이들의 질문을 수업시간에 공론화한다. 이것은 '숙의하는 수업'의 속성 중 '개인적·집단적 사고의 동시성'과 관련된 것이다. 다양한 개인의 가설이 공론화되는 것과 동시에 그 가설의 적절성 여부를 판단하는 집단적 사고가 이루어지고, 이는 개인적 사고와 집단적 사고가 서로 융합되며 발전하는 계기가 된다.

셋째, 판단을 보류하고 지속적으로 생각하도록 한다. 이것은 '숙의하는 수업'의 속성 중 '지속성'과 관련이 있다. 연계성 있는 수업과정을 통해 지속적으로 생각하고, 최종 결정은 맨 마지막에 내리도록 함으로써 자신의 생각을 확산, 수정, 폐기할 수 있는 기회를 제공한다.

넷째, 수업에 호기심을 가지고 참여할 수 있도록 교과서를 재구성한다. 현재 사회에서 벌어지는 문제, 아이들의 경험세계를 반영한 문제, 아무도 명확하게 말할 수 없는 가치의 문제들을 소재로 삼아 재구성하여 수업을 할 경우 아이들의 호기심을 불러일으킬 수 있고 자발적 탐구의 시작점이 된다. 이것은 앞서 제시한 '숙의하는 수업'을 위한 세 가지 원리의 전제조건으로서 작용한다.

Ⅲ. 1차 수업: 공론장으로서의 수업

1. 계획

1차 수업 실행은 인권을 다루는 차시에서 이혼 문제를 가지고 이루어졌다. 인권을 아이들의 삶과 연계시킨다는 측면에서 이혼 문제를 선택하였지만 동료교사들은 우려 섞인 의견을 제시하였다. 하지만 나는 그런 위험을 감수하고서라도 수업 시간이라는 공적 대화를 통해 그 문제에 맞설 수 있도록 해주고 싶었다. 그렇다면 어떤 식으로 문제를 제기해야 아이들이 마음을 열고 수업대화에 나설지가 중요한 문제였고 그러기 위해 적절한 텍스트 선정이 필요했다. 사서 교사의 추천으로 부모님의 이혼 문제를 다룬 동화 '따로 따로 행복하게[5]'를 중심 텍스트로 선정하였다. 동화다운 과장과 왜곡 속에서 감춰진 이야기들을 찾고 주인공인 아이들의 입장에서 이야기를 하면 되니까 일종의 완충장치가 있어 다행이라는 생각이 들었다.

나는 두 번의 예비조사 수업을 통해 설정하였던 숙의하는 수업을 위한 실천원리를 반영하여 다음 네 가지의 수업 전략을 작성했다. 첫째, 혼란을 야기하는 문제를 제시한다. 겉으로 보기에는 이혼 문제가 일방적으로 아이들의 인권을 침해한 것처럼 보이기도 하지만 다양한 상황과 맥락이 있음을 이해하면 판단이 쉽지는 않다. 둘째, 핵심 문제를 중심으로 일련의 학습과정 자체를 계획한다. 문제에 관한 사전 생각 알아보기, 책 함께 읽기, 친구들의 의문에 함께 토론하기, 나만의 답변 쓰기, 주제 학습 후 에세이 쓰기 과정이 2주에 걸쳐 진행되도록 하였다. 셋째, 아이들의 질문을 배열하여 수업을 진행하는 방법으로 개인적 생각을 수업 시간을 통해 공론화한다. 넷째, 이혼은 인권침해인가 아닌가에 대하여 판단을 보류하도록 한다. 자신의 입장을 결정하고 논쟁하기보다 다양한 상황과 맥락을 두루 생각하고 의견을 들어보는 것에 초점을 맞추었다.

나는 이런 수업 전략에 기초하여 책을 읽기 전 '이혼 문제'와 '인권 문제'에 관한 아이들의 생각을 알아보고, 책을 읽고 난 후 아이들의 생각을 함께 나누며, 수업을

---

5) 따로 따로 행복하게(원제: two of everything)는 Bebette Cole이 쓴 동화로 아이들이 계속 다투기만 하는 부모님의 끝혼식을 준비하는 이야기이다. 이혼이 어쩌면 서로를 위해 더 행복할 수 있다는 관점의 동화책이다.

마친 후 아이들의 생각을 다시 정리하도록 하는 일련의 수업활동을 계획하였다.

먼저, 책을 함께 읽기 전에 아이들이 생각하는 '이혼 문제'와 '인권 문제'에 관한 이야기를 들어보았다. 대부분 자녀의 입장에서 이혼을 심각한 인권침해라고 생각하고 있었다.

> 지훈: 부모님께서 이혼하신다면 자녀의 삶의 권리를 침해하는 것이기 때문에 이 사건은 자녀에 대한 인권침해이다.
> 수연: 부모님의 이혼은 자식에게 의견을 물어봐야 한다. 자식도 인권이 있다!
> 찬일: 이혼은 안 된다. 그건 내가 행복하게 살 권리를 잃었기 때문이다.
>
> (120913-이혼에 관한 아이들의 생각)

'따로 따로 행복하게'를 함께 읽은 후 아이들은 다음과 같은 질문을 제기하였다.

> ① 아빠와 엄마는 왜 서로를 존중해주지 않고 싸우기만 했을까?
> ② 서로 마음이 맞지 않으면서 어떻게, 왜 결혼했을까?
> ③ 드미트리어스와 폴라는 왜 부모님을 이혼시켰는가? 왜 꼭 그 방법을 선택했나? 슬프지 않았을까?
> ④ 이혼을 했는데 그렇게 행복할까? 엄마와 아빠, 드미트리어스와 폴라는 행복했을까?
> ⑤ 어른들은 계속 싸웠는데 과연 아이들을 돌보았을까?
> ⑥ 엄마와 아빠가 재혼을 했다면 폴라와 드미트리어스에게 친구가 생겼을까?
> ⑦ 이 책에서 폴라와 드미트리어스의 인권은 과연 지켜진 것인가?
> ⑧ 이혼하는 것이 과연 인권이 존중되는 것인가?
> ⑨ 이 책의 뒷 이야기는 어떻게 되었을까? 그 후에도 계속 행복했을까?
> ⑩ 작가는 이 책에서 무엇을 우리에게 얘기하고 싶은 것일까?
>
> (120918-'우리 반의 지식IN을 찾아라' ppt 슬라이드 순서 및 내용)

수업은 아이들이 낸 질문에 아이들이 답하는 형태인 개방형 세미나로 계획했다. 이러한 아이디어는 최풀잎 교감이 선물해 준 '침묵으로 가르치기'라는 책에서 비롯되었다. 이 책의 저자인 Finkel(2000)은 의미가 모호하고 다양한 상황을 가리키는 것을 세미나라고 보았으며 이 중 개방형 세미나는 "학생들이 (특정 주제나 책에 관해) 문제를 제기하고 서로 질문하면서 자기들끼리 문제를 해결"(p. 80)하는 것이라고 정의하였다.

2. 실행과 반성

1차 수업은 2012년 9월 20일 6교시에 세 명의 컨설턴트의 참관과 함께 이루어졌다.

〈표 Ⅲ-1〉 1차 수업의 흐름

· 학습목표: 상황 속에서 인권의 의미를 생각해 볼 수 있다.
· 학습흐름: 활동 1. 서로 다른 시선 알아보기
　　　　　　　 * '따로 따로 행복하게'를 읽은 후 느낌 이야기하기
　　　　　　 활동 2. 의견 나누기
　　　　　　　 * 친구들의 질문에 대한 나름의 생각을 발표하고 토론하기
　　　　　　 정리. 친구들의 질문 40개 중 한 가지를 택하여 글쓰기

수업 후 바로 수업 협의가 이루어졌고, 수업 협의 이후에도 컨설턴트들은 메일과 메신저로 지속적인 조언을 주었다. 그 조언과 아이들의 의견 및 나의 반성에 기초하여 다음과 같은 '숙의하는 수업'을 위한 구체적 기법들을 도출하였다.

「기법 1. 목표 진술을 다양하게 하기」

도입부에서 세 장의 사진을 보여주며 학습목표를 추론하게 하였는데, 아이들의 대답이 적절하였음에도 불구하고 미리 준비한 학습목표 진술에 얽매어 무의미한 질문을 반복하였다. 아이들이 학습목표를 충분히 감지하였다면 나의 진술방식에 집착할 필요는 없다. 또한 학습 주제나 성격에 따라 학습목표나 학습문제 진술도 얼마든지 다양한 형태로 구성될 수 있을 것이다.

「기법 2. 의견듣기 가운데 논쟁이 자연스럽게 일어나게 하기」

아이들이 낸 질문에 순서대로 돌아가면서 답하는 과정은 아무런 논쟁 없이 다양한 의견이 나열되는 데 그쳤다. 의견을 주의 깊게 듣지만 이견이 있다면 자연스럽게 논쟁이 이루어지도록 해야 한다.

「기법 3. 다양한 의견을 듣되 개인의 의견이 고착되지 않도록 주의하기」

아이들은 다양한 의견을 존중해야 한다는 메시지를 동조해야 한다는 의미로

받아들이는 경우가 있었다. 의견듣기 과정에서 나오는 의견들은 함께 논의해야 할 대상이 되는 개인의 의견이지 모두가 동의하는 보편적인 견해는 아님을 강조할 필요가 있다.

「기법 4. 교사가 아이들의 발언을 이어주는 연결고리 되기」

1차 수업 후, 가장 큰 고민은 개방형 세미나에서 교사는 어떤 역할을 해야 하는가와 관련된 것이었다. 수업에서 교사의 권위를 최소화하는 것만 생각하다보니 수업시간에 나의 의견을 말해야 하는지 말아야 하는지 고민하고 머뭇거리게 되었다. 이에 대한 답은 Brookfield와 Preskill(2008, p. 44)에게서 찾을 수 있었다. 그들은 어떤 경우에는 추가 질문을 제시하고, 어떤 경우에는 이야기 한 바를 되풀이해서 말해주고, 어떤 경우에는 학생의 기여가 이미 제시된 다른 의견과 어떻게 연관되는지 분명하고 단호하게 말해주어야 한다고 했다. 교사의 역할은 아이들의 의견을 연결하는 연결고리가 되어 아이들끼리의 수업 대화 과정에서 논쟁점이 나온다면 놓치지 말고 다시 문제를 제기하여 심층적으로 생각하도록 유도해야 한다는 것을 알게 되었다.

「기법 5. 모든 의견을 존중하고 인정하게 하기」

이혼을 했는데 그렇게 행복할까라는 질문에 대해 한 아이가 행복한지 알 수가 없고, 행복할 수도 있고 행복하지 않을 수도 있다면서 판단의 어려움을 이야기하였다. 그것은 다양한 상황을 바탕으로 판단을 내려야 하고 모든 의견은 존중받아야 한다는 생각을 공유하게 하였다.

「기법 6. 수업 전 활동, 수업 중 활동, 수업 후 활동 계획하기」

수업 후 친구들의 질문 중 하나를 골라 자신의 답변을 쓰고 함께 읽으면서 답변을 공유했다. 그리고 마무리 활동으로 '이혼문제를 통해 살펴본 인권의 의미'를 주제로 에세이를 썼다. 수업 전에는 이혼을 하면 자녀들의 인권침해가 크다고 했던 의견이 다수였으나 이혼이 상황에 따라 행복할 수도 있다는 의견도 생겨났다.

〈예지의 글〉

인권이란 '인간답게 살아갈 권리'이다. 나는 이런 생각을 해봤다. '과연 인간답게 사는 것이 무엇이라고 말할 수 있을까?' 저번에 교실에서 같이 읽었던 따로따로 행복하게 라는 책을 한번 떠올려보면 폴라와 드미트리어스의 부모님이 매일같이 싸우기만 해서 나중에는 결국 이혼을 하는 이야기이다. 여러 친구들의 의견을 보아하니 결혼을 했으면 끝까지 살 의무가 있다. 이혼은 아이들의 인권침해다 등등의 의견이 있었다. 하지만 과연 이혼은 폴라와 드미트리어스의 인권침해(라고 볼 수 있을까)일까? 나는 전혀 그렇지 않다고 생각한다. 아이들이 만족한 결과였고, 모두가 동의한 결과였기 때문에 이혼을 했다. 아이들이 동의하지 않는 의견이었다면 부모님께 과연 이혼을 권유했을까? 이것은 절대 인권침해라고 볼 수 없는 일이다. 서로의 생각과 관점이 다른 것 같이 '인간답게 사는 것'의 기준이 서로서로 다르다. 인권을 지키기 위해서는 기본적으로 인간존엄성, 자유, 평등이 잘 이루어져야 한다. 서로의 관점과 생각이 다르니 인권을 침해하지 않기 위해서는 서로의 의견을 들어보고 어떤 일에 대해 결정을 내린다면 인권을 잘 지킬 수 있게 되는 것 같다. 사람마다 '인간답게 살아갈 권리'의 기준, 뜻이 서로 다르기 때문에 인권은 결국 서로의 의견을 바탕으로 인간답게 사는 것 같다.

(121005-예지의 에세이)

1차 수업 실행을 통해 위와 같은 여섯 가지의 기법 도출과 함께 세 가지의 반성점을 찾게 되었다. 먼저, 수업대화에서 교사의 권위를 버리는 것보다 중요한 것은 적절한 참여이다. 애초에는 숙의하는 사회과 수업을 위한 시도과정에서 교사가 개입하지 않은 질문-답변이 정답에 관한 강박을 벗고 충분히 생각할 수 있도록 한다고 생각했다. 하지만 실제 수업에서는 의견만 돌아가면서 발표하는 형태에 그치기도 하고 바람직하지 못한 상태에 고착될 수도 있는 문제가 드러났다. 따라서 아이들의 의견을 듣고 논쟁점을 찾아 심층적으로 이해할 수 있도록 하는 교사의 역할이 중요하다. 용어의 명확화, 추가 질문이나 반론, 추가 설명을 요청함으로써 아이들 사이의 의견을 잇는 연결고리로서의 역할을 적극적으로 수행해야 한다. 둘째, 숙의하는 수업을 위한 전제조건은 배경지식의 활성화이다. 아이들이 갖고 있는 배경지식과 경험을 확장하여 다양한 생각이 수업시간에 드러나게 되는지가 관건이다. 그러기 위해 교사는 사전에 주제와 관련된 아이들의 경험세계를 파악하고 새로운 텍스트를 등장시켜 다양한 해석의 여지를 줄 수 있어야 하며, 궁금한 것에 관해 좀 더 생각해보고 찾아 볼 수 있게끔 독려해야 한다. 끝으로 다양한 의견 듣기만큼 중요한 것은 논쟁을 통한 심층적인 이해이다. 의견 나누기 과정에서 쟁점이 드러난다면 논쟁함으로써 심층적인 이해를 돕는 것이 숙의에 도움이 된다.

Ⅳ. 2차 수업: 물음표가 가득한 아이들

1. 계획

2차 수업 실행은 새로운 형태의 수업을 미리 성찰하기 위한 사전 수업과 그에 따른 반성에 기초하여 수행되었다. 사전 수업에서는 6학년 2학기 2단원 '세계 여러 지역의 자연과 문화' 단원의 '문화를 통해 자연환경 이해하기' 주제를 다루었고, 본 격적인 2차 수업에서는 '아시아 화폐를 통해 자연환경과 인문환경 알아보기'라는 주제를 다루었다. 교과서[6]의 기술방식은 한결같이 지식을 전달하는 형태이며, 더욱이 한 차시에 각 대륙의 인문환경과 자연환경을 모두 학습하도록 되어 있다. 숙의를 구상하는 것은 쉽지 않은 일이었다. 그러나 숙의를 위해서는 무엇보다 지속적으로 끈기 있게 생각할 기회를 제공하는 것이 중요하다고 판단하였다. 따라서 도덕교과와 창의적 체험활동 시간을 활용하여 전체 차시를 교육과정에 제시된 15차시에서 20차시로 확보하였고 이에 따라 단원 전체를 재구성하였다.

2차 수업 실행은 아시아의 기후, 지형, 산업, 종교, 지리적 이점, 분쟁을 다루는 내용을 선택하였다. 그러나 고민은 이어졌다. 무엇을 어떻게 가르쳐야 하는 것일까? 단순한 지식 전달이 아닌 '숙의하는 수업'을 하기 위해서 어떻게 해야 할까? 무엇을 생각하게 할 것인가? 핵심은 바로 사회과학적 지식과 탐구의 문제, 그 긴장감을 어떻게 해소할 것인가? 이었다. 나름대로 스스로 얻은 결론은 탐구를 통해 사회과학적 지식을 찾아보는 것이었다. 그래서 2차시로 확장하여 재구성하되, 1차시에는 탐구문제를 통해 탐구하고 2차시에는 탐구결과를 일반적인 사회과학적 지식으로 연결시키는 형태의 수업을 구성하였다.

Finkel(2000)은 교사가 학생들에게 교육 환경을 정교하게 만들어 준다면 교사의

---

[6] 당시 교육과정은 '2007개정 교육과정'이었으며 교과서는 '2007개정 사회과 교과서'였다.

많은 설명 없이도 의미 있는 학습을 할 수 있다고 했다. 특히 그는 교사가 만들어 주는 환경은 적절한 시기에 다음의 두 가지 결과를 끌어내야 한다고 주장했다.

> 교육 환경이 불안정 상태를 유발해서 생각을 불러일으키는 학습 경험을 제공한다. 교육 환경이 학생에게 주어진 경험을 성찰해 보게 한다. 즉 경험의 의미를 추측해 보게 한다. (p. 287)

이러한 면에서 나는 아이들이 무엇이 궁금한지도 모른 채 기계적으로 조사하는 수업은 진정한 탐구가 아니라고 생각했다. 그래서 주제를 다루는 1차시는 아무것도 준비되지 않은 상태에서 새로운 문제에 맞닥뜨렸을 때 생기는 호기심과 탐구 의지를 목적으로 수업을 구성하였다.

이러한 새로운 형태의 수업을 미리 성찰해보기 위하여 본격적인 2차 수업 실행에 앞서 사전 수업이 계획되었다. 이 수업은 여러 지역의 자연과 문화 단원의 4차시 수업으로서 올리브, 모래공예품, 페트라를 그린 그림을 보면서 자연환경을 유추하고 이를 통해 해당 나라를 찾는 활동으로 구성된다.[7] 최종 정답을 가르쳐주지 않는 전략으로 탐구가 수업 후에도 이어질 수 있도록 하였는데, 수업 후 아이들은 다양한 가설을 세우고 궁금한 것을 스스로 해결해 보면서 흥미를 느꼈다고 했다.

> 영훈: 어제는 여러 가지 단서로 1분 검색으로 애매했지만 그 땐 탐정이 되는 것 같았다. 그리고 그 날 밤 정확히 깊숙이 인터넷을 찾아보면서 그 곳이 '요르단' 이라는 것을 알았을 때, 세계지도를 보며 기분이 좋았다.
> 미선: 내가 직접 꼭 코난이 된 것처럼 생각해보고 자료를 검색해보니 재미있었고 백과사전이 널려있고 공책이 빽빽하도록 조사한 내가 대견스럽고 그런 모습을 보니 기뻤다. 또 쌤의 분장이 재미있었다.
>
> (121012-아이들의 학습노트)

수업 후 협의회에서는 아이들이 가설을 설정하고 조사하고 정답을 발견해나가는 자기주도적 탐구가 이루어진 데 대한 긍정적 평가가 있었다. 그러나 매번 이렇게 수업을 하면 과연 시험은 어떻게 볼까라는 우려도 있었다. 이 수업에서 중요한 것은 지식의 암기가 아니라 아이들이 스스로 탐구하고자 하는 욕구, 호기심을 바

---

7) 2차 수업은 6학년 2학기 2단원 '세계 여러 지역의 자연과 문화'의 8차시 수업이었으며, 이 수업에 앞서 4차시 수업을 동료장학수업으로 공개하면서 반성한 내용들이다.

탕으로 한 참여였다. 이것이 바탕이 되면 숙의를 위해 충분한 배경지식을 활성화하고 다양한 의견을 나누며 사고가 확장되는 수업이 될 것이라는 확신이 들었다.

2차 수업 실행은 2차시로 계획된 '아시아의 자연환경과 인문환경 이해하기'의 1차시 수업을 통하여 이루어졌다. 첫 차시이기 때문에 배경지식을 활성화하는 탐구활동으로 구성하였고, 탐구 문제를 활용한 개방형 세미나 형태로 계획하였다. 탐구 문제는 '아시아의 화폐에 숨은 뜻 찾기'로 결정하고 아시아 각 나라의 화폐를 직접 살펴 자연환경과 인문환경을 추론해보고자 했다.

본 차시 지도에 앞서 컨설턴트에게 교수·학습 과정안을 보내고 메신저를 통해 조언을 얻었다. 본 차시의 목적 자체가 아시아의 자연환경과 인문환경에 관한 배경지식을 활성화시키는 것이지만 이 수업 역시도 그동안 아이들이 알고 있는 경험적 지식을 떠올리고 분석하도록 해야 한다는 의견과 지폐를 통해 자연환경과 인문환경뿐 아니라 그 나라 사람들이 중요시 여기는 정신도 유추하도록 지도하면 좋겠다는 의견을 받았다. 또한 화폐에서 찾아내는 정보가 미약할 경우를 대비하여 어떤 식으로 발문과 자극을 줄 수 있는지 생각해 둘 필요가 있다고 했다. 나는 이러한 점에 유의하여 도입과정에서 각 나라 지폐의 인물과 문자 등을 이용한 자료를 만들었고 이를 통해 아이들이 생각하는 아시아를 파악하도록 했다. 또한 지형도, 기후도의 자료와 1분 동안의 인터넷 검색을 이용하여 사전 지식을 확장하도록 구성했다.

1차 수업 실행 후에 개선의 초점으로 삼은 세 가지 사항과 2차 수업 실행을 위한 사전 준비 단계에서 느낀 점, 그리고 컨설턴트의 조언을 고려하여 2차 수업 실행에서는 다음 사항에 중점을 두었다.

첫째, 교사의 적극적인 참여이다. 수업대화에서 논쟁점이 생기면 놓치지 않고 논쟁이 이루어지도록 지도하는 것을 염두해 두었다. 아시아에 관해서 아이들은 얼마나 알고 있는지, 또 어떤 식으로 문제를 탐구해 나갈지, 어떤 것을 궁금해 할지를 알 수 없는 상황에서 수업에 임하는 것이 난점이었다. 아이들의 의견을 잘 듣고 적절한 상황에서 용어를 명확화 하도록 요청하거나 질문이나 반론을 적극적으로 제시할 수 있도록 격려하는 것, 이해되지 않는 것이 있다면 추가 설명을 요청하는 등의 아이들 사이의 의견을 잇는 연결고리로서의 역할을 해야 한다.

둘째, 배경지식의 활성화 유도이다. 이 차시는 아시아의 인문환경과 자연환경을 공부하기 전 단계에서 탐구를 통해 배경지식의 활성화를 유도하는 시간이다. 궁금증과 호기심을 유발하여 자발적 탐구로 이어질 수 있도록 하기 위해서는 준비한 지폐를 통해 많은 것을 찾아내고 의문을 품을 수 있도록 해야 한다.

셋째, 의견듣기와 논쟁의 활용이다. 열린 탐구활동인 만큼 다양한 의견을 듣고 존중하되 아이들 사이에 서로 의견이 다른 부분에 있어서는 논쟁이 되도록 유도하여 심층적인 이해를 도울 필요가 있다.

2. 실행과 반성

2차 수업 실행은 2012년 10월 30일 5교시에 컨설팅과 함께 이루어졌으며 두 분의 컨설턴트가 참관해주었다.

〈표 Ⅳ-1〉 2차 수업의 흐름

- 주제: 아시아의 자연환경과 인문환경 알아보기
- 탐구문제: 화폐의 숨은 뜻을 찾아라!
- 학습흐름: 활동 1. 화폐를 분석해요
  * 화폐를 통해 해당 나라의 자연환경과 인문환경적 특징찾기
  * 알 수 있는 기후, 지형, 의복, 중요시하는 것, 산업, 문화재 등
  * 해당 나라의 위치를 세계지도/지형도/기후도에서 확인하기
  * 1분 검색을 통해 인터넷에서 정보 탐색하기
  활동 2. 과연 그럴까?
  * 모둠별 토의 결과 게시·공유
  * 질문과 답변하기, 토의 토론하기
  정리. 토의 토론한 내용을 바탕으로 2차 가설 세우기
  * 가설을 바탕으로 알게 된 점, 궁금한 점, 혼란스러운 점에 대해 정리하기
  * 해당 지폐의 의미에 대해 개별로 탐색해오기(과제발표)

수업 협의에서 컨설턴트의 의견과 수업 후 나의 반성을 통해 '숙의하는 수업'에 관한 새로운 기법들을 찾을 수 있었다. 기존의 기법이 강화되거나 보완되기도 하고 새로운 과제로 남기도 하였다.

「기법 7. 논쟁점을 짚고 넘어가기」

지난 1차 수업에서는 교사가 수업시간에 어떤 역할을 해야 하는지에 대한 판단

을 내리지 못해 방관적인 입장을 취했던 반면 이번 수업에서는 논쟁점이 나타났을 때 다시 적극적으로 질문하는 형식을 취했다. 하지만 최풀잎 교감은 여전히 의도된 발문 전 활동으로서 대답할 사람을 미리 예고하고 질문하기, 의도적인 핵심발문하기, 간결하게 도입하기에 좀 더 노력이 필요하다고 했다.

이러한 반성을 통해 숙의하는 수업의 「기법 7. 논쟁점을 짚고 넘어가기」가 도출되었다. 이것은 1차 수업 후 개발된 「기법 2. 의견듣기 가운데 논쟁이 자연스럽게 일어나게 하기」와 「기법 4. 교사가 아이들의 발언을 이어주는 연결 고리 되기」가 강화된 것으로 자연스러운 의견듣기 가운데 논쟁점이 드러날 경우 교사가 이것을 짚고 넘어가는 것이 중요하다는 것이다.

「기법 8. 아이들의 경험세계를 확인하고 체계적으로 확대하기」

수업 후 협의를 통해 아이들의 호기심을 자극하고 답을 찾아가는 열린 탐구의 형태는 긍정적이지만 이것을 체계화하는 다음 차시가 더 중요하고 어려울 것이라는 조언을 들었다. 아이들의 오개념을 파악하고 바로 잡아 주는 일, 배경지식을 바탕으로 체계적으로 사고를 확장시켜 주는 일이 과제로 남았다.

〈최풀잎 교감〉
열린 탐구에서 교사의 컨트롤이 중요하다고 봐요. 또한 사전 배경지식을 체계적으로 확대시켜주는 것이 중요합니다. 소통을 위한 교사의 태도와 가르치지 않고 그냥 아이들이 느끼는 진지함이 인상적이었어요. …(중략)…
또 열린 탐구를 통해 자칫 잘못하면 오개념이 그냥 지나갈 수도 있다는 것을 생각해야 해요. 이 때는 지적하고 수정해야 합니다.

(121031-협의록 전사)

「기법 8」은 「기법 6. 수업 전 활동, 수업 중 활동, 수업 후 활동 계획하기」가 보완된 것으로 수업 전 활동을 통해 아이들의 경험 세계를 확인하고 이를 바탕으로 수업 중 활동과 수업 후 활동을 계획하여 결과적으로는 아이들의 경험세계를 체계적으로 확대시킬 필요가 있다는 것이다.

「기법 9. 호기심과 탐구 의지 유도하기」

다른 나라의 화폐를 살펴보는 과정에서 아이들이 찾아 낸 가설은 다양했다. 정답이 무엇인지 확실하게 모르는 상황에서 자신이 생각한 것과 다른 사람이 생각한 것을 비교하고 의견을 듣는 과정에 자연스럽게 집중되었다. 가설을 확인하기 위해서는 그 나라의 정치제도나 역사를 알아봐야 했다. 화폐를 통해 그 나라의 정치제도나 역사에 관한 관심을 가지고 아이들 스스로 찾게끔 되었던 것이다.

정답을 찾아가는 과정은 다른 친구들의 의견에 귀를 기울이고 존중할 수 있게 했다. 자신이 찾고 생각한 것과 다른 친구들이 찾고 생각한 것이 더해지면서 가설은 더 풍성해진다. 풍성해진 가설은 탐구 문제를 더욱 흥미진진하게 만들었다.

「기법 9. 호기심과 탐구 의지 유도하기」는 「기법 1. 목표 진술을 다양하게 하기」와 「기법 6. 수업 전 활동, 수업 중 활동, 수업 후 활동 계획하기」가 보완된 것이다.

「기법 10. 수업은 숙의의 출발점, 절정, 마무리 모든 단계에서 가능함을 알기」

2단원 전 차시의 재구성을 통해 열린 탐구와 정리 과정의 반복으로 세계의 여러 나라를 공부했다. 탐구 문제를 해결하는 과정 전체를 '아이들이 숙의하는 것'이라고 본다면 수업은 출발점일까? 절정일까? 마무리일까? 내가 수업 컨설팅을 통해서 깨달은 것은 시작일 수도, 절정일 수도, 마무리일 수도 있다는 점이다. 2차 수업처럼 탐구 문제를 통해 경험적 지식과 최소한의 정보로 가설을 세우는 것은 숙의의 출발점이 될 것이다. 집에 가서 가설을 검증해 보기 위해 정보를 모으고 나름대로의 의견을 세우고 다음 시간 학교에서 그것에 관해 이야기를 나누어 보는 것은 숙의의 절정이 될 것이다. 다양한 의견듣기와 논쟁을 바탕으로 생각을 가다듬는 것은 숙의의 마무리가 될 것이다. 이처럼 아이들 입장에서는 수업시간은 학습 과정의 일부일 뿐이다. 문제에 관한 탐구가 자발적이고 지속적으로 이루어지면 아이들의 생각은 깊어지고 넓어진다.

이것은 「기법 6. 수업 전 활동, 수업 중 활동, 수업 후 활동 계획하기」가 보완된 것이다. 수업 중 활동이 숙의의 출발점이나 절정, 혹은 마무리가 될 수 있기 때문에 아이들의 학습 과정을 중심으로 수업 전 활동과 수업 중 활동, 수업 후 활동이 계획되어야 함을 의미한다.

「기법 11. 열어주는 탐구 이후에는 닫아주는 질문하기」

열어주는 탐구에 이어 닫아주는 질문을 통해 넓게 확장된 사고를 깊고 두껍게 할 수 있는 것도 다음 차시에 이루어져야 할 내용이었다.

> 〈홍사랑 교수〉
> 열어주는 탐구의 수업만큼 닫아주는 질문이 중요하다는 생각을 했어요. 최풀잎 선생님의 말씀대로 진지함과 흥미 사이에서 의도화 된 발문이 다음 시간에 꼭 나와야 할 것입니다. 아이들에게 이렇게 열린 탐구를 하면 사고는 확장되는데 깊이나 두께의 문제가 남아있어요.
>
> (121031-협의록 전사)

「기법 11」은 「기법 5. 모든 의견을 존중하고 인정하게 하기」의 과제로 남은 것으로서 탐구가 충분히 자유롭게 이루어지는 것도 중요하지만 사고의 정교화를 위해서는 닫아주는 질문을 통해 깊이 있게 문제를 이해하도록 해야 한다는 것을 의미한다.

3. 아직 남아있는 문제들

예비조사와 두 번의 수업 실행을 통해 네 가지의 실천원리와 열한 가지의 기법을 도출해냈지만 아직 남아있는 문제들을 정리하면 다음과 같다.

첫째, 아이들의 탐구 결과를 일반화하여 마무리하는 것, 즉 탐구 결과와 개념적 지식을 연결시키는 것에 어려움이 많았다. 주된 이유는 교과서의 내용을 놓치고 갈 수 없는 것 때문이었다. 그러다 보니 때로는 교과서에 억지로 꿰맞추기도 했고, 끈기 있게 정리하기보다 내용을 설명식으로 전달하는 경우도 있었다.

둘째, 완벽한 개방형 세미나를 구현하지는 못했다. 아이들끼리의 질문과 응답이 자유롭게 이루어지는 형태의 수업이라기보다 교사가 일종의 사회자 역할을 하게 되면서 교사를 거쳐 질문과 응답이 이루어지는 형태의 수업이었다고 볼 수도 있다. 아이들과 동등한 조건에서 참여하지 못했던 것이다.

셋째, 경험적 지식이 부족하고 탐구의지가 없어 수업시간에 소극적으로 참여하는 아이들에 대한 개별지도가 어려웠다. 간단한 개념적 지식을 묻거나 수업 후 느낌을 물어보는 정도로 수업시간에 발언할 수 있도록 배려했지만, 그 아이 나름의 탐구 과정을 통해 숙의할 수 있도록 하는 방법에 관한 지도는 하지 못했다.

넷째, 사회과 교과 내용의 성격이나 학습자의 수준, 수업 방법에 따라 '숙의하는 수업'이 어떻게 달라질지에 관해서는 다루지 못했다. 교과 내용의 영역이나 성격의 특수성을 살리기보다 내가 담임을 맡고 있는 6학년 교육과정과 아이들에 한해 이루어졌다는 한계가 있다. 또한 시간의 흐름대로 연구가 진행되었기에 비슷한 교과 내용의 성격이나 수업방법을 고려하여 체계적으로 반복해서 시도하기에는 어려움이 있었다. 다음 〈표 Ⅳ-2〉는 1차 수업 및 2차 수업의 성과와 과제를 정리한 것이다.

〈표 Ⅳ-2〉 1차 수업 및 2차 수업의 성과와 과제

1차 수업 계획	1차 수업 결과	2차 수업 계획	2차 수업 결과	아직 남아 있는 문제들
혼란을 야기하는 문제를 제기하기	〈성과〉 •정답 찾기의 강박 없이 모든 의견이 받아들여지며 지속적으로 문제를 고민함. 「기법 5: 모든 의견을 존중하고 인정하기」 도출	「기법 5」 적용	•다양한 의견이 가설로 받아들여짐. 「기법 9: 호기심과 탐구의지 유도하기」 도출 •열린 탐구 이후의 정리를 어떻게 할 것인가가 과제로 남음. 「기법 11: 열어주는 탐구 이후에는 닫아주는 질문하기」 도출	•아이들의 탐구 결과를 일반화하여 마무리하는 것에 어려움이 많음.
	〈과제〉 •행동형 목표 진술을 찾는 것이 의미가 없음. 「기법 1: 목표 진술을 다양하게 하기」 도출	•탐구 문제로 목표 진술하기 「기법1」 적용		

아이들의 질문을 수업시간에 공론화하기	〈성과〉 • 다양한 질문과 답변 듣기를 통해 아이들의 생각이 동조, 반대, 강화됨. • 에세이 쓰기로 생각의 정리 「기법 6: 수업 전 활동, 수업 중 활동, 수업 후 활동 계획하기」 도출	「기법 6」 적용	• 수업 전 활동을 통해 아이들의 사전 지식과 궁금증을 확인 할 수 있었음. 「기법 8: 아이들의 경험세계를 확인하고 체계적으로 확대하기」 도출 「기법 10: 수업은 숙의의 출발점, 절정, 마무리 모든 단계에서 가능함을 알기」 도출	• 완벽한 개방형 세미나를 구현하지 못함.
	〈과제〉 • 교사가 어떤 역할을 해야 하는지 혼란스러움. 「기법 4: 교사가 아이들의 발언을 이어주는 연결고리가 되기」 도출	• 교사의 적극적인 참여 • 의견듣기와 논쟁의 활용 「기법 4」 적용		
판단을 보류하게 하기	〈성과〉 • 지속적으로 문제를 생각해 보면서 생각을 바꾸거나 보완하게 됨.			
	〈과제〉 • 논쟁의 부재와 동조를 통한 고착의 문제점 발견 「기법 2: 의견듣기 가운데 논쟁이 자연스럽게 일어나게 하기」 도출 「기법 3: 다양한 의견을 듣되 어떤 한 개인의 의견이 고착되지 않도록 주의하기」 도출	• 의견듣기와 논쟁의 활용 「기법 2」, 「기법 3」 적용	〈성과〉 • 의견듣기 과정에서 논쟁점이 나온다면 놓치지 말 것. 「기법 7: 논쟁점을 짚고 넘어가기」 도출	• 수업시간에 소극적으로 참여하는 아이들에 대한 개별지도가 어려움.

교과서 재구성하기	〈성과〉 • 나머지 세 가지 원리의 전제 조건으로서 숙의하는 수업의 출발점이 됨.		• 아이들의 호기심을 바탕으로 탐구의지를 극대화하는 방향의 교과서 재구성	• 사회과 내용의 성격이나 학습자의 수준, 수업 방법에 따라 '숙의하는 수업'이 어떻게 달라질지에 관해서는 다루지 못함.
	〈과제〉 • 교과서 재구성의 원칙과 원리가 필요함.	• 배경지식의 활성화		

V. 교사 신념과 수업의 정교화

본 연구는 좋은 사회과 수업을 '숙의하는 수업'이라고 생각하는 나의 신념에서 출발하였다. 연구 초기의 신념은 '사회과 수업은 깊이 생각할 수 있어야 해.' 정도의 막연한 것이었다. 게다가 평소 나의 수업의 관찰과 반성을 통해 '숙의하는 수업' 이라는 나의 신념이 제대로 수행되지 않고 있다는 문제를 발견하게 되었다. 이것은 결국 신념을 실천할 수 있는 구체적 원리와 방법의 부재에서 비롯된 것들이었다.

그래서 나는 일상의 수업에서 숙의의 의미를 찾기 위한 예비조사를 수행하였고 이를 통해 숙의의 정의, 속성, 실천 원리를 발견할 수 있었다. 그리고 이를 바탕으로 한 두 번의 수업 실행은 '숙의하는 수업'을 위한 실제적 수업 기법을 찾을 수 있는 소중한 계기가 되었다. 각 수업 기법은 수업 실행을 통해 강화 및 보완을 거쳐 구체화되었고, 과제로 남기도 했다. 이러한 의미를 담아 신념의 정교화 과정을 나타내면 [그림 V-1] 과 같다.

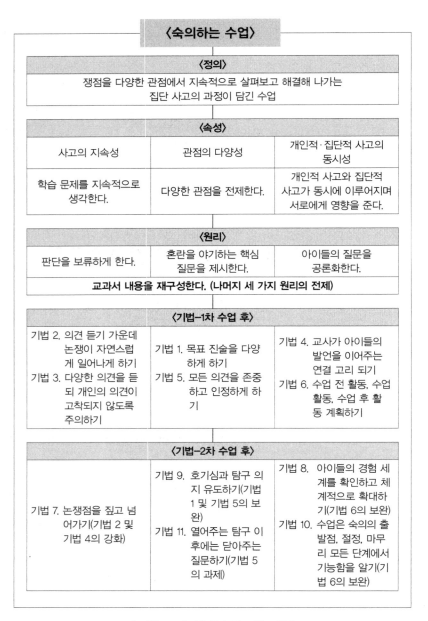

<表>

〈숙의하는 수업〉

〈정의〉
쟁점을 다양한 관점에서 지속적으로 살펴보고 해결해 나가는 집단 사고의 과정이 담긴 수업

〈속성〉		
사고의 지속성	관점의 다양성	개인적·집단적 사고의 동시성
학습 문제를 지속적으로 생각한다.	다양한 관점을 전제한다.	개인적 사고와 집단적 사고가 동시에 이루어지며 서로에게 영향을 준다.

〈원리〉		
판단을 보류하게 한다.	혼란을 야기하는 핵심 질문을 제시한다.	아이들의 질문을 공론화한다.
교과서 내용을 재구성한다. (나머지 세 가지 원리의 전제)		

〈기법-1차 수업 후〉		
기법 2. 의견 듣기 가운데 논쟁이 자연스럽게 일어나게 하기 기법 3. 다양한 의견을 듣되 개인의 의견이 고착되지 않도록 주의하기	기법 1. 목표 진술을 다양하게 하기 기법 5. 모든 의견을 존중하고 인정하게 하기	기법 4. 교사가 아이들의 발언을 이어주는 연결 고리 되기 기법 6. 수업 전 활동, 수업 활동, 수업 후 활동 계획하기

〈기법-2차 수업 후〉		
기법 7. 논쟁점을 짚고 넘어가기(기법 2 및 기법 4의 강화)	기법 9. 호기심과 탐구 의지 유도하기(기법 1 및 기법 5의 보완) 기법 11. 열어주는 탐구 이후에는 닫아주는 질문하기(기법 5의 과제)	기법 8. 아이들의 경험 세계를 확인하고 체계적으로 확대하기(기법 6의 보완) 기법 10. 수업은 숙의의 출발점, 절정, 마무리 모든 단계에서 기능함을 알기(기법 6의 보완)

[그림 V-1] 신념의 정교화 과정

　이러한 신념의 정교화를 통해 수업이 변화하고 이에 따라 아이들의 학습 형태도 변화하였다. 먼저, 수업은 지식을 이해시키고 전달하는 수업에서 지식을 찾는 수업의 형태로 변화하였다. 개념적 지식을 전달하기 위하여 논리적으로 설명하기보다 현재의 사회문제를 다루거나 다양한 가설이 가능한 탐구 문제를 제시하는 형태의 수업을 하고자 하였다. 즉 개념으로부터 연역적으로 설명하기보다는 귀납적 사례로 개념을 이해하도록 하는 수업의 형태로 변화하였다. 또한 교과서대로 진행하는 수업에서 적극적으로 재구성하는 수업으로 변화하였다. 귀납적 사례로 개념을 이해하도록 하려면 교과서의 재구성은 필연적이다. 그리고 이러한 재구성 과정에서 교사의 관점과 신념은 어떠한 문제를 다룰 것인가, 어떻게 다룰 것인가와 같이 귀납적 사례를 선택하고 다루는 방식을 결정하는 데 큰 영향을 미쳤다.

다음으로, 학습은 지식을 암기하는 학습에서 아이들의 생각과 의견을 표현하는 학습으로 변화하였다. 아이들은 교과서에 나와 있는 지식을 외우는 것보다 주제를 탐구하는 형태로 학습하게 되었다.

> 용선: 에세이 쓰는 거 좋아요. 쓰다보면 자기가 놓쳤던 부분까지 다 쓰고⋯ 주제에 대한 생각을 마지막에 정리해서 좋았어요.
> 휘환: 생각을 정리하긴 정리하는 데 시간이 엄청 오래 걸려요.
> 교사: 여러 생각이 나면 당연히 정리하는 데 오래 걸리지.
> 봉선: 그냥 아무 생각 없이 쓰다가요, 골라서 쓰는 거(세계의 여러 나라 단원)에서 아마존 자연훼손 썼는데요, 쓰다 보니까 혼자 화가 나고 그래서요. 몰입, 감정 이입이 너무 잘 됐어요.
>
> (121227–일 년의 수업을 뒤돌아보는 그룹면담)

또한 일방적으로 부여된 과제를 조사하는 학습에서 자발적으로 탐구하는 학습으로 변화하였다. 호기심과 탐구 의지를 바탕으로 자신이 세운 가설을 스스로 검증해 보는 자발적 탐구 과정은 학습이 교실 수업을 통해서만 이루어지는 것이 아님을 시사한다. 아이들의 입장에서 교실 수업은 학습의 일부이며, 이러한 학습 과정이 유기적으로 이루어지도록 해야 한다.

이처럼 교사의 신념은 수업과 아이들의 학습에 영향을 미치고, 수업에 대한 반성과 아이들이 학습하는 모습에 대한 관찰은 다시 교사의 신념에 영향을 미친다. 나의 신념의 정교화 과정은 수업과 학습에 관한 이해와 변화를 통해 이루어졌으며, 수업과 학습의 변화는 또한 신념의 정교화에 영향을 미쳤다. 따라서 신념, 수업, 학습은 서로에게 영향을 주면서 발전해나갔다.

VI. 나오며

이 글은 좋은 사회과 수업을 '숙의하는 수업'이라고 생각하는 나의 신념이 실제 수업에서 얼마나 그리고 어떻게 실현되고 있으며, 실현되지 않는다면 무엇이 문제인지 찾고 개선해나가는 것에 목적을 둔 실행연구이다. 여기서의 신념은 타협의 여지가 없는 고집불통의 절대적이며 확고한 사상과는 구분되며, 반성을 통해 '숙의하는 수업'을 찾아가는 점진적이며 가변적인 과정을 전제한다. 나는 이러한 과정을 '신념의 정교화'로 지칭하고, 수업 현상을 통해 '숙의하는 수업'에 관한 현장 이론(grounded theory)을 귀납적으로 찾아가는 탐구를 수행하였다.

'숙의하는 수업'이라는 나의 신념은 나의 사회과 수업에 관한 반성에서부터 형성되었다. 교사는 개념적 지식만을 전달하기에 벅차고, 아이들에게는 암기하는 것이 어렵고 지루하기만 했던 사회과 수업에서 꼭 필요하다고 생각한 것이 바로 숙의였기 때문이다. 그러나 이러한 나의 신념은 실제 수업 시간에 드러나기보다 사회과 수업에서 깊게 생각하기가 중요하다는 정도의 막연하고 관념적인 것이었다. 두 달에 걸친 예비조사를 통해 내가 생각하는 '숙의하는 수업'은 '쟁점을 다양한 관점에서 지속적으로 살펴보고 해결해 나가는 집단적 사고의 과정이 담긴 수업'이며, 이러한 수업을 위해서는 판단을 보류하고, 혼란을 야기하는 문제를 제기하며, 아이들의 질문을 공론화하고 교과서 재구성이 필요하다는 원리를 발견할 수 있었다.

이를 바탕으로 1차 수업 실행이 이루어졌고, '숙의하는 수업'을 위한 「기법 1: 목표 진술을 다양하게 하기」, 「기법 2: 의견듣기 가운데 논쟁이 자연스럽게 일어나게 하기」, 「기법 3: 다양한 의견을 듣되 어떤 한 개인의 의견이 고착되지 않도록 주의하기」, 「기법 4: 교사가 아이들의 발언을 이어주는 연결고리가 되기」, 「기법 5: 모든 의견을 존중하고 인정하기」, 「기법 6: 수업 전 활동, 수업 중 활동, 수업 후 활동 계획하기」가 도출되었다. 또한 1차 수업의 반성을 통한 2차 수업에서는 이러한 기법들이 강화되거나 보완되어 「기법 7: 논쟁점을 짚고 넘어가기」, 「기법 8: 아이들의 경험세계를 확인하고 체계적으로 확대하기」, 「기법 9: 호기심과 탐구 의지 유도하기」, 「기법 10: 수업은 숙의의 출발점, 절정, 마무리 모든 단계에서 가능함을 알기」, 「기법 11: 열어주는 탐구 이후에는 닫아주는 질문하기」가 추가적으로 도출되었다.

이러한 기법들은 나의 신념과 수업의 반성을 통해 암묵적인 실천지식이 명시적으로 드러나고 정교화 된 것이라고 볼 수 있다.

　연구의 출발점과 비교할 때, 여전히 좋은 사회과 수업은 '숙의하는 수업'이라는 신념을 가지고 있지만 그 신념이 숙의하는 수업의 '원리'와 '기법' 차원으로 정교화 됨에 따라 이상적인 수업과 실제적인 수업의 거리가 가까워졌다. 수업은 지식을 일방적으로 전달하는 수업에서 아이들이 찾아가는 수업으로 변화하였다. 이에 따라 교과서가 중심이 아니라 아이들이 던진 질문 그 자체가 중심이 되면서 생각과 의견을 표현하고 궁금한 것을 스스로 찾아보는 형태의 학습이 이루어졌다.

　이러한 신념의 정교화는 나 스스로의 탐구 과정을 통해 추상적 개념의 수준을 넘어서 구체적 실천 원리를 잉태하는 신념이 되었다. 또한 개인의 생각과 경험에 국한되는 신념을 넘어서 아이들, 동료 교사, 수업 컨설턴트와의 상호작용으로 구성되는 신념이 되었다. 개인적으로 더욱 의미가 있었던 것은 객관화되고 절대화된 좋은 수업의 기준에 맞지 않으면 수업을 못했다는 괴로운 마음이었지만, 좋은 수업은 만들어 가는 과정이라고 인식하게 되고 나름대로의 만족감을 느끼게 되었다는 것이다. 하지만 이것으로 '숙의하는 사회과 수업'에 대한 탐구가 마무리 되었다고 생각하지 않는다. 이것은 명확한 답을 얻을 수 있는 문제가 아니며 다양한 변화 가능성을 내포하는 문제이다. 본 연구는 이러한 의미의 출발점이 될 것이다.

　연구를 마친 후 보다 반성이 필요한 문제들도 발견하게 되었다. 쟁점에 관한 교사의 관점을 따르고 교사가 원하는 방식대로 아이들이 변화했다고 해서 그것을 숙의라고 여길 수 있는가 하는 문제, 뻔한 문제에는 숙의할 수 없는가에 관한 문제, 숙의하는 수업 만들기 과정에서 수업의 과정이 강조되는 반면 내용이 적절했는가에 관한 문제들이다. 다시 한번 연구과정 전체를 돌아보면서 아이들과 함께 탐구하는 교사가 되어야 한다는 것과 뻔한 문제를 회피하기보다는 어떤 문제이든 간에 낯선 관점을 통해 숙의하도록 하는 것이 중요하다는 것을 깨달을 수 있었다.

　1년에 가까운 연구 기간은 나에게 즐거운 탐구 과정이었다. 반성과 깨달음이 반복되며 나만의 수업이 아닌 우리의 수업이 되었다. 이렇듯 나의 신념의 정교화 과정은 스스로의 성장을 나타내는 과정이었다. 그것은 수업이라는 현상을 놓고 수업 주체인 교사와 아이들, 컨설턴트로 조언을 주신 선배 교사들과 늘 곁에 있는 동료 교사들이 협업하여 만들어 낸 집단 지성의 결과물이기도 했다. 또한 혁신학교이기에 자율적인 컨설팅 지원을 받을 수 있었고, 학교 단위 동아리 운영시간이 있어 수업에 관한 의견을 나눌 수 있었던 제반 여건도 나의 연구에 중요한 영향을 미쳤다. 특히 컨설팅이 형식적이거나 실무적인 관계에 그치지 않을 수 있었던 것은 두 가지 요인에서 기인한다. 첫째는 컨설팅이 교육청 차원에서 진행하는 학교 행사로 인식되지 않았기 때문이다. 수업에 관한 문제점을 찾고 해결하고자 하는 관점이 자유로울 수 있었던 것은 학교 자체적으로 구성되고 지원되었던 하늘 초등학교의 특수성이 반영되었기 때문이다. 둘째는 내가 느끼는 수업의 문제점에 관해 가장 좋은 조언을 줄 수 있는 컨설턴트를 구성할 수 있었던 것이다. 나는 지도교수를 통해 나의 문제를 깊이 이해하고 함께 고민해 줄 수 있는 컨설턴트를 소개 받을 수 있었는데 이들과의 면담, 이메일과 메신저를 통한 의견 교환이 많은 도움이 되었다. 나에게는 컨설팅이 '지지와 격려를 바탕으로 좋은 수업을 만들기 위한 소통과 협력의 기회'가 되었던 것이다.

Barr, Barth, and Shermis(1978, p. 163)는 시민성 전달로서의 사회과 교육, 사회과학으로서의 사회과 교육, 반성적 탐구로서의 사회과 교육이라는 세 가지 전통으로 구분하고 교사 스스로가 이 중 어떤 전통을 따르고 있는지를 의식하지 못한다면 학생들에게 일관성 없고 모순된 방식으로 생각하고 행동하도록 만들 것이라고 했다. 여기에서 중요한 것은 교사 자신이 '사회과 수업'을 어떻게 생각하고 있는지에 관한 신념을 스스로 인식해야 하며 교실 수업에서의 실천을 통한 지속적인 점검이 필요하다는 것이다. 이것은 사회과 교육에 관한 다섯 가지 관점(문화유산 전수, 사회과학 탐구, 개인 발달, 반성적 탐구, 사회변혁)과 그에 따른 다섯 가지 인간상(순응적 기능인, 사회과학적 탐구자, 사회적 자아실현인, 반성적 의사결정자, 변혁적 실천자)을 규명하고 교사 자신의 관점 정립과 지속적인 반성을 강조하는 노경주(2014)의 경우에서도 확인할 수 있다.

교사 개개인마다 좋은 사회과 수업에 대한 다양한 관점들이 존재하며, 이에 관한 교사 신념의 스펙트럼도 다채로울 것이다. 이러한 관계를 실제 수업에서 살펴볼 수 있는 후속 연구가 더 이루어진다면 다른 교사의 수업을 참관할 때도 수업 평가의 관점에서 벗어나 그 교사만의 수업을 이해하려는 관점을 제공하는 데 도움이 될 것이다.

참고 문헌

고민석 · 김은애 · 허진미 · 양일호(2013). "초등학교 교사의 탐구에 대한 신념과 과학과 수행평가의 실제".『대한지구과학교육학회지』. 제6권 제2호. pp. 124-135.

김순희(2009). "교사의 반성적 수업 실천을 위한 방안 탐색".『한국교원교육연구』. 제26권 제2호. pp. 101-121.

노경주(2009a). "교사의 개인적 실제적 이론 구성과 교사 교육의 과제".『초등교육연구』. 제22집 제2호. pp. 335-361.

_____(2009b). "사회과에서 고등 사고 능력 함양을 위한 탐구의 공동체 지표".『교육연구』. 제27권 제1호. pp. 34-56.

_____(2012). "예비교사의 개인적 실제적 이론에 관한 사례 연구: 반성적 저널쓰기를 통한 자기 이해와 반성의 제고".『한국교원교육연구』. 제29집 제4호. pp. 417-443.

_____(2014). "사회과 교육을 받은 인간: 사회과교육의 관점에 관한 재고찰".『시민교육연구』. 제46권 제3호. pp. 37-71.

박기용 · 조자경(2010). "교사의 인식론적 신념과 교실 수업행동".『한국교원교육연구』. 제27권 제1호. pp. 19-42.

안영돈 · 임희준(2014). "초등 교사의 과학학습에 대한 신념과 수업 내용, 방법, 환경 측면에서의 교수 실제에 관한 사례 연구".『과학교육연구지』. 제38권 제3호. pp. 555-568.

오상철(2009). "교사의 교수 신념과 교수 행위에 관한 사례 연구: 영국 초등학교를 중심으로".『초등교육연구』. 제22권 제4호. pp. 427-449.

이귀윤(1996).『교육과정 연구-과제와 전망-』. 서울: 교육과학사.

이소연(2012). "경제교육에 대한 교사의 신념과 교수 행위에 관한 연구". 박사학위논문 서울대학교 대학원.

이혁규(2012). "교실수업의 언어적 상호작용에 대해서".『오늘의 교육』. 제6권. pp. 240-252.

임해경 · 추신해 · 김정은(2010). "초등 교사의 수학 및 수학 교수 · 학습에 대한 신념의 변화".『한국초등수학교육학회지』. 제14권 제1호. pp. 103-121.

조인진(2005). "중학교 교사들의 교육적 신념의 현장 적용성에 대한 연구".『한국교원교육연구』. 제22권 제2호. pp. 335-351.

최진영 · 이경진(2007). "교직경력에 따른 초등교사들의 신념과 사회과 교수실제의 관계".『한국교원교육연구』. 제24권 제2호. pp. 313-335.

Barr, R. D., Barth, J. L., & Shermis, S. S.(1978). *The nature of social studies*. 최충옥 · 전홍대 · 조영제 역(1993).『사회과 교육의 이해』. 서울: 서원.

Brookfield, S. D., & Preskill, S. (2005). *Discussion as a way of teaching: Tools and techniques for democratic classrooms*(2nd ed.). 전남대학교 교육발전연구원 역(2008). 『토론-수업을 위한 도구와 기법』. 서울: 학이당.

Finkel, D. L. (2000). *Teaching with your mouth shut*. 문희경 역(2010). 『침묵으로 가르치기』. 서울: 다산북스.

Held, D. (2006). *Models of democracy*. 박찬표 역(2010). 『민주주의의 모델들』. 서울: 후마니타스.

Mertler, C. A. (2014). *Action research: Improving schools and empowering educators*(4th ed.). 노경주 · 박성선 · 서순식 · 윤혜경 · 이면우 · 추병완 역(2015). 『실행 연구: 학교 개선과 교육자의 역량 강화』. 서울: 창지사.

Mills, J. E. (2003). *Action research: A guide for the teacher researcher*(2nd ed.). 강성우 · 부경순 · 심영택 · 양갑렬 · 오세규 · 이경화 · 이혁규 · 임진영 · 허영식 역(2005). 『교사를 위한 실행연구』. 서울: 우리교육.

Dillon, J. T. (Ed)(1994). *Deliberation in education and society*. Norwood, NJ: Ablex Publishing Company.

Kemmis, S., & McTaggart, R. (1988). *The action research planner*(3rd ed.). Victoria, Australia: Deakin University Press.

Pajares, M. F. (1992). "Teachers' beliefs and educational research: Cleaning up a messy construct". *Review of educational research*. 62(3). pp. 307-332

Parker, W. C. (2009). *Social studies in elementary education*(13th ed.). Boston, MA: Allyn & Bacon.

ABSTRACT

Action Research for 'Deliberative Teaching' as Good Teaching in Social Studies
— Elaboration of Teacher Beliefs and Instructional Practices

Kim Jiyeon (Sangjang elementary school)

Good teaching cannot be predefined by outsiders. It is created through the process that a teacher reflects and improves his or her teaching. From this point of view, the study starts from my belief that good teaching in social studies is 'deliberative teaching.' And the study aims to find out how my belief is embodied in my social studies teaching and what the problems are between my belief and my teaching, and to improve my instructional practices. When I started this study, I had somewhat vague idea on the 'deliberative teaching' as good teaching in social studies. However, the idea has been elaborated into my beliefs supported by practical principles and techniques found out through this action research. My beliefs, classroom teaching, and student learning have been enhanced affecting each other. In conclusion, while conducting this study, I have taken the initiative role in improving the class and exerted voluntary efforts, which gave great satisfaction and happiness to me as a teacher. I believe that educators should focus on the process of real classroom practices to identify what good teaching is and thereby teachers will develop their professional capacities and enjoy happiness in engaging in classes.

Key Words: Good Teaching in Social Studies, Teacher Beliefs, Deliberative Teaching, Action Research

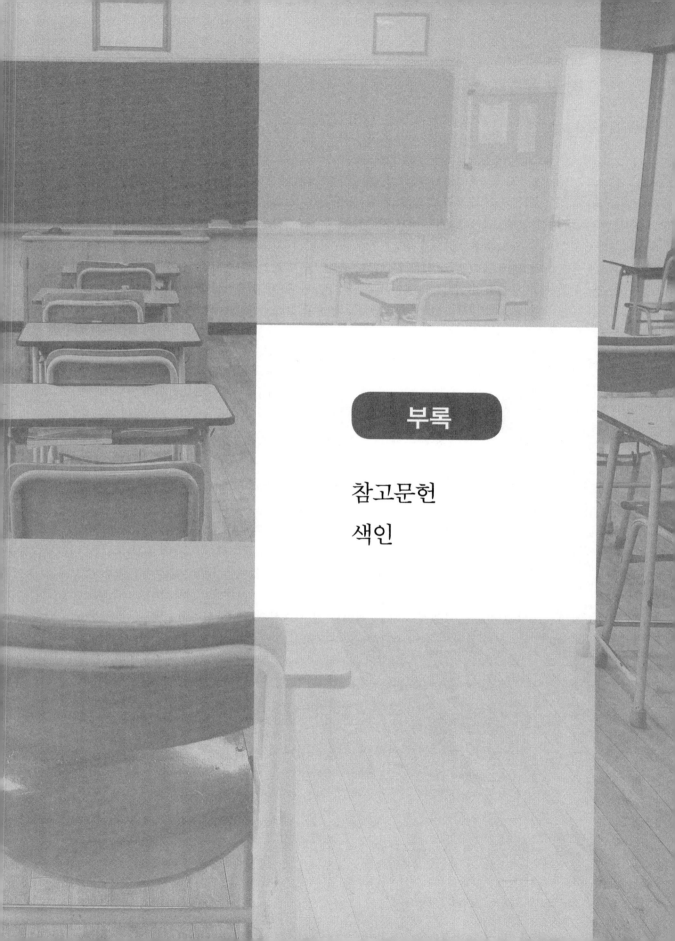

부록

참고문헌
색인

참고 문헌

강대현(2002). 사회과 교육 내실화 방안 연구—좋은 수업에 대한 질적 접근 —. *한국교육과정평가원 연구보고 RRC 2002-4-4.*

경기도교육청(2021). *경기도 초, 중, 고 교육과정 총론에 따른 2021학년도 초등 학교 교육과정 편성 안내.* 경기: 경기도교육청 학교교육과정과.

경기도교육청(2022). *2023학년도 초등학교 교육과정 편성 안내.* 경기: 경기도 교육청 학교교육과정과.

경상남도교육청(2022). *경상남도 초등학교 교육과정 편성·운영 지침.* 경상남도 교육청 고시 제2022-20.

교사교육과정연구회(2020). *교사교육과정: 교육과정 개발자로서 교사.* 서울: 도 서출판 기역.

교육부(2016). *2015 개정 교육과정 총론 해설—초등학교—.* 세종: 교육부.

교육부(2021). *2022 개정 교육과정 총론 주요사항[시안].* 세종: 교육부.

교육부(2022a). *사회과 교육과정.* 교육부 고시 제2022-33호 [별책 7]. 세종: 교 육부.

교육부(2022b). *초·중등학교 교육과정 총론.* 교육부 고시 제2022-33호 [별책 1]. 세종: 교육부.

곽덕주·진석언·조덕주(2007). 우리나라 예비교사들의 '실천적 경험에 대한 반성' 의 특징. *교육학연구, 45*(4), 195-223.

구원회(2007). 교사의 실천적 지식에 관한 국내 연구의 동향 고찰. *한국교원교 육연구, 24*(1), 299-321.

구정화(1995). 사회과 고급사고를 위한 메타인지 전략. *사회와 교육, 21,* 278- 292.

권낙원·박승렬·추광재(2006). 개인적 실천 지식으로서의 교수기술의 의미와 형 성과정 탐색. *한국교원교육연구, 23*(3), 187-207.

김경모(1996). 경제교육에서의 고급사고력(Higher Order Thinking) 함양 방안. *사 회와 교육, 22,* 1-30.

김덕년·정윤리·최미현·김지연·고승선·이하영·최윤정(2022). *학생과 교사가 함 께 성장하는 교사 교육과정.* 서울: 교육과실천.

김민정(2012). 교사의 실천적 지식 이해: 구조와 내러티브의 상호작용을 중심으 로. *한국교원교육연구, 29*(1), 191-206.

김병찬(2007). 교사의 생애발달 과정에 관한 사례 연구. *한국교원교육연구, 24*(1), 77-102.

김병찬(2009). 교직과목에서 '저널쓰기'의 의미 탐색: 교육행정 및 교육경영 과목 수업 사례 연구. 한국교원교육연구, *26*(1), 285-313.

김순희(2009). 교사의 반성적 수업 실천을 위한 방안 탐색. 한국교원교육연구, *26*(2), 101-121.

김영천(1997). 학교 교육현상 탐구를 위한 질적 연구의 방법과 과정. 교육학연구, *35*(5), 135-170.

김윤경·권순희(2017). 교사신념에 따른 수업대화의 참여구조 양상 연구. 국어교육학연구, *52*(4), 189-225.

김윤옥·김성혜·신경숙·신경일·정명화·허승희·황희숙(1996). 교육 연구를 위한 질적 연구방법과 설계. 서울: 문음사.

김은주(2010). 실천적 지식의 탐색: 교사교육에의 함의와 문제. 한국교원교육연구, *27*(4), 27-46.

김자영(2002). 초등 교사의 수업 속에 나타난 실천적 지식에 대한 이해: 초등 수학수업을 중심으로. 이화여자대학교 대학원 박사학위논문.

김자영·김정효(2003). 교사의 실천적 지식에 대한 이론적 탐색. 한국교원교육연구, *20*(2), 77-96.

김지연(2015a). 좋은 사회과 수업으로서 '숙의하는 수업'을 위한 실행연구─교사 신념과 수업 실제의 정교화를 중심으로─. 춘천교육대학교 교육대학원 석사학위논문.

김지연(2015b). 좋은 사회과 수업으로서 '숙의하는 수업'을 위한 실행연구: 교사 신념과 수업 실제의 정교화. 시민교육연구, *47*(4), 1-36.

남은영(2010). 초등 사회 수업 개선을 위한 실행연구: Engle & Ochoa의 반성적 의사결정 모형의 적용. 춘천교육대학교 교육대학원 석사학위논문.

노경주(1994). Higher order thinking in the teaching of social studies: Korean secondary social studies classrooms. 사회와 교육, *18*, 271-305.

노경주(1998a). 사회과교육과 고등 사고 능력(higher order thinking)의 함양─교사 개인의 실천적 이론(teacher personal practical theories)을 중심으로─. 사회과교육학연구, *2*, 34-53.

노경주(1998b). 한 사회 교사의 교육과정 개발에 대한 사례 연구: 수업 계획을 중심으로. 사회과학교육, *2*, 97-118.

노경주(1999). 교사-학생 상호작용에서 교환되는 교실 언어의 유형 연구. 교육 사회학연구, *9*(2), 97-119.

노경주(2003). 귀국학생의 삶에 대한 자연주의적 이해와 교육적 과제. 아동권리연구, *7*(2), 349-375.

노경주(2009a). 교사의 개인적 실제적 이론 구성과 교사 교육의 과제. 초등교육 연구, *22*(2), 335-361.

노경주(2009b). 사회과에서 고등 사고 능력 함양을 위한 탐구의 공동체 지표. *교육연구*, *27*(1), 34-56.

노경주(2011). 반성적 저널 쓰기를 통한 예비교사의 개인적 실제적 이론의 정교화. *교육연구*, *29*(2), 17-36.

노경주(2012). 예비교사의 개인적 실제적 이론에 관한 사례 연구: 반성적 저널쓰기를 통한 자기 이해와 반성의 제고. *한국교원교육연구*, *29*(4), 417-443.

노경주(2014). 사회과교육을 받은 인간: 사회과교육의 관점에 관한 재고찰. *시민교육연구*, *46*(3), 37-71.

노경주(2018a). 교사의 개인적 실제적 이론의 변화에 관한 질적 사례 연구: 예비교사에서 교직 경력 5년 교사로. *한국교원교육연구*, *36*(4), 283-312.

노경주(2018b). 춘천교육대학교 교육과정 개정 방향 모색. *교육연구*, *35*(2), 45-81.

노경주(2019). 초등교사양성교육에 대한 비판적 성찰: 초등 초임교사에 의해 드러난 쟁점(emic issues)을 중심으로. *한국교원교육연구*, *36*(3), 343-372.

노경주(2023). 교사교육과정의 개념적 이해와 개발을 위한 비판적 성찰: 교육과정 분권화와 자율화 강화 모색. *시민교육연구*, *55*(4), 283-316.

노경주·강대현(2018). 시민교육 관점에서 본 쟁점 중심 교육의 의의와 전략. *시민교육연구*, *50*(4), 49-76.

노경주·이면우·권덕원(2005). 교과 교육에서 질적 연구의 동향과 과제. *교육연구*, *23*(1), 163-204.

박기용·조자경(2010). 교사의 인식론적 신념과 교실 수업행동. 한국교원교육연구, *27*(1), 19-42.

박진수(2020). *왜 교사 수준 교육과정인가*. 서울: 더블북코리아.

박찬주·심춘자(2002). 초·중등 교사발달 과정에 관한 사례 연구. *교육학연구*, *40*(1), 197-218.

박천영(2004). 초등학교 사회과 교실 수업 개선을 위한 실행연구: 교사 중심으로부터 학생 활동 중심 수업으로. *춘천교육대학교 교육대학원 석사학위논문*.

배영민(2017). Lawrence Stenhouse의 인문학 교육과정에 대한 고찰: 고교학점제의 시행에 대비한 중등학교의 사회과 교육과정 개발에 주는 의미. *사회과교육*, *56*(4), 91-112.

서경혜(2005). 반성적 교사 교육의 허와 실. *한국교원교육연구*, *22*(3), 307-

332.

서경혜(2010). 교사공동체의 실천적 지식. *한국교원교육연구, 27*(1), 121-148.

서경혜(2019). 교사 연구의 새로운 가능성 탐색. *교사교육연구, 58*(3), 413-426.

서울특별시교육청교육연구정보원(2021). *서울혁신미래교육과정 기반 초등학교 교육과정 편성·운영 안내서*(학교 교육과정과 교사 교육과정).

소경희·김종훈(2010). 초등교사의 수업관련 실천적 지식의 작동 및 형성 과정에 대한 사례 연구. *교육학연구, 48*(1), 133-155.

양세희(2022). 문법 교육의 실천적 지식에 관한 예비 교사와 경력 교사의 사례 연구. *새국어교육, 131*, 141-178.

유기웅·정종원·김영석·김한별(2012). *질적 연구방법의 이해*. 서울: 박영사.

유성열·정광순(2021). 교사의 교육과정 실행 양성 분석 및 교사교육과정 개발의 특성 논의: S교육청 사례를 중심으로. *교육과정연구, 39*(2), 81-104.

유솔아(2005). 반성을 통한 교사 전문성 신장을 위한 교사 교육: PDS. *한국교원교육연구, 22*(3), 97-121.

윤택림(2004). *문화와 역사 연구를 위한 질적연구방법론*. 서울: 아르케.

이광성(1996). 사회과 수업에서 고급수준질문의 활용에 관한 연구. *사회와 교육, 22*, 41-58.

이광성(1997). 고급사고력향상을 위한 교수-학습방법에 관한 연구. *사회와 교육, 25*, 369-388.

이귀윤(1996). *교육과정 연구: 과제와 전망*. 서울: 교육과학사.

이선경·오필석·김혜리·이경호·김찬종·김희백(2009). 과학 교사의 교수내용지식과 실천적 지식에 관한 연구 관점 고찰. *한국교원교육연구, 26*(1), 27-57.

이성은·권리라·윤연희(2004). 초등교사의 전문성에 관한 참여관찰 연구. *한국교원교육연구, 21*(3), 5-27.

이소연(2012). 경제교육에 대한 교사의 신념과 교수 행위에 관한 연구. *서울대학교 대학원 박사학위논문*.

이슬기(2022). 이주배경학생 지도 교사의 실천적 지식에 대한 연구: 탈북학생 지도 교사를 중심으로. *한국교원교육연구, 39*(3), 83-103.

이원님·정광순(2021). 교사교육과정에서 공통요소(commonplaces)로 살펴본 주제 개발의 원천 탐구. *통합교육과정연구, 15*(2), 29-56.

이원님·정광순(2022). 교사교육과정에서 교사가 개발한 주제(단원)의 성격에 대한 논의. *통합교육과정연구, 16*(2), 161-190.

이은총(2022). *교사 교육과정, 어떻게 만들고 운영할까*. 경기 안산: 푸른칠판.

이진향(2002). 교사의 수업개선을 위한 반성적 사고의 의미 고찰. *한국교원교육연구, 19*(3), 169-188.

이해주(1994). 고급사고력 신장을 위한 교육방법에 관한 논의―직접교육과 간접교육을 중심으로―. *사회와 교육, 18*, 23-42.

이혁규(2005). *교과 교육 현상의 질적 연구―사회교과를 중심으로―*. 서울: 학지사.

전라북도교육청(2023). *전라북도 초등학교 교육과정 총론*. 전라북도 교육청 고시 제2023-9(2023.4.25.).

정광순(2021). 교육과정 자율화를 위한 기반 탐색. *통합교육과정연구, 15*(1), 27-48.

정윤리(2022). 교사 교육과정이란 무엇인가? 김덕년·정윤리·최미현·김지연·고승선·이하영·최윤정. *학생과 교사가 함께 성장하는 교사 교육과정*(53-85). 서울: 교육과실천.

정윤리·임재일(2021). 교육과정 자율화 정책 논의를 통한 차기 국가교육과정 개발에 대한 일고: 교사교육과정 정책을 중심으로. *교육과정연구, 39*(4), 5-33.

조덕주(2006). 교사의 반성적 교육실천을 위한 이론적 기초 탐구. *교육학연구, 44*(2), 105-133.

조덕주(2009). 반성적 사고 중심 예비교사 교육 프로그램 개발을 위한 기초연구. *한국교원교육연구, 26*(2), 411-436.

조덕주·곽덕주·진석언(2008). 예비 교사의 반성적 사고 수준 향상을 위한 실제적 맥락 안에서의 저널쓰기 연구. *교육학연구, 46*(1), 231-259.

조성민(2009). 교사의 반성적 행동이 교수학적 내용 지식에 미치는 영향에 관한 사례 연구. *한국교원교육연구, 26*(1), 201-220.

조영태(2008). 타일러 모형의 대안들: 워커의 모형과 스텐하우스 모형에 대한 검토. *교육과정연구, 26*(1), 1-26.

조영태(2018). 스텐하우스의 교육과정 모형에 대한 한 해석: 점진적 사회공학과 실행-연구를 중심으로. *도덕교육연구, 30*(3), 23-54.

조용환(1995). 일상세계의 복잡성에 대한 이해. *초등교육연구논총, 7*, 13-22.

조용환(1999). *질적 연구: 방법과 사례*. 서울: 교육과학사.

조인진(2005). 중학교 교사들의 교육적 신념의 현장 적용성에 대한 연구. *한국교원교육연구, 22*(2), 335-351.

차경수(1993). 개념학습과 고급사고력 함양: 21세기 한국 시민사회의 발전과 한국병 치료를 위한 사회과교육의 처방. *사회와 교육, 17*, 1-18.

차경수(1996). *현대의 사회과교육*. 서울: 학문사.

최진영·이경진(2007). 교직경력에 따른 초등교사들의 신념과 사회과 교수실제의 관계. *한국교원교육연구, 24*(2), 313-335.

추갑식(2015). 수업실습을 통해 본 초등예비교사의 반성 내용과 수준에 대한 고찰. *한국교원교육연구, 32*(1), 201-229.

충청남도교육청(2022). *2023 충청남도 초등학교 교육과정 편성·운영 지침*. 충청남도교육청 고시 제2022-28호.

충청북도교육청(2023). *2023 초등학교 교육과정 편성·운영 도움자료 함께 읽는 교육과정*. 충북-2022-122. 충청북도 청주: 충청북도교육청 학교혁신과 초등교육팀.

홍미화(2005). 교사의 실천적 지식에 대한 이론적 논의: 사회과 수업을 중심으로. *사회과교육, 44*(1), 101-124.

Adelman, C. (1993). Kurt Lewin and the origins of action research. *Educational Action Research, 1*(1), 7-24.

Adler, P. A., & Adler, P. (1994). Observational techniques. In N. K. Denzin & Y. S. Lincoln (Eds.), *Handbook of qualitative research* (pp. 377-392). Thousand Oaks, CA: Sage Publication, Inc.

Alger, C. L. (2009). Secondary teachers' conceptual metaphors of teaching and learning: Changes over the career span. *Teaching and Teacher Education, 25*(2009), 743-751.

Allen, J. M. (2009). Valuing practice over the theory: How beginning teachers re-orient their practice in the transition from the university to the workplace. *Teaching and Teacher Education, 25*(2009), 647-654.

American Psychology Association (2010). *Publication manual of the American Psychology Association* (3rd ed.). Washington, D. C.: American Psychology Association.

Anderson, G. L., Herr, K., & Nihlen, A. S. (1994). *Studying your own school: An educator's guide to qualitative practitioner research*. Thousand Oaks, CA: Corwin Press, Inc.

Apple, M. W. (1990). *Ideology and curriculum* (2nd ed.). New York, NY: Routledge.

Barone, T. (1992). On the demise of subjectivity on educational inquiry. *Curriculum Inquiry, 22*(1), 25-37.

Bauml, M. (2009). Examining the unexpected sophistication of preservice teachers' beliefs about the relational dimensions of teaching. *Teaching and Teacher Education, 25*(2009), 902-908.

Beane, J. A. (1997). *Curriculum integration: Designing the core of democratic education*. New York, NY: Teachers College Press. 노경주 역(2019). *교육과정 통합: 민주적인 교육의 핵심을 지향하는 설계*. 춘천: 춘천교육대학교 출판부.

Ben-Peretz, M. (1990). *The teacher-curriculum encounter: Feeling teachers from the tyranny of texts*. New York, NY: State University of New York Press. 정광순·김세영 역(2014). *교사, 교육과정을 만나다*. 서울: 강현출판사.

Bloom, B. S. (1956). *Taxonomy of educational objectives, Handbook I. Cognitive domain*. New York, NY: David Mckay.

Blumer, H. (1969). *Symbolic interactionism: Perspective and method*. Englewood Cliffs, NJ: Prentice-Hall, Inc.

Bogdan, R. C., & Biklen, S. K. (1992). *Qualitative research for education: An introduction to theories and methods* (2nd ed.). Boston, MA: Pearson Education, Inc.

Bogdan, R. C., & Biklen, S. K. (1998). *Qualitative research for education: An introduction to theory and methods* (3rd ed.). Needham Heights, MA: Allyn & Bacon.

Bogdan, R. C., & Biklen, S. K. (2007). *Qualitative research for education: An introduction to theories and methods* (5th ed.). Boston, MA: Pearson Education, Inc.

Brookfield, S. D. (1995). *Becoming a critically reflective teacher*. San Francisco, CA: Jossey-Bass, Inc.

Brown, T., & Jones, L. (2001). *Action research and postmodernism: Congruence and critique*. Philadelphia, PA: Open University Press.

Bryman, A. (1988). *Quantity and quality in social research*. New York, NY: Routledge.

Bullough, Jr., R. V. (1997). Practicing theory and theorizing practice in teacher education. In J. Loughram, & T. Russell (Ed.). *Teaching about teaching: Purpose, passion and pedagogy in teacher education* (pp. 13-31). Bristol, PA: Falmer Press, Taylor & Francis Inc.

Callahan, J. C. (Ed.) (1988). *Ethical issues in professional life*. New York, NY: Oxford University Press, Inc.

Carr, W., & Kemmis, S. (1986). *Becoming critical: Education, knowledge and action research*. Philadelphia, PA: The Falmer Press.

Carspecken, P. F., & Apple, M. (1992). Critical qualitative research: Theory, methodology, and practice. In M. D. LeCompte, W. L. Millroy, & J. Preissle

(Eds.), *The handbook of qualitative research in education* (pp. 507-553). San Diago, CA : Academic Press, Inc.

Chant, R. H. (2002). The impact of personal theorizing on beginning teaching: Experiences of three social studies teachers. *Theory and Research in Social Education, 30*(4), 516-540.

Cheng, M. M. H., Chan, K-W., Tang, S. Y. F., & Cheng, A. Y. N. (2009). Pre-service teacher education students' epistemological beliefs and their conceptions of teaching. *Teaching and Teacher Education, 25*(2009), 319-327.

Christians, C. G. (2000). Ethics and politics in qualitative research. In N. K. Denzin & Y. S. Lincoln (Eds.), *Handbook of qualitative research* (2nd ed., pp. 163-188). Thousand Oaks, CA: Sage Publication, Inc.

Clandinin, D. J. (1985). Personal practical knowledge: A study of teachers' classroom images. *Curriculum Inquiry, 15*(4), 361-385.

Clandinin, D. J., & Connelly, F. M. (1992). Teachers as curriculum maker. In P. W. Jackson (Ed.), *Handbook of research on curriculum: A project of the American Educational Research Association* (pp. 363-401). New York, NY: Macmillan Publishing Company.

Clandinin, D. J., & Connelly, F. M. (1995). *Teachers' professional knowledge landscapes.* New York, NY: Teachers College Press.

Clark, C. M., & Peterson, P. L. (1986). Teachers' thought processes. In M. C. Wittrock (Ed.), *Handbook of research on teaching: A project of the American Educational Research Association* (3rd ed., pp. 255-296). New York, NY: Macmillan Publishing Company.

Cochran-Smith, M., & Lytle, S. L. (1993). *Inside outside: Teacher research and knowledge.* New York, NY: Teachers College Press.

Connelly, F. M., Clandinin, D. J., & He, M. F. (1997). Teachers' personal practical knowledge on the professional knowledge landscape. *Teaching and Teacher Education, 13*(7), 665-674.

Cornett, J. W. (1990). Teacher thinking about curriculum and instruction: A case study of a secondary social studies teacher. *Theory and Research in Social Education, 18*(3), 248-273.

Cornett, J. W., Chase, K. S., Miller, P., Schrock, D., Bennett, B. J., Goins, A., & Hammond, C. (1992). Insights from the analysis of our own theorizing: The viewpoints of seven teachers. In E. W. Ross, J. W. Cornett, & G. McCutcheon

(Eds.), *Teacher personal theorizing: Connecting curriculum practice, theory, and research* (pp. 137-157). Albany, NY: State University of New York Press.

Creswell, J. W. (2005). *Educational research: Planning, conducting, and evaluating quantitative and qualitative research* (2nd ed.). Upper Saddle River, NJ: Merrill/ Prentice Hall.

Creswell, J. W., & Clark, V. P. (2011). *Designing and conducting mixed methods research* (2nd ed.). Thousand Oaks, CA: Sage Publications, Inc.

Cruickshank, D. F., Bainer, D., & Metcalf, K. (1995). *The act of teaching.* New York, NY: McGraw-Hill.

Darling-Hammond, L., & Snyder, J. (1992). Curriculum studies and the traditions of inquiry: The scientific tradition. In P. W. Jackson (Ed.), *Handbook of research on curriculum: A project of the American Educational Research Association* (pp. 41-78). New York, NY: Macmillan Publishing Company.

Day, S. P., Webster, C., & Killen, A. (2022). Exploring initial teacher education student teachers' beliefs about reflective practice using a modified reflective practice questionnaire. *Reflective Practice, 23*(4), 437-451.

Denzin, N. K. (1989a). *Interpretive interactionism.* Newbury Park, CA: SAGE Publications, Inc.

Denzin, N. K. (1989b). *The research act: A theoretical introduction to sociological methods* (3rd ed.). Englewood Cliffs, NJ: Prentice-Hall, Inc.

Deyhle, D. L., Hess, Jr., G. A., & LeCompte, M. D. (1992). Approaching ethical issues for qualitative researchers in education. In M. D. LeCompte, W. L. Millroy, & J. Preissle (Eds.), *The handbook of qualitative research in education* (pp. 597-641). San Diago, CA : Academic Press, Inc.

Dewey, J. (1910). *How we think.* Lexington, M. A.: D. C. Heath.

Dewey, J. (1916). *Democracy and education: An introduction to the philosophy of education.* New York, NY: The Macmillan Company.

Dewey, J. (1933). *How we think: A restatement of the relation of reflective thinking to the educative process.* Boston, MA: D. C. Heath and Company.

Dewey, J. (1938). *Experience and education.* New York, NY: Collier Books.

Dewey, J. (1990). *The school and society and the child and the curriculum.* Chicago, IL: The University of Chicago Press.

Doyle, W. (1992). Curriculum and pedagogy. In P. W. Jackson (Ed.), *Handbook of research on curriculum: A project of the American Educational Research Association* (pp. 486-516). New York, NY: Macmillan Publishing Company.

Dunkin, M. J., Welch, A., Merritt, A., Phillips, R., & Craven, R. (1998). Teachers' explanations of classroom events: Knowledge and beliefs about teaching civics and citizenship. *Teaching and Teacher Education, 14*(2), 141-151.

Eisenhart, M., & Borko, H. (1993). *Designing classroom research: Themes, issues, and struggles.* Needham Heights, MA: Allyn & Bacon.

Eisner, E. W. (1979). *The educational imagination.* New York, NY: Macmillan Publishing Company.

Eisner, E. W. (1991). *The enlightened eye: Qualitative inquiry and the enhancement of educational practice.* New York: NY: Macmillan Publishing Company.

Eisner, E. W. (1992a). Curriculum ideologies. In P. W. Jackson (Ed.), *Handbook of research on curriculum: A project of the American Educational Research Association* (pp. 302-326). New York, NY: Macmillan Publishing Company.

Eisner, E. W. (1992b). Objectivity in educational research. *Curriculum Inquiry, 22*(1), 9-15.

Eisner, E. W. (1998). *The enlightened eye: Qualitative inquiry and the enhancement of educational practice* (2nd ed.). Upper Saddle River, NJ: Merrill. 박병기·박성혁·박승배·서유미·서혁·안금희·유현주·이경한·이종영·임미경·최경희 역 (2001). 질적 연구와 교육. 서울: 도서출판 학이당.

Eisner, E. W., & Peshkin, A. (Eds.) (1990). *Qualitative inquiry in education: The continuing debate.* New York, NY: Teachers College Press.

Elbaz, F. (1981). The teacher's "practical knowledge": Report of a case study. *Curriculum Inquiry, 11*(1), 43-71.

Elbaz, F. (1983). *Teacher thinking: A study of practical knowledge.* New York, NY: Nicols.

Erickson, F. (1986). Qualitative methods in research on teaching. In M. C. Wittrock (Ed.), *Handbook of research on teaching* (3rd ed., pp. 119-161). New York, NY: Macmillan Publishing Company.

Erickson, F., & Shultz, J. (1992). Students' experience of the curriculum. In P. W. Jackson (Ed.), *Handbook of research on curriculum: A project of the American Educational Research Association* (pp. 465-485). New York, NY: Macmillan Publishing Company.

Fenstermacher, G. D., & Soltis, J. F. (1992). *Approaches to teaching* (2nd.). New York, NY: Teachers College Press.

Fickel, L. H. (2000). Democracy is messy: Exploring the personal theories of a high school social studies teacher. *Theory and Research in Social Education, 28*(3), 359-390.

Fontana, A., & Frey, J. H. (1994). Interviewing: The act of science. In N. K. Denzin & Y. S. Lincoln (Eds.), *Handbook of qualitative research* (pp. 361-376). Thousand Oaks, CA: Sage Publication, Inc.

Francis, D. (1995). The reflective journal: A window to preservice teachers' practical knowledge. *Teaching and Teacher Education, 11*(3), 229-241.

Freire, P. (1993). *Pedagogy of the oppressed* (Rev. Ed.). New York, NY: The Continuum Publishing Company.

Gage, N. L. (1989). The paradigm wars and their aftermath: A historical sketch on research on teaching since 1989. *Teachers College Record, 91*(2), 135-150.

Gall, M. D., Gall, J. P., & Borg, W. R. (2003). *Educational research: An introduction* (7th ed.). Boston, MA: Pearson Education, Inc.

Geertz, C. (Ed.) (1973). *The interpretation of cultures.* New York, NY: Basic Books.

Geertz, C. (1979). From the native's point of view: On the nature of anthropological understanding. In P. Rabinow & W. Sullivan (Eds.), *Interpretive science: A reader* (pp. 225-242). Berkeley, CA: University of California Press.

Geertz, C. (1993). *Local knowledge: Further essays in interpretive anthropology.* London: Fontana.

Gholami, K., & Husu, J. (2010). How do teachers reason about their practice? Representing the epistemic nature of teachers' practical knowledge. *Teaching and Teacher Education, 26*(2010), 1520-1529.

Glaser, B. G. & Strauss, A. L. (1967). *The discovery of grounded theory: Strategies for qualitative research.* Chicago, IL : Aldine.

Glesne, C. (1999). *Becoming qualitative researchers: An introduction* (2nd ed.). New York, NY: Addison Wesley Longman.

Glesne, C. (2006). *Becoming qualitative researchers: An introduction* (3rd ed.). Boston, MA: Pearson Education, Inc. 안혜준 역(2008). 질적 연구자 되기. 서울: 아카데미 프레스.

Glesne, C., & Peshkin, A. (1992). *Becoming qualitative researchers: An introduction.* White Plains, NY: Longman.

Goetz, J. P., & LeCompte, M. D. (1984). *Ethnography and qualitative design in educational research.* Orlando, FL: Academic Press, Inc.

Goetz, J. P., & LeCompte, M. D. (1991). Qualitative research in social education. In

J. P. Shaver (Ed.), *Handbook of research on social studies teaching and learning: A project of the National Council for the Social Studies* (pp. 56-66). New York, NY: Macmillan Publishing Company.

Good, T. L., & Brophy, J. E. (1991). *Looking in classrooms* (5th ed.). New York, NY: HarperCollins*Publishers*.

Greenwood, D. J., & Levin, M. (2005). Reform of the social sciences and of universities through action research. In N. K. Denzin & Y. S. Lincoln (Eds.), *The SAGE handbook of qualitative research* (3rd ed., pp. 43-64). Thousand Oaks, CA: SAGE Publications, Inc.

Guba, E. G. (1990). Subjectivity and objectivity. In E. W. Eisner & A. Peshkin (Eds.), *Qualitative inquiry in education: The continuing debate* (pp. 74-91). New York, NY: Teachers College Press.

Guba, E. G. (1992). Relativism. *Curriculum Inquiry, 22*(1), 17-23.

Guba, E. G., & Lincoln, Y. S. (1994). Competing paradigms in qualitative research. In N. K. Denzin & Y. S. Lincoln (Eds.) *Handbook of qualitative research* (105-117). Thousand Oaks, CA: Sage Publications, Inc.

Guba, E. G., & Lincoln, Y. S. (2005). Paradigmatic controversies, contradictions, and emerging confluences. In N. K. Denzin & Y. S. Lincoln (Eds.), *The SAGEhandbook of qualitative research* (3rd ed., pp. 165-215). Thousand Oaks, CA: Sage Publications, Inc.

Harrington, H. L., Quinn-Leering, K., with Hodson, L. (1996). Written case analysis and critical reflection. *Teaching and Teacher Education, 12*(1), 25-37.

Hensen, K. T. (1996). Teachers as researchers. In J. Sikula, T. J. Buttery, & E. Guyton (Eds.), *Handbook of research of teacher education: A project of the Association of Teacher Educators* (2nd ed. pp. 53-64). New York, NY: Macmillan Library Reference USA.

House, E. R. (1992). Realism in research. *Educational Researcher, 20*(6), 2-9.

Howe, K. R. (1988). Against the quantitative-qualitative incompatibility thesis or dogmas die hard. *Educational Researcher, 17*(8), 10-16.

Howe, K. R. (1992). Getting over quantitative-qualitative debate. *American Journal of Education, 100*(2), 236-256.

Howe, K. R., & Eisenhart, M. (1990). Standards for qualitative (and quantitative) research: A prolegomenon. *Educational Researcher, 19*(4), 2-9.

Jackson, P. W. (1968). *Life in classrooms.* New York, NY: Holt, Rinehart & Winston.

Jackson, P. W. (1990). *Life in classrooms*. New York, NY: Teachers College Press. (Original work published 1968)

Jackson, P. W. (1992). Conceptions of curriculum and curriculum specialists. In P. W. Jackson (Ed.), *Handbook of research on curriculum: A project of the American Educational Research Association* (pp. 3-40). New York, NY: Macmillan Publishing Company.

Jacob, E. (1987). Qualitative research traditions: A review. *Review of Educational Research, 57*(1), 1-50.

Jacob, E. (1992). Culture, context, and cognition. In M. D. LeCompte, W. L. Millroy, & J. Preissle (Eds.), *The handbook of qualitative research in education* (pp. 293-335). San Diego, CA: Academic Press, Inc.

Jansen, G., & Peshkin, A. (1992). Subjectivity in qualitative research. In M. D. LeCompte, W. L. Millroy, & J. Preissle (Eds.), *The handbook of qualitative research in education* (pp. 681-725). San Diego, CA: Academic Press, Inc.

Johnston, M. (1990). Teachers' backgrounds and beliefs: Influences on learning to teach in the social studies. *Theory and Research in Social Education, 18*, 207-233.

Kemmis, S., & McTaggart, R. (Eds.) (1988). *The action research planner* (3rd ed.). Victoria, AU: Deakin University Press.

Kemmis, S. & McTaggart, R. (2000). Participatory action research. In N. K. Denzin & Y. S. Lincoln (Eds.), *Handbook of qualitative research* (2nd ed., pp. 567-605). Thousand Oaks, CA: Sage Publication, Inc.

Kemmis, S., & McTaggart, R. (2005). Participatory action research: Communicative action and the public sphere. In N. K. Denzin & Y. S. Lincoln (Eds.), *The SAGE handbook of qualitative research* (3rd ed., pp. 559-603). Thousand Oaks, CA: SAGE Publications, Inc.

Kemmis, S., & Stake, R. E. (1988). *Evaluating curriculum*. Victoria, AU: Deakin University Press.

Kettle, B., & Sellars, N. (1996). The development of student teachers' practical theory of teaching. *Teaching and Teacher Education, 12*(1), 1-24.

Kincheloe, J. L., & McLaren, P. L. (1994). Rethinking critical theory and qualitative research. In N. K. Denzin & Y. S. Lincoln (Eds.), *Handbook of qualitative research* (pp. 138-157). Thousand Oaks, CA: SAGE Publications, Inc.

Kuhn, T. S. (1970). *The structure of scientific revolutions* (2nd ed.). Chicago, IL: The University of Chicago Press.

Leavy, A. M., McSorley, F. A., & Boté, L. A. (2007). An examination of what metaphor construction reveals about the evolution of preservice teachers' beliefs about teaching and learning. *Teaching and Teacher Education, 23*(2007), 1217-1233.

LeCompte, M. D. (1987). Bias in the biography: Bias and subjectivity in ethnographic research. *Anthropology & Education Quarterly, 18*, 43-52.

LeCompte, M. D. & Goetz, J. P. (1982). Problems of reliability and validity in ethnographic research. *Review of Educational Research, 52*, 31-60.

Lederman, R. (1990). Pretexts for ethnography: On reading fieldnotes. In R. Sanjek (Ed.), *Fieldnotes: The making of anthropology* (pp. 71-91). Ithaca, NY: Cornell University Press.

Lincoln, Y. S. (1990). Toward a categorical imperative for qualitative research. In E. W. Eisner & A. Peshkin (Eds.), *Qualitative inquiry in education: The continuing debate* (pp. 277-295). New York, NY: Teachers College Press.

Lincoln, Y. S. (1992). Curriculum studies and the traditions of inquiry: The humanistic tradition. In P. W. Jackson (Ed.), *Handbook of research on curriculum: A project of the American Educational Research Association* (pp. 79-97). New York, NY: Macmillan Publishing Company.

Lincoln, Y. S., & Guba, E. G. (1985). *Naturalistic inquiry.* Beverly Hills, CA: Sage Publications, Inc.

Lincoln, Y. S., & Guba, E. G. (2000). Paradigmatic controversies, contradictions, and emerging confluences. in N. K. Denzin & Y. S. Lincoln (Eds.), *Handbook of qualitative research* (2nd ed., pp. 163-188). Thousand Oaks, CA: Sage Publication, Inc.

Lipman, M. (1991). *Thinking in education.* New York, NY: Cambridge University Press.

Lundeberg, M. A., Emmett, J., Russo, T., Monsour, F., Lindquist, N., Moriarity, S., Uhren, P., & Secrist, K. (1997). Listening to each other's voices: Collaborative research about open meetings in classrooms. *Teaching and Teacher Education, 13*(3), 311-324.

Lytle, S., & Cochran-Smith, M. (1992). Teacher research as a way of knowing, *Havard Educational Review, 62*(4), 447-474.

Maaranen, K., & Stenberg, K. (2020). Making beliefs explicit: Student teachers' identity development through personal practical theories. *Journal of Education for Teaching, 46*(3), 336-350.

Mansfield, C. F., & Volet, S. E. (2010). Developing beliefs about classroom motivation: Journeys of preservice teachers. *Teaching and Teacher Education, 26*(2010), 1404-1415.

Mason, J. (2017). *Qualitative researching* (3rd ed.). London, U.K.: SAGE Publications Ltd.

McCutcheon, G. (1992). Facilitating teacher personal theorizing. In E. W. Ross, J. W. Cornett, & G. McCutcheon (Eds.). *Teacher personal theorizing: Connecting curriculum practice, theory, and research* (pp. 191-205). Albany, NY: The State University of New York Press.

McCutcheon, G. (1995). *Developing the curriculum: Solo and group deliberation*. White Plains, NY: Longman Publishers USA.

McMahon, S. I. (1997). Using documented written and oral dialogue to understand and challenge preservice teachers' reflections. *Teaching and Teacher Education, 13*(2), 199-213.

McNeil, J. D. (1990). *Curriculum: A comprehensive introduction* (4th ed.). New York, NY: HaperCollinsPublishers.

McNiff, J., & Whitehead J. (2006). *All you need to know about action research*. Thousand Oaks, CA: SAGE Publications, Inc.

Merriam, S. B. (1988). *Case study research in education: A qualitative approach*. San Francisco, CA: Jossey-Bass Inc., Publishers.

Mertler, C. A. (2009). *Action research: Teachers as researchers in the classroom* (2nd ed.). Thousand Oaks, CA: SAGE Publications, Inc.

Mertler, C. A. (2014). *Action research: Improving schools and empowering educators* (4th ed.). Thousand Oaks, CA: SAGE Publications, Inc. 노경주·박성선·서순식·윤혜경·이면우·추병완 역(2015). *실행 연구: 학교 개선과 교육자의 역량 강화*. 서울: 창지사.

Mills, G. E. (2003). *Action research: A guide for the teacher researcher* (2nd ed.). Upper Saddle, NJ: Pearson Education, Inc.

Min, M., Akerson, V., & Aydeniz, F. (2020). Exploring preservice teachers' beliefs about effective science teaching through their collaborative oral reflections. *Journal of Science Teacher Education, 31*(3), 245-263.

Moore, K. D. (2005). *Effective instructional strategies: From theory to practice*. Thousand Oaks, CA: Sage.

Newman, J. M. (1998). *Tensions of teaching: Beyond tips to critical reflection*. New York,

NY: Teachers College Press.

Newmann, F. M. (1990). Higher order thinking in teaching social studies: A rationale for the assessment of classroom thoughtfulness. *Journal of Curriculum Studies, 22*, 41-56.

Ng, W., Nicholas, H., & Williams, A. (2010). School experience influences on pre-service teachers' evolving beliefs about effective teaching. *Teaching and Teacher Education, 26*(2010), 278-289.

Noffke, S., & Stevenson, R. B. (1995). *Educational action research: Becoming practically critical.* New York, NY: Teachers College Press.

OECD (2014). *Talis 2012 results: An international perspective on teaching and learning.* OECD Publishing.

OECD (2016). *Supporting teacher professionalism: Insights from TALIS 2013.* OECD Publishing.

OECD. (2019). *OECD Future of Education and Skills 2030 Concept Note.* Retrieved from https://www.oecd.org/education/2030-project

Pajares, M. F. (1992). Teachers' beliefs and educational research: Cleaning up a messy construct. *Review of Educational Research, 62*(3), 307-332.

Parker, W. C. (1987). Teachers' mediation in social studies. *Theory and Research in Social Education, 15*, 1-22.

Patton, M. Q. (1980). *Qualitative evaluation methods.* Beverly Hills, CA: Sage Publications, Inc.

Peshkin, A. (1982). The researcher and subjectivity: Reflections on an ethnography of school and community. In G. Spindler (Ed.), *Doing the ethnography of schooling: Educational anthropology in action* (pp. 48-67). New York, NY: Holt, Rinehart and Winston.

Peshkin, A. (1988). In search of subjectivity-One's own. *Educational Researcher, 17*(7), 17-22.

Pinnegar, S, Mangelson, J., Reed, M., & Groves, S. (2011). Exploring preservice teachers' metaphor plotlines. *Teaching and Teacher Education, 27*(2011), 639-647.

Pitkäniemi, H. (2010). How the teacher's practical theory moves to teaching practice: A literature review and conclusions. *Educational Inquiry, 1*(3), 157-175.

Prawat, R. S. (1992). Teachers' beliefs about teaching and learning: A constructivist perspectives. *American Journal of Education, 100*, 354-395.

Punch, M. (1986). *The politics and ethics of fieldwork: Muddy boots and grubby hands* (2nd ed.). Thousand Oaks, CA: Sage Publication, Inc. 유재정 역(1993). *현장연구의 정치학과 윤리학*. 서울: 교육과학사.

Punch, M. (1994). Politics and ethics in qualitative research. In N. K. Denzin & Y. S. Lincoln (Eds.), *Handbook of qualitative research* (pp. 83-97). Thousand Oaks, CA: Sage Publication, Inc.

Reason, P. (1998). Three approaches to participatory inquiry. In N. K. Denzin & Y. S. Lincoln (Eds.), *Strategies of qualitative inquiry* (pp. 261-291). Thousand Oaks, CA: SAGE Publications, Inc.

Reason, P., & Bradbury, H. (2001). *Handbook of action research: Participative inquiry & practice*. Thousand Oaks, CA: SAGE Publications, Inc.

Richardson, V. (1994). The consideration of teachers' beliefs. In V. Richardson (Ed.), *Teacher change and the staff development process: A case in reading instruction* (pp. 90-108). New York, NY: Teachers College Press.

Roman, L. G. (1992). The political significance of other ways of narrating ethnography: A feminist materialist approach. In M. D. LeCompte, W. L. Millroy, & J. Preissle (Eds.), *The handbook of qualitative research in education* (pp. 555-594). San Diego, CA: Academic Press, Inc.

Ross, E. W., Cornett, J. W., & McCutcheon, G. (1992). *Teacher personal theorizing: Connecting curriculum practice, theory, and research*. Albany, NY: State University of New York Press.

Saban, A. (2010). Prospective teachers' metaphorical conceptualizations of learner. *Teaching and Teacher Education, 26*(2010), 290-305.

Salomon, G. (1991). Transcending the qualitative-quantitative debate: The analytic and systemic approaches to educational research. *Educational Researcher, 20*(6), 10-18.

Sanders, D. P., & McCutcheon, G. (1986). The development of practical theories of teaching. *Journal of Curriculum and Supervision, 2*(1), 50-67.

Sanger, M. N., & Osguthorpe, R. D. (2011). Teacher education, preservice teacher beliefs, and the moral work of teaching. *Teaching and Teacher Education, 27*(2011), 569-578.

Schensul, J. J., & Schensul, S. L. (1992). Collaborative research: Methods of inquiry for social change. In M. D. LeCompte, W. L. Millroy, & J. Preissle (Eds.), *The handbook of qualitative research in education* (pp. 161-200). San Diego CA:

Academic Press, Inc.

Schön, D. A. (1983). *The reflective practitioner: Toward a new design for teaching and learning in the professionals.* San Francisco, LA: Jossey-Bass.

Schön, D. A. (1987). *Educating the reflective practitioner.* San Francisco, CA: John Wiley & Sons.

Schwab, J. J. (1969). The practical: A language for curriculum. *School Review, 78*(1), 1-23.

Schwab, J. J. (1970). *The practical: A language for curriculum.* Washington, DC: National Education Association.

Schwab, J. J. (1971). The practical: Arts of eclectic. *School Review, 79*, 493-543.

Schwab, J. J. (1973). The practical 3: Translation into curriculum. *School Review, 81*, 501-522.

Schwandt, T. A. (2000). Three epistemological stances for qualitative inquiry: Interpretivism, hermeneutics, and social constructionism. In N. K. Denzin & Y. S. Lincoln (Eds.), *Handbook of qualitative research* (2nd ed., pp. 189-213). Thousands Oaks, CA: Sage Publications, Inc.

Shulman, L. S. (1986). Those who understand: Knowledge growth in teaching. *Educational Researcher, 15*(2), 4-14.

Shulman, L. S. (1987). Knowledge and teaching: Foundations of the new reform. *Harvard Educational Review, 57*(1), 1-22.

Smith, J. K., & Heshusius, L. (1986). Closing down the conversation: The end of the quantitative-qualitative debate among educational inquirers. *Educational Researcher, 15*(1), 4-12.

Smith, L. M. (1990). Ethics in qualitative field research: An individual perspective. In E. W. Eisner & A. Peshkin (Eds.), *Qualitative inquiry in education: The continuing debate* (pp. 258-276). New York, NY: Teachers College press.

Sockett, H. (1992). The moral aspects of the curriculum. In P. W. Jackson (Ed.), *Handbook of research on curriculum: A project of the American Educational Research Association* (pp. 543-569). New York, NY: Macmillan Publishing Company.

Soltis, J. F. (1990). The ethics of qualitative research. In E. W. Eisner & A. Peshkin (Eds), *Qualitative inquiry in education: The continuing debate* (pp. 247-257). New York, NY: Teachers College press.

Spindler, G., & Spindler, L. (1992). Cultural process and ethnography: An anthropological perspective. In M. D. LeCompte, W. L. Millroy, & J. Preissle

(Eds.), *The handbook of qualitative research in education* (pp. 53-92). New York, NY: Academic Press, Inc.

Spradley, J. P. (1979). *The ethnographic interview.* New York, NY: Holt, Reinhart & Winston.

Stake, R. E. (1975). To evaluate an arts program. In R. E. Stake (Ed.), *Evaluating the arts in education* (pp. 25-31). Columbus, OH: Charles E. Merrill Publishing Company.

Stake, R. E. (1976). *Evaluating educational programmes: The need and the response.* Urbana, IL: University of Illinois, Center for Instructional Research and Curriculum Evaluation.

Stake, R. E. (1978). The case study method in social inquiry. *Educational Researcher, 7*(2), 5-8.

Stake, R. E. (1990). Situational context as influence on evaluation design and use. *Studies in educational evaluation, 16,* 231-246.

Stake, R. E. (1994). Case studies. In N. K. Denzin & Y. S. Lincoln (Eds.), *Handbook of qualitative research* (pp. 236-247). Thousand Oaks, CA: Sage Publication, Inc.

Stake, R. E. (1995a). *The art of case study research.* Thousand Oaks, CA: Sage Publications, Inc.

Stake, R. E. (1995b). *The art of case study research.* Thousand Oaks, CA: Sage Publications, Inc. 홍용희·노경주·심종희 역(2001). 질적 사례 연구. 서울: 창지사.

Stake, R. E. (2005). Qualitative case studies. In N. K. Denzin & Y. S. Lincoln (Eds.), *The SAGEhandbook of qualitative research* (3rd ed., pp. 443-466). Thousand Oaks, CA: Sage Publications, Inc.

Stake, R. E., Bresler, L., & Mabry, L. (1991). *Custom and cherishing: The arts in elementary schools.* Urbana, IL: University of Illinois, Council for Research in Music Education.

Stake, R. E., & Easley, J. A. (1978). *Case studies in science education.* Urbana, IL: University of Illinois, Center for Instructional Research and Curriculum Evaluation.

Stake, R. E. & Trumbull, D. J. (1982). Naturalistic generalizations. *Review Journal of Philosophy and Social Science, 7,* 1-12.

Stenhouse, L. (1975). *An introduction to curriculum research and development.* London: Heinemann Education Books.

Stringer, E. (2004). *Action research in education.* Upper Saddle, NJ: Pearson Education, Inc.

Tanase, M., & Wang, J. (2010). Initial epistemological beliefs transformation in one teacher education classroom: Case study of four preservice teachers. *Teaching and Teacher Education, 26*(2010), 1238-1248.

Tartwijk, J. V., Brok, P. D., Veldman, I., & Wubbels, T. (2009). Teachers' practical knowledge about classroom management in multicultural classrooms. *Teaching and Teacher Education, 25*(2009), 453-460.

Teddie, C., & Tashakkori, A. (2009). *Foundations of mixed methods research: Integrating quantitative and qualitative approaches in the social and behavioral sciences.* Thousand Oaks, CA: Sage Publications, Inc.

Thornton, S. J. (1991). Teacher as curricular-instructional gatekeeper in social studies. In J. P. Shaver (Ed.), *Handbook of research on social studies teaching and learning* (pp. 237-248). New York, NY: Macmillan Publishing Company.

Tyler, R. W. (1949). *Basic principles of curriculum and instruction.* Chicago, IL: The University of Chicago Press.

Van Manen, M. (1977). Linking ways of knowing with ways of being practical. *Curriculum Inquiry, 9*(3), 205-228.

Van Manen, M. (1990). *Researching lived experience: Human science for an action sensitive pedagogy.* New York, NY: State University of New York Press.

Walker, D. F. (1971). The process of curriculum development: A naturalistic model. *School Review, 80*, 51-65.

Walker, D. F. (1990). *Fundamentals of curriculum.* San Diego, CA: Harcourt Brace Jovanovich.

Walker, D. F. (1992). Methodological issues in curriculum research. In P. W. Jackson (Ed.), *Handbook of research on curriculum: A project of the American Educational Research Association* (pp. 98-118). New York, NY: Macmillan Publishing Company.

Walker, D. F., & Soltis, J. F. (1992). *Curriculum and aims* (2nd ed.). New York, NY: Teachers College Press.

Wilderman, E., Koopman, M., & Beijaard, D. (2023). Content and language integrated learning in technical vocational education: Teachers' practical knowledge and teaching behavior. *Journal of Vocational Education & Training, 75*(3), 479-500.

Woods, P. (1992). Symbolic interactionism: Theory and method. In M. D. LeCompte, W. L. Millroy, & J. Preissle (Eds.), *The handbook of qualitative research in education* (pp. 337-404). San Diego, CA: Academic Press, Inc.

Zeichner, K. M., & Liston, D. P. (1996). *Reflective teaching: An introduction.* Mahwah, NJ: Lawrence Erlbaum Associates, Inc.

Directives for Human Experimentation: Nuremberg Code, 1947. (https://media.tghn. org/medialibrary/2011/04/BMJ_No_7070_Volume_313_The_Nuremberg_ Code.pdf)

The National Commission for the Protection of Human Subjects of Biomedical and Behavioral Research (1979). *The Belmont report: Ethical principles and guidelines for the protection of human subjects of research.* Washington, D. C.: DHHS. (https://www.hhs.gov/ohrp/regulations-and-policy/belmont-report/index.html)

World Medical Association (1964). *Declaration of Helsinki: Ethical principles for medical research involving human subject.* Helsinki, Finland: World Medical Association.

https://americananthro.org/about/past-statements-on-ethics/
https://americananthro.org/about/policies/statement-on-ethics/
https://www.irb.or.kr/UserMenu01/AgreeWrite.aspx

색인

ㄱ

ㅅ

ㅇ

ㅈ